참스승의 길을 몸소 보여주신

그리운 부모님께 이 책을 바칩니다.

마케팅 · Marketing

2016년 3월 10일 초판 인쇄
2016년 3월 15일 초판 발행

지은이 | 지남웅
펴낸이 | 이찬규
펴낸곳 | 북코리아
등록번호 | 제03-01240호
주소 | [13209] 경기도 성남시 중원구 사기막골로 45번길 14
우림라이온스밸리2차 A동 1007호
전화 | 02-704-7840
팩스 | 02-704-7848
이메일 | sunhaksa@korea.com
홈페이지 | www.북코리아.kr
ISBN | 978-89-6324-471-6 93320

값 20,000원

* 이 도서의 국립중앙도서관 출판예정도서목록(CIP)은 서지정보유통지원시스템 홈페이지(http://seoji.nl.go.kr)와
국가자료공동목록시스템(http://www.nl.go.kr/kolisnet)에서 이용하실 수 있습니다.
(CIP제어번호: CIP2016006207)

MARKETING 마케팅

Marketing

지남웅 지음

북코리아

머리말

대학에서 학생들과 함께한 지도 벌써 20년이 훌쩍 넘었다. 그동안 무엇을 어떻게 가르쳐야 하며, 스승이라면 어떠한 길로 가야 하는지에 대해 계속 의문을 품었지만 아직도 정확한 답은 찾지 못하고 있다. 다만 교직을 천직으로 여기시고 제자들을 자식같이 품으셨던 부모님의 교육관과 발자취를 조금이나마 따라가려고 노력하는 것이 바른 길이 아닌가 짐작해 볼 따름이다. 이에 지금은 하늘나라에 계시지만 참스승의 길을 몸소 보여주신 그리운 부모님께 감사의 마음을 담아 이 책을 바치고자 한다.

이 책은 학습자 스스로 학습하며 핵심을 쉽게 이해하고 실용적으로 활용할 수 있는 지침을 제시하는 데 초점을 두었다. 학생들은 마케팅 과목이 쉽고 재미있을 것이라는 단순한 생각으로 수강신청을 하고 수업이 진행되면 너무 복잡하고 어렵다고 평가하는 경우를 많이 보았다. 물론 수업을 진행하는 나의 무능과 학문적 일천함 때문이라고 반성하지만, 경험 많은 소비자의 입장이 아니라 마케팅 활동을 기획하고 실행하여야 하는 마케팅관리자의 입장에서 소비자의 심리와 행동을 미리 예측하고 전략적 대응방안을 마련해야 하는 마케팅의 실용적 특성 때문에 실무 경험이 없는 학습자로서는 어렵게 느끼는 것이다. 이에 본 교재에서는 복잡한 이론의 나열보다는 마케팅 활동의 진행과정에 따라 핵심 포인트를 제시하여 이해시키고, 이를 기반으로 사례를 분석하거나 문제를 풀면서 스스로 창의적으로 사고하는 능력과 전략적으로 활용하는 능력을 키우는 데 중점을 두었다.

막상 수업시간에 활용한 강의안을 정리하여 교재를 집필하고 나니 처음에 의도했던 것보다는 많이 부족하다는 것을 실감한다. 이는 전적으로 나의 책임임을 인정하며 점차 갈고 다듬어 보다 쉽고 유익한 결과물로 만들어 갈 것을 약속드린다.

이 교재가 나오기까지에는 따스한 도움의 손길이 많았다. 우선 학문의 길로 인도해 주시고 정성을 다해 보듬어 주신 원종근 교수님과 한국외국어대학교 국제경영연구실의 동료 및 선 · 후배에게 감사의 마음을 전한다. 또한 대덕대학교의 동료 및 선 · 후배 교수들은 책의 집필과정을 지켜보며 따스한 말로 격려해 주었고 내용에 대해 세세히 조언해 주었다. 그리고 사랑하는 나의 가족 모두가 큰 힘이 되어 주었다. 반평생을 같이하며 한마디 불평도 없이 나를 믿고 기꺼이 나의 길을 같이해 준 사랑하는 아내 종운, 건축가의 길을 걷고 있는 폼나고 멋진 큰 아들 상원, 생명과학도의 길을 가고 있는 바르고 정확한 둘째 아들 석원, 재무회계사를 꿈꾸는 예쁘고 영특한 믿음의 딸 연수, 그리고 소외된 자들의 벗이 되고자 사회복지사가 된 조카 지은에게 미안함과 고마움을 전한다.

무엇보다도 여러 가지로 부족하고 경제적으로도 도움이 되지 않는다는 것을 알면서도 선뜻 출판을 허락해 준 이찬규 사장님께 깊이 감사드리며, 디자인과 교정 등 자질구레하고 귀찮은 일들을 꼼꼼히 처리해 준 북코리아 편집부 여러분께 도 감사드린다.

2016년 2월

생금골 대덕대학교 연구실에서

저자 씀

차 례

머리말······5

제1부 마케팅 기초

제1장 마케팅의 이해

1. 마케팅의 의의 ······ 15
1) 마케팅의 정의 ······ 15
2) 마케팅의 대상 ······ 24
3) 마케팅의 유형 ······ 26

2. 현대마케팅의 평가 및 전략적 마케팅 ······ 28
1) 현대마케팅의 평가 ······ 28
2) 전략적 마케팅 ······ 30

▢ 사례: 코카콜라는 눈으로 마신다?······ 36
▢ 연습문제 ······ 38

제2장 마케팅관리의 이해

1. 마케팅관리의 의의 ······ 39
1) 마케팅관리의 개념 ······ 39
2) 마케팅관리의 이념: 마케팅 개념 ······ 41

2. 마케팅의 관리과정 ···· 50
1) 마케팅 계획: 수립과 조직화 ···· 51
2) 실행: 마케팅 프로그래밍 ···· 53
3) 마케팅 통제 ···· 54

□ 연습문제 ···· 56

제2부 마케팅 환경

제3장 마케팅정보시스템과 마케팅조사

1. 마케팅정보시스템 ···· 59
1) 마케팅정보시스템의 의의 ···· 59
2) 마케팅정보시스템의 구성 ···· 62

2. 마케팅조사 ···· 64
1) 마케팅조사의 의의 ···· 64
2) 마케팅조사의 과정 ···· 69

□ 사례: 코카콜라의 신제품(New Coke) – 마케팅조사 실패사례 ··· 78
□ 사례: 빼빼로 데이 – 마케팅조사 결과의 성공적 활용 ···· 81
□ 연습문제 ···· 86

제4장 시장분석

1. 시장분석의 의의 ···· 87
1) 시장의 개념 ···· 87
2) 시장분석의 개념과 내용 ···· 88

2. 시장분석의 과정 및 내용 ···· 89
1) 시장매력도 분석 ···· 89
2) 경쟁우위 분석 ···· 95
3) 적합성 분석 ···· 102

□ 연습문제 ···· 104

제5장
소비자분석

1. 소비자행동분석 …… 107
1) 소비자행동의 의의 …… 107
2) 소비자행동의 동기와 갈등 …… 109
3) 소비자행동의 영향요인 …… 111

2. 소비자심리분석 …… 120
1) 의사결정모형과 휴리스틱 …… 120
2) 의사결정 정황과 구성효과 …… 122
3) 프로스펙트 이론 …… 123

3. 구매의사결정 과정 …… 128
1) 관여도의 이해 …… 128
2) 관여도와 구매의사결정 …… 132

□ 사례: SK에너지의 지크 XQ – 저관여상품을 고관여상품으로 … 138
□ 사례: 한국 소비자들의 일곱 가지 라이프 스타일 …… 140
□ 사례: 뉴 소비코드 53 …… 145
□ 연습문제 …… 148

제3부 마케팅 전략

제6장
마케팅 전략: 개관

1. 마케팅 전략의 기초개념 …… 151
1) 마케팅 전략의 의의 …… 151
2) 마케팅 전략의 개념적 틀 …… 153
3) 마케팅 전략의 수립과 실행 …… 154

2. 마케팅 전략의 핵심과제 …… 156
1) 가치와 핵심역량 …… 156
2) 차별화 전략 …… 162
3) 경쟁전략 …… 165

□ 연습문제 …… 176

제7장
STP 전략

1. 시장세분화 ······ 180
1) 시장세분화의 의의 ······ 180
2) 시장세분화 전략 ······ 183

2. 목표시장 선정 ······ 189
1) 목표시장 선정의 의의 ······ 189
2) 목표시장 선정 전략 ······ 190

3. 포지셔닝 ······ 195
1) 포지셔닝의 의의 ······ 195
2) 포지셔닝 전략 ······ 196

□ 연습문제 ······ 204

제4부 마케팅 믹스

제8장
제품전략:
신상품전략

1. 제품의 기초개념 ······ 207
1) 제품의 개념과 종류 ······ 207
2) 제품의 동태적 성질 ······ 213
3) 제품수명주기 ······ 215

2. 제품전략 ······ 218
1) 제품개념 설정 ······ 218
2) 제품믹스 전략 ······ 222
3) 제품계열 관리전략 ······ 225

3. 신상품개발 ······ 227
1) 신상품개발의 의의 ······ 227
2) 신상품의 개발과정 ······ 229
3) 신상품의 개발전략 ······ 233

□ 연습문제 ······ 244

제9장
제품전략:
Branding & Packaging

1. 브랜딩 …… 245
1) 브랜드의 이해 …… 245
2) 브랜딩 …… 252
3) 전략적 브랜드 관리 …… 259
4) 브랜드 자산 …… 265

2. 패키징 …… 270
1) 패키징의 의의 …… 270
2) 패키징 전략 …… 271

▢ 사례: NF쏘나타의 브랜드 전략 …… 273
▢ 연습문제 …… 277

제10장
가격전략

1. 가격전략의 기초개념 …… 278
1) 가격의 의의 …… 278
2) 가격전략의 의의 …… 279

2. 가격전략의 수단과 방법 …… 281
1) 가격결정 …… 281
2) 가격책정 …… 289
3) 가격조정 …… 294
4) 가격변경 …… 295

▢ 사례: 신상품의 성공적 가격전략 …… 297
▢ 연습문제 …… 299

제11장
유통전략

1. 유통전략의 기초개념 …… 300
1) 유통의 의의 …… 300
2) 유통경로의 의의 …… 302
3) 중간상의 이해 …… 308

2. 유통경로전략 ······ 320
1) 유통경로전략의 의의 ······ 320
2) 유통경로 구조 ······ 322
3) 유통경로전략의 실행 ······ 326

□ 사례: 한국 전자제품 – 국내 유통구조의 변화 ······ 332
□ 연습문제 ······ 334

제12장
촉진전략

1. 촉진의 기초개념 ······ 335
1) 촉진의 의의 ······ 335
2) 촉진믹스 ······ 337

2. 광고 ······ 340
1) 광고의 의의 ······ 340
2) 광고관리 ······ 342

3. 기타의 촉진활동 ······ 358
1) 판매촉진 ······ 358
2) 인적판매 ······ 367
3) 공중관계 및 홍보 ······ 371

□ 사례: 게임 속 광고(In-game advertisement)를 통한 뉴미디어 마케팅 ······ 374
□ 연습문제 ······ 379

참고문헌 ······ 381
찾아보기 ······ 385

M A R K E T I N G

제1부

마케팅 기초

제1장 마케팅의 이해

제2장 마케팅관리의 이해

제1장

마케팅의 이해

1. 마케팅의 의의

1) 마케팅의 정의

마케팅은 1930년대 미국의 대공황으로 '소비가 미덕'이라는 말이 나올 정도로 구매력이 저하되어 수요가 감소한 시기에 시작되었다.* 그 후 1945년 제2차 세계대전이 종식되면서 전쟁 중에 급속히 발달한 기술과 군수산업의 일반 소비재 생산시설 전환으로 공급능력이 크게 증가하였다. 생산기술의 발달과 생산시설의 급속한 증가는 공급의 수요 초과 현상을 초래하였고 그 결과 기업들은 생산된 제품의

* 김범종 · 박승환 · 송인암 · 조용한 · 황용철(2014), 사례중심의 마케팅, 대경, p.14.

마케팅에 보다 큰 비중을 두기 시작하였다.

현대적 의미의 마케팅에 대한 개념은 1952년 미국의 최대 가전기업인 GE(General Electric)가 처음으로 채택하였는데, 이후 다른 많은 기업들이 이를 활용하기 시작하였다. GE는 '고객이 만족하기 전에는 우리도 만족할 수 없다'라고 하였다. 이러한 소비자 중심적 사고는 유나이티드 항공(United Airline)이 'Customers are our Boss'라고 하며 '기업의 회장 이하 모든 사원을 해고할 수 있는 유일한 존재는 고객'이라고 표현한 것에서도 잘 나타나 있다. 영국항공(British Airway)도 '고객에게 봉사하기 위해 하늘을 난다'라는 표현으로 소비자 중심의 현대적 마케팅 개념을 활용하고 있다. 소비자 지향적 사고(consumer oriented approach)와 관리활동은 오늘날 마케팅의 기본 철학이 되었으며 기업이 활동을 계획하고 실행하는 과정에서 준수하여야 할 기본 원리가 되었다.

마케팅에 대한 정의는 〈표 1-1〉에서 보는 바와 같이 시대 상황에 따라 변천되어 왔다. 1960년대 이전에는 마케팅을 상품이나 서비스가 생산자로부터 소비자 또는 사용자에게 이전되는 것을 관리하는 기업 활동(Marketing is the performance of business activities that direct the flow of goods and services from producer to consumer or user)으로 정의하였다.* 이 정의에서는 마케팅을 생산자가 소비자 또는 사용자에게 상품을 유통시키는 일방적 활동으로 보고 마케팅의 관리 측면을 강조하였다. 그러나 마케팅의 활동영역을 구체적으로 규정짓지는 못하였다. 1960년대에 들어서는 마케팅을 개인이나 조직의 욕구 충족 내지 목표달성을 위한 교환이 이루어지도록 아이디어 · 재화 · 서비스 등의 개념화, 가격결정, 촉진 및 유통 등을 계획하고 실행하는 과정으로 정의하면서** 비로소 마케팅을 교환과정으로 인식하기 시작하였다. 1970년대에 들어서는 마케팅을 기업, 비영리조직체 및 정부기관이 고객의 요구

---

* American Marketing Association, Committee on Definition (1960), Marketing Definitions: A Glossary of Marketing Terms, p.14.

** American Marketing Association, Committee on Definition (1963), Marketing Definition: A Glossary of Marketing Terms, p.15.

✚ 표 1-1 | 마케팅에 대한 정의

기 간	정 의	특 성
1948~1960년	상품이나 서비스가 생산자로부터 소비자 또는 사용자에게 이전되는 것을 관리하는 기업활동	ㅇ 마케팅 = 유통활동 ㅇ 일방적 활동
1960년대	개인이나 조직의 욕구 충족 내지 목표달성을 위한 교환이 이루어지도록 아이디어 · 재화 · 서비스 등의 개념화, 가격결정, 촉진 및 유통 등을 계획하고 실행하는 과정	ㅇ 마케팅 = 교환과정 ㅇ 쌍방향 교류
1970년대	기업, 비영리조직체 및 정부기관이 고객의 요구나 욕구를 파악하고 이의 충족을 위해 상품, 서비스, 아이디어 등을 기획 · 개발하고 이에 관한 사실을 전달하며 최소비용으로 만족을 극대화하여 최대가치를 창출할 목적으로 각 경제주체에게 이를 제공하는 활동 및 이와 관련된 일련의 과정	ㅇ 비영리마케팅 포함 ㅇ 기능적 · 시스템적 관리과정
1980년대	제품 · 서비스 · 아이디어를 창출하고 이들의 가격을 결정하며 이들에 관한 정보를 제공하고 이들을 배포하여 개인 및 조직체의 목표를 만족시키기 위해 교환을 성립하게 하는 일련의 인간 활동	ㅇ 고객 중심 이념
1990년대	조직과 그 이해관계자들을 위해 고객에게 가치 있는 것을 창조하여 이를 알리고 전달하며 또한 고객과의 관계를 관리하기 위한 조직의 기능 및 일련의 프로세스	ㅇ 고객 가치 중심 ㅇ 고객관계관리(CRM)
2000년 이후	고객과 파트너 그리고 포괄적으로 전체 사회에 유용한 가치 제공물들을 창조하여 이를 알리고 전달하며 교환하는 활동과 관련된 일련의 제도 및 프로세스	ㅇ 이해관계자 중심 ㅇ 파트너관계관리(PRM)

나 욕구를 파악하고 이의 충족을 위해 상품, 서비스, 아이디어 등을 기획 · 개발하고 이에 관한 사실을 전달하며 최소비용으로 만족을 극대화하여 최대가치를 창출할 목적으로 각 경제주체에게 이를 제공하는 활동 및 이와 관련된 일련의 과정으로 정의하였다.* 이 시기부터는 마케팅의 영역에 비영리마케팅이 포함되기 시

* 村田昭治 編(1979), 현대 Marketing, 理論 · 實務, p.320.

작하였으며, 영리마케팅도 기능적 · 시스템적 관리과정으로 인식되기 시작하였다.

1980년대 들어 생산의 급격한 확대로 생산과 소비의 격차가 크게 벌어지자 마케팅의 기본 관점이 생산자에서 소비자로 전환되었다. 공급이 부족했던 판매자 지배 시장(seller's market)에서 구매자 지배 시장(buyer's market)으로 전환된 것이다. 구매자가 지배하는 시장에서는 수요보다 제품의 공급량이 많으므로 판매자가 구매자의 요구와 욕구를 보다 잘 충족시켜주기 위해 노력하지 않으면 판매에 어려움을 겪게 된다. 따라서 '소비자는 왕'이라는 말이 나올 정도로 제품의 기획에서부터 판매 후 서비스(A/S: after service)는 물론이고 기업의 모든 활동이 소비자의 요구에 맞추어진다. 이 시기에는 마케팅을 제품 · 서비스 · 아이디어를 창출하고 이들의 가격을 결정하며 이들에 관한 정보를 제공하고 이들을 배포하여 개인 및 조직체의 목표를 만족시키기 위해 교환을 성립하게 하는 일련의 인간 활동(Marketing is the process of planning and executing the conception, pricing, promotion, and distribution of ideas, goods, and services to create changes that satisfy individual and organizational objectives.)* 내지 개인이나 조직의 목적을 만족시키기 위해 아이디어, 상품 그리고 서비스의 개념과 가격, 판촉 및 유통을 계획하고 수행하는 프로세스(Marketing is the activity, set of institutions, and process for creating, communicating, delivering, and exchanging offerings that have value for customers, clients, partners and society at large)로 정의하면서 고객 중심 이념을 도입하기 시작하였다.

1990년대 들어서는 판매행위라는 오래된 개념에서 벗어나 고객욕구 충족과정이라는 새로운 관점으로 이해하기 시작하였다. 이 관점에 따라 만일 마케팅 관리자가 고객욕구를 이해하고 탁월한 고객가치를 제공하는 상품과 서비스를 개발하여 효과적인 가격책정, 유통정책, 그리고 촉진정책을 수행할 수 있다면 상품의 판매는 매우 쉬워질 것이다.** 경영학 분야의 석학이었던 피터 드러커(P. Drucker)

---

* American Marketing Association, Committee on Definition (1985), Marketing Definition: A Glossary of Marketing Terms.

** P. Kotler & G. Armstrong (2014), *Principles of Marketing*, 15th ed., Pearson, p.27.

는 "마케팅의 목적은 판매노력을 불필요하게 만드는 것"이라고 제안하였다.* 이러한 관점에서는 마케팅을 고객과 파트너 그리고 포괄적으로 전체 사회에 유용한 가치를 제공하기 위한 상품과 서비스를 창조하여 이를 알리고 전달하며 교환하는 활동 및 이와 관련된 일련의 제도 및 프로세스라고 정의하면서 고객가치 중심 마케팅 이념을 처음으로 도입하였고 고객관계관리(CRM: customer relationship management)의 중요성도 강조하고 있다. 즉 마케팅을 조직이나 개인이 자신의 목적을 달성시키고자 교환을 창출하고 유지할 수 있도록 시장을 정의하고 관리하는 과정(Marketing is the process of defining and managing market to create and retain exchange by which organizations or individuals achieve their goals)**으로 보고 있다.

2000년대에 들어서서 전자적 수단을 활용하는 인터넷마케팅 내지 e-마케팅(e-Marketing)이 활성화되자 조직과 그 이해관계자들을 위해 고객에게 가치 있는 것을 창조하여 이를 알리고 전달하며 또한 고객과의 관계를 관리하기 위한 조직의 기능 및 일련의 프로세스라고 정의하면서 가치제공 대상을 고객에서 파트너 및 사회 전체까지로 확대하여 조직 및 이와 관련된 모든 것들을 마케팅 대상으로 삼았다. 즉 고객에게 가치를 창출하고, 의사소통하여 전달하며, 조직과 주주에게 혜택을 주는 방법으로 고객관계를 관리하기 위한 조직적 기능이자 일련의 과정(Marketing is organizational function and a set of process for creating, communicating and delivering value to customer and for managing customer relationships in ways that benefit the organization and it's stockholders)으로 정의하면서 마케팅의 이해관계자관리 내지 파트너관계관리(PRM: partner relationship management)로까지 마케팅관리의 영역을 확대하고 있다.

마케팅에 대한 정의는 시대에 따라 변화해 왔기 때문에 한 마디로 정의하기는 쉽지 않다. 코틀러(P. Kotler)는 마케팅에 대해 넓은 의미로는 개인과 조직이 자신들이 원하는 것을 가치창출과 거래 상대방과의 가치교환을 통해 얻기 위해

---

* P. Kotler & K. L. Keller (2012), *Marketing Management*, 14th ed., Pearson, p.5.

** American Marketing Association, Committee on Definition (2002): Marketing Definition: A Glossary of Marketing Terms.

✚ 그림 1-1 | 마케팅의 정의

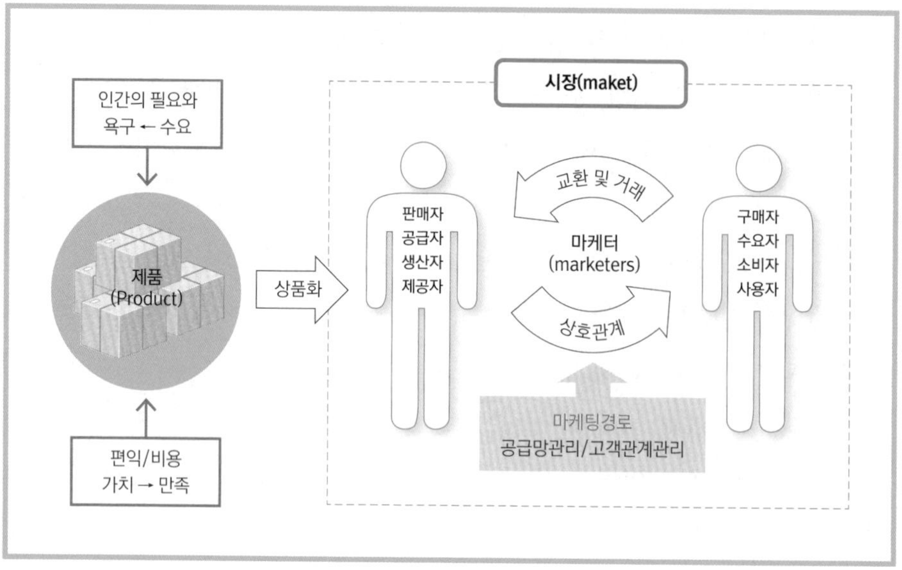

이루어지는 사회적 · 관리적 과정으로 보았고, 좁은 의미로는 수익성과 가치를 발생시키는 고객과 교환관계를 구축하는 과정으로 보았다. 그리고 이를 통합하여 기업이 고객을 위해 가치를 창출하고 강력한 고객관계를 구축함으로써 고객들로부터 이에 상응한 가치를 얻는 과정으로 정의하였다.* 여기서는 오늘날의 기업여건과 시장상황을 전제로 판매와 구분하여 마케팅(marketing)을 '고객을 만족시키는 동시에 기업의 목표 달성을 위해 생산자로부터 소비자 또는 사용자에게 가치 있는 제품 및 서비스를 창출하여 유통시키고 이를 관리하는 총체적 기업활동'으로 정의하고자 한다.

이 개념에 따르면 마케팅은 인간의 필요와 욕구에서 출발한다. 여기서 필요(needs)란 인간이 기본적 만족감을 빼앗겼을 때 느끼는 상태를 말하며, 욕구(wants)란 필요가 구체적으로 표출된 것을 말하는데 인간이 성장함에 따라 고차원

* P. Kotler & G. Armstrong (2014), *Principles of Marketing*, 15th ed., Pearson, p.27.

으로 변화한다. 그러나 인간이 필요와 욕구를 가지고 있다고 하여 반드시 마케팅이 이루어지는 것은 아니다. 인간의 필요와 욕구를 충족시켜 줄 수 있는 구매력이 뒷받침되어야 수요가 창출될 수 있다. 즉 사람은 배가 고프면 먹을 음식이 필요함을 느낀다. 이때 사람에 따라 먹고 싶은 것이 달라지는데 만일 빵이 먹고 싶다면 빵에 대한 욕구가 분출될 것이고 빵을 구입할 수 있는 돈이 있어야 빵에 대한 수요로 연결될 수 있을 것이다. 이러한 의미에서 마케팅이 성립되고 성공하기 위해서는 마케팅관리자가 소비자의 마음속에 존재하지만 소비자 자신도 인식하지 못한 잠재적 필요를 발굴하여 이를 상품화할 수 있어야 한다.

마케팅이 이루어지려면 인간의 필요와 욕구를 충족시켜 줄 수 있는 대상이 있어야 하는데 이를 제품이라고 한다. 제품(product)이란 넓은 의미에서 인간의 필요와 욕구를 충족시키기 위해 제공될 수 있는 모든 것을 의미한다. 여기에는 물질적 제품(physical objects), 서비스(service), 연극 등의 활동, 장소, 사람이나 조직, 아이디어 등이 모두 포함될 수 있다. 그런데 모든 제품이 반드시 마케팅에 성공하는 것은 아니다. 수요에 의해 교환이나 거래된 제품을 상품(goods)이라고 한다. 즉 제품은 말 그대로 제조된 물품이며, 제조된 물품 중 마케팅에 성공하여 거래된 제품을 상품이라 하는 것이다. 이러한 의미에서 마케팅이란 제품을 상품화하는 총체적 활동이라고 할 수 있다.

그렇다면 어떤 제품이 마케팅에 성공한 상품이 될 수 있을까? 바로 비용 대비 편익이나 가치가 커서 소비자가 만족할 수 있는 제품이 상품으로 인정받을 수 있다. 여기서 비용(cost)이란 필요와 욕구를 충족시키기 위해 지불하는 대가를 말하며, 편익(benefit)이란 특정 상품으로부터 소비자가 얻는 욕구 충족 효과를 의미하는데, 편익의 크기는 객관적일 수도 있고 주관적일 수도 있다. 또한 가치(value)*란 인간의 필요와 욕구를 충족시켜주는 제품의 능력에 대한 소비자의 평가를 말한다. 수학적으로 가치는 총편익(total benefit)에서 총비용(total cost)을 뺀 값으로

* 경제학에서는 효용(utility)이라고도 함.

계산할 수 있다. 그러나 가치를 숫자로 명확히 표기하기는 쉽지 않다. 마케팅에서 소비자는 고객 가치 3요소(customer value triad)인 품질, 서비스, 가격(QSP: quality, service, price)의 조합으로 가치를 평가하기 때문이다. 즉 소비자는 최고 품질도 아니고 최저 가격도 아닌 자신에게 가장 큰 가치를 줄 것으로 생각되는 최적의 상품을 구입한다. 따라서 소비자들에게 경쟁상품들보다 큰 가치를 가진 상품을 제공하는 가치제안(value proposition)이 이루어져야 마케팅에서 성공할 수 있다. 여기서 마케팅은 1회성 거래의 성공에 초점을 두고 있지 않다. 즉 기업 입장에서 효율적 마케팅 활동을 전개하기 위해서는 자사 상품을 한 번 구입한 소비자보다는 반복적으로 구입하고자 하는 고객이 필요한 것이다. 이를 위해서는 고객을 만족시킬 수 있어야 한다. 만족(satisfaction)이란 지각한 성능과 기대를 비교 · 평가한 것이다. 만족도는 기대가치와 실제가치의 함수로 사람과 상황에 따라 다를 수 있으나 일반적으로는 소비자가 기대가치보다 실제가치가 크다고 인식할 때 높은 만족도를 나타내게 되고, 만족도가 높으면 해당 상품을 재구매할 가능성이 높아지게 된다. 이러한 관점에서 본다면 마케팅이란 커뮤니케이션을 통해 고객이 원하는 가치를 조사 · 확인 · 규명하고 이를 창출하여 전달함으로써 고객을 만족시키는 과정으로 이해할 수 있다.

마케팅이 성립되기 위해서는 마케팅 활동에 참여하는 양 당사자 간에 교환이나 거래를 성사시켜 이들 간 상호관계가 정립되어야 한다. 여기서 교환(exchange)이란 반대급부를 주고 필요한 것을 구입하는 행위를 말한다. 교환이 발생되기 위해서는 양 당사자 간 교환조건이 합의되어야 한다. 거래(transaction)란 양 당사자 간의 가치 교환을 의미하는 것으로 교환이라는 활동을 측정할 수 있는 단위가 될 수 있다. 거래가 성립되기 위해서는 교환과 마찬가지로 거래물품, 거래조건, 거래시간, 거래장소 등이 일치되어야 한다. 최근의 마케팅에서는 지속적인 거래를 위하여 다른 사람 또는 집단과 관계를 획득하고 유지하는 상호관계(relationship)를 매우 중요시하고 있다. 즉 마케팅관리자는 현재 자사의 고객이 아닌 구매자로 하여금 자사 상품을 구입하게 만드는 고객획득(acquisition) 및 현재 자사 고객으로 하여금 자사 상품을 반복적으로 구입하도록 하는 고객유지(retention) 활동을 지속적으로 전개하여야 하며 현재의 자사 고객이 다른 기업의 상품을 구입하는 고객이탈(defection)을 방지하기 위한 활동도 전개하여야 한다. 그런데 현재 자사의 고객을 유지하는 비용보다 신규 고객을 획득하는 비용이 훨씬 크기 때문에 대다수의 기업들이 고객관계관리(CRM: customer relationship management)에 주력하게 된다. 이러한 관점에서 마케팅은 창출된 가치의 교환 내지 거래를 통하여 상호 유익한 관계가 형성 · 유지되는 과정으로 이해될 수 있다. 이를 위해 기업의 마케팅관리자는 고객들이 모여 있는 목표시장에 도달하기 위한 커뮤니케이션 경로(communication channel), 유통 경로(distribution channel), 서비스 경로(service channel) 등 다양한 마케팅 경로(marketing channel)를 개발 · 활용하고 있다. 뿐만 아니라 원료로부터 최종구매자에게 전달되는 구성부품이나 최종제품까지 뻗쳐있는 공급망(supply chain)도 체계적으로 관리하기 위해 공급망관리(SCM: supply chain management)를 행하고 있으며, 이와 관련된 파트너관계관리(PRM: partner relationship management)까지도 실행하고 있다.

마케팅을 양 당사자 간 시장에서 상품을 거래하는 것이라고 할 때 마케팅의 양 당사자란 상품을 구입하고자 하는 잠재고객(prospect)과 잠재고객으로부터 반응, 즉 주의 · 구매 · 투표 · 기부 등을 얻어내려는 주체를 말한다. 상품을 구입하고자 하는 당사자를 구매자 · 수요자 · 소비자 · 사용자라고 하고 상품을 제공하고자 하는 당사자를 판매자 · 공급자 · 생산자 · 제공자라고 한다. 마케팅의 양 당사자가 모여 활동하는 장소(marketplace) 내지 공간(marketspace)을 시장(market)이라고 한다. 즉 시장이란 물리적 관점에서 가치 있는 것들을 교환하려는 실질적 또는 잠재적 거래자들의 집합체라고 할 수 있으며, 마케팅 관점에서는 고객을 위한 니즈(needs)나 편익(benefits)의 집합체라고 할 수 있다. 시장에는 다양한 거래 당사자들이 많이 존재하기 때문에 자연스럽게 경쟁이 유발된다. 즉 경쟁(competition)이란 구매자가 고려하는 실제적 · 잠재적 제공물 간 또는 제공물과 이의 대체재 간에 야기되는 경합을 말하는데, 마케팅관리자는 적절하게 경쟁에 대응하여야 마케팅 활동을 성공적으로 전개할 수 있다.

2) 마케팅의 대상

마케팅에서 거래의 대상이 될 수 있는 것들은 제품, 서비스, 이벤트, 경험, 인물, 장소, 재산(소유권), 조직, 정보, 아이디어 등으로 거의 제한이 없다.

제품은 물리적으로 제조된 물품으로 마케팅 노력에 의해 상품화할 수 있다. 전 세계의 많은 기업들이 생산한 수많은 제품들이 다양한 형태와 방법으로 소비자들에게 마케팅되고 있다.

서비스는 경제가 발전하면서 관심이 증대되고 있는 마케팅 대상이다. 항공사, 호텔 또는 모텔, 렌터카 회사, 이발사와 미용사, 수선 및 유지 · 보수 요원, 회계사, 은행원, 변호사, 엔지니어, 의사, 소프트웨어 프로그래머, 경영상담사 등은 모두 서비스를 기본적 마케팅 수단으로 채택하고 있다. 그 결과 오늘날의 경제는 서비스 대 제품의 비율이 70 대 30이라고 보는 경우도 있다. 실제로도 많은 마케팅의 제공물들이 제품과 서비스가 혼합되어 있다. 예를 들어 레스토랑의 선택에는 음식의 맛뿐만 아니라 레스토랑의 내부 분위기, 종업원의 친절성 등 서비스 부분도 고려하게 된다.

마케팅에서는 무역전시회 등의 대형 전시회, 예술 공연, 회사 창립일 행사 등과 같이 이벤트를 활용하기도 한다. 특히, 올림픽이나 월드컵 같은 세계적 스포츠 이벤트들은 기업과 팬 모두에게 강력한 마케팅 수단이 될 수 있다.

또한 다양한 서비스와 제품을 적절히 조화시킴으로써(orchestrating) 기업은 경험을 창조하여 이를 마케팅에 활용하고 있다.* 고객들에게 동화 궁전(fairy kingdom), 해적선, 귀신이 나오는 집을 방문하도록 하는 디즈니 월드(Disney World)의 매직 킹덤(Magic Kingdom), 은퇴한 스포츠 스타들과 함께하는 야구캠프, 에베레스트

---

* P. Kotler (1984. 10), *Dream Vacation: The Booming Market for Designed Experiences*, The Futurist, pp.7-13; B. Joseph Pine II and J. Gilmore (1999), *The Experience Economy*, Harvard Business School Press; M. Hyman (2004), *The Family That Fields Together*, Business Week, February 9, p.2.

산 등반 및 트래킹 등의 체험이 마케팅 대상이 되고 있다.

인물을 활용한 마케팅 활동을 명사마케팅(celebrity marketing)이라고 한다. 예술가, 음악가, 최고경영자, 의사, 화려한 경력을 가진 변호사와 금융가 및 다른 전문가들이 명사 마케터로 활동하고 있다.*

장소를 마케팅의 대상으로 할 수도 있다. 시 · 주 · 지역 그리고 국가는 관광객, 공장, 기업 본사, 신규 이주자들을 끌어들이기 위해 경쟁한다.** 실례로 미국의 네바다 주 라스베이거스는 관광지와 사업컨벤션시로 마케팅하기 위해 "여기에서는 무슨 일이 일어날까? 여기에 머물러요(What Happens Here, Stay Here)."라는 광고 캠페인과 함께 매년 수천만 달러를 지출하고 있다.*** 장소마케터로는 경제개발 전문가, 부동산 에이전트, 상업은행, 특정 지역의 기업연합회(local business associations), 광고 및 홍보 에이전시 등이 포함될 수 있다.

소유권과 같은 재산도 마케팅의 대상이 된다. 재산이란 부동산과 같은 실물재산과 증권 · 채권 같은 금융재산 등에 대한 무형의 소유권을 말하는데, 부동산 에이전트와 투자기업, 그리고 은행들의 마케팅 노력을 통해 개인과 조직은 재산을 사고팔 수 있다.

조직도 마케팅의 대상이 될 수 있다. 조직은 목표 대중의 마음속에 강력하고 우호적이며 유일한 이미지를 구축하기 위해 적극적으로 활동한다. 일례로 테스코(Tesco)는 "아무리 작은 것이라도 도움이 된다"라는 마케팅 프로그램으로 영국 슈퍼마켓 체인 중 최고로 도약하였다. 대학, 박물관, 예술공연단체와 각종 비영리

---

* I. J. Rein, P. Kotler, and M. Stoller (1988), *High Visibility*, NTC Publishers; H. L. Murphy (2005. 4), *New Salton Recipe: Celeb Chefs*, Crain's Chicago Business, p.4.

** I. J. Rain, P. Kotler, and M. Haider (1993), *Marketing Places: Attracting Investment, Industry, and Tourism to Cities, States, and Nations*, Free Press; P. Kotler, C. Asplund, I. Rein, and D. H. Haider (1999), *Marketing Places in Europe: Attracting Investment, Industry and Tourism to Cities, States and Nations*, Prentice-Hall.

*** C. Lewis (2005. 1), Bullish Figures Not All Fun Games for Hoteliers, *San Diego Business Journal*, p.3.

단체는 관객과 기부자를 대상으로 자신들의 공공이미지를 각인시키기 위해 경쟁적으로 마케팅을 활용하고 있다.

인터넷이 발달하면서 정보도 마케팅의 대상이 되고 있다. 정보의 생산 · 가공 · 유통은 사회의 주요 산업 중 하나가 되고 있는데,* 제품을 판매하는 기업도 정보 활용을 통한 가치 중심 마케팅을 추구하고 있다. 예를 들어 의료시스템을 판매하는 지멘스(Siemens)도 판매하는 것은 X-ray나 MRI가 아니라 정보라고 주장하고 있다. 지멘스의 실질적인 사업은 보건의료 정보이고, 말단 제품은 실험실 테스트 정보, 병리 그리고 환자에 대한 전자기록이라고 보고 있다.**

그 외에 모든 시장의 제공물은 기본적으로 아이디어를 포함하고 있기 때문에 아이디어도 마케팅의 대상이 되고 있다.

3) 마케팅의 유형

마케팅의 유형은 관점에 따라 매우 다양하게 분류될 수 있다. 우선 이익추구여부에 따라 이익추구를 목적으로 마케팅 활동을 수행하는 영리마케팅(profit marketing)과 이익추구 이외의 목적으로 마케팅 활동을 수행하는 비영리마케팅(non-profit marketing)으로 구분할 수 있다. 또한 마케팅 행위의 대상에 따라 소비재마케팅(consumer goods marketing), 산업재마케팅(industrial goods marketing) 및 서비스마케팅(service marketing)으로 구분하기도 한다.

마케팅 활동의 주체에 따라서는 기업 이외에도 은행과 병원뿐만 아니라 학교, 교회, 경찰 및 정부도 마케팅 활동을 전개하고 있다. 기업과 은행 및 병원 등은 이익을 추구하는 영리마케팅 활동을 전개하는데 최근에는 다양한 서비스마케팅

* C. Shapiro and H. R. Varian (1998. 11-12), Versioning: The Smart Way to Sell Information, *Harvard Business Review*, pp.106-114.

** J. R. Brandt (2003. 5), Dare to Be Different, *Chief Executive*, pp.34-38.

활동을 통해 고객만족을 극대화하고자 노력하고 있다. 학교, 교회, 경찰 및 정부의 경우에는 기업과 달리 비영리 서비스마케팅 활동을 전개하고 있다.

마케팅 활동의 수요와 공급 조정기능에 따라서는 부정적 수요(negative demand)를 긍정적 수요로 전환하기 위한 전환마케팅(conventional marketing), 물품 구입의지가 전혀 없는 무수요(no demand)를 자극하기 위한 자극마케팅(stimulational marketing), 소비자의 잠재수요(latent demand)를 개발하기 위한 개발마케팅(devel-opmental marketing), 감소수요(falling demand)에 대응하기 위한 재마케팅(remarketing), 불규칙 수요(irregular demand)에 대응하기 위한 동시마케팅(synchro-marketing), 완전수요(full demand)의 유지에 초점을 맞춘 유지마케팅(maintenance marketing), 초과수요(overfull demand)를 진정시키기 위한 역마케팅(de-marketing; 억제마케팅), 담배소비 등 불건전 수요(unwholesome demand)를 방지하기 위한 반마케팅(counter- marketing; 소멸마케팅) 등으로 구분할 수 있다.

오늘날에는 기업 중심의 마케팅 활동이 개개인의 일상으로까지 확대되면서 사회와 개인의 관심사에 따라 다양한 마케팅 활동들이 전개되고 있다. 환경문제가 사회적 이슈로 등장하면서 그린마케팅(green marketing)과 생태마케팅 등 환경마케팅이 등장하였다. 소비자의 호감을 얻기 위해 소비자의 감성을 자극하는 감성마케팅(emotional marketing)도 등장하였다. 디자인마케팅(design marketing), 패션마케팅(fashion marketing), 캐릭터마케팅(character marketing) 및 아트마케팅(Art Marketing) 등이 이에 포함된다. 특히, 인터넷과 스마트폰 등의 상업적 이용이 일반화되면서 디지털마케팅(digital marketing)이 일반화되고 있다. 인터넷마케팅(internet marketing), 모바일마케팅(mobile marketing), 온라인마케팅(on-line marketing), 블로그마케팅(blog marketing)과 카페마케팅(cafe marketing), 바이럴마케팅(Viral marketing: virus marketing), 커뮤니티마케팅(community marketing), UCC 마케팅, B2B 마케팅과 B2C 마케팅 등이 모두 이에 포함된다. 그 외에도 스포츠를 중심으로 한 스포츠마케팅(sports marketing)도 적극적으로 활용되고 있는데 월드컵마케팅(worldcup marketing), 올림픽마케팅(olympic marketing), 매복마케팅(ambush marketing) 등이 이에 포함된다. 문화상품을 중심으로 한 문화마케팅도 크게 성장하고 있다. 한류마케팅, 스타마케팅(star marketing) 등이 이와 관련된 활동들이다. 이 이외에도 입소문마케팅(buss marketing; 구전마케팅), 웃음 유발을 위한 유머마케팅(fun marketing), 쿠폰마케팅 등 다양한 주체들에 의해 다양한 분야 및 영역에서 마케팅이라는 말이 사용되고 있다.

2. 현대마케팅의 평가 및 전략적 마케팅

1) 현대마케팅의 평가

오늘날 우리의 일상생활은 마케팅에서 시작하여 마케팅으로 끝이 난다고 해도 과언이 아닐 정도로 마케팅과 관련되어 있다. 각종 매체를 통해 기업이 생산한 제품과 접하고 매장에서 상품을 구입하여 사용한다. 기업은 제품을 제조할 뿐만 아니라 자사 제품이 선택되도록 광고 및 판촉활동을 통해 소비자들과 소통하고자 한다. 또한 소비자의 욕구가 점차 다양화 · 고도화되면서 이를 충족시켜 주기 위한 방법도 다양화 · 고도화되고 있다. 더욱이 시장에서의 경쟁은 날로 심화되고 있고 여기에서 살아남기 위한 기업의 전략 또한 다양화 · 고도화되고 있다.

이와 같이 마케팅 활동이 일상생활에 깊숙이 관련되면서 이에 대한 비판이 제기되고 있다. 소비자 복지 측면에서는 가격의 앙등 문제가 지적되고 있다. 유통부문에서의 많은 비용 투입, 광고 및 판매촉진 비용의 과잉 지출, 중간상의 이윤폭 과대 책정 등은 결국 상품 가격의 상승으로 이어지고 이는 소비자의 지출을 증가시키게 된다. 또한 기업 간 경쟁이 격화되면서 부정한 가격책정과 촉진활동, 기업 간 불건전한 담합 등 불공정한 관습이 만연하여 시장질서를 어지럽게 할 수도 있다. 기업은 판매에 대한 지나친 압력으로 허위 내지 불안전한 제품을 공급하거나 작업자의 훈련부족은 기술적으로 미흡하거나 품질수준이 떨어지는 제품을 양산하기도 한다. 무엇보다도 기업 스스로가 의도적으로 제품의 진부화(planned obsolescence)를 조장할 수도 있다. 스타일의 의도적 진부화, 제품기능의 억제, 빈번한 원료 교체 등을 통해 새로운 상품이 출시된 것처럼 호도하여 소비자로 하여금 새로운 상품을 높은 가격에 구입하게 함으로써 소비자의 지출 증대와 사회적 자원 낭비를 조장하기도 한다.

사회적으로는 물질주의의 팽배와 왜곡된 소비 조장으로 비판받기도 한다. 가계의 입장에서 소비는 수입에 비례하여 이루어져야 하는데, 이와 관련 없이 물질만능의 소비풍조를 조장하기도 한다. 또한 공공서비스의 부족 및 문화적 오염, 정경유착에 의한 권력 비대화 등도 잘못된 마케팅의 폐해가 될 수 있다. 기업의 입장에서는 부정한 방법의 합병을 통해 기업의 이익만을 추구한다거나 동종기업의 진출 억제 내지 약소기업의 경영활동을 방해하는 약탈적 경쟁을 통해 건전한 경쟁을 저해한다는 비판을 받기도 한다.

오늘날의 마케팅이 긍정적이고 건전하게 영위되기 위해서는 다양한 노력들이 필요하다. 정부는 소비자와 생산자의 자유를 보장하면서 유해한 행위를 강력히 저지하는 공공정책을 펼쳐야 한다. 특히, 국민들의 기본적 욕구 충족과 절대빈곤층의 욕구 충족을 위한 정책수단을 강구하여야 한다. 그리고 자국의 성장과 발전을 위해 경제시스템을 혁신하고 이를 통해 경제의 효율성을 제고시켜야 한다. 마케팅 측면에서는 상대적으로 약자인 소비자를 보호하기 위한 정책과 제도를 마련하여야 하며 소비자의 교육 · 훈련에도 관심을 기울여야 한다.

기업은 장기적 측면에서 소비자의 복리를 증진시키며 동시에 기업의 성장과 발전도 도모할 수 있는 마케팅 개념을 개발 · 실천하여야 한다. 이를 위해 기업은 마케팅 윤리에 입각하여 기업의 사회적 책임을 인식하여야 하고 명확한 도덕적 기준에 입각하여 마케팅 활동을 기획하고 영위하여야 한다. 무엇보다도 기업은 소비자 중심의 가치 지향적 마케팅 활동을 통해 기업과 소비자가 상호 윈-윈(win-win)할 수 있는 효율적 마케팅시스템을 구축하여야 한다.

2) 전략적 마케팅

오늘날 개개인의 모든 활동이 마케팅에 접목되어 있고 기업 간 경쟁이 치열해지면서 마케팅의 관점도 변화되고 있다. 다양한 마케팅 관점을 비교하면 〈표 1-2〉와 같다.

과거에는 일반대중을 대상으로 대량생산에 의한 대량판매를 목표로 했던 대중마케팅(mass marketing)이 일반적이었다. 이는 고객이 표현한 필요와 욕구들을 이해하고 이에 맞게 대응하는 후행적 시장 지향성(reactive market orientation)의 특성을 가지고 있었다. 그러나 시장에서 기업 간 경쟁이 심화되고 소비자의 기호 또한 세분화되면서 다양해지자 기업이 모든 소비자의 필요와 욕구를 충족시킨다는 것은 불가능하게 되었다. 이러한 상황에서 기업들이 표적집단을 선정하고 이들에게 집중하는 차별적 마케팅 활동을 전개하면서 표적마케팅으로 전환하였다. 인터넷이 도입되면서부터는 데이터베이스를 구축하여 고객 개개인의 정보를 수집하고 이를 바탕으로 개별 고객 지향적 마케팅 활동을 전개하는 일대일마케팅 관점을 활용하기도 한다. 이러한 마케팅 활동은 선행적 마케팅 지향성(proactive marketing orientation)을 보이고 있다. 조사와 학습(probe and learn) 프로세스를 통해 고객들의 잠재적 필요와 욕구를 조사하고, 이에 대응하여 고객들이 상상하는 것을 실행함으로써 고객을 유도하는 것이다. 이러한 새로운 마케팅 중심 개념을 고객 지향적 마케팅 개념(customer-oriented marketing concept)이라고 한다.

이와 같이 다양한 마케팅 노력에도 불구하고 최근에는 성공한 마케팅에서조차 이익이 그리 크지 않은 현상이 나타나고 있다. 기업의 활발한 마케팅 활동으로 상품의 판매는 크게 늘었지만 기업의 이익은 오히려 줄어든 것이다. 이러한 현상에 대응하기 위해 기업들은 마케팅 관점을 새롭게 구축하기 시작하였는데 이를 전략적 마케팅이라고 한다. 전략적 마케팅(strategic marketing)은 마케팅과 관련된 모든 것이 중요하다는 인식에서 출발한 관점으로 가치창출을 위해 마케팅을 시스템화한다. 즉 마케팅의 활동범위와 복잡성을 인식하고 개별 기업의 특성에 적

✚ 표 1-2 | 마케팅 관점의 비교

<table>
<tr><th>구분</th><th>대중마케팅
(mass marketing)</th><th>표적마케팅
(target marketing)</th><th>일대일마케팅
(one-to-one marketing)</th><th>전략적 마케팅
(strategic marketing)</th></tr>
<tr><td>대상</td><td>대중</td><td>표적집단</td><td>개인</td><td>고객가치</td></tr>
<tr><td>마케팅 목표</td><td>대량판매
(대량생산)</td><td>이익극대화
(효율성)</td><td>가치제공
(고객만족)</td><td>가치창출
(마케팅시스템관리)</td></tr>
<tr><td>시장 접근 방법</td><td>비차별적 마케팅
(undifferentiated marketing)</td><td>차별적 마케팅
(differentiated marketing)
집중 마케팅
(focus marketing)</td><td>데이터베이스 마케팅
(DB marketing)
고객 지향적 마케팅
(customer-oriented marketing)</td><td>총체적/복합적 마케팅
(holistic marketing)</td></tr>
<tr><td>마케팅 지향성</td><td>후행적 시장 지향성
(reactive market orientation)</td><td colspan="2">선행적 마케팅 지향성
(proactive marketing orientation)</td><td>후행적 시장 지향성 +
선행적 마케팅 지향성</td></tr>
<tr><td>마케팅 원리</td><td colspan="2">규모의 경제
(economies of scale)
소품종 대량생산</td><td>범위의 경제
(economies of scope)
다품종 소량생산</td><td>규모의 경제 및
범위의 경제
다품종 대량생산
(모듈화)</td></tr>
<tr><td>마케팅 관리</td><td colspan="2">제품관리(product management)</td><td>고객관계관리
(CRM)</td><td>파트너관계관리
(PRM)</td></tr>
<tr><td>마케팅 성과</td><td colspan="2">시장점유율(market share),
매출액, 고객만족도</td><td colspan="2">고객점유율(customer share),
매출액, 고객만족도,</td></tr>
<tr><td>의사소통</td><td colspan="2">일방향(one-way)</td><td>양방향(two-way)</td><td>네트워킹
(networking)</td></tr>
</table>

합하게 조율하는 접근방식이다. 따라서 후행적 시장 지향성과 선행적 마케팅 지향성을 적절히 혼합한 총체적 내지 복합적 마케팅 지향성(holistic marketing orientation)을 가지게 된다. 전략적 마케팅은 모든 것이 중요하다는 인식하에 기업 내부 및

✚ 그림 1-2 | 전략적 마케팅(strategic marketing)

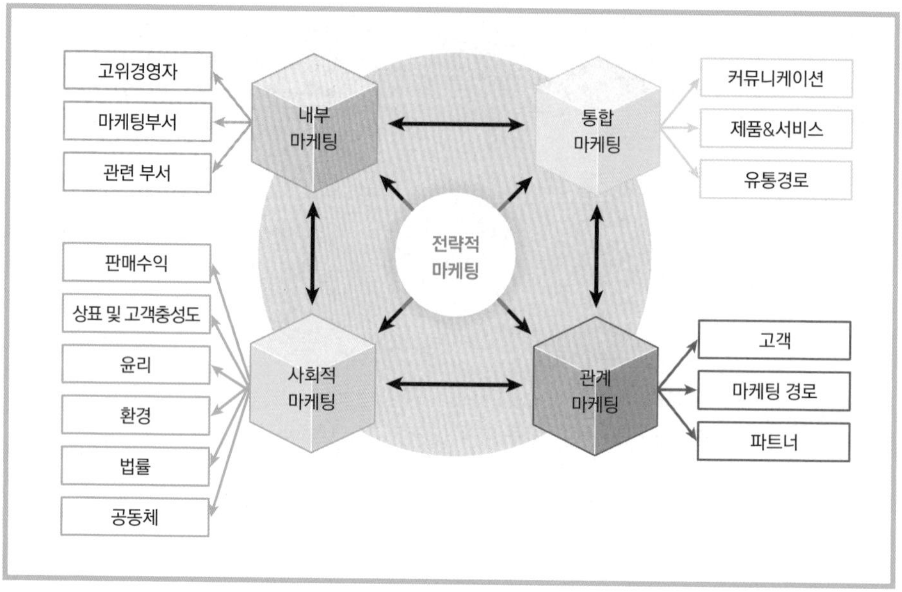

자료: P. Kotler & K. L. Keller (2012), *Marketing Management*, 14th ed., Pearson, p.41.

외부의 이해관계인을 네트워킹하여 상호 의존하는 마케팅 프로그램 및 프로세스를 개발하고 실행한다. 이를 위한 전략적 마케팅의 네 가지 구성요소는 내부마케팅, 통합마케팅, 관계마케팅, 사회적 마케팅이다.

내부 마케팅(internal marketing)은 조직의 모든 구성원, 특히 고위 관리자가 적절한 마케팅 원칙을 포용하는 것이다. 일례로 고객에게 동일한 비용으로 보다 높은 수준의 서비스를 제공하기 위해 유능한 종업원들을 고용하여 훈련시키고 동기를 부여하는 것도 내부 마케팅의 일환으로 진행되어야 한다. 현명한 경영관리자는 기업 내부의 마케팅 활동이 기업 외부에서 행해지는 마케팅 활동만큼 중요하거나 혹은 그보다 더 중요하다는 것을 인식하고 있다. 기업의 구성원들이 고객에게 최상의 서비스를 제공할 준비가 되어 있지 않은데 최상의 서비스 제공을 약속한다는 것은 의미 없는 일일 것이다. 따라서 내부 마케팅은 마케팅 기능과 고객의 관점에서 조화롭게 작동되어야 한다. 일례로 제록스(Xerox)는 모든 직무기술서

(job description)에 해당 직무가 고객에게 어떤 영향을 미치고 있는가를 포함시키고 있다. 제록스의 공장관리자는 만약 공장이 깨끗하고 효율적이라면 공장을 방문하는 잠재고객에게 판매를 촉진하게 된다는 것을 알고 있고, 제록스의 회계원은 대금청구의 정확도와 전화응대의 신속함이 고객의 태도에 긍정적으로 영향을 미친다는 것을 알고 있다.

통합 마케팅(integrated marketing)이란 마케팅 활동들을 고안하고, 고객가치를 만들고, 의사소통하고, 전달하는 능력을 극대화하는 마케팅관리자의 과업을 마케팅 프로그램으로 통합하는 것을 의미한다. 전통적 마케팅에서 마케팅 목적을 달성하기 위한 수단을 마케팅 믹스(marketing mix)라고 하는데, 마케팅 믹스는 제품(product), 가격(price), 유통(place), 촉진(promotion)의 4P로 구성되어 있다. 이는 소비자들에게 영향을 줄 수 있는 이용 가능한 마케팅 수단을 판매자 관점에서 표현한 것이다. 이를 구매자인 고객의 관점에서 보면 고객에게 혜택을 전달하는 과정으로 〈표 1-3〉과 같이 전환될 수 있다.

성공하는 기업은 고객의 필요와 욕구를 경제적이고 편리하게, 그리고 효과적인 방법으로 충족시킬 수 있는 기업이다. 즉 통합적 마케팅을 통해 마케팅관리

✚ 표 1-3 | 전략적 마케팅의 마케팅 믹스(4P)

판매자의 4Ps (McCarthy)	고객의 4Cs (Robert Lauterborn)	SIVA (Chekitan, S. Dev and Don E. Schultz)
제품 (product)	고객의 해결책 (customer solution)	문제해결(solution): 어떻게 나의 문제를 해결할 수 있는가?
가격 (price)	고객 비용 (customer cost)	가치(value): 해결방법을 획득하기 위한 전체적 희생은 얼마인가?
유통 (place)	편의성 (convenience)	접근(access): 해결방법은 어디에서 발견할 수 있는가?
촉진 (promotion)	의사소통 (communication)	정보(information): 해결방법은 있으며, 있다면 어떠한 것들이 있는가?

자들이 다양한 고객들과 의사소통하며 가치를 창출하고 이를 효과적으로 전달하는 데 성공한 기업들이다. 결국 이러한 기업들은 마케팅 활동의 설계와 실행 과정에 다른 기능과 활동들도 함께 고려하여 이들을 조화롭게 조정하고 통합한다. 기업의 수요관리, 자원관리, 네트워크관리 등 다양한 활동들이 하나의 시스템으로 통합되어 성과가 극대화되도록 한다.

관계 마케팅(relationship marketing)은 사업 이익을 발생시키고 유지하기 위해 핵심 당사자들과의 장기적이고 호혜적인 관계 구축을 목표로 하고 있다.* 고객과 종업원을 비롯하여 공급업자, 유통업자, 딜러, 대리점 등의 마케팅 파트너 및 주주, 투자자, 애널리스트 등의 금융공동체와 장기적이고 호혜적인 관계를 구축한다. 기업은 이를 통해 마케팅 네트워크(marketing network)라는 자산을 얻게 된다. 최근의 경쟁은 기업 간이 아니라 마케팅 네트워크 사이에서 전개되고 있다. 기업이 핵심 이해관계자들과 효과적인 관계 네트워크를 구축하면 이익은 따라오게 되어 있다.** 이는 핵심요소에 대한 다양한 관계가 상호 호혜적 거래의 기초가 되기 때문이다.

사회적 마케팅(societal marketing)은 마케팅관리자가 사회복지라는 관점에서 기업의 역할을 생각하고 마케팅 활동을 전개하는 것이다. 소비자의 욕구충족능력이 탁월한 기업은 소비자와 사회 모두에게 장기적인 관점에서 최상의 이익을 제공하기 위한 역할이 무엇인지 정확히 이해하고 이를 수행한다. 일례로 패스트푸드(fast food) 체인의 경우 맛은 있지만 건강에 좋지 않은 음식을 제공한다는 비판을 받아 왔다. 이에 대응하기 위해 맥도널드(Mcdonald's)는 메뉴에 샐러드 등 몸에 좋은 품목을 포함시켰으며, 폴리스티렌 포움 샌드위치와 조가비 모양의 버킷을 종이

---

* E. Gummesson (1999), *Total Relationship Marketing*, Butterworth Heinemann; R. McKenna (1991), *Relationship Marketing*, Addison-Wesley; M. Christopher, A. Paynem and D. Ballatyne (1991), *Relationship Marketing: Bringing Quality, Customer Service, and Marketing together*, Butterwoth Heinemann.

** J. C. Anderson, H. Hakansson, and J. Johanson (1994. 10), Dynamic Business Relationship within a Business Network Context, *Journal of Marketing*, pp.1-15.

포장지와 재생물질 등 환경친화적인 것으로 바꾸었다. 심지어 육류 공급업자에게도 사람에게 영향을 줄 수 있는 성장촉진제 등의 사용을 중지하도록 하여 실제로 항생제의 효력이 감소되는 증거를 확보하였다. 이와 같이 전략적 마케팅에서는 기업의 사회적 책임을 중요시하는 사회적 마케팅 개념(societal marketing concept)을 필수요소로 하고 있다.

사례: 코카콜라는 눈으로 마신다?

사람들에게 코카콜라와 펩시콜라 중에서 어느 것이 더 맛이 좋은지를 물으면 대다수는 코카콜라라고 답하지만, 객관적으로는 둘 사이에 맛의 차이가 거의 없다는 사실이 잘 알려져 있다. 실제로 한 연구에서는 응답자들에게 코카콜라와 펩시콜라를 마시게 한 후 어느 쪽을 선호하는지 물었다. 그 결과 브랜드를 알고 마신 경우에는 65%가 코카콜라를 선호한다고 답했고, 23%만이 펩시콜라를 선호한다고 답한 반면, 브랜드를 모르고 마신 경우에는 44%만이 코카콜라를 선호한다고 답했고, 51%가 펩시콜라를 선호한다고 답함으로써 펩시콜라를 선호하는 사람들의 비율이 더 높게 나타났다. 이러한 결과는 대다수의 사람들이 코카콜라를 선호하는 이유가 코카콜라의 맛 때문이 아니라 코카콜라의 브랜드 때문임을 시사해준다.

그러나 과연 브랜드를 모를 때에는 펩시가 더 맛있다가 브랜드를 알 때에는 코카콜라가 더 맛있어질 수 있을까? 최근 신경과학자들이 수행한 실험이 이에 대한 답을 제공하고 있다. 이 연구자들은 사람들이 코카콜라와 펩시콜라를 마실 때 일어나는 뇌의 활동을 fMRI(기능성 자기공명영상장치)라는 기계를 이용하여 관찰하였다. 특정 영역의 뇌 세포들이 흥분하면 에너지원인 산소가 필요하게 돼 그곳으로 혈액이 공급되는데, fMRI는 이러한 혈액 공급 정도를 측정해 뇌의 어느 영역이 활성화되었는지를 보여주는 도구이다. 그 결과 실험 참가자에게 자신이 마시는 콜라의 브랜드를 알려주느냐, 알려주지 않느냐에 따라 뇌의 활동이 다르다는 것을 발견하였다.

브랜드를 알려주지 않은 상태에서 콜라의 맛을 보면서 맛있는 콜라를 선택하게 한 경우에는 뇌의 영역 중에서 좋은 맛에 반응하는 영역(VMPFC: ventromedial prefrontal cortex-배 안쪽 이마 앞 피질)이 활성화되었다. 그런데 이 영역이 활성화되는 정도는 두 브랜드 사이에 큰 차이가 없어서 맛은 거의 차이가 없다는 것을 보여주었다. 그러나 콜라는 주지 않고 브랜드만 먼저 알려준 경우에는 DLPFC(dorsolateral prefrontal cortex-등쪽 이마 앞 피질)와 해마(hippo-campus)라는 영역이 활성화되었다. 이 영역들은 정서, 기억, 학습과 관련되는데, 이 영역들의 활성화 정도는 코카콜라가 펩시콜라에 비해 더 큰 것으로 나타났다. 더욱 흥미로운 것은 DLPFC라는 영역이 뇌에서 쾌락을 느끼는 중추와 연결되어 있다는 것이다.

결국 사람들의 혀가 아니라 코카콜라의 마케팅에 길들여진 뇌가 콜라에 대한 선호를 형성하는 데 결정적 역할을 한다는 것이다. 연구팀은 '코카콜라 상표를 보면 뇌는 자신에게 호감을 주었던 코카콜라의 광고나 마케팅 등의 기억 때문에 DLPFC를 활성화시키고 그 결과 코카콜라를 선택하는 행동을 이끌어 내는 것'이라고 설명하고 있다.

사람들이 인식하는 '맛'이 반드시 실제 '맛'과 일치하지 않는 것처럼 다른 감각 역시 마찬가지이다. 사람들이 특정 브랜드를 살 것인지를 결정할 때 사용하는 정보는 사람들의 감각기관과 뇌를 거쳐 들어온 것으로 그 과정에서 채색되고 굴절되기 때문에 반드시 객관적인 상태와 일치하는 것은 아니다. 좋은 상품을 만드는 것 못지않게 그 상품이 좋다는 것을 고객들에게 인식시키는 것이 중요한 이유가 여기에 있다.

자료: 박찬수(2014), 마케팅원리, 제5판, 법문사, pp.10-11.

연습문제

❶ 마케팅이 무엇인지 다양한 관점에서 정의하시오.

❷ 마케팅의 출발점인 필요(needs)와 욕구(wants) 및 수요(demand)가 개념적으로 어떠한 차이가 있는지 설명하고, 마케팅관리자가 보다 중요시하여야 하는 요소가 무엇인지 그 이유에 대해 설명하시오.

❸ 오늘날 마케팅 활동에서 고객의 가치를 중시하고 있는데, 고객의 가치 중심 마케팅 활동이 무엇인지 예를 들어 설명하시오.

❹ 오늘날 기업의 마케팅 활동에 대한 문제점이 무엇인지 논의하시오.

❺ 전략적 마케팅이 무엇이지 설명하고, 기업이 이를 도입할 필요성에 대해 논의하시오.

제2장

마케팅관리의 이해

1. 마케팅관리의 의의

1) 마케팅관리의 개념

마케팅관리에 대한 개념도 마케팅이 어떻게 정의되느냐에 따라 달라진다. 초기에는 마케팅관리를 기업의 이익이 증진되는 방향으로 통제가능한 모든 마케팅 수단을 조정하여 변동적인 환경에 창조적으로 적응하도록 마케팅 활동을 관리하는 것으로 보았다.* 이는 기업의 환경적응관점에서 마케팅 활동을 조정관리

* J. A. Harward (1963), *Marketing Management: Analysis and Planning*, rev. ed., p.4.

(coordinative management)하기 위한 의사결정과정으로 보는 것이다. 이 개념에 의하면 기업의 마케팅 활동에 영향을 미치는 마케팅 환경, 마케팅 환경에 적응하기 위한 수단으로서의 마케팅 활동, 마케팅 수단의 조정 · 통합기준이 되는 기업의 이익이 마케팅관리의 기본요소가 된다. 현대 마케팅의 개념을 정립한 코틀러(P. Kotler)는 마케팅관리를 조직의 목표달성을 목적으로 목표시장과 상호 유익한 교환관계를 형성하고 유지하기 위한 프로그램을 세우고 그러한 프로그램을 분석하고, 계획하고, 실행하며 통제하는 것으로 보았다.* 즉 교환을 통하여 소비자 및 조직의 목표를 달성하고자 제품, 서비스, 아이디어 등의 개념설정, 가격결정, 촉진, 유통 등을 계획하고 실행하는 과정(Marketing Management is the process of planning and executing the conception, pricing, promotion, and distribution of goods, services, and ideas to create exchange with target groups that satisfy customer and organizational objectives.)이라는 것이다.** 코틀러는 이러한 마케팅관리를 목표시장을 선정하고, 우수한 고객 가치를 창출, 전달, 의사소통함으로써 고객들을 확보, 유지 그리고 성장시키는 예술이자 과학이라고 주장하였다.*** 미국마케팅학회(AMA: American Marketing Association)는 마케팅관리를 조직과 개인의 목표달성을 위하여 아이디어, 재화, 서비스 등의 개념, 가격, 촉진, 유통 등을 계획하고 실행하는 과정(the process of planning and executing the conception, pricing, promotion, and distribution of ideas, goods, and services to create exchanges that satisfy individual and organizational objectives.)으로 보고 있다.****

이상에 살펴본 마케팅관리에 대한 다양한 견해를 종합하면 마케팅관리(marketing management)란 기업의 이익증진을 목적으로 통제가능한 마케팅 수단을 조

---

* P. Kotler (1988), *Marketing Management*, 6th ed., Prentice-Hall, pp.11-12.

** P. Kotler (1994), *Marketing Management: Analysis, Planning, Implementation, and Control*, 8th ed., Prentice-Hall, p.13.

*** P. Kotler & K. L. Keller (2012), *Marketing Management*, 14th ed., Pearson, p.27.

**** American Marketing Association (1988), *Dictionary of Marketing Terms*, Bennett, P. D. (ed.), p.116.

정하여 변화하는 마케팅 환경에 창조적으로 적응하는 활동이라고 할 수 있다. 즉 기업은 고객의 욕구 충족과 함께 기업의 목표를 달성할 수 있는 마케팅 목표를 설정하고 이의 달성을 위해 생산자로부터 소비자 또는 사용자에게 제품 및 서비스를 유통시키는 기업의 마케팅 활동을 효율적으로 전개하여야 하는데, 이를 위해 기업의 마케팅 활동을 계획(plan)하고 실행(do)하고 통제(see)하는 과정이다.

2) 마케팅관리의 이념: 마케팅 개념

기업의 마케팅관리자가 마케팅관리를 실행하고자 하면 무엇보다도 먼저 마케팅 분야에서 담당해야 할 활동의 방향과 범주를 결정하여야 한다. 기업의 마케팅관리자가 마케팅을 어떻게 정의하고 이를 운영하기 위한 관리이념을 어떻게 정의하느냐 따라 이 기업의 마케팅 활동이 달라질 것이다. 이러한 의미에서 맥케나(R. Mckenna)는 마케팅을 기능이 아니라 기업을 경영하는 철학이라고 보았다.* 인시디드(INSEAD) 경영대학원 제인(D. Jain) 학장도 마케팅은 단순한 기능이 아니라 마음가짐이기 때문에 자신과 연결되어 있는 환경에 대해 성찰한다는 측면에서 철학이라고 하였다.**

마케팅관리의 이념, 즉 마케팅 개념(marketing concept)은 시대에 따라 기업 중심에서 고객 지향으로 변화하면서 다양하게 전개되고 있다. 마케팅관리 이념은 초기 기업 중심의 전통적 마케팅 개념에서 고객 지향의 현대적 마케팅 개념으로 전환되었고, 최근에는 통합적 관점의 전략적 마케팅 개념을 새롭게 모색하고 있다.

전통적 마케팅 개념에는 생산 중심 개념, 제품 중심 개념 및 판매 중심 개념이 있다. 이들 중 가장 오래된 마케팅 개념은 생산 지향적 이념인 생산 중심 개

---

* R. McKenna (1991), *Relationship Marketing*, Addison-Wesley, 1991.

** 안광호 · 권익현 · 임병훈(2013), 마케팅, 제5판, p.7.

✚ 그림 2-1 | 마케팅관리의 이념: 경영 철학으로서의 마케팅 개념(Marketing Concept)

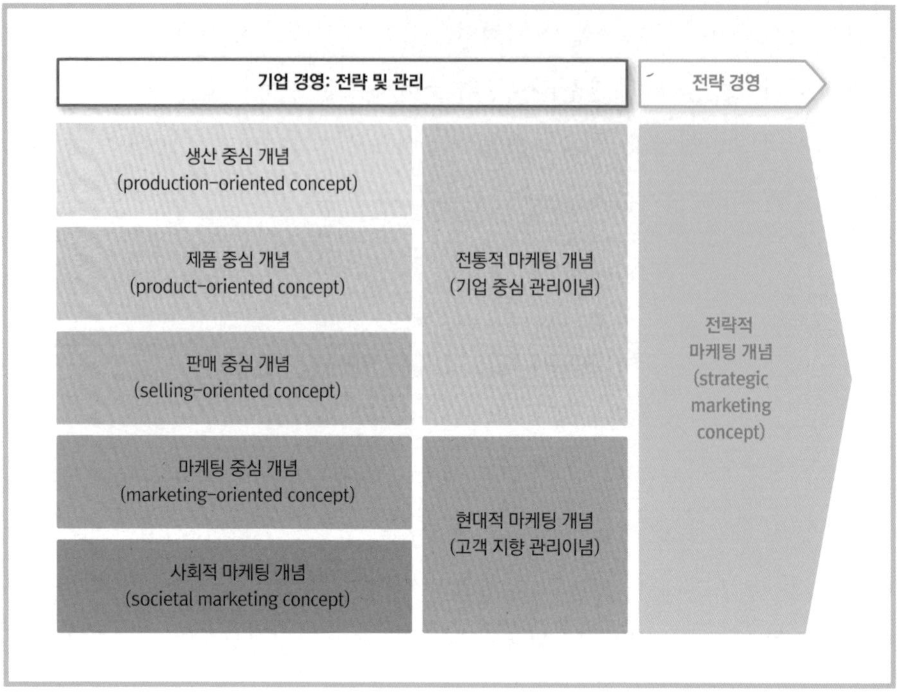

념(production-oriented concept)이다. 이는 제품의 수요가 공급을 초과하는 상황을 전제로 하고 있다. 수요가 공급을 초과하는 상황에서 소비자의 주요 관심은 제품의 질적 수준이 아니라 제품의 구입가능성과 낮은 가격이다. 소비자는 경쟁제품의 가격을 잘 알고 있고 제품의 성능 · 포장 · 디자인 등의 비가격적 요인을 중요시하지 않는다. 따라서 기업은 생산과 유통을 개선하여 능률을 높임으로써 비용을 절감하는 것이 고객확보의 주요 수단이 되기 때문에 생산량을 증대시키고 이를 통해 생산비를 낮추는 데 주력하게 된다. 생산은 곧 판매이자 마케팅인 것이다. 이러한 개념은 최근에도 일시적 초과 수요 현상, 특히 신제품의 출시 초기에 나타나기도 하고, 기업이 시장 확장 전략을 선택하여 높은 생산효율성에 낮은 원가로 대량 유통(mass-distribution)을 하고자 노력하는 경우에 나타나기도 한다.

제품 지향적 이념인 제품 중심 개념(product-oriented concept)은 소비자들이 품질 · 성능 · 특성이 가장 우수한 제품을 선호하기 때문에 기업은 제품개선에 노력하여야 한다는 관리이념이다. 이 이념에서는 소비자들이 기본적 욕구 충족만을 위해 제품을 구입하는 것이 아니기 때문에 소비자들의 주요 관심이 제품의 품질에 있다고 보고 있다. 더욱이 소비자들은 경쟁품의 품질이나 성능 등을 잘 알고 있기 때문에 같은 가격이라면 경쟁제품과 품질을 비교하여 최고 품질의 제품을 구매한다. 그러므로 품질개선이 고객유치의 주요 수단이 된다. 이 개념에서는 품질이 곧 마케팅의 성패를 좌우하기 때문에 기업은 품질 좋은 제품을 생산하고 제품의 품질을 지속적으로 개선하고자 노력한다. 이 개념에 의거한 마케팅 활동은 소비자가 인정하고 원하는 품질이 아닌 생산자 입장에서 최고의 품질을 추구하기 때문에 소비자에게 신제품이 외면되는 신제품 오류(better-mousetrap fallacy) 또는 현재 생산하고 있는 제품의 품질 개선에만 주력하는 마케팅 근시안(marketing myopia)에 빠질 수 있다.

전통적 마케팅 개념의 마지막은 판매 지향적 이념인 판매 중심 개념(selling-oriented concept)이다. 이 개념에 의하면 소비자들은 그대로 두면 상품을 구입하지 않기 때문에 소비자들이 자사 제품을 구입하도록 소비자와 직접 접촉하면서 적극적이고 공격적인 판촉 및 판매활동을 전개하여야 한다는 것이다. 이 개념에서 제품은 소비자에 의해 구매되는 것이 아니라 기업에 의해 팔리는 것으로 본다. 일반적으로 소비자는 대다수의 제품에 대해 구매저항을 가지고 있어 꼭 필요한 제품이 아니면 구입하지 않는다. 따라서 기업은 다양한 구매 자극 수단에 의해 소비자들이 자사 제품을 보다 많이 구매하도록 유도하는 동시에 고객유지를 위해 강력한 판매조직을 통하여 보다 적극적인 판매활동을 지속적으로 전개하여야 한다. 이 개념을 채택하고 있는 기업에서는 선형 마케팅(linear marketing)의 특성이 나타난다. 고객이 구매하고자 하는 상품을 만들어 판매하는 것이 아니라 이미 만들어진 상품을 고객에게 강매하는 방식(product out system)으로 판매하는 것이다. 그러므로 다소 고압적 자세의 마케팅 방식이라 할 수 있다. 이러한 마케팅 개념은 영업사원을 통한 자동차 판매의 경우와 같이 제품의 판매경쟁을 위해 다양한 판촉활동이나 판매활동을 적극적으로 전개하는 경우, 소비자들이 스스로 구매하려 하지 않는 생명보험, 장의용품, 백과사전 등과 같은 미탐색품(unsought goods)을 공격적으로 판매하고자 하는 경우, 과잉 생산된 제품을 조속히 판매하고자 하는 경우 등에 적합하다. 최근에는 자선단체의 기부금 모집이나 선거에서 후보자의 선전 등 비영리마케팅에서도 채택되고 있다. 이 개념에 의한 마케팅 활동은 고압적 자세의 강매식 판매이기 때문에 소비자들로부터 반감을 유발할 수 있다는 한계가 있다.

고객 지향적 관리이념인 현대적 마케팅 개념에는 마케팅 중심 개념과 사회적 마케팅 개념이 있다. 마케팅 중심 개념(marketing-oriented concept)은 소비자의 필요(needs)와 욕구(wants)를 잘 이해하고 이를 충족시킬 수 있는 제품이나 서비스를 제공하여야 한다는 이념에 근거를 두고 있다. 이 개념은 1950년대 중반에 출현되었으나 우리나라에서는 1997년 외환위기 이후 기업의 세계화와 개방화에 대한 압력이 강화되면서 채택되기 시작하였다. 이 개념에 의하면 소비자는 필요와 욕구를 가장 많이 충족시켜주는 제품이나 서비스를 선호한다는 전제하에 소비자들을 필요와 욕구에 따라 상이한 집단으로 구분하여 시장을 세분화하고(market segment), 고객의 유치 · 확보를 위해 목표시장을 선정 · 조사하여 해당 시장 소비자의 욕구 충족도가 높은 제품이나 서비스를 제공하기 위한 효율적 마케팅 프로그램을 개발 · 실행한다.

마케팅 중심 개념은 고객중심주의(customer orientation)에 바탕을 두고 있다. 기업의 마케팅 활동은 소비자의 욕구 충족에 있다. 소비자의 만족(satisfaction)과 함께 장기적으로 소비자의 복리(welfare)를 증진시키는 것이 중요하다. 이러한 의미에서 기업은 100명의 고객을 확보하는 것보다 1명의 불만족 고객을 만들지 않는 것을 더 중요시한다. 또한 만들어서 판매하는 철학, 즉 생산된 제품에 맞는 소비자를 찾는 것이 아니라, 느껴서 반응하는 철학, 즉 소비자를 위해 맞는 제품을 생산하는 것이다. 결국 기업의 경영방식은 고객만족경영을 추구한다. 상품이 아니라 고객을 사랑하여야 한다는 사고방식을 가지고 기업은 고객의 취향을 파악하여 고객에게 가치 있는 상품을 제공함으로써 고객을 만족시키고 더 나아가 고객을 기쁘게 하여야 하는 것이다. 고객만족을 넘어 고객감동을 실현하고자 한다. 이를 위해 기업은 우선적으로 소비자의 필요(needs)와 욕구(wants)를 조사하여 제품에 반영하고 이를 판매한 후 고객의 반응을 제품 개선에 반영하는 순환형 마케팅(cyclical marketing)을 추구하게 된다.

마케팅 중심 개념은 목표 지향적 기업활동(goal directed company behavior)을 추구한다. 이는 시장 중심적(market focus) 사고를 반영한 것이다. 아무리 큰 기업이라도 전체 시장의 모든 고객을 만족시킨다는 것은 불가능하다. 따라서 기업은 고객의 니즈를 분석하여 시장을 세분화(segmentation)하고 그중에서 효과적으로 공략할 수 있는 목표시장을 선정(targeting)하여 자사의 상품위상을 고객의 마음속에 효과적으로 위치시키는(positioning) STP 전략을 추구한다.

마케팅 중심 개념을 채택한 기업은 전사적(total) 또는 통합적(integrated) 마케팅 활동을 통해 기업의 모든 활동을 마케팅 중심으로 통합하여 효율적으로 수행함으로써 수익성(profitability)을 극대화하고자 한다.

현대적 마케팅 개념인 마케팅 중심 개념과 전통적 마케팅 개념인 판매 중심의 개념을 비교하면 〈표 2-1〉과 같다.

사회적 마케팅 개념(societal marketing concept)은 목표시장에서 소비자의 필요와 욕구를 발견하고 충족시킴은 물론 소비자와 사회 전체의 이해관계를 조정하

✚ 표 2-1 | 판매 중심 개념과 마케팅 중심 개념의 비교

구분	초점	출발점	관심 대상	수단	목적	내용
판매 개념	판매자 필요	공장	기존 제품	판매 및 촉진	판매량 증대를 통한 이익	제품을 현금화하려는 판매자의 필요에 의한 개념
마케팅 개념	구매자 필요	시장	고객 욕구	통합적 마케팅	고객만족을 통한 이익	제품과 제품의 창출, 전달 및 최종 소비와 관련된 모든 수단의 통합에 의해 고객의 필요와 욕구를 충족시키려는 개념

자료: P. Kotler & G. Armstrong (2014), *Principles of Marketing*, 15th ed., Pearson, p.32에서 수정 · 보완.

고 공공의 이익 및 복지 증진을 위해 노력하여야 한다는 관리이념이다. 이 개념에서는 기업의 사회적 · 윤리적 활동과 책임을 강조하고 있다. 이는 기업의 이윤 창출에 사회 전체의 이익도 고려하여 사회복지와 고객만족 및 기업목적 실현을 동시에 실현하고자 하는 개념이다. 그린 마케팅(green marketing)을 통해 환경오염에 대응한다거나 인구증가에 따른 자원부족 등의 문제에 공동으로 대처하는 것 등이 사회적 마케팅 개념을 도입한 것이다. 이 개념을 도입한 기업의 마케팅에서는 목표시장 소비자의 필요와 욕구 충족 및 기업의 이익을 동시에 달성할 수 있는 방법을 선택하되 이 방법이 사회 전체의 복리를 보전하고 증진하는 데 있어 경쟁자보다 더 효과적이고 효율적이어야 한다. 즉 기업의 이익, 소비자의 욕구 충족 및 공공의 이익 간 균형이 유지되도록 세심하게 조율하여야 한다.

전략적 마케팅 개념(strategic marketing concept)은 마케팅과 관련된 환경 및 이해관계자들의 전체적 이익 증진을 위해 전략적으로 가치시스템을 구축 · 운영 · 관리하여 마케팅 활동의 효율성과 효과성을 추구하는 복합적 관리이념이다. 여기서 이해관계자란 생산자, 판매자, 구매자, 사용자, 유통업자, 운송업자, 창고업자, 폐기업자, 환경관리자, 사회운동가, 정부, 일반대중 등 직간접적 관계인 및 잠재적 관계인까지 모두 포함한다. 전략적 마케팅 개념은 기본적으로 고객 지향적(consumer oriented)이고 경쟁 지향적(competition oriented)이며 사회적 책임 지향적(social responsibility oriented)이라는 점에서 마케팅 중심 개념과 사회적 마케팅 개념과 별로 다를 것은 없다. 다만 사업목표를 명확히 설정하고 이의 효율적 달성을 위해 기업 전체가 하나의 시스템으로 움직이는 사업 목표 지향적(business objective oriented) 특성을 가지고 있다. 사업목표 달성을 위해서는 기업의 모든 활동이 마케팅 중심으로 통합 · 조정되는 통합적 마케팅관리시스템(integrated marketing management system)의 구축과 운용이 필요하다. 전략적 마케팅관리를 기존의 전통적 마케팅관리와 비교하면 〈표 2-2〉와 같다.

전략적 마케팅 개념을 보다 체계적으로 분석해 보면 첫째, 전략적 마케팅에서도 마케팅 활동은 고객의 필요와 욕구 파악에서부터 출발한다. 고객들이 현

✚ 표 2-2 | 전통적 마케팅관리와 전략적 마케팅관리의 비교

전통적 마케팅관리	전략적 마케팅관리
마케팅 책임은 마케팅 부서가 담당	직원을 포함한 모든 이해관계인은 고객에게 영향을 미치고, 고객을 조직 성장의 원천으로 간주
제품 단위별로 조직화	세분시장별로 조직화 → 세분조직의 Networking
모든 활동을 내부에서 자체적으로 수행	핵심 활동은 보유하고, 기타 활동은 효율성을 위해 외부에 위탁(outsourcing)
많은 공급자를 활용	가치를 전달할 수 있는 소수 공급업자들을 파트너화
오래된 시장지위에 의존	신규 마케팅의 이점을 전략적으로 활용
유형 자산 강조	브랜드 가치, 고객 · 직원 · 유통기업 · 공급기업 등과의 관계와 지적 자산 중시
광고를 통한 브랜드 구축	성과와 통합 커뮤니케이션을 통한 강력한 브랜드 구축
상점과 영업사원을 통한 고객 유인	오프라인뿐 아니라 온라인 등 다양한 방법을 통한 고객 유인
모든 소비자를 대상으로 판매활동 전개	정립된 목표 세분시장에 집중하여 가장 좋은 이미지의 기업으로 마케팅 활동 선도
거래 이익에 집중	고객생애가치에 집중
시장점유율 획득 추구	고객점유율 확대 추구
국지적	글로벌한 동시에 국지적(glocalization)
재무적 성과에 집중	고객 가치 기반의 마케팅 성과에 집중
주주에 초점을 맞춤	이해관계자에 초점을 맞춤

재 무엇을 원하고 있는지를 이해하여야 할 뿐만 아니라 향후 무엇을 원하게 될지를 예측하여야 한다. 오늘날 히트 상품이나 선도기업의 성공비결은 대부분 현재 고객들이 원하는 것을 기존 상품들보다 더 잘 충족시켜주거나 고객들이 앞으로 원하게 될 것을 미리 내다보고 준비하여 경쟁기업보다 먼저 제공한 것이었다.

둘째, 고객에게 경쟁기업보다 더 큰 가치와 편익을 제공하고자 한다. 전략

적 마케팅 개념을 채택한 기업은 고객의 욕구를 단지 이해하는 데에서 그치지 않고 이러한 욕구를 충족시킬 수 있는 효율적 수단과 효과적 방법을 찾아내고자 한다. 이는 고객에게 좋은 상품을 저렴한 가격에 공급하는 것에 그치는 것이 아니라 고객에게 가장 큰 가치나 편익을 제공할 것으로 생각되는 제품과 서비스를 창출하여 제공하는 것이다.

셋째는 고객의 생애가치(customer lifetime value)에 중심을 두고 획득한 고객의 유지에 중점을 두는 마케팅 활동을 전개한다. 이는 고객을 유지하는 데 드는 비용보다 새로운 고객을 획득하는 데 드는 비용이 훨씬 더 많기 때문이다. 따라서 전략적 마케팅에서는 고객의 평생 생애가치를 분석하여 평생 동안 기업의 이익에 기여하는 정도를 기준으로 고객을 분류하고 기여도가 큰 고객과의 관계 형성과 유지를 위해 고객관계관리(CRM: Customer relationship management)를 전략적으로 활용한다. 기업이 고객관계관리에 노력하는 것은 궁극적으로 고객자산을 만들어 내고자 하는 데 목표가 있다.* 여기서 고객자산(customer equity)이란 현재고객과 잠재고객 각각의 할인된 고객생애가치를 합한 것을 말한다. 수익성이 높은 고객이 기업에 대해 더 높은 충성도를 보일수록 그 기업의 고객자산은 증가한다. 고객자산은 현재의 매출 혹은 시장점유율보다 더 나은 기업성과지표가 될 수도 있다. 매출과 시장점유율은 과거의 기업성과를 반영하는 반면 고객자산은 미래의 성과를 반영하기 때문이다.**

전략적 마케팅에서는 80:20의 규칙(rule), 일명 파레토 법칙(Pareto's Law)을 활용한다. 생애가치가 높은 고객들은 소수에 불과하지만 이들이 기업 이익의 대부분을 창출하는 현상을 80 대 20 규칙이라고 한다. 즉 생애가치가 높은 20%의 고객이 기업 이익의 80%를 창출한다는 것이다. 이 규칙에 따라 기업은 고객을 세분

---

* C. Gronroos and P. Helle (2012), Return on Relationship: Conceptual Understanding and Measurement of Mutual Gains from Relational Business Engagements, *Journal of Business & Industrial Marketing*, Vol.27, Iss. 5, pp.344-359.

** P. Kotler & G. Armstrong (2014), *Principles of Marketing*, 15th ed., Pearson, p.43.

화하여 집단별로 관리 방법을 달리한다. 기업의 목표는 생애가치를 높이는 것이지 수익성이 높든 낮든 모든 고객들을 무조건 유지하는 것이 아니라는 것이다. 경우에 따라서는 고객과의 관계를 축소하거나 단절하는 역마케팅(demarketing)을 전개하기도 한다.

전략적 마케팅에서는 고객의 개념을 최종소비자에서 이해관계인으로 확장하고 있다. 실제 마케팅 활동에서 모든 최종소비자들을 파악한다는 것은 불가능하다. 기업들은 최종소비자 대신 중간상들을 대상으로 마케팅 활동을 병행하며 기업에 대한 긍정적 태도를 가진 중간상들이 기업을 대신해 최종소비자들에게 원하는 상품과 서비스를 제공할 수 있도록 이들을 지원하고 관리한다.

마지막으로 전략적 마케팅에서는 이익을 목표로 보는 것이 아니라 효율적 마케팅 활동의 결과로 인식한다. 기업은 이익극대화를 목표로 한다. 그러나 기업을 경영하든 기업에서 마케팅 활동을 전개하든 이 일을 담당한 관리자들이 이익을 목표로 한다면 전략적 제약이 많을 수밖에 없다. 실제로 할인판매나 묶음판매 등은 이익극대화의 원칙에서 벗어난 것이다. 그러나 이러한 방식은 지금 당장의 단기적 이익이 다소 줄더라도 장기적 이익에 효율적이라고 판단되기 때문에 기업의 마케팅 전략수단으로 활용되고 있다. 즉 기업의 마케팅 활동을 효율성에 입각하여 전략적으로 영위하다 보면 결과적으로 이익이 극대화되는 것으로 본다.

경영철학으로서의 마케팅관리 이념은 지금까지 살펴본 바와 같이 전통적 마케팅 개념에서 현대적 마케팅 개념으로 전환되었고 최근에는 전략적 마케팅 개념이 대두되기 시작하였다. 이상의 개념들을 비교하면 〈표 2-3〉과 같다.

✚ 표 2-3 | 마케팅관리 이념의 비교

구분	마케팅 초점	마케팅 목표	마케팅 수단	마케팅 방향	마케팅 정의
전통적 개념	제품	이익 극대화 (기업이익)	판매와 광고	일방향	판매 내지 전달
현대적 개념	고객	고객만족 (가치제공)	통합적 마케팅 믹스	양방향	통합적 기능
전략적 개념	환경	이해관계 (가치창출)	전략적 관리	네트워킹	가치시스템

2. 마케팅의 관리과정

마케팅의 관리과정은 크게 마케팅 계획수립, 계획실행, 실행결과의 평가 및 통제로 이루어진다.

✚ 그림 2-2 | 마케팅의 관리과정

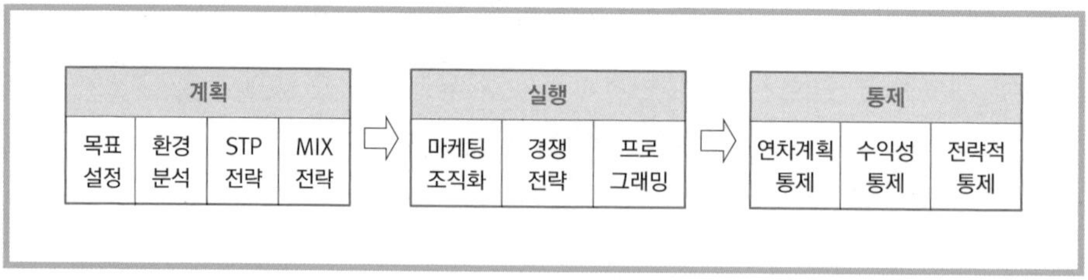

1) 마케팅 계획: 수립과 조직화

마케팅관리는 기업의 최고경영자로부터 시작된다. 기업의 최고경영자가 기업전략을 수립할 때부터 마케팅 전략을 반영하여 관리를 시작한다. 따라서 기업전략이 매크로(macro) 전략이라면, 마케팅 전략은 기업전략을 수행하기 위한 미크로(micro) 전략의 성격을 갖게 된다. 오늘날 마케팅 전략은 기업의 최고경영자가 수립한 기업전략을 실제로 구현하기 위한 가장 핵심적 역할을 담당하고 있다.

기업목표 달성을 위해 마케팅 계획을 수립하고자 한다면 우선 마케팅 목표를 설정하여야 한다. 마케팅의 목표는 크게 성장목표와 성과목표로 구분할 수 있다. 성장목표란 단기적으로 수익성이 다소 나빠지더라도 장기적으로 매출액이나 시장점유율의 확대를 도모하는 전략이다. 시장침투전략, 신상품개발전략, 시장개발전략 등이 이러한 범주에 속한다. 반대로 성과목표는 장기적 매출액이나 시장점유율이 감소하더라도 단기적 수익성 향상을 도모하는 전략이다. 비용절감전략이나 매출액증대전략 등이 이에 속한다.

마케팅 계획의 두 번째 과정은 환경을 분석하는 일이다. 환경분석을 위해서는 SWOT분석 및 경쟁분석을 행하여야 한다. SWOT분석이란 기업의 내부환경을 분석하여 강점(strength)과 약점(weakness)을 평가하고 기업의 외부환경을 분석하여 기회요인(opportunity)과 위협요인(threat)을 평가하여 이를 매트릭스 형태로 정리한 것이다. 기업의 내부환경에서는 보유자원, 핵심역량, 기능 등의 강점과 약점을 분석한다. 기업의 외부환경에 대해서는 시장분석과 소비자분석을 행한다. 시장분석을 통해서는 시장의 기회를 확인(market opportunity identification)하고 기업이 시장에서 활용할 수 있는 기회요인을 평가(market opportunity evaluation)한다. 소비자분석에서는 소비자의 니즈, 소비자 행동 특성 및 소비심리 등을 분석한다. 경쟁분석에서는 어디서 어떤 기업과 어떻게 경쟁할 것인가를 과학적으로 분석하여 가장 효과적인 대안을 마련하여야 한다.

시장분석이 완료되면 이를 근거로 기업의 마케팅 전략을 수립하여야 하는

데, 일반적으로는 STP 전략을 수립한다. STP 전략이란 소비자들을 각각의 상이한 욕구, 특징, 행동 등에 따라 시장을 분류하는 시장세분화(market segmentation), 한정된 자원을 활용하여 가장 효과적으로 공략할 수 있는 세분시장을 목표시장으로 선택하는 목표시장 선정(targeting), 시장과 목표고객들의 머릿속에 명백하고 바람직한 위치를 점유할 수 있도록 제품을 각인시키는 포지셔닝(positioning)을 말한다.

STP 전략 방향이 결정되면 마케팅 믹스전략을 개발하여야 한다. 마케팅 믹스(marketing mix)란 마케팅 활동을 효율적으로 수행하기 위하여 활용하는 마케팅 수단을 의미한다. 즉 통제가능한 마케팅 수단을 적절히 혼합(mix)하여 마케팅 활동이 효율적으로 수행될 수 있도록 하는 의사결정이다. 마케팅 믹스의 수단에 대해 맥카시(McCarthy)는 제품(product), 가격(price), 유통(place), 촉진(promotion)의 4P로 규정하였고, 키건(W. Keegan)은 여기에 조사활동(Probe)을 추가한 5P를 제시하였다.

✚ 표 2-4 | 마케팅 믹스: 4P

제품(Product)	가격(Price)	유통(Place)	촉진(Promotion)	기타
제품계열, 품목, 품질, 내구성, 크기, 디자인, 상표, 포장, 서비스, 보증, 반품 등	기본가격, 신용조건, 운송비, 할인, 공제, 할부조건 등	유통경로의 유형과 추이 및 구조, 물적유통, 판매지역 등	광고, 인적판매, 판매촉진, 홍보활동, 직접마케팅 등	서비스, 연구개발

최근에는 4P에 유형적 증거(Physical evidence), 사람(People), 프로세스(Process)의 3P를 추가하여 확장된 마케팅 믹스를 제시하기도 한다.

유형적 증거(Physical evidence)란 무형성에 따른 소비자의 불안감을 떨쳐버리기 위해 서비스의 무형적 요인을 유형적 요인으로 바꾸고자 하는 전략을 말한다. 적절한 내부디자인과 배치, 색상, 향기, 배경음악, 근무자의 복장 등이 유형화 작업의 일환이라고 할 수 있으며 기업의 브랜드, 로고, 상징물을 비롯하여 음악회나 영화상영 같은 이벤트를 실시하는 것도 직접 눈으로 볼 수 있는 유형적 증거를 제시하기 위한 전략의 일환이라고 할 수 있다.

사람(People)은 상품을 생산하고 서비스를 수행하는 것이 대부분 사람이기 때문에 마케팅 믹스의 한 요인으로 강조되고 있다. 제품의 생산과 서비스의 제공자로서 사람의 자질, 외모, 말투, 예절, 신뢰성, 적응성, 능력 등 인적요인은 마케팅 활동 및 전략의 중요한 차별화 요인이 되고 있다. 일례로 선도 글로벌 항공사로서 세계 최고 수준의 서비스 제공을 목표로 하는 대한항공에서는 승무원들에게 보다 세련되고 고급스러운 흰색과 안정된 느낌의 파란색을 잘 조화시킨 정장의 유니폼을 입힌다. 반면에 젊은 20~30세대가 주 고객층인 대한항공의 저가항공사 진에어 승무원들은 정장 차림에서 벗어나 청바지와 티셔츠 등 캐주얼한 의상을 입는다. 이러한 유니폼을 통해 진에어가 더욱더 가격에 승부하고 있음을 고객에게 부각시키고 있다.

프로세스(Process)는 생산에서부터 소비까지의 과정에서 발생하는 다양성과 특수성에 기인한 문제들을 효과적으로 해결하기 위한 절차를 말한다. 불완전한 인간이 생산 · 소비하는 제품과 서비스의 편차로 고객들의 불안감이 커지자 관련 프로세스의 표준화를 통해 해소하고자 하는 것이다. 최근 병원에서 입원이나 보험처리 절차 등을 체계화하여 서비스의 속도와 질을 제고하고자 하는 것도 이러한 맥락에서 이루어지고 있는 것이다.

2) 실행: 마케팅 프로그래밍

마케팅 계획이 수립되면 이를 실행하여야 한다. 마케팅 계획을 효율적으로 실행하기 위해서는 마케팅을 담당할 관리자를 선발하고 업무를 할당하는 등의 조직화가 이루어져야 한다. 마케팅 부문의 조직화(marketing department organization)를 위해서는 마케팅관리자를 선발하여 교육시키고, 이들에게 업무를 부여하고 생산 · 재무 · 연구개발 등 다른 부서와 긴밀한 협조가 이루어질 수 있도록 조정하고 마케팅관리자의 업무성과를 분석하여 환류(feedback)하여야 한다.

마케팅 계획이 성과를 얻기 위해서는 현재 자사의 경쟁적 위치에 적합한 경쟁적 마케팅 전략(competitive marketing strategies)이 실행되어야 한다. 즉 자사의 경쟁적 위치가 시장선도자(market-leader)인지, 시장도전자(market-challenger)인지 혹은 시장추종자(market-follower)인지, 시장적소자(market-nicher)인지에 따라 전략의 실행방향이 달라져야 한다.

마케팅 부문의 조직화와 경쟁적 위치선정(positioning)이 이루어지면 마케팅 프로그램을 실행(implementing marketing programs)하여야 한다. 이를 위해 마케팅관리자는 마케팅 조직을 효율적으로 운영할 수 있는 활동 프로그램(action programs) 및 의사결정과 보상시스템(decision and reward system)을 개발하고 프로그램에 적합한 인적자원(human resources)을 발굴하여 업무를 부과하여야 하며, 업무담당자가 업무에 전념할 수 있도록 안정적 조직분위기(organizational climate)를 조성하여야 한다.

3) 마케팅 통제

마케팅 계획이 실행에 들어가면 계획대로 원활하게 진행되고 있고 목표한 성과를 거둘 수 있는지에 대해 항상 점검 · 확인하여야 하며, 목표와 성과 간에 차이가 발생하였다면 그 원인을 분석하여 시정조치를 취하여야 하는데 이를 마케팅 통제(marketing control)라고 한다. 즉 마케팅 전략 및 계획의 실행결과를 평가하고 마케팅 목표가 성취될 수 있도록 시정조치를 취하는 활동을 말한다.*

마케팅 통제에는 전술적 통제와 전략적 통제가 있다. 전술적 통제(operating

* P. Kotler & G. Armstrong(2014), *Principles of Marketing*, 15th ed., Pearson, p.81.

control)는 연간 마케팅 계획에 대비한 실제 성과를 지속적으로 확인하고 필요할 때마다 시정조치를 취하는 것이다. 전술적 통제의 목적은 연간계획에서 결정된 판매 및 이익 등의 목표를 확실하게 성취하도록 하는 것이다. 또한 각 제품, 영업지역, 시장, 유통경로별 수익성을 관리하는 것도 포함된다. 구체적으로는 연차계획 통제와 수익성 통제가 행해진다. 연차계획 통제(annual plan control)는 연차계획에서 결정된 매출 및 이익 등의 목표를 달성하기 위해 행하는 전술적 통제이다. 수익성 통제(profitability control)는 현재 진행되고 있는 마케팅 활동의 결과로 목표한 수익이 확보될 수 있는가를 검토하는 전술적 통제이다. 전략적 통제(strategic control)란 연차계획 통제와 수익성 통제가 행해진 다음에 이루어지는 통제로서 마케팅 계획이 수립 당시의 목표와 방식대로 진행되고 있는가를 점검하는 것이다. 전략적 통제의 가장 중요한 수단이 마케팅 감사(marketing auditing)이다. 마케팅 감사는 기업의 마케팅 활동에서 발생한 문제를 찾아내고 마케팅 성과를 개선하기 위한 방안 등을 마련하기 위해 독립적 · 체계적으로 행하는 평가이다. 마케팅 감사는 마케팅 활동의 결과는 물론 과정에도 초점을 맞추고 있다.

연습문제

❶ 마케팅 관리이념에 대하여 설명하시오.

❷ 현대 마케팅 활동에 필요한 전략적 마케팅 이념을 전통적 마케팅 이념과 비교하여 설명하시오.

❸ 마케팅의 관리과정에 대하여 설명하시오.

❹ 마케팅 믹스 요소를 4P 및 7P의 관점에서 설명하시오.

❺ 오늘날의 상황에서 요구되는 마케팅관리자의 역할과 책임에 대해 논의하시오.

M A R K E T I N G

제2부

마케팅 환경

제3장 마케팅정보시스템과 마케팅조사

제4장 시장분석

제5장 소비자분석

제3장

마케팅정보시스템과 마케팅조사

1. 마케팅정보시스템

1) 마케팅정보시스템의 의의

마케팅정보시스템에 대해 코틀러(P. Kotler)는 마케팅 의사결정자를 위해 적기에 정확하고도 필요한 정보를 수집 · 분류 · 분석 · 평가 및 공급하는 구성원, 설비 및 절차로 구성된 체계로 정의하고 있다.* 제인(S. C. Jain)은 시장조사, 마케팅조사, 마

* P. Kotler & K. L. Keller (2012), *Marketing Management*, 14th ed., Pearson, p.91. (A marketing information system consists of people, equipment, and procedures to gather, sort, analyze, evaluate, and distribute needed, timely, and accurate information to marketing decision makers.)

케팅 인텔리전스 등을 실행하는 구성체로 보고 있고,* 콕스(E. Cox Ⅲ)는 마케팅관리의 특정 관련분야에서 의사결정의 기초로 이용하기 위해 기업 내외에서 수집한 일련의 자료를 적절한 정보로 전환하는 조직적 · 통합적 인간 · 기계 및 절차 등의 결합체로 규정하고 있다.** 이와 유사하게 벨(M. L. Bell)은 마케팅정보시스템을 마케팅관리의 책임분야에서 특정 마케팅 의사결정의 기초로 사용하기 위해 기업 내외로부터 수집된 적절한 정보의 질서 있는 흐름을 만드는 사람 · 기계 · 절차의 복합적인 상호작용적 기구라고 정의하고 있다.***

이와 같은 다양한 정의를 종합하면 마케팅정보시스템(MkIS: marketing information system)이란 마케팅관리 분야의 의사결정을 돕기 위해 기업의 내부와 외부로부터 수집된 정보가 질서 있게 이용될 수 있도록 사람 · 기계 · 제반 절차 등을 적절히 혼합하여 설계한 정보체계라고 할 수 있다. 마케팅정보시스템은 사람, 기계 및 절차 등이 상호 작용하는 체계화된 복합체(structured interacting complex)로 마케팅관리자들이 해결하여야 할 문제와 문제해결에 필요한 정보를 제공하고 필요한 정보를 사전에 충분히 수집하였다가 필요시에 신속히 제공하는 경영정보시스템(MIS: Management Information System)의 하위체제라고 할 수 있다.

마케팅정보시스템에서 정보의 흐름은 〈그림 3-1〉과 같다.

---

* S. C. Jain (1990), *International Marketing Management*, 3rd ed., PWS-Kent Publishing Company, p.318. (A Marketing information system is the organization of market research, marketing research, and marketing intelligence into workable system.)

** E. Cox Ⅲ (1979), *Marketing Research*, Harper & Row Publishers, p.38.

*** M. L. Bel (1972), *Marketing: Concepts and Strategy*, 2nd ed., p.400.

✚ 그림 3-1 | 마케팅정보시스템과 정보의 흐름

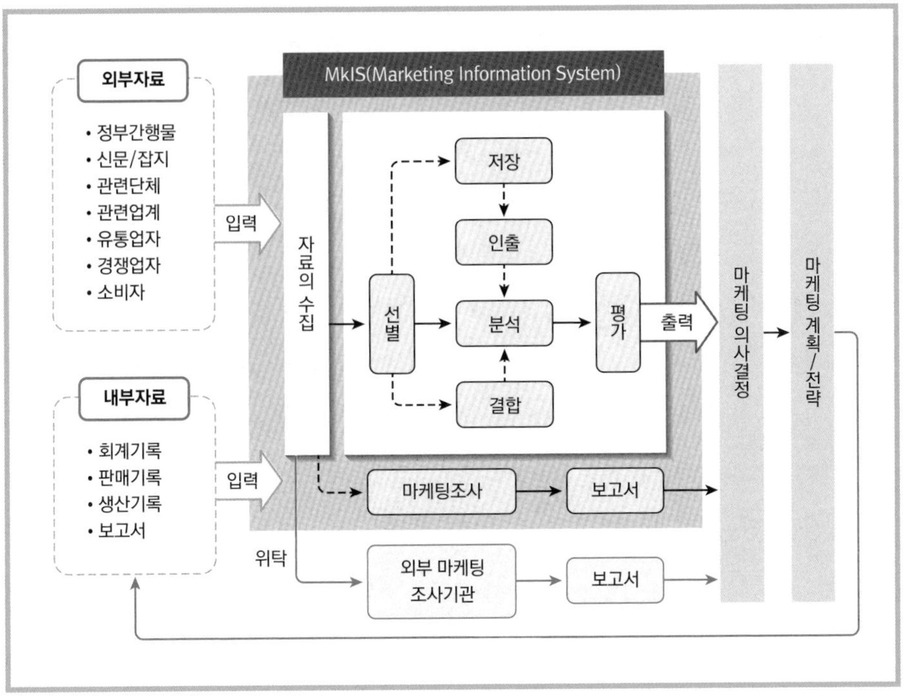

✚ 표 3-1 | 마케팅정보시스템과 마케팅조사의 비교

마케팅정보시스템	마케팅조사
① 내부 및 외부 자료(internal and external data)를 함께 취급함	① 주로 외부 정보(external information)에 치중함
② 문제해결 및 문제예방(preventing problems)에도 관심을 가짐	② 문제해결(solving problem)에 주된 관심을 가짐
③ 계속적 시스템(system)으로서 지속적으로 운영됨	③ 단속적인 프로젝트 베이스(project-base)로 운영함
④ 미래 지향적인 경향이 큼	④ 과거의 정보에 의존하는 경향이 큼
⑤ 컴퓨터베이스(computer-base) 정보체제임	⑤ 컴퓨터를 거의 이용하지 않음
⑥ 마케팅조사 이외에도 기타 정보원에 많이 의존함	⑥ 통합적 마케팅정보시스템의 부속기구 역할을 함

자료: W. J. Stanton(1984), *Fundamentals of Marketing*, 7th ed., McGraw-Hill, p.47.

2) 마케팅정보시스템의 구성

마케팅정보시스템은 〈그림 3-2〉와 같이 4개의 하위시스템으로 구성되어 있다.

첫째는 내부기록시스템(internal records system)이다. 내부기록시스템은 기업 내에서 정기적으로 작성되는 내부 기록 및 보고서에 의하여 필요한 정보를 수집·보관하는 가장 기본적인 마케팅정보체계이다. 즉 정기적으로 작성되는 내부 기록 및 보고서를 이용하여 마케팅 정보를 획득하고 시장기회를 포착하는 시스템이다. 일반적으로 기업의 경리부서에서는 재무제표, 매출주문, 원가, 외상매출금 및 현금흐름 등에 관한 기록을 작성하여 보관하고 있으며, 제조부서에서는 생산계획, 선적, 재고에 관한 기록 등을, 판매부서에서는 판매원의 방문보고서를 비롯하여 중간상들의 반응, 경쟁기업들의 활동, 환경조건 등에 대한 조사보고서를 작성하

✚ 그림 3-2 | 마케팅정보시스템(Marketing Information System)의 구성

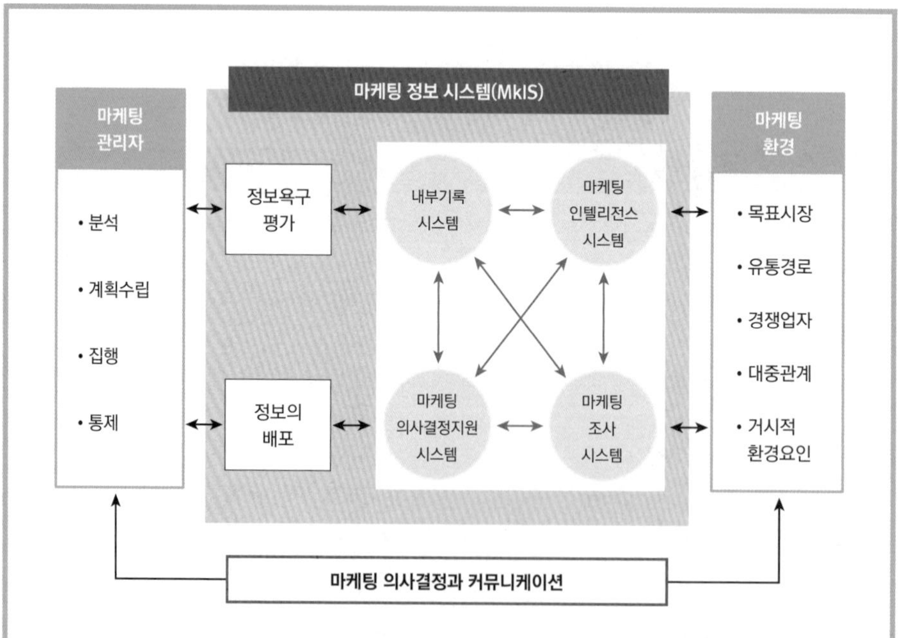

여 보관하고 있는데, 이러한 기록들이 내부기록시스템의 정보원이 될 수 있다. 내부기록시스템을 통해서 마케팅관리자는 적은 비용으로 필요한 정보를 신속히 얻을 수 있으나 이를 활용하기 위해서는 목적에 적합하게 정보를 각색 · 수정하여야 한다.

둘째는 마케팅인텔리전스시스템(marketing intelligence system)으로 마케팅첩보시스템 또는 마케팅일상정보시스템이라고도 한다. 이는 기업 활동에 중요한 영향을 미칠 수 있는 일상적 자료(happening data)를 수집하여 마케팅관리자들에게 제공함으로써 마케팅 프로그램의 수립 · 집행 · 조정에 도움을 주고자 하는 마케팅정보체계이다. 즉 마케팅관리자가 마케팅 환경의 변화와 관련된 일상적 정보를 획득하기 위한 정보 원천 및 정보 획득 절차를 말한다.* 마케팅인텔리전스시스템의 정보원천이 매우 다양하다. 일반적으로 서적, 신문, 전문잡지 등의 간행물 구독을 통하여 정보를 수집할 수 있고, 고객, 공급업자, 유통업자, 재판매업자, 다른 기업의 경영관리자, 각종 협력집단 등의 외부인을 통하여 그리고 다른 부서의 경영관리자, 엔지니어, 연구원, 구매대행자, 방문판매원, 기타 판매집단 등의 내부원들을 통해 필요한 정보를 획득할 수 있다. 마케팅관리자들은 마케팅 일상정보의 질을 향상시키기 위한 추가적 조치를 취하기도 한다. 새로운 정보를 탐지하고 보고하도록 판매원들을 훈련시키고, 중요한 일상정보를 놓치지 않도록 유통업자, 소매상 등 중간상에게 동기를 부여하여 외부적 네트워크를 조성하기도 한다. 마케팅인텔리전스시스템은 방어적 인텔리전스시스템과 공격적 인텔리전스시스템으로 구분할 수 있다. 방어적 인텔리전스시스템은 현재 또는 미래의 마케팅계획과 활동을 위협하는 뜻밖의 사건을 피할 수 있도록 도움을 주는 체계를 말하며, 공격적 인텔리전스시스템은 시장기회의 포착 및 확인, 사회 환경의 추세 등에 관한 정보를 제공하여 새로운 마케팅전략을 수립 · 실행하는 데 도움을 주는 체계이다.

---

* P. Kotler & K. L. Keller (2012), *Marketing Management*, 14th ed., Pearson, p.93. (A marketing intelligence system is a set of procedures and sources that managers use to obtain their everyday information about developments in the marketing environment.)

셋째는 마케팅조사시스템(marketing research system)이다. 마케팅조사시스템은 기업이 직면하고 있는 독특한 상황과 관련하여 자료와 사실들을 체계적으로 수집 · 처리 · 분석 · 제공하는 마케팅정보체계이다.*

마지막은 마케팅의사결정지원시스템(marketing decision support system)이다. 이 시스템은 통계기법이나 모형 등을 이용하여 복잡한 마케팅 문제를 분석하여 그 결과를 마케팅관리자에게 제공함으로써 마케팅관리자가 적절한 마케팅 의사결정을 내릴 수 있도록 하는 계량적 분석시스템이다. 즉 마케팅관리자들이 의사결정에 필요한 자료를 직접 분석할 수 있도록 통계적 · 수학적 분석기법과 각종 하드웨어 · 소프트웨어를 모아 놓은 집합체라고 할 수 있다.

2. 마케팅조사

1) 마케팅조사의 의의

마케팅조사(marketing research)라는 용어는 1931년 화이트(P. White)에 의해 처음으로 사용되었다. 그 이전에는 상업조사(commercial research), 유통조사(distribution research), 시장분석(market analysis)이라는 용어가 사용되었다.

마케팅조사에 대해 미국마케팅학회(AMA: American Marketing Association)에서는 상품 및 서비스의 마케팅 관련 제반 문제에 관한 자료 체계적으로 수집 · 기록 ·

* P. Kotler (1994), *Marketing Management: Analysis, Planning, Implementation, and Control*, 8th ed., Prentice Hall, p.130. (Marketing research is the systematic design, collection, analysis, and reporting of data and findings relevant to a specific marketing situation facing the company.)

분석하는 일련의 활동(Marketing Research is the systematic gathering, recording, and analyzing of data about problems relation to the marketing goods and service)으로 정의하고 있다.* 마케팅조사란 마케팅 의사결정을 위한 정보 획득을 목적으로 자료를 체계적으로 수집 · 분석 · 해석하는 객관적이고 공식적인 과정이다. 이는 기업의 전략적 의사결정을 위해 이루어지는 목적 · 목표 지향적 활동으로 의사결정자의 정보 욕구를 진단하고 그에 따른 정보와 관련되는 변수들을 선정하여, 유효하고 신뢰성 있는 자료를 수집 · 기록 · 분석하는 일련의 활동들이 포함된다. 즉 마케팅조사(marketing research)란 마케팅 의사결정에 필요한 각종 정보를 얻기 위해 자료를 체계적으로 수집 · 기록 · 분석 · 평가하는 목표 지향적 활동이다. 마케팅조사는 유동적이고 잠재적인 고객들과 관련된 정보를 다루기 때문에 개념상으로 협의의 시장조사(market research)와 서로 교환되어 사용되기도 한다.**

기업이 마케팅조사를 실시하는 목적은 짧은 시간과 비용으로 마케팅 활동에 필요한 정확한 정보를 신속히 제공하는 데 있다. 마케팅 활동을 계획하고 조정 · 통제하는 데 필요한 정확하고 신빙성 있는 정보 · 자료를 제한된 시간 · 비용 · 기존 조사방법 등의 범위에서 가장 합리적으로 제공하는 것이다. 즉 마케팅 기회 포착이나 문제해결에 도움이 되는 정보를 제공하는 것이다. 기업과 마케팅의 목표 달성을 위해 수행되는 마케팅 활동에서 마케팅 의사결정이 합리적으로 이루어지도록 그 판단의 근거를 제시하려는 것이다.

마케팅조사는 올바른 마케팅 의사결정에 도움이 되는 객관적이며 정확한 정보를 수집 · 제공하는 역할을 한다. 문제해결 측면에서 시장상황의 객관적 반영으로 잘못된 의사결정의 가능성을 제거하고 의사결정의 효율성과 효과성을 제고하며 과학적이고 체계적인 방법의 문제해결방안을 모색할 뿐만 아니라 비용과

---

* American Marketing Association (1960), *Committee on Definitions, Marketing Definitions: A Glossary of Marketing Terms*, pp.16-17.

** S. J. Jain (1990), *International Marketing Management*, 2nd ed., PWS-Kent Publishing Company, p.318.

✚ 그림 3-3 | 마케팅조사의 영역 및 목적

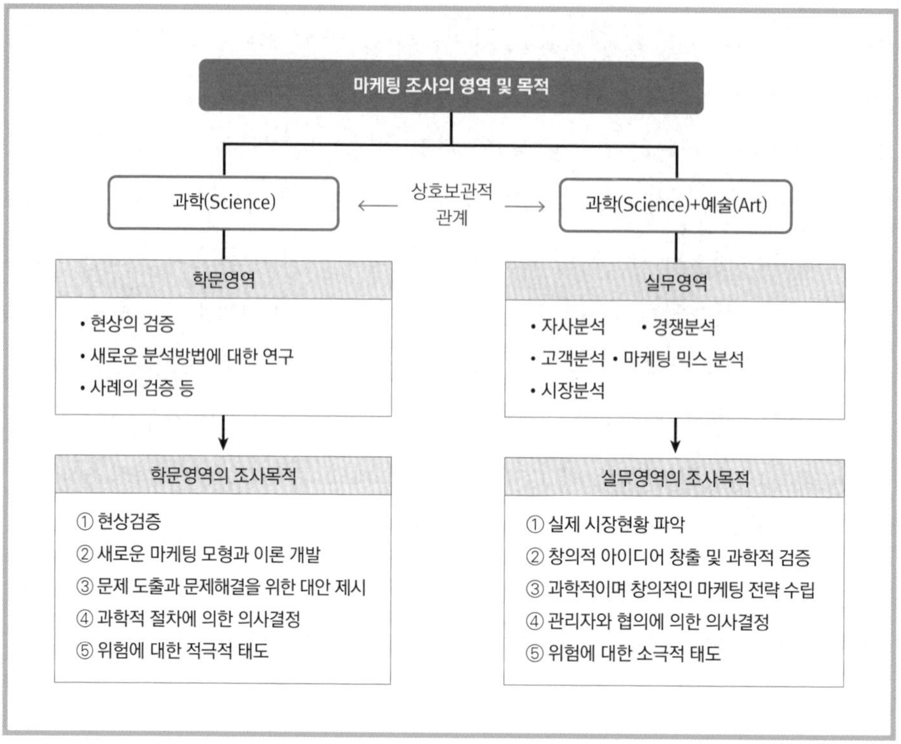

자료: 이훈영(2015), 마케팅, 제2판, 청람, p.478.

시간을 절약할 수 있다. 의사결정 측면에서는 의사결정자의 책임부담을 완화하고 체계적 · 객관적 정보에 의한 올바른 의사결정을 내리며 개인적 판단에 따른 오차를 최소화하고 불확실성을 감소시킴으로써 확신에 찬 의사결정을 내릴 수 있게 한다.

마케팅조사는 조사목적에 따라 문제해결적 조사, 결정 지향적 조사, 사실 지향적 조사로 구분할 수 있다. 사실 지향적 조사(fact oriented research)란 나타난 현상이 실제 문제인지를 규명하는 조사이며 문제해결적 조사(problem solving research)는 나타난 문제의 해결방안을 찾아보기 위한 조사이고 결정 지향적 조사(decision oriented research)는 마케팅 관련 의사결정을 지원하기 위한 마케팅조사이다.

조사성격에 따라서는 탐색적 조사, 기술적 조사 및 인과적 조사로 구분할 수 있다. 탐색적 조사(exploratory research)란 마케팅 문제 및 현재 상황을 보다 잘 이해하기 위해, 또는 조사 목적이나 필요한 정보를 명확히 정의하기 위해 실시하는 일종의 예비 조사이다. 이는 조사를 위한 조사로 조사 자체로 끝나는 것이 아니라 다음 단계 조사를 위한 징검다리 역할을 한다. 일반적으로는 2차 자료 검토를 위한 문헌조사, 전문가 면접 및 진행자가 6~10명의 응답자들과 특정 주제에 대해 토의하는 표적집단면접(focus group interview: FGI) 등의 방법이 활용된다. 기술적 조사(descriptive research)는 현재 일어나고 있는 마케팅 현상을 보다 정확하게 이해하기 위해 수행하는 조사이다. 이 조사는 현재 상태를 있는 그대로 정확하게 이해하기 위한 조사로 특정 상품에 대한 소비자들의 행동과 태도 등을 조사하는 U&A(Usage and attitude)조사도 대표적인 기술적 조사이다. 인과관계조사(causal research)는 특정 마케팅 현상의 원인이 무엇인지 밝혀내기 위한 조사이다.

조사대상에 따라 시장의 규모 · 위치 · 성질 · 특성 등을 조사하여 분석하는 시장분석(market analysis)에서는 시장규모분석, 잠재수요분석, 시장특성분석, 경제동향분석 등이 행해진다. 소비자조사(consumer research)에서는 소비자의 구매동기, 태도, 반응 및 선호에 대한 발견과 분석이 이루어지는데 구체적으로 소비자 행동조사, 소비실태조사, 소비구조조사, 소비수요조사 등이 있다. 판매분석 · 판매조사(sales analysis or research)는 판매자료에 대한 분석으로 판매비용분석, 판매경로조사, 판매예측, 판매효율조사, 가격분석 등이 행해진다. 제품조사(product research)는 제품의 특성에 관한 조사로 제품계획을 입안할 때 실시되는데 제품분석, 상표지위분석, 제품계열조사, 불만분석, 신제품조사 등이 행해진다. 광고조사(advertising research)는 광고업무 및 관리에 대한 조사로 광고효과측정, 매체조사, 광고문안 시험조사 등이 수행된다.

마케팅조사가 정확하게 진행되기 위해서는 몇 가지 문제점을 해결하여야 한다. 첫째, 마케팅조사에 대한 마케팅조사자의 근시안적 개념을 제거하여야 한다. 마케팅조사자는 마케팅조사를 특정 사실을 발견하는 활동으로 인식하여 마

✚ 그림 3-4 | 마케팅조사의 범주: 조사내용(영역)에 따라

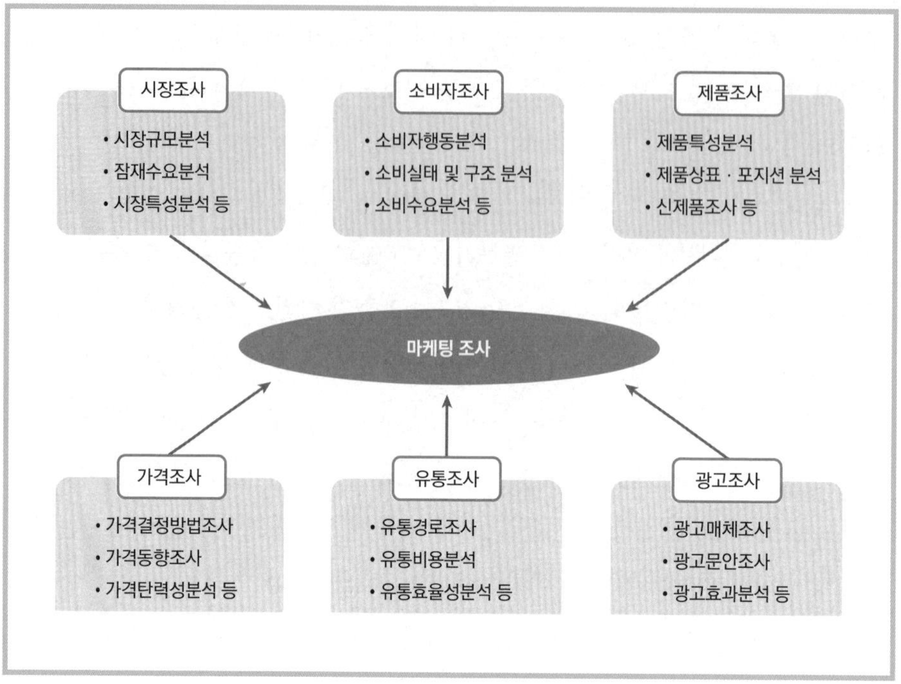

케팅 문제의 본질을 정확하게 파악하지 못하고 조사자 자의적인 판단에 의한 독자적 조사를 수행한다면 마케팅관리자에게 별로 도움이 되지 못하는 조사결과를 도출해 낼 수 있다. 따라서 마케팅조사자는 마케팅관리자와 지속적인 대화 채널을 유지할 필요가 있다. 또한 마케팅조사자가 효율적이고 효과적인 정보 전달 능력을 가지고 있지 못한 경우 조사를 통해 얻은 마케팅 문제 해결방안에 대하여 마케팅관리자의 관심을 끌지 못하거나 무시될 수도 있다. 더욱이 마케팅조사의 지연 또는 잘못된 조사 및 분석에 대해서도 유의하여야 한다. 둘째, 마케팅 조사를 담당하는 실무자들의 부족한 조사지식 및 경험으로 잘못된 결과가 도출될 수 있다. 이는 문제에 대한 잘못된 구조화 내지 개성과 관념상의 차이에서 비롯된다. 마지막으로 마케팅조사 기법의 다양성 부족 및 마케팅조사의 오남용을 지적할 수 있다. 특히, 마케팅조사 결과를 조사자가 특정한 입장을 지지하기 위하여, 특

정한 목적 없이 구색만 갖추기 위하여, 이미 내린 의사결정을 정당화하기 위하여, 대외 홍보나 촉진의 수단으로 사용하기 위하여, 향후 마케팅활동의 실패에 대한 책임회피 근거를 마련하기 위하여 사용하는 경우 등은 철저히 배제되어야 한다.

2) 마케팅조사의 과정

✚ 그림 3-5 | 마케팅조사의 과정

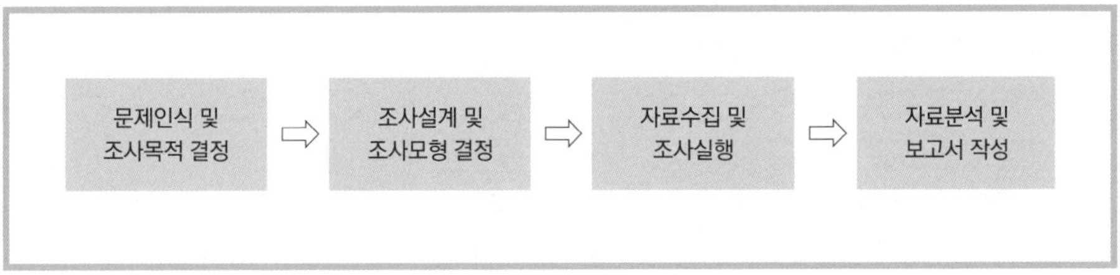

1 문제인식 및 조사목적 결정

문제인식 단계에서는 사업상의 문제(Business Problem)를 조사상의 문제(Research Problem)로 전환하여 무엇이 문제인지를 규명하여야 한다. 문제를 규명하는 데 있어서는 시장구조와 제품개념이 우선적으로 고려되어야 한다. 여기서 시장구조(market structure)란 시장의 규모, 발전단계, 경쟁자의 수와 시장점유율, 유통망 등을 말하고, 제품개념(product concept)이란 제품의 용도, 범위 등을 말한다. 예를 들어 우유 제품의 경우 영국에서는 숙면을 오게 하며 신경을 달래주는 속성이 있다 하여 식사 때나 잠자리에 드는 시간에 마시는 반면 우리나라는 원기를 심어주고 심신을 상쾌하게 하는 것으로 간주되어 아침에 마시는 경향이 많다. 문제인식 단계에서 무엇이 문제인지 파악하기 어려운 경우에는 문제를 찾아내고 정의하기 위해 탐색조사를 실시할 수도 있다. 마케팅문제에 대한 이해를 바탕으로 조사

✚ 표 3-2 | 마케팅 문제 진단과정의 예

발생상황(증상) →	진 단 →	마케팅 문제 →	조사 목적
시장점유율 감소	고객들이 다른 상표로 대체하고 있음	상표충성도를 강화	다른 상표가 선호되는 이유를 조사
매출액 감소	점포 내방객 감소	점포 내방객 증대	점포 내방객 감소 원인 규명
이익 감소	경쟁기업의 대규모 광고 캠페인 실시	새로운 광고캠페인 설계	대체 광고물과 매체에 대한 평가
제품계열의 진부화	신제품이 요구	상품화를 위한 신제품을 선정	대체적 상품설계를 평가
유통경로의 취약	보다 많은 점포가 요구	새로운 점포를 추가	점포입지의 후보지 평가
새로운 제품계열 도입	촉진자원이 지역시장에 할당되어야 함	판매원과 지역광고비를 할당	잠재매출액이 큰 시장을 확인
인적판매비가 높음	판매원이 출장여행에 많은 시간과 비용을 지출한다.	판매원들에게 보다 효율적인 방문경로를 설계시킨다.	마케팅조사 문제가 아닌 네트워크 문제이므로 OR팀에게 보낸다.

문제를 명확하게 정의하는 일은 조사방향을 결정짓고 결과의 활용에 이르기까지 조사활동 전체에 상당한 영향을 미치게 된다.

문제가 무엇인지 인식되었으며 합당한 조사목적을 설정하여야 올바른 조사방법을 활용할 수 있다. 탐색적(exploratory) 목적의 조사라면 탐색적 조사(exploratory research)를 실시하여야 한다. 이는 문제인식과 가설 개발을 보다 잘할 수 있도록 시장에 관한 예비정보를 얻는 조사이기 때문이다. 기술적(descriptive) 목적이라면 기술적 조사(descriptive research)를 실시하여야 한다. 특정 제품의 잠재수요,

소비자의 태도와 인구통계학적 특성에 대한 기술적 분석을 시도하여야 한다. 인과관계조사가 목적이라면 인과관계조사(casual research)를 실시하여 변수들 간의 인과관계에 관한 가설을 검증하여야 한다.

문제인식 및 조사목적 결정 단계에서는 자기중심적 기준(SRC: Self-Reference Criterion)을 철저히 배제하여야 객관적 시각에서 문제를 정확히 인식하고 올바른 조사목적을 설정할 수 있다.

문제가 인식되고 조사목적을 설정하였다면 조사의 실행주체를 선정하여야 한다. 조사의 실행주체는 기업 내부의 마케팅 부서가 담당할 수도 있으나 외부의 전문업체에 위탁하기도 한다. 기업이나 해당 산업이나 상품에 대한 전문적 지식과 경험을 충분히 보유하고 있다면 기업 내부의 마케팅 부서가 직접 담당하는 것이 바람직하지만 그렇지 못하다면 마케팅 조사 및 분석 방법에 대해 전문적 지식을 보유하고 있는 외부 전문업체에 의뢰하여야 한다. 외부 전문업체에 의뢰하고자 한다면 다수의 전문업체들로부터 조사제안서(research proposal)를 제출받아 조사목적, 소요 시간과 비용, 조사업체의 규모나 경험 등을 기준으로 심사하여 최종

✚ 표 3-3 | 마케팅담 당자와 조사담당자의 금기사항

마케팅담당자	조사담당자
ㅇ 조사에 대한 명확한 목적을 감추는 행위 ㅇ 발생될 수 있는 문제점을 알면서도 조사담당자에게 알리지 않는 행위 ㅇ 조사의 내용과 상호 협의하여 작성된 설문지를 계속 수정하는 행위 ㅇ 실사의 시작을 지연시키면서 보고서의 제출기일 엄수를 강력히 요구하는 행위 ㅇ 보고서에 필요 이상의 많은 표들을 작성해 줄 것을 강요하는 행위 ㅇ 조사비 지불을 지체하는 행위	ㅇ 자신이 잘 아는 조사방법을 이용하기 위해 조사의 목적을 임의로 수정하는 행위 ㅇ 마케팅담당자가 요구한 수정사항을 제대로 반영하지 않는 행위 ㅇ 정상적으로 조사가 진행되지 않음에도 불구하고 이를 감추는 행위 ㅇ 보고서 제출이 지체되는 경우 마케팅관리자와의 접촉을 의도적으로 피하는 행위 ㅇ 약간의 내용수정으로 높은 조사비를 요구하는 행위 ㅇ 최종보고서 제출 전에 계산서를 먼저 보내는 행위

자료: 이훈영(2015), 마케팅, 제2판, 청람, p.493.

업체를 선정하여야 한다.

2 모형의 설정: 조사설계

마케팅조사의 두 번째 단계는 조사모형을 설정하는 조사설계 단계이다. 조사설계는 조사계획을 구체적으로 세우는 것이다. 이 단계에서는 정보수집의 원천, 조사의 설계, 표본 및 자료의 수집절차 등을 결정하여야 한다. 우선 조사의 성격을 규정하고 문제의 해결을 위한 방법론상의 모형을 설정한다. 그리고 사업상의 문제를 조사상의 문제로 전환하여 문제해결에 영향을 미치는 변수 간의 인과관계를 정립한 후 어디서 어떤 자료를 어떤 방법으로 구할 것인가 등을 면밀하게

✚ 표 3-4 | 마케팅조사 계획 수립

과 정	내 용
조사목적	ㅇ 목적: 전략 및 의사결정상의 문제를 해결하기 위한 정보제공 ㅇ 무엇이 문제인지, 왜 그것이 문제인지, 어떠한 의사결정이 필요한지 등에 근거한 명확한 조사목적 규명
조사내용	ㅇ 문제해결을 위해 필요한 정보를 탐색하여 규명 ㅇ 필요한 정보를 획득하기 위하여 조사해야 할 내용을 명확히 규명 ㅇ 문제의 특성 및 시간과 비용을 고려해 조사범위 조정
조사방법	ㅇ 조사방법: 문제해결을 위한 정보수집에 적합한 조사방법 및 자료수집 방법 결정 ㅇ 표본선정: 시간과 비용 및 정보의 신뢰성을 고려하여 적절한 규모의 표본 선정 ㅇ 자료분석: 통계분석을 비롯한 다양한 분석방법을 고려하여 자료 분석에 적합한 방법 선정
조사예산	ㅇ 조사실행에 필요한 예산을 산정
조사진행일정	ㅇ 조시기간과 조사진행과정에 관한 정보 제공

자료: 이훈영(2015), 마케팅, 제2판, 청람, p.495에서 일부 수정.

검토하여야 한다.

3 자료수집 및 조사실행

조사설계가 이루어졌다면 자료를 수집하고 조사를 실행하여야 한다. 자료수집은 2차 자료를 먼저 찾아보고, 2차 자료로 부족한 경우 1차 자료를 수집한다.

2차 자료(secondary data)란 다른 조사 주체가 문제해결을 위해 이미 수집해 놓은 자료를 말한다. 따라서 2차 자료를 이용하고자 한다면 사전에 반드시 자료의 신뢰성, 유효성 및 불편부당성이 있는지 확인하여야 한다. 자료의 신뢰성(reliability)이란 자료가 믿을 만한 기관에 의해서 믿을 수 있는 방법으로 작성되었는지를 확인하는 것이고, 유효성(validity)이란 이전에 유효하였던 과거 자료들이 지금도 계속 유효한지의 여부를 확인하는 것이다. 불편부당성(impartiality)이란 자료가 특정인의 이해관계나 관점을 편파적으로 대변하지 않는가 하는 것을 확인하는 것이다. 특히, 자료가 여러 계층의 다양한 의견을 골고루 반영하고 있는가 하는 것을 검사하고 확인하여야 한다. 2차 자료의 정보원천은 〈표 3-5〉와 같이 매우 다양하다.

2차 자료는 다른 기관이 자신의 목적을 위해 조사하여 활용하고 발표한 자료이기 때문에 자사의 목표시장에 대한 상세하고 구체적인 최신 정보가 원하는 만큼 충분하지 않을 수 있다. 또한 기록이 세밀하지 못하거나 세금회피를 위해 고의적으로 누락시켰거나 과시를 위해 과장되었을 수 있기 때문에 신뢰성이 부족할 수 있다. 더욱이 자료의 분류 및 작성기준이 달라 객관적 비교가 어려울 수도 있다.

2차 자료로 필요한 정보를 충분히 확보하기 어렵다면 1차 자료를 수집하여야 한다. 1차 자료(primary data)는 현재 직면하고 있는 문제를 해결하기 위해 조사자가 스스로 특별히 수집한 자료이다.

✚ 표 3-5 | 2차 자료의 정보원천

<table>
<tr><th colspan="2">정보원천</th><th>대표적 예</th></tr>
<tr><td colspan="2">기업 내부</td><td>ㅇ 주문-결제 데이터: 상품주문, 출고, 대금결제 과정에서 생성되는 자료
→ 주문현황, 출고현황 등을 파악
※ 구매자정보 파악: 삼성전자가 대리점과 할인점을 통해 전자제품을 판매한 경우 구매자에 대해 파악하기 어려우나 만일 구매자가 삼성계열 금융회사를 통해 할부로 구입하였다면 이 자료를 통해 구매자 파악 가능
ㅇ POS 데이터(point of sale data) = 스캐너 데이터(scanner data): 소매점의 계산대에 설치된 스캐너로 판매된 상품의 바코드를 읽음으로써 수집되는 자료
ㅇ 고객 데이터베이스(customer database): 잠재고객 발굴, 선별, 상품판매 또는 고객과의 관계유지 등의 목적으로 기존 고객은 물론 잠재고객에 대한 광범위한 자료를 조직적으로 모아 놓은 것
→ 데이터 웨어하우스(data warehouse): 고객 데이터베이스뿐만 아니라 다른 여러 가지 원천으로부터 입수된 자료를 통일된 포맷으로 저장해 놓은 것</td></tr>
<tr><td rowspan="2">기업 외부</td><td>공적 원천 (public sources)</td><td>공공의 목적을 위해 공공기관이 제시하는 2차 자료
ㅇ 국제기구: UN 및 산하기관, 세계은행, WTO 등
ㅇ 외국기관: 대사관 및 산하 상무관실 등
ㅇ 중앙 행정기관: 중앙 부처, 통계청, 한국은행, 공정거래위원회, 한국소비자원, 국세청 등
ㅇ 지방자치단체</td></tr>
<tr><td>사적 원천 (private sources)</td><td>ㅇ 경제단체: 대한상공회의소 및 각 지역 상공회의소, 전국경제인연합회, 중소기업협동조합중앙회 등
ㅇ 협회: 한국자동차공업협회, 한국백화점협회, 한국무역협회 등
ㅇ 신용평가회사: 한국신용평가, 한국기업평가 등
ㅇ 금융기관: 은행, 농협, 증권사 등
ㅇ 언론기관: 일간지 또는 주간지, 온라인 인터넷 뉴스 및 데이터베이스. 전문지 및 전문잡지 등
ㅇ 연구소: 경제연구소 및 경영연구소, 대학부설 연구소 등
ㅇ 마케팅조사회사 및 광고대행사 등</td></tr>
</table>

1차 자료는 다양한 방법에 의해 수집할 수 있다. 관찰조사(observational research)는 관련된 사람의 행동이나 상황 등을 관찰하여 자료를 수집하는 방법이다. 즉 사람들의 행동이나 어떤 사건이 전개되는 과정을 본 다음 그 결과를 정리

하여 데이터로 만드는 조사 방법이다. 이 방법은 사람들이 스스로 제공하기 꺼리거나 또는 명시적으로 제공하기 어려운 정보를 획득할 수 있다는 장점이 있으나 단순히 관찰만 한다면 특정 행동을 보인 이유나 심리상태 등을 파악하기 어렵다는 한계가 있다. 따라서 면접 방법을 병행하는 것이 바람직하다.

면접조사(interview method)는 조사자가 미리 준비한 문항을 가지고 피면접자의 의사를 캐냄으로써 알고자 하는 주제에 관한 자료를 수집 · 정리하는 방법이다. 면접조사는 면접 방식에 따라 우발면접과 초점면접으로 구분할 수 있다. 우발면접(casual interviewing)은 고객 · 점원 · 경영자 등을 우연히 무작위로 만나 이야기하면서 자료를 수집하는 방법이다. 초점면접(focused interviewing)은 피면접자에게 영향을 주는 자극이나 요인이 어떤 것이고, 그러한 요인이나 자극이 어떤 결과를 낳게 되는가를 피면접자로 하여금 스스로 밝히도록 피면접자를 도와주는 면접 방식이다. 이 중 초점집단면접(focused group interviewing)은 6~10명 정도의 인원을 집단적으로 초대하여, 훈련된 면접자가 초점면접으로 피면접자를 면접하면서 시장에 관한 정보를 얻어내는 방법이다. 이 방법은 정신적 압력이 분산되어 피면접자들이 자유로운 분위기에서 대화할 수 있고, 각자의 대화에 자극받아 상호 간에 새롭고 창의적인 대화를 계속할 수 있으며, 피면접자 중에는 서로 친숙한 사람들도 있을 수 있으므로 한 사람이 과장된 거짓말을 하는 경우 이를 견제시킬 수 있다는 장점이 있다. 그러나 면접일정을 정하기 어렵고 한 사람이라도 빠지면 차질이 생기며 사회적으로 지위 · 개성 및 연령 등이 비슷한 동질인으로 피면접자를 구성하여야 하고, 말이 많은 사람만이 혼자서 떠들고 말이 없는 사람은 말할 기회를 얻지 못하는 경우가 있다는 한계가 있다. 면접시간은 일반적으로 1시간 내지 1시간 30분 정도가 적당하나 경우에 따라서는 훨씬 많은 시간을 요하는 면접(length interview)도 있다. 장시간의 면접에서는 피면접자의 흥미를 유지하기 위해 다양한 문제와 자연스러운 태도로써 면접을 이끌어야 한다.

설문조사(survey research)는 설문지를 배포하여 여기에 응답하도록 하는 방법이다. 즉 설문지를 이용하여 조사자와 응답자 간 질문과 응답을 통해 자료를 수집하는 방법이다. 설문조사는 설문응답자가 긴장하지 않고 자유스럽게 응답할 수 있고, 면접조사법과 비교해 볼 때 조사비용이 저렴하며 대량조사가 가능하다는 장점이 있다. 반면에 우편으로 응답을 회수할 경우 회수율이 아주 저조하고 설문지가 미회수상태로 방치된다든가, 회수된다 하더라도 응답내용이 불성실하여 이용도가 낮은 경우가 많으며, 설문지에 표시된 질문의 한도 내에서만 자료수집이 가능하고 응답자의 외면적 표현에만 의존하게 된다는 한계가 있다.

설문조사는 조사수단에 따라 우편 및 팩스 조사(mail/fax survey), 전화조사(telephone interviews), 집합조사 등이 있으며, 훈련받은 조사원이 응답자와 대면접촉을 통하여 응답을 얻어내는 직접 대면조사, 즉 대인면접(personal interviews)이 있다. 최근에는 인터넷의 발달로 인터넷의 특성을 활용하는 방법이 많이 활용되고 있는데 인터넷을 활용하는 온라인 조사(on-line survey) 방법인 인터넷 조사(internet survey)에는 응답자가 컴퓨터 스크린에 나타나는 질문에 마우스나 키보드를 이용하여 답하는 CAPI(computer-assisted personal interviews), 조사원이 컴퓨터 스크린에 나타나는 질문을 전화로 읽어주고 응답자의 답을 직접 컴퓨터에 입력하는 CATI(computer- assisted telephone interviews), 조사대상자가 스스로 질문을 읽고 이에 대한 응답을 컴퓨터에 입력하는 CASI(Computer Assisted Self Interviewing) 등이 있다.

실험조사(experimental research)는 실험대상 집단을 선정하여 이들에게 여러 가지 다른 실험처리를 하고 관련 없는 요인을 통제한 후 집단 사이의 반응 차이를 조사하는 방법인데 인과관계 정보를 얻는 데 매우 유용한 방법이다.

현지조사(field survey)는 자연스럽게 일어나고 있는 사회적 상황 속에서 조사자가 직접 현장에 참여하여 자료를 수집하는 방법이다. 이 방법은 정확한 조사가 가능하고 조사대상이 되는 행위자 자신들의 생각이나 태도 또는 앞으로의 전망 등을 그대로 파악할 수 있으며 집단구조의 연구가 가능하다는 장점이 있다. 반면에 조사자의 편견이 개입될 가능성이 있고 대표성에 문제가 있으며 변수 간의 인과관계를 밝히기 어렵고 시간과 비용이 많이 소요된다는 한계가 있다.

4 자료의 분석과 해석 및 보고서 작성

자료가 수집되면 이를 분석하고 해석하여 마케팅관리자의 의사결정에 도움이 되도록 보고서를 작성하여야 한다. 자료를 분석하는 절차는 〈표 3-6〉과 같다.

✚ 표 3-6 | 자료분석 절차

과정	내용
편집(editing)	수집된 자료의 판독가능성, 일관성, 완전성 등을 고려하여 사용 가능한 설문지를 검토하고 선별하여 정리하는 작업
코딩(coding)	자료를 통계 패키지나 컴퓨터 소프트웨어를 이용하여 분석할 수 있도록 응답자의 반응을 구체적 수치값들로 나타내기 위해 규칙을 정하고 이에 따라 자료를 입력하는 작업
분석(analysis)	일반적으로 분석하고자 하는 독립변수와 종속변수의 수 및 척도의 종류, 유용한 자료의 크기 등을 고려하여 적합한 분석방법 선택

분석결과를 토대로 작성한 보고서에는 마케팅조사를 통하여 얻은 정보 및 분석결과, 이를 바탕으로 고안된 마케팅전략이 포함되어야 한다. 이를 위해서는 분석결과에 대한 통계적 이해뿐만 아니라 마케팅에 관한 충분한 이론과 실무경험 및 감각이 필요하다. 보고서는 의사결정자가 이해하기 쉽고 그 결과를 용이하게 활용할 수 있도록 작성하면서 동시에 양적인 측면도 고려하여야 한다. 좋은 보고서란 일반적으로 정확성, 논리성, 현실성, 해석용이성 및 의사결정의 명료성이 갖추어져야 한다. 마케팅조사 보고서에서도 이러한 요건이 충족되어야 한다. 이를 위해 보고서에는 자료출처가 명확히 제시되어야 하고, 자료에 대한 계획을 자세히 설명하여야 하며, 자료에 대한 정보원은 신원을 포함하여 자세하게 명시되어야 하고, 수집된 자료의 분석 및 해석에 있어서 대안적인 과정이나 조처에 대한 기술도 필요하며, 분석 및 해석의 방법에 대한 적합성도 밝혀져야 한다.

사례: 코카콜라의 신제품(New Coke) - 마케팅조사 실패사례

거의 1세기 동안 미국 청량음료 시장에서 1위를 누려 왔던 코카콜라는 1980년대 펩시 챌린지(Pepsi Challenge) 광고 캠페인 이후 펩시에게 서서히 시장을 빼앗기고 있었다. 1970년대 중반부터 펩시 챌린지 전략에 따라 수행된 블라인드 테스트(Blind Test) 결과 3 : 2의 비율로 코카콜라보다 펩시를 선호하는 것으로 나타났으며, 펩시는 그 결과를 TV를 이용하여 대대적으로 광고하였다. 코카콜라 사는 반전을 위한 변혁을 가져와야 한다고 판단하였고 그 해결책으로서 전통적인 맛의 변화를 시도하게 되었다. 코카콜라 사는 2년 동안 약 4백만 달러를 투자, 신제품 연구 프로젝트를 수행하여 신제품을 개발하고, 약 20만 명의 소비자들을 대상으로 쇼핑센터에서 블라인드 테스트(최종 개발된 맛에 대해서만 3만 명)를 실시하였다. 블라인드 테스트 결과 기존의 맛보다 새로운 맛을 선호하는 소비자들이 약 60%, 펩시의 맛보다 새로운 코카콜라의 맛을 선호하는 소비자들이 52%로 나타나자 코카콜라 사는 자신 있게 새로운 맛의 콜라를 출시하였다.

1985년 봄 코카콜라 사는 99년간 고수해 온 전통적인 맛의 콜라 생산을 중지하고 새로운 맛의 콜라로 대체한다는 뉴스를 발표하여 많은 미국 시민들과 경쟁 청량음료 회사들에게 커다란 충격을 주었다. '뉴 코크(New Coke)'라는 이름을 가진 새로운 맛의 콜라는 기존의 코카콜라에 비해 비교적 달고 부드러운 것으로 코카콜라 사는 대대적인 광고와 홍보를 실시하였다. 처음 몇 주간 뉴 코크의 판매실적은 어느 정도 양호한 편이었으나 곧 부진한 판매와 함께 수많은 미국 소비자들의 불평과 항의가 뒤따랐다. 코카콜라 사는 부득이 이전의 맛을 갖는 콜라를 '코카콜라 클래식(Coca Cola Classic)'이라는 이름으로 다시 생산하여 뉴 코크와 함께 시판하기 시작하였다. 코카콜라 사에서는 뉴 코크가 회사의 대표상표(flagship brand)가 될 것으로 기대하였으나 새로운 맛의 도입 후 8개월이 지난 1986년 초 클래식은 대부분의 시장에서 뉴 코크보다 5~6배 많이 판매되었다. 결국 1987년에 클래식은 다시금 단일상표로서 청량음료 시장에서 점유율 1위를 차지하였다(Classic 19%, Pepsi 18.5%).

이와 같이 시장테스트를 거쳐 출시된 신제품이 시장에서 호평을 받지 못하고 소비자들로부터 불평과 항의를 받게 된 보다 근본적인 이유는 첫째, 블라인드 테스트에 제공되었던 콜라의 온도는 0도였으나 실제로 마시는 온도는 0도가 아니었다. 둘째, 블라인드 테스트를 실시한 쇼핑센터는 실제 콜라의 소비자가 아닐 수도 있었다. 셋째, 코카콜라의 마케팅조사가 단지 콜라의 맛에만 국한되었기 때문이다. 블라인드 테스트에서 좋아하던 맛도 그것이 코카콜라의 상표를 달고 기존의 코카콜라를 대체할 때에는 수용될 수 없다는 사실을 예측하지 못하였다는 것이다. 수많은 미국 시민들은 자라면서 코카콜라를 마셨고 성인이 되어서도 마시고 있다. 코카콜라는 야구와 축구를 관람할 때, TV를 시청할 때, 핫도그와 햄버거를 먹을 때 늘 함께하던 그들 일상생활의 일부였다. 즉 코카콜라 회사의 마케팅조사는 기존 코카콜라의 상징적 의미가 그 맛보다도 더욱 중요하다는 것, 다시 말해서 미국 소비자들이 기존의 코카콜라에 대하여 강한 감정적 개입(emotional involvement)을 가지고 있다는 사실을 간과한 것이다. 소비자들의 지각(perception) 속에서 뉴 코크는 이미 진짜 코카콜라가 아니었다. 그들은 뉴 코크의 등장으로 그들의 진짜(the real thing) 코카콜라에 대한 강한 향수를 느끼게 되었고, 그들 생활의 일부가 훼손되었다고까지 생각하였던 것이다.

코카콜라 사는 처음부터 전국적으로 시판하기보다 일정 기간 동안 일정 지역에서 시험마케팅을 실시했어야 했다. 혹은 처음부터 기존의 코카콜라 생산을 중단하는 대신 상표확장전략으로서 클래식에 뉴 코크를 추가하는 복수상표전략(multi-bland strategy)을 사용했어야 했다. 코카콜라 사는 소비자들의 불평과 항의에 즉각적으로 반응하여 커다란 실패는 방지할 수 있었지만, 값비싼 대가를 치르고서 제품은 소비자들에게 물리적 특성 이상의 무엇인가를 의미한다는 교훈을 얻었다.

사례: 빼빼로데이 - 마케팅조사 결과의 성공적 활용

11월 11일은 많은 사람들에게 빼빼로데이로 알려져 있다. 발렌타인데이나 화이트데이 등과 같은 국적 불명의 기념일들을 누르고 이 토종 기념일이 젊은 층을 중심으로 빠르게 확산되고 있다. 그러나 빼빼로데이는 '빼빼로'라는 과자를 만든 롯데제과에서 만든 날이 아니다. 이날은 1994년 부산의 한 여중생이 1이 네 번 겹치는 11월 11일에 친구끼리 우정을 전하며 '키 크고 날씬하게 예뻐지자'라는 의미로 빼빼로를 교환하던 것에서부터 시작되었다.

롯데제과는 1996년 영남 지역 지방신문의 기사를 통해 빼빼로를 선물하는 날이 있음을 알게 되었고, 그 후 이날을 대대적으로 마케팅하면서 빼빼로데이가 10~20대를 중심으로 빠르게 확산된 것이다. 빼빼로데이 덕분에 롯데제과의 빼빼로는 9월~11월에만 연간 판매량의 절반 이상이 팔리는 호황을 누리고 있다.

롯데제과뿐만 아니라 다른 제빵사나 제과사에서도 이날을 기념해 각종 기획제품을 내놓았고, 유통업체와 놀이공원 그리고 영화사에 이르기까지 많은 업체들이 다양한 행사를 벌이는 등 그 파급효과는 실로 대단하다. 지금도 백화점과 인터넷 쇼핑몰 등에서는 빼빼로데이 특수를 겨냥해 각종 이벤트와 상품을 쏟아내고 있다.

빼빼로데이가 크게 성공하자 특별한 기념일을 새로 만드는 것이 유행처럼 퍼져 매달마다 기념일이 생기게 되었다.

✚ 특별히 만들어진 각종 데이(day)

일 자	명 칭	행사 내용
1월 14일	다이어리데이	1년 동안 사용할 다이어리를 연인에게 선물하는 날
1월 19일	핫데이/찜질방데이	찜질방에서 오징어나 달걀을 먹으며 연인과 함께 보내는 날(119가 뜨거운 것을 의미)
2월 2일	액자데이	서로 사진이 담긴 액자를 선물하는 날(사진 찍는 포즈의 손가락 두 개 두 개)
2월 14일	발렌타인데이	여성이 남성에게 초콜릿을 주며 사랑을 고백하는 날
2월 22일	투스데이	2시에 사랑하는 사람에게 치약과 칫솔을 선물하여 이별균이 들어오지 못하게 하는 날(치약은 남자, 칫솔은 여자를 의미)
2월 23일	인삼데이	인삼을 선물하거나 먹는 날(발음 유사)
3월 3일	삼겹살데이	친구나 연인과 함께 삼겹살 구워 먹는 날
3월 5일	슬로푸드데이	패스트푸드 대신 슬로푸드만 마음껏 먹는 날
3월 7일	삼치 · 참치데이	삼치 또는 참치를 먹는 날(발음 유사)
3월 14일	화이트데이	남자가 발렌타인데이에 받은 선물에 사탕으로 답례하는 날
3월 17일	세인트패트릭스데이	고마웠던 분에게 네 잎 클로버와 책을 선물하는 날
4월 1일	만우절	거짓말이 허용된 날
4월 4일	클로버데이	네 잎 클로버 찾아 선물하는 날
4월 5일	허브데이	사랑하는 사람에게 향기 좋은 허브를 선물하는 날
4월 14일	블랙데이	연인이 없는 남녀가 만나 검은 옷을 입고 자장면 먹는 날
5월 2일	오이데이	날씬해지자는 뜻으로 친구들과 오이를 나눠 먹는 날
5월 3일	오삼데이	오징어와 삼겹살 함께 먹는 날
5월 4일	프루츠데이	향긋한 과일을 마음껏 먹는 날
5월 5일	오겹데이	어린이와 오겹살 먹는 날
5월 14일	로즈데이	장미꽃 사이를 거닐거나 장미를 선물하는 날
	옐로우데이	블랙데이까지 애인을 사귀지 못한 사람이 노란 옷을 입고 카레를 먹어야 독신을 면한다는 날
	레몬데이	상큼한 사랑을 기원하며 레몬을 나눠 주는 날
5월 21일	부부의날	가정의 달인 5월에 둘(2)이서 하나(1) 된다는 의미
5월 31일	부채데이	서로에게 부채를 선물하며 더위를 막는 날
6월 2일	유기농데이	유기농으로 재배된 재료로 음식 해 먹는 날

일 자	명 칭	행사 내용
6월 4일	육포데이	육포를 주고받는 날
6월 6일	반지데이	서로에게 반지를 선물하는 날
	캔들데이	사랑하는 사람에게 초를 선물하여 녹아버릴 것만 같은 내 마음을 전하는 날
	육육데이	고기 먹는 날
6월 14일	핸드캐치데이	연인끼리 손잡는 것이 허락되는 날
	키스데이	매달 14일마다 만난 연인들이 키스하는 날
	카레데이	키스 못 받으면 카레 먹는 날
7월 5일	추어탕데이	추어탕 먹는 날(발음 유사)
7월 7일	엿데이	항상 붙어서 행복하게 살자는 의미로 엿을 먹는 날
	칠월칠석	꽃바구니에 치약 칫솔 세트를 담아 선물하는 날
	문자데이	사랑하는 사람에게 문자 보내는 날
7월 14일	실버데이	은제품 액세서리를 주고받는 날
	아이스크림데이	아이스크림을 먹는 날
	릴리데이	남자가 여자에게 백합을 선물하는 날
8월 8일	목걸이데이	서로에게 목걸이를 선물하는 날
	꽈배기데이	맛있는 꽈배기 먹는 날
	선글라스데이	사랑하는 사람에게 선글라스를 선물하거나 함께 쓰는 날
	라면데이	라면을 팔팔 끓여 먹는 날
8월 18일	쌀데이	팔(八) + 십(十) + 팔(八) = 미(米)이기 때문
8월 14일	그린데이	연인과 산림욕 하면서 시원하게 피서하거나 여행 가는 날 이를 못 했거나 연인이 없는 사람은 그린소주 마시는 날
	뮤직데이	나이트클럽에 가서 신나게 춤추는 날
	속옷데이	연인끼리 속옷을 선물하는 날
	티셔츠데이	연인끼리 같은 티셔츠 사서 입거나 선물하는 날
9월 2일	구이데이	불에 구운 음식을 마음껏 먹는 날
9월 9일	츄파춥스데이	츄파춥스를 사 먹거나 선물하는 날
	구구데이	닭고기 먹는 날

일 자	명 칭	행사 내용
9월 14일	포토데이	사진을 함께 찍어 한 장씩 나누어 갖는 날
	모자데이	서로에게 어울리는 모자를 선물하는 날
	100데이	사랑하는 사람에게 사랑해라고 100번 쓴 편지 주는 날
10월 4일	천사데이	사랑하는 사람에게 장미 1004송이로 고백하는 날
10월 10일	새우깡데이	새우깡 먹는 날
	써니텐데이	써니텐 선물하는 날
	초코파이데이	초코파이 먹으며 우정을 나누는 날
	막대사탕데이	동그란 큰 막대사탕 선물하는 날
	100송이데이	사랑하는 사람에게 장미 100송이로 프로포즈하는 날
10월 14일	와인데이	연인과 분위기 있는 곳에서 와인을 마시는 날
	인형데이	와인을 못 마시는 청소년들이 인형을 주고받는 날
10월 17일	손수건데이	손수건 선물하는 날
10월 22일	통화데이	연인끼리 오래 통화하는 날
10월 24일	애플데이	둘(2)이 사과를 주면서 사과하는 날
10월 31일	에이스데이	부드러운 에이스 먹는 날
	할로윈데이	귀신 복장으로 파티 하는 날
11월 1일	껌데이	좋아하는 껌을 서로에게 선물하는 날
	한우의날	한우 소비 촉진을 위해 제정
11월 7일	커피데이	따스한 커피를 마시며 차분히 보내는 날
11월 8일	브래지어데이	애인에게 브래지어 선물하는 날(글씨 모양 유사)
11월 11일	빼빼로데이	친구나 연인끼리 빼빼로 주고받는 날
	가래떡데이	빼빼로 대신 가래떡 주고받는 날
11월 12일	야쿠르트데이	빼빼로 못 받은 친구에게 야쿠르트 주는 날
	칸쵸데이	빼빼로 못 받은 친구에게 칸쵸 주는 날
11월 14일	무비데이	연인끼리 영화를 보고 오렌지주스 마시는 날
	오렌지데이	오렌지 선물하는 날
	안개꽃데이	안개꽃 선물하는 날
	레터데이	좋아하는 사람이나 친구에게 편지 쓰는 날
	쿠키데이	직접 만든 쿠키를 선물하는 날

일 자	명 칭	행사 내용
12월 8일	머플러데이	머플러 선물하는 날
12월 12일	고래밥데이	고래밥 먹는 날(12의 글자 모양이 고래와 유사)
12월 14일	허그데이	연인끼리 포옹으로 추운 겨울을 함께 녹이는 날
	머니데이	남자가 여자에게 돈 팍팍 쓰는 날
	양말데이	어울리는 양말을 선물하는 날
	고백데이	한 해가 가기 전에 짝사랑하는 사람에게 고백하는 날
12월 24일	이브데이	크리스마스이브 밤에 꽃 100송이 선물하는 날
12월 31일	레쓰비데이	연인과 따뜻한 레쓰비 마시며 추위를 잊는 날

연습문제

❶ 마케팅정보시스템의 정보 흐름에 대하여 설명하시오.

❷ 마케팅정보시스템을 구성하고 있는 하위시스템의 유형과 기능에 대하여 설명하시오.

❸ 마케팅조사의 진행과정과 유의사항에 대하여 설명하시오.

❹ 마케팅조사의 실패원인에 대하여 구체적인 예를 들어 설명하고, 이에 대한 대응방안에 대하여 논하시오.

❺ 마케팅조사가 성공적으로 이루어지기 위한 각 참여자의 기능과 역할에 대하여 논하시오.

제4장

시장분석

1. 시장분석의 의의

1) 시장의 개념

시장(market)이란 판매자와 구매자가 만나서 교환이 일어나는 장소나 공간을 말하는데 마케팅관리자 입장에서 보면 고객 니즈(needs)나 편익(benefits)의 집합체라고 할 수 있다. 즉 시장이란 가치 있는 것들을 교환하려는 실질적 또는 잠재적 거래자들의 집합체라고 할 수 있다. 시장은 물리적 시장인 'Marketplace'와 'Marketers'를 모두 포함하며 최근에는 온라인 쇼핑을 위한 사이버 시장인 'Marketspace'까지도 포함한다.

마케팅관리자가 시장을 이해하고자 하면 해당 상품시장만을 조사하고 분석할 것이 아니라 소비자들의 심상에 밀접히 관련되어 있고 다양한 산업군에 걸쳐있는 보완적 상품과 서비스의 군집, 즉 메타시장(meta market)의 개념에서 분석하여야 한다. 예를 들어 자동차의 메타시장에는 자동차 제조업자는 물론 신차 및 중고차 딜러, 금융회사, 보험회사, 주유소, 정비회사 및 기술자, 부품 딜러, 서비스숍, 자동차 잡지 및 신문, 자동차 웹사이트 등이 포함된다.

2) 시장분석의 개념과 내용

시장분석(market analysis)은 성공적 마케팅 활동을 위해 목표시장의 특성을 분석하는 것이다. 이를 위해 마케팅관리자는 시장의 개념을 설정하고 이에 근거하여 시장의 특성 및 경쟁구조 등을 분석하여야 한다. 마케팅관리자가 진입하고자 하는 목표시장은 잠재적 평균 이익의 크기인 시장매력도가 커야 하고, 고객을 획득하고 유지하는 데 있어 경쟁기업보다 유리한 위치를 확보할 수 있을 정도의 경쟁우위가 있어야 하며, 목표시장에 진입하는 것이 해당 기업의 문화와 사명, 기존 시장 및 마케팅 전략 등과 조화를 이루어 상승효과를 나타낼 수 있을 정도의 적합성이 있어야 한다.

2. 시장분석의 과정 및 내용

✚ 그림 4-1 | 시장분석의 과정 및 내용

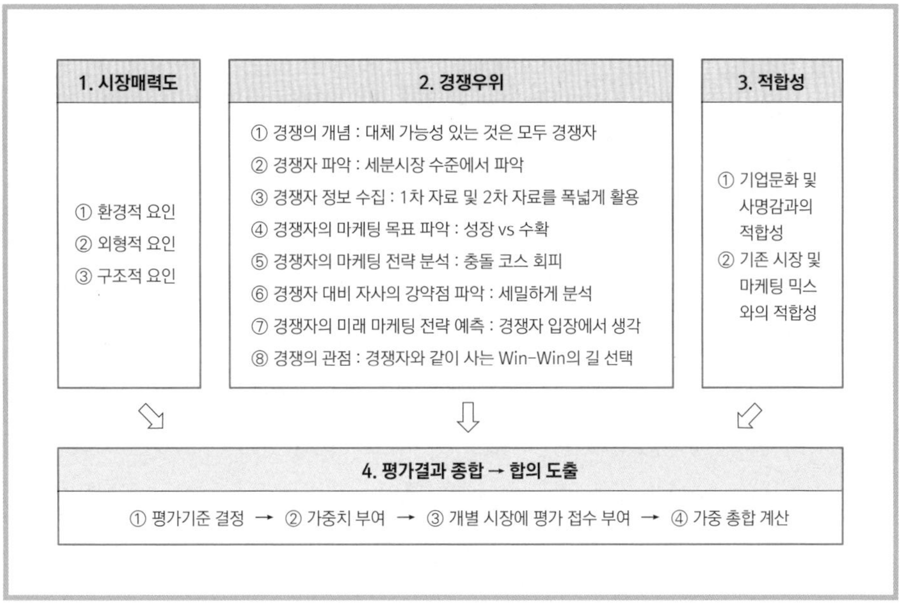

1) 시장매력도 분석

시장매력도(market attractiveness)란 목표시장에 진입한 기업들이 잠재적으로 얻을 수 있는 평균적인 이익의 크기를 말한다. 마케팅관리자가 마케팅 목표를 달성하기 위해 시장을 선택하고자 한다면 반드시 매력적인 시장을 선택하여야 하는데 시장의 매력도를 분석하기 위해서는 〈표 4-1〉에서 제시한 요인들에 대해 검토하여야 한다.

목표시장이 환경변화에 민감히 반응한다면 매력적인 시장이 되지 못한다. 이는 일관성 있는 마케팅 전략의 수립과 실행을 어렵게 하기 때문이다. 환경적 요인을 분석하기 위해서는 인구통계적 환경, 경제적 환경, 사회적 환경, 기술적 환

✚ 표 4-1 | 시장매력도 분석요인

구 분	분석요인
환경적 요인	인구통계적 환경, 경제적 환경, 사회적 환경, 기술적 환경, 법률적 환경
외형적 요인	현재 시장규모, 시장잠재력, 성장률, 상품수명주기단계, 판매의 주기성 또는 계절성, 현재의 수익성 등
구조적 요인	잠재적 진입자의 위협, 구매자의 교섭력, 공급자의 교섭력, 대체제의 위협, 현재 시장내의 경쟁 등

경, 법률적 환경 등이 어떤 상황이며 어떻게 변화하고 있는가에 대해 분석하고 이들이 마케팅에 미칠 영향 등에 대해 파악하여야 한다. 인구통계적 환경에서는 인구증가율, 연령별 및 지역별 인구구성비, 핵가족화, 독신가구 비율, 교육수준의 변화 등에 대해 분석하여야 한다. 예를 들어 독신가구 비율의 증가는 소형 주택에 대한 수요를 증가시키며 가전제품과 식품시장에서도 소용량 또는 소포장 세분시장의 매력도를 증가시킨다. 경제적 환경에서는 경제성장률, 저축률, 이자율, 물가상승률, 환율, 실업률, 소득분포, 부동산가격 등을 분석하여야 한다. 최근 경기침체로 중산층이 줄어들고 소비가 양극화되면서 건설, 자동차, 가전 등 여러 시장에서 고소득층을 대상으로 한 세분시장과 저소득층을 대상으로 한 세분시장이 급성장하는 반면 중산층을 대상으로 한 세분시장은 낮은 성장이나 제자리걸음을 하고 있다. 사회적 환경에서는 여성의 사회참여 비율, 각종 시민단체의 발언권 확대, 환경 및 건강에 대한 관심 증가, 가치관의 변화 등을 분석하여야 한다. 최근 여성의 사회참여 비율이 지속적으로 높아짐에 따라 기혼 여성의 가사부담을 줄여줄 수 있는 가전제품과 즉석식품, 교육시장에서 편리성을 강조하는 세분시장의 매력도가 증가하고 있다. 환경 및 건강에 대한 관심 증가는 식품, 음료, 주류시장 등에 큰 영향을 미쳐 소주시장의 경우 알코올 도수가 낮은 순한 세분시장의 규모가 확대되고 있다. 기술적 환경에서는 기술수준, 기술 발전 속도, 기술변화 방향 등을 분석하여야 한다. 일례로 IT기술의 발달로 온라인 시장이 급속히 확대되

고 있다. 법률적 환경에서는 국회가 제정한 법률, 정부가 시행하고 있는 각종 규제 등에 대해 분석하여야 한다. 세제 혜택 정책으로 경차와 승합차의 인기가 상승하기도 하였고 최근에는 환경보호나 제품안전에 대한 각종 입법 및 규제가 강화되고 있는 추세에 있다.

외형적 요인에서는 목표시장 규모, 시장잠재력, 성장률, 제품수명주기 단계, 판매의 주기성 또는 계절성, 현재의 수익성 등을 분석하여야 한다. 목표시장의 현재 규모는 정부, 협회, 민간연구소, 마케팅조사기관 등이 제공하는 자료를 기초로 추정할 수 있는데 시장의 충분한 크기 측정은 절대적 규모의 크기가 아니라 자사의 규모를 감안한 상대적 크기를 기준으로 판단하여야 한다. 시장잠재력(market potential)이란 특정 시장 내에서 일정 기간 동안 이상적 조건하에서 자사와 경쟁기업들이 달성할 수 있는 최대 매출액을 말한다.* 시장잠재력의 가장 이상적인 조건은 자사를 포함하여 시장 내 모든 경쟁기업들이 최대한의 마케팅 노력을 기울이는 경우에 이루어질 수 있는데 실제로는 기업들이 최대한의 마케팅 노력을 기울이지 않기 때문에 같은 기간 동안 실제로 달성되는 매출액의 합으로 시장잠재력을 측정한다. 시장잠재력은 시장상황에 따라 변화할 수 있다. 그럼에도 불구하고 새로운 시장 기회 발견, 마케팅 목표 설정, 마케팅 자원의 효율적 배분과 활용, 판매구역 구분이나 점포 입지 결정 등에 매우 유용하게 활용되고 있다. 성장률을 추정하려면 시장예측을 통해 판매예측을 하여야 한다. 시장예측(market forecast)은 미래의 시장상황하에서 자사와 경쟁기업들이 달성할 것으로 기대되는 매출액, 즉 미래시장의 규모를 예측하는 것이며 판매예측(sales forecast)은 자사가 달성할 것으로 기대되는 매출액을 예측하는 것이다. 제품수명주기(Product Life Cycle: PLC) 단계에 따라 특정 상품이 시장에 도입되면 성장하고 성숙된 후 쇠퇴하는 단계를 거치는데 시장매력도는 시장이 빠르게 성장하며 시장규모가 커지는 성장기

---

* 비슷한 개념으로 판매잠재력(sales potential)이라는 것이 있는데, 이는 시장잠재력 중에서 자사가 차지할 수 있는 최대 매출액을 가리킨다. 즉 판매잠재력 = 시장잠재력 × 잠재점유율이라고 할 수 있다.

에 가장 높다. 판매의 주기성(cyclicity)은 1년 이상의 기간에, 계절성(seasonality)은 1년 이하의 계절에 나타나는 시장상황의 일정한 변화를 말한다. 주기성이 높은 시장은 호황인 해와 불황인 해 사이에 매출액 차이가 크게 벌어지는 시장으로 조선, 반도체, 자동차 등과 같은 장치산업에서 나타날 수 있다. 이러한 산업에서는 불황기가 도래하면 변동비라도 건지기 위해 치열한 가격전쟁이 전개된다. 계절성이 높은 시장은 성수기와 비수기 사이에 매출액 차이가 큰 시장으로 냉난방 기구, 음료수, 아이스크림 등이 이에 속한다. 성수기에는 생산시설을 모두 가동하여야 하므로 인건비가 상승하는 반면 비수기에는 재고처리를 위한 치열한 가격경쟁으로 마진이 감소하기도 한다. 현재의 수익성은 목표시장의 이익잠재력을 판단하기 위한 지표로 낮은 수익성을 보여 온 시장은 그렇지 않은 시장에 비해 매력도가 떨어진다.

구조적 요인에서는 잠재적 진입자의 위협, 구매자의 교섭력, 공급자의 교섭력, 대체제의 위협, 현재 시장 내 경쟁 등을 분석하여야 한다. 산업조직론적 관점에서 보면 특정 산업의 구조가 해당 산업에 속해있는 기업의 행동을 결정하는데, 이는 다시 해당 산업 및 기업의 수익성을 결정하는 구조-행동-성과 패러다임(structure-conduct-performance paradigm)을 보인다는 것이다. 이에 대한 분석으로 가장 널리 알려진 방법은 하버드 대학 마이클 포터(M. E. Porter)의 산업경쟁 5세력 모형(Five-forced Model of Industry Competition or Five Force Analysis)이다.*

이 모형에 의하면 산업의 수익잠재력은 산업이 속한 경쟁적 경쟁관계(competitive rivalry)에 의해 좌우된다는 것이다. 기존 기업 간의 경쟁(rivalry among existing firms)은 곧 현재시장 내의 경쟁을 의미하는데 현재시장에서 기존 기업 간 경쟁이 치열할수록 시장매력도는 낮아지게 된다. 현재시장에 동일 수준의 경쟁자가 다수 존재하는 경우, 산업성장률 및 시장성장률이 둔화되는 경우, 고정비용 또는 보관

* M. E. Porter (1980), *Competitive Strategy: Techniques for Analyzing Industries and Competitors*, Free Press; M. E. Porter (1979), How Competitive Forces Shape Strategy, *Harvard Business Review*, pp.86-93.

✚ 그림 4-2 | 마이클 포터(Michael Porter)의 산업구조 분석 모형

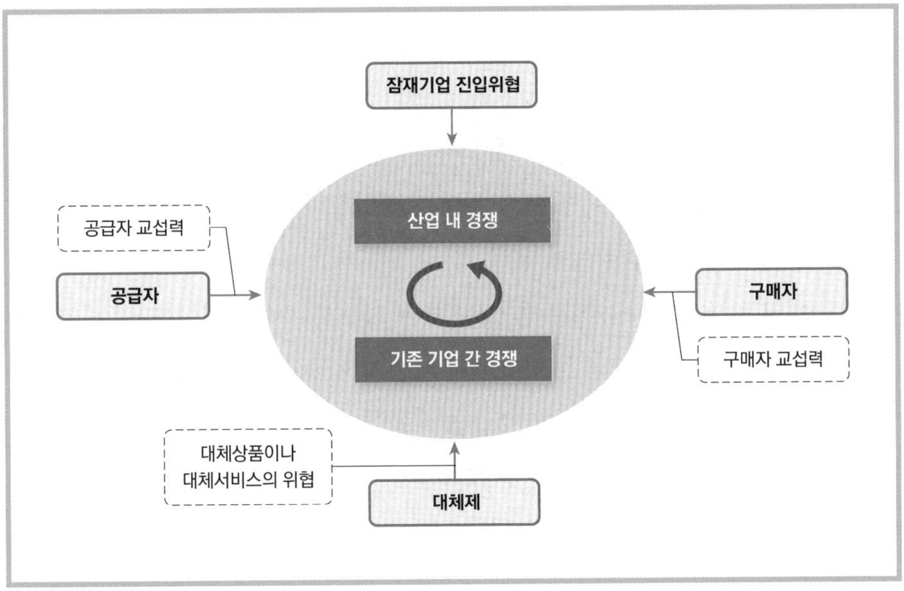

자료: M. E. Porter(1980), *Competitive Strategy: Techniques for Analyzing Industries and Competitors*, Free Press, p.4.

비 등이 높은 경우, 차별화가 어렵거나 전환비용*이 낮은 경우, 제품이 과잉 생산된 경우, 퇴출장벽(exit barriers)**이 높은 경우, 경쟁기업의 유형이 다양한 경우 등에는 경쟁이 치열하게 되고 그만큼 시장매력도도 낮아지게 된다.

신규 진입자들의 위협이란 해당 산업에서 이익을 확보하고 있는 기존 기업들이 새로운 경쟁자들에 의해 침해받을 가능성으로 잠재적 진입자의 위협(threat of new entrants)을 말한다. 신규기업은 새로운 생산능력, 시장탈취 욕망, 상당한 자원 등을 가지고 있어 산업 내 기존 기업을 위협한다. 이에 기존 기업들은 새로운 경쟁기업의 출현을 방지하기 위해 진입장벽(entry barrier)을 구축하고자 한다. 규모의 경제(economies of scale) 효과가 큰 산업의 경우 해당 산업에 성공적으로 진입하기 위

* 전환비용이란 구매자가 특정 기업의 제품으로부터 다른 기업의 제품으로 전환함에 따라 들어가는 일회성 비용을 말한다.

** 철수장벽은 진입장벽(entry barriers)과 함께 이동장벽(mobility barriers)으로 총칭된다.

해서는 대규모 시설을 갖추어야 하기 때문에 신규진입이 억제된다. 그 외에도 정부의 진입규제, 제품 차별화(product differentiation) 능력, 강력한 브랜드, 소요자본 요건(capital requirement), 중요 투입요소의 확보 어려움, 유통채널에 대한 접근(access to distribution channels) 곤란, 높은 전환비용(switching costs), 규모와 무관한 원가우위(cost advantage independent of scale) 등이 있는 경우에는 진입장벽이 높아져 잠재적 신규 진입자들의 시장진입이 어려워지게 된다.

구매자는 제품이나 서비스를 구매하는 자로서 판매기업에게 제품 및 서비스의 원가를 낮추도록 압력을 행사하게 되는데 이를 구매자의 교섭력(bargaining power of buyers)이라 한다.* 구매자의 교섭력이 높아질수록 시장매력도는 낮아지게 된다. 구매자의 교섭력은 구매자가 공급자시장에서 큰 비중을 차지하는 경우, 구매자의 수가 적거나 구매자가 조직화된 경우, 구매제품이 구매자 비용 중 상당 부분을 점하고 있어 구매자가 보다 유리한 구입가격을 추구하는 경우, 구매제품이 규격제품이거나 차별화되지 않아 대체 공급원이 풍부한 경우, 공급자를 전환하는 비용이 적게 드는 경우, 구매자의 이윤이 낮아 구입가격에 민감한 경우 등에 높아지게 된다.

공급자의 교섭력(bargaining power of suppliers)은 공급 요소들의 가격인상이나 인하로 해당 산업에 속한 기업들의 경영성과에 위협이 되는 요인으로 공급자의 교섭력이 높아질수록 시장매력도는 낮아지게 된다. 공급자의 위협은 공급자는 소수이나 구매자가 다수인 경우, 특히 공급자 집단이 소수 기업에 의해 지배받으며 집중화될 때, 대체품과의 경쟁이 적어 공급자 집단이 그 산업에서 판매할 대체품과 경쟁하도록 강요하지 않을 때, 해당 산업이 해당 공급자 집단의 중요한 고객이 아닐 때, 공급자 제품이 구매자 사업에 중요한 투입요소가 될 때, 공급자 집단의 제품이 차별화되어 있거나 다른 공급업체로의 전환이 어려울 때, 공급자 집단이 전

---

* G. G. Dess, G. T. Lumpkin, and A. B. Eisner (2007), *Strategic Management, Text and Cases*, 3rd. ed., McGraw-Hill, pp.61-62.

✚ 표 4-2 | 시장의 구조적 요인과 시장매력도 간의 관계

구조요인		현재시장 내 경쟁	잠재적 진입자 위협	구매자 교섭력	공급자 교섭력	대체재의 위협
시장 매력도	높음	−	−	−	−	−
	낮음	+	+	+	+	+

방수직통합*으로 고객들과 직접 거래하고자 위협하는 경우 등에 강해지게 된다.

마지막은 대체품 내지 대용품의 압력(pressure from substitute products and services)이다. 대체품이란 대신 쓸 수 있는 관계에 있는 두 가지 재화로 다른 제품과 동일한 기능을 갖추고 있거나 유사한 용도에 쓰일 수 있는 제품을 말한다. 대체품이 있을 경우 고객의 동일한 욕구를 다른 제품이나 서비스로 충족시키게 되므로 산업의 이익은 감소할 수밖에 없다. 따라서 대체품의 존재는 가격상승의 한계를 의미하므로 산업의 잠재수익률을 제한할 뿐만 아니라 대체품이 가격이나 효능 면에서 우위에 있는 경우 잠재수익률은 크게 낮아지게 된다. 시장의 구조적 요인과 시장매력도 간의 관계를 정리하면 〈표 4-2〉와 같다.

2) 경쟁우위 분석

경쟁우위(competitive advantage)란 경쟁자와 비교하여 우월한 성과를 갖도록 기업이 개발한 독특한 위치를 의미한다. 경쟁우위는 마케팅, 기술, 생산, 조직, 재무 측면에서 세밀하게 분석할 수 있다.

경쟁우위를 분석하기 위해서는 우선 경쟁의 개념을 규정하여야 하는데 마

* 전방통합(forward integration)은 공급자들이 구매기업의 산업에 직접 참여하는 경우로 공급은 물론 경쟁자의 역할을 동시에 한다는 의미임.

✚ 표 4-3 | 경쟁우위의 분석요인

요 인	세부항목
마케팅	판매조직, A/S, 주문처리, 상품 구색, 상품 디자인, 품질 보증, 점포 입지, 유통업자의 수, 유통업자와의 관계, 유통 비용, 배달, 광고, 브랜드 또는 기업이미지
기술	과학적 연구 능력, 생산기술 혁신 능력, 상품 성능 개선 능력
생산	생산원가, 품질, 가동률, 생산설비의 입지, 생산성, 유연 생산 능력
조직	인적자원의 질, 부서 간 협조, 정보시스템, 의사결정 속도, 축적된 경험과 노하우
재무	자금 동원 능력, 자본 비용

✚ 표 4-4 | 흥미로운 대체재의 사례

대체재	사례
프리토 레이(Frito Lay)의 치토스	치토스로 잘 알려진 프리토 레이가 소비대상으로 '슈퍼에 치토스가 없다면 무엇을 사겠냐'는 설문조사에서 전혀 관련성이 없다고 생각한 아이스크림과 사과를 선택한 응답이 상당수 있었다.
삼겹살과 미국산 쇠고기	미국산 쇠고기의 판매가 재개되자 한우 판매량은 변동이 없으나 돼지고기와 삼겹살의 판매가 10%가량 감소함
떡볶이집과 싸이월드	초등학생들이 용돈을 싸이월드의 디지털 아이템 '도토리'를 사는 데 다 써버리면 학교 앞 떡볶이집의 매출이 감소함
돌반지와 유아용품	금값이 치솟자 선물로 반지 대신 유아용품을 구매
고급 라면과 라면집	일본 닛세이 식품에서 고급 라면 Goota를 300엔에 내놓았으나 300엔에 라면을 파는 중저가 라면 체인점의 등장으로 실패함
워크맨과 MP3 플레이어	MP3 플레이어의 등장으로 워크맨이 사라짐
MP3 플레이어와 스마트폰	스마트폰이 보급되면서 MP3 플레이어, 내비게이션 기기, 휴대용 게임기, PMP 등의 판매량 감소
블루레이 디스크와 IPTV	사용하기 편리한 IPTV와 화질이 좋은 블루레이 디스크가 안방극장을 놓고 격돌할 것으로 예상됨

자료: 박찬수(2014), 마케팅원리, 제5판, 법문사, p.99에서 수정 · 보완.

✚ 표 4-5 | 경쟁정도의 유형

경쟁 수준	내 용
상품형태(product form) 수준의 경쟁	같은 형태를 가진 상품들 간의 경쟁(가장 치열한 경쟁 수준) → 코카콜라와 펩시콜라의 경쟁
상품범주(product category) 수준의 경쟁	상품형태는 다소 다르지만 기본적으로 같은 범주에 속하는 상품들 간의 경쟁 → 청량음료의 범주에 속하는 코카콜라와 칠성사이다의 경쟁
본원적 편익(intrinsic benefit) 수준의 경쟁	형태나 범주는 다르지만 고객에게 기본적으로 동일한 편익을 제공하는 상품들 간의 경쟁 → 갈증해소라는 편익 제공을 위한 오렌지 주스나 생수와 코카콜라의 경쟁
예산(budget) 수준의 경쟁	제공하는 편익이 다르더라도 고객의 한정된 예산을 차지하기 위해 벌이는 여러 상품들의 경쟁 → 떡볶이집과 싸이월드의 경쟁, 돌반지와 유아용품의 경쟁

자료: 박찬수(2014), 마케팅원리, 제5판, 법문사, p.100에 의거하여 작성.

케팅관리자는 시장의 관점에서 경쟁의 범위를 확대하여 대체가능성 있는 것은 모두 경쟁자로 포함시킬 필요가 있다. 이는 경쟁의 범위를 좁히면 마케팅 근시안에 빠질 수 있기 때문이다. 마케팅 근시안(marketing myopia)이란 경쟁의 범위를 같은 형태나 같은 종류의 상품으로 한정시켜 좁게 보는 것을 말한다. 따라서 마케팅관리자는 동일 상품의 경쟁자뿐 아니라 〈표 4-4〉에서 보여주는 예와 같이 대체상품의 위협까지도 포함하여 폭넓게 경쟁을 정의할 필요가 있다.

경쟁에서는 경쟁을 하느냐 하지 않느냐의 문제가 아니라 경쟁이 불가피하기 때문에 어느 수준에서 어느 정도 경쟁하느냐의 문제로 인식되어야 한다. 경쟁 수준별 경쟁유형은 〈표 4-5〉와 같다.

경쟁의 개념이 규정되면 이에 근거하여 경쟁자를 파악하여야 한다. 경쟁자는 세분시장 수준에서 파악하는 것이 바람직하다. 세분시장에서 경쟁자를 파악하는 방법은 〈표 4-6〉과 같다.

✚ 표 4-6 | 세분시장 수준에서의 경쟁자 파악 방법

경쟁자 파악 방법			경쟁 수준				자료 원천	
			상품 형태	상품 범주	본원적 편익	예산	1차 자료	2차 자료
기업 중심적 방법	ㅇ 상품/시장 매트릭스를 이용하는 방법		○	○	○		○	○
	ㅇ 기술적 대체가능성을 판단하는 방법		○	○	○		○	
	ㅇ 표준산업분류를 이용하는 방법		○	○				○
고객 중심적 방법	ㅇ 고객 지각에 기초한 방법	• 지각도	○	○	○		○	
		• 상품제거	○	○	○		○	
		• 사용상황별 대체	○	○	○	○	○	
	ㅇ 고객 행동에 기초한 방법	• 상표전환 매트릭스	○	○			○	○
		• 수요의 교차탄력성	○	○	○			○

자료: 박찬수(2014), 마케팅원리, 제5판, 법문사, p.111.

경쟁자가 파악되면 경쟁자에 대한 정보를 수집하여야 한다. 경쟁자에 대한 정보는 우선 2차 자료로부터 탐색을 시작한 후 부족하면 1차 자료를 수집하는 것이 바람직하다. 경쟁자에 대한 대표적 정보의 원천은 〈표 4-7〉과 같다.

✚ 표 4-7 | 경쟁자에 대한 정보 원천

원 천		예	수집 가능 정보의 예
2차 자료	회사 내 자료	과거 마케팅 계획서 과거 마케팅조사 보고서	경쟁자의 강점 및 약점
	경쟁자 발간 자료	주주총회 보고서	경쟁자의 전략, 원가구조, 공장 소재지, 주요 의사결정자의 이름
		광고, 판촉자료	경쟁자의 마케팅 전략, 자사 상품 대비 강점 및 약점, 경쟁상품의 성능, 주요 담당자의 이름 및 전화번호
		사내(외)보	경쟁자의 새로운 유통업자 또는 공급업자 이름

원 천		예	수집 가능 정보의 예
2차 자료	언론자료	신문 기사 데이터베이스 시사주간지 전문지(예: 전자신문 등)	경쟁자의 향후 마케팅 전략, 신상품 개발, 인사 이동 등
		구인광고	경쟁자의 설비 확장 계획, 급여 수준
	정부 및 협회	특허출원 자료	경쟁자의 신상품 생산기술 또는 공정
	전문기관	협회 발간 자료	경쟁자의 시장점유율, 가격
		마케팅조사 회사	경쟁자의 시장점유율, 가격, 유통경로 취급률
		광고 대행사	경쟁상품의 광고비
1차 자료	고객	유통업자와의 면담	경쟁자의 최근 판매동향, 가격, 신상품 출시 계획
	사원	판매사원의 활동보고서	경쟁자의 상품, 가격, 포장 등의 변화
	공급업자	포장재 생산업자	경쟁자의 신상품 브랜드 이름, 생산량
	은행 및 증권회사	투자분석가의 보고서	경쟁자의 향후 수익성 및 매출 전망
	전시회	모터쇼	경쟁자의 신상품 특징 및 개발 일정
	경쟁자	공장 견학	경쟁자의 생산 설비 및 공정
		벤치마킹(benchmarking) 또는 역엔지니어링(reverse engineering)	경쟁상품의 원가, 강점 및 약점
		경쟁자의 직원 스카우트	경쟁자의 마케팅 계획*

자료: 박찬수(2014), 마케팅원리, 제5판, 법문사, pp.111-112.

* 자신이 근무하던 기업의 영업비밀을 누설하면 법적인 제재를 받을 수 있으므로 이런 방법을 쓰기 전에 법률적 자문을 받을 필요가 있음.

경쟁자의 정보가 수집되었으면 이를 기초로 경쟁자의 마케팅 목표를 파악하여야 한다. 경쟁자를 분석하는 목적은 경쟁자의 행동을 미리 예측하고자 하는 데 있다. 기업의 일반적인 마케팅 목표는 성장목표와 수확목표로 구분되는데, 성장목표를 가지고 있는 기업은 가격인하, 광고비 지출 증대, 판촉활동 증가 등이 나타나게 되는 반면 수확목표를 가지고 있는 기업은 가격인상, 광고비 지출 삭감, 판촉활동 감소 등이 나타나게 된다. 따라서 성장목표를 가지고 있는 기업이 수확목표를 가지고 있는 기업보다 훨씬 더 공격적으로 행동하게 된다. 일반적으로 외국에 본사를 둔 기업이라면 본국의 정치 · 경제적 사정을 고려하게 되며, 비상장기업이라면 단기적 이익보다 장기적 이익을 추구하는 성장목표를 선택하는 경향이 있다. 채무가 많은 재무구조를 가지고 있는 기업이라면 이자 부담 때문에 성장목표 선택이 곤란한 반면 판매사원들이 이익이 아니라 매출액을 기준으로 성과급을 받는다면 성장목표를 추구하고 있는 기업이다.

경쟁자의 마케팅 목표를 파악하였다면 경쟁자의 마케팅 전략을 분석하여 상호 충돌될 수 있는 방향을 회피하는 것이 바람직하다. 경쟁자가 공격적으로 행동할 가능성이 많다고 판단되면 이를 회피하기 위한 방안을 강구할 필요가 있다. 가장 큰 위협이 되는 기업은 자사와 같은 전략을 채택하고 있는 경쟁기업이다. 또한 시장에 경쟁기업이 다수인 경우에는 특정 시장에서 비슷한 전략을 활용하는 기업들의 전략집단군(strategic group)을 파악하여 상호 충돌을 회피하는 것이 바람직하다. 경쟁정도 예측에 유용한 경험적 법칙들도 활용할 필요가 있다. 가격경쟁보다 차별화경쟁이 벌어지고 있는 시장에서는 경쟁이 덜 치열하다. 이는 차별화 요소가 많아질수록 더 많은 수의 경쟁자들이 공존할 수 있기 때문이다.

경쟁자의 전략 분석을 끝마쳤다면 경쟁자 대비 자사의 강점과 약점을 세밀하게 분석하여야 한다. 자사의 강 · 약점을 분석할 때에는 경쟁상품은 물론 경쟁기업까지도 분석하여야 하고, 상세한 정보를 수집하여야 하며, 분석결과를 요약하여 경쟁자의 능력뿐만 아니라 의지도 분석하여야 한다.

다음으로는 경쟁자의 향후 마케팅 전략을 예측할 필요가 있다. 경쟁자의 미래전략을 예측하는 데에는 추세연장법, 인과관계법 및 롤 플레이 등이 활용된다. 추세연장법은 경쟁자가 지금까지 사용해 온 전략을 앞으로도 계속 사용할 것이라고 예측하는 방법으로 가장 간편하고 단순한 방법이다. 다만 예측이 잘못될 가능성이 존재하는데 이는 원인이 바뀌는 경우 전략도 변할 수 있기 때문이다. 인과관계법은 특정 상황이나 원인이 있을 때 어떤 전략이 사용될 것인지를 예측하는 방법이다. 롤 플레이(role play) 법은 시뮬레이션 법이라고도 하는데 자사가 경쟁자의 입장에서 어떤 전략을 선택할 것인지 판단해 보는 방법이다.

마지막으로 경쟁전략의 실행에 앞서 경쟁의 관점을 명확히 하여 서로에게 이익이 되는 윈-윈(Win-Win)의 길을 선택할 수 있도록 하여야 한다. 이는 경쟁자의 퇴출이 항상 좋은 결과를 가져오는 것은 아니기 때문이다. 일례로 1970년대 소프트 콘택트렌즈 시장에서 바슈 앤드 롬(Bausch and Lomb)은 공격적인 마케팅으로 경쟁자들을 벼랑 끝으로 모는 데 성공하였다. 위기에 몰린 경쟁자들은 소프트 콘택트렌즈 사업을 존슨 앤드 존슨(johnson & Johnson)과 레블론(Revlon) 등과 같은 대기업들에게 넘겨버렸다. 결국 바슈 앤드 롬은 지금까지의 경쟁보다 훨씬 큰 경쟁자를 상대하게 되었다.* 오히려 건전한 경쟁은 기업과 시장에 긍정적인 경우도 많다. 건전한 경쟁을 통해 시장의 규모를 확대시킬 수 있다. 새로운 경쟁자가 들어옴으로써 활발한 마케팅 활동이 이루어져 시장의 규모가 확대되는 것이다. 실례로 동원산업이 혼자 뛰고 있던 참치 캔 시장에 사조산업이 뛰어든 후 참치 캔의 연간 수요가 6,000만 캔에서 1억 3,000만 캔으로 성장하였다. 또한 건전한 경쟁을 통해 기술적 표준의 지위를 확보할 수도 있다. 하이테크 시장에서 새로운 기술을 개발하는 기업은 경쟁자를 많이 만듦으로써 자사의 기술을 업계 표준으로 만들 수 있다. 소니(Sony)와 JVC가 가정용 VTR기술을 놓고 경쟁을 벌였다. 베타 방식이라고 불리던 소니의 기술과 VHS방식이라고 불리던 JVC의 기술은 호환성이 없는 기술이어서 누가 VTR시장의 표준이 될 것인가를 놓고 한판 승부가 불가

---

* P. Kotler (2003), *Marketing Management*, Prentice Hall, p.254.

피하였다. 이 싸움의 승자는 VHS방식이었다. 이는 VHS방식이 기술적으로 뛰어나서가 아니라 JVC가 자체 개발한 기술을 전 세계의 여러 기업들에게 라이선스 해줌으로써 스스로 자신의 경쟁자들을 많이 만들어 놓았기 때문이다. 즉 VHS기술을 라이선스 받은 기업들은 VHS방식의 VTR을 시장에 쏟아 놓기 시작하였고, VHS VTR의 가격이 베타 방식의 VTR에 비하여 낮아지게 되었다. 이에 VHS방식 VTR의 시장점유율이 높아지자 소프트웨어 메이커, 즉 영화회사들이 VHS방식의 테이프들을 더욱 많이 출시하게 되었고, 이는 다시 VHS방식 VTR의 시장점유율을 높여주는 상승작용을 하게 되었다. PC 핵심 부품인 마이크로프로세서를 만드는 인텔도 8086칩 기술을 개발한 이후로 자사의 기술을 AMD를 비롯한 여러 회사에 라이선스 해 주었다. 이렇게 의도적으로 만들어진 경쟁자들 덕분에 인텔 계열의 칩은 가격이 낮아졌고, 이것은 마이크로프로세서를 대량으로 구매하여야 하는 PC 생산업자들에게 커다란 매력이 되었다. 결국 인텔의 전략은 오늘날 PC시장에서 WINTEL(Windows + Intel)을 표준으로 만드는 원동력이 되었다. 건전한 경쟁은 혁신 및 차별화의 기회를 제공하기도 한다. 부광산업의 브랜닥스 치약이 나온 후 럭키화학(현 LG생활건강)의 시장점유율은 97%에서 52%로 감소하였지만 매출액은 오히려 높아졌다. 이는 럭키가 경쟁에 대응하기 위하여 다양한 편익을 제공하는 신상품들을 내놓고 이와 동시에 가격을 인상할 수 있기 때문이었다. 특히, 럭키가 손쉽게 가격을 인상할 수 있었던 것은 브랜닥스 치약의 가격이 럭키 치약의 가격보다 훨씬 높았기 때문이었다. 마지막으로 정부에 대한 협상력을 강화할 수 있다. 공동의 이익을 위해 정부에 압력을 가하고자 할 때 경쟁자의 수가 많다는 것은 큰 힘이 될 수 있기 때문이다.

3) 적합성 분석

적합성이란 특정 시장에 진입하는 것이 자사에 어울리는가를 분석하는 것이다. 이는 경쟁우위 분석과 달리 자사에 대해 분석하는 것으로 자사의 정보를 이미 정확하게 알고 있어 경쟁우위 분석보다 훨씬 수월하다.

적합성을 분석하기 위해서는 우선 기업문화 및 사명과의 적합성을 검토하여야 한다. 기업의 구성원들이 공유하고 있는 가치관을 기업문화라고 하는데 기업문화와 일치하지 않는 시장에 진입하려면 적지 않은 사전 설득작업이 필요하고 기업사명은 기업문화보다 강력한 영향을 미치기 때문이다. 또한 기존 시장 및 마케팅 믹스와의 적합성도 고려하여야 한다. 기존 마케팅 믹스와 관련하여서는 기존 상품들과의 적합성, 기존 가격대와의 적합성, 기존 촉진요소들과의 적합성, 기존 유통경로와의 적합성 등을 분석하여야 한다.

연 습 문 제

❶ 시장분석의 개념과 필요성에 대하여 설명하시오.

❷ 시장매력도의 개념과 분석요인에 대하여 설명하시오.

❸ 목표시장에서 자사의 경쟁우위를 분석하기 위한 우위요인과 분석과정에 대하여 설명하시오.

❹ 목표시장에서의 적합성 분석요인과 과정에 대하여 설명하시오.

❺ 목표시장분석이 성공적으로 이루어지기 위한 마케팅관리자의 역할에 대하여 논의하시오.

제5장

소비자분석

소비자분석(consumer analysis)이란 소비자의 행동적 · 심리적 특성을 분석하는 것이다. 소비자분석이 필요한 이유는 소비자의 이질성(heterogeneity) 때문이다. 소비자의 수가 많고 욕구가 이질적인 경우에는 세분시장별로 소비자의 특성을 분석하여야 한다. 소비자의 심리도 마케팅 활동에 매우 중요하기 때문에 겉으로 드러내지 않는 소비자의 심리를 명확히 분석하여야 한다.

디지털 시대인 오늘날의 시장에서는 서로 다른 가치들이 독립적으로 존재하지 않고 융합을 통해 새로운 가치를 창출하고 있다. 이는 하나만으로 만족하지 못하는 변화된 소비자의 욕구를 반영한 것이다. 오늘날 만연되고 있는 디지털 시대 소비자들의 소비 특성을 요약하면 〈표 5-2〉와 같다.

✚ 표 5-1 | 소비자의 역할 변화 및 기업의 대응

구 분	1980년대 초 이전	1980년대 중반 ~ 90년대 초	1990년대 중반 ~ 90년대 말	2000년도 이후
소비자의 역할	ㅇ 소비자는 소비라는 사전에 결정된 역할만 수행하는 수동적 구매자			ㅇ 소비자는 제품 · 서비스의 공동 개발자, 협력자로서 사업가치 창출
소비자에 대한 기업의 인식	ㅇ 소비자집단은 기업의 편의대로 사전에 규정되고 정의됨	ㅇ 소비자의 개인적 특성 인정	ㅇ 소비자의 개별적 특성을 존중하고 신뢰관계구축에 주력	ㅇ 소비자는 개개인으로 존중될 뿐 아니라 사회의 구성체로 인정 ㅇ 소비자는 인터넷을 통해 개인적 경험을 개발 · 축적 · 전파
기업과 소비자의 상호작용	ㅇ 전통적 시장조사를 통해 제품 · 서비스를 개발	ㅇ Help Desk 등을 통한 소비자 지원 및 소비자 불만을 수렴한 제품 · 서비스의 재설계	ㅇ 소비자 관찰 및 소비자에 대한 깊은 이해를 바탕으로 제품 · 서비스를 재배치	ㅇ 기업은 소비자와 공동으로 제품 · 서비스의 창출 및 시장개발
커뮤니케이션 흐름 및 목적	ㅇ 일방향 커뮤니케이션 ㅇ 사전에 결정한 목표 소비자층에 접근	ㅇ 양방향 커뮤니케이션 ㅇ DB Marketing	ㅇ 양방향 커뮤니케이션 ㅇ 관계마케팅	ㅇ 소비자의 기대를 수렴하고 충족하기 위해 여러 계층의 소비자와 일대일 커뮤니케이션 추구 ㅇ 소비자도 인터넷을 통해 기업과 적극적 커뮤니케이션 추구

자료: 박기성 · 배우련(2000. 5. 5), 디지털 시대의 e-business 전략: 비즈니스 모델을 중심으로, 연구보고서, LG경제연구원, p.3에서 수정 · 보완.

✚ 표 5-2 | 디지털 시대 소비자들의 소비 특성: FUSION

특 성	내 용
재미(fun)	ㅇ 일상생활에서 벗어나 즐거움과 재미를 추구
품질(utility)	ㅇ 적극적 정보검색을 기반으로 합리적 · 가치추구적 · 지성적 소비경향 ㅇ 삶의 전반에서 '품질'을 중요시하는 가치 추구
안전(stability)	ㅇ 가족, 건강, 자연, 안전을 중시하며 마음의 안식처를 찾아 가정으로 회귀하고 건강을 위해 음식을 가려 먹으며 여가를 즐기고 자연을 동경
개성(identity)	ㅇ 타인과는 다른 자신을 연출하기 위해 유행에 따르면서도 차별화된 자신만의 독특한 가치와 아이덴티티를 구축하려는 개성 추구
디지털(on-line)	ㅇ 생활 전반이 디지털로 전환

자료: 주우진 · 김재범(2002), 인터넷마케팅, 경문사, p.80.

1. 소비자행동분석

1) 소비자행동의 의의

소비자행동(consumer behavior)이란 소비자들이 자신의 욕구 충족을 위해 제품 · 서비스 · 아이디어 · 경험 등을 선택 · 구매 · 사용 및 처리하는 과정을 말한다. 개인, 집단 및 조직체들이 자산들의 1차적 욕구와 2차적 욕구를 만족시키기 위해 제품 · 서비스 · 아이디어 또는 경험을 선택 · 구매 · 사용 및 처리하는 과정이 소비자행동의 범주에 포함된다.* 이는 상품을 탐색 · 평가 · 획득 · 사용 또는 처분할 때 생기는 문제, 즉 언제, 어디서, 무엇을, 어떻게, 누구로부터 구매할 것인가에 대

* P. Kotler & K. L. Keller (2012), *Marketing Management*, 14th ed., Pearson, p.173.

한 인지적 판단과 신체적 활동이다.* 따라서 소비자의 욕구를 파악하고 이를 충족시키는 것은 마케팅의 기본이고 이는 소비자행동 분석에서부터 시작되어야 한다. 마케팅관리자는 보다 다양한 소비자의 욕구를 찾아내어 이를 효과적으로 충족시킬 수 있는 마케팅 전략을 계획하고 실행하여야 한다. 또한 소비자가 잠재적으로 가지고 있는 새로운 욕구를 찾아내어 이를 상품화할 수 있어야 한다. 만일 소비자행동에 대한 철저한 분석과 이에 대응한 적절한 마케팅 전략이 제시되지 못한다면 마케팅 활동은 실패로 돌아갈 수밖에 없다. 일례로 1998년 중국에 이어 두 번째로 한국시장을 진출한 미국계 할인점 월마트가 시장점유율 4%라는 부진한 성적을 남기고 2006년 여름 16개 매장을 이마트에게 내주며 철수하였는데, 이는 한국 소비자들의 취향과 소비행태를 제대로 파악하지 못하였기 때문이다. 언뜻 생각하기에 서비스에 대한 요구기준이 한국보다 미국이 더 높을 것 같았으나 실제로는 정반대였다. 또한 미국에서 "Everyday Low Price(언제나 낮은 가격)" 마케팅 전략으로 성공하였던 월마트는 '매장이 멀고 품질이 떨어져도 가격만 싸면 고객이 만족할 것'이라고 잘못 생각했던 것이다. 즉 비교적 까다로운 한국 소비자들은 할인점을 '단순히 싼 물건을 사는 곳'이 아닌 백화점과 같이 '쾌적하게 가족들과 함께 쇼핑을 즐길 수 있는 곳'으로 생각하고 원했던 것이다. 또한 '소품종 대형 포장'을 원하는 미국 소비자들과는 반대로 '다품종 소량 포장'을 선호하였고, 세트 구매와 값싼 식품보다는 품질 좋은 싱싱한 식품을 구매하였다. 결국 한국 소비자들의 취향과 행동에 대한 정밀한 분석과 이해가 부족했던 월마트는 매년 큰 영업적자를 남기며 한국시장에서 철수하였다. 밝은 조명과 낮은 높이의 선반, 항상 싱싱한 식품을 진열하는 이마트가 까다로운 한국 소비자들의 기대를 충족시켜 국내 할인업계 시장점유율 1위를 유지하고 있는 반면 5~6m 높이의 선반에 박스로 진열한 상품을 판매하는 창고형 매장의 월마트는 적은 투자로 매장을 크게 만들어 한 번에 많이 판매한다는 전략이 한국 소비자들의 소비행태에 적합하지 않았

* 이훈영(2015), 마케팅, 제2판, 청람, p.337.

기 때문에 한국시장에서 실패한 것이었다.

2) 소비자행동의 동기와 갈등

동기(motivation)란 특정 사람이 행동을 유발할 만큼의 충분한 강도를 가진 니즈(needs)를 말한다.* 동기는 욕구로부터 촉발된 긴장상태를 해소하려는 목적에서 출발되는데 욕구가 동기로 작용하기 위해서는 해당 욕구를 독특하게 인식하여 행동을 촉발할 수 있어야 한다.

동기를 유발시키는 요인은 크게 생리적 요인, 인지적 요인 및 환경적 요인으로 구분할 수 있다. 생리적 요인은 동기를 유발시키는 신체적 자율 활동 요인을 말하는데 신체활동 과정에서 부족한 것이 있을 때, 즉 생리적 욕구가 생겼을 때 신경을 자극하여 긴장상태를 조성하고 이를 해소하기 위해 유발되는 동기이다. 예를 들어 수분이 필요한 경우 갈증을 느끼도록 하여 물을 마시게 하고 근육에 피로감이 쌓이면 통증을 느끼게 하여 쉬도록 한다. 생리적 요인은 동기유발 요인 중 가장 기본적인 요인이지만 모든 생리적 욕구가 직접적으로 소비자행동을 유발시키지는 않는다. 인지적 요인은 인간의 사고(思考)에서 발생하는 심리적 측면의 욕구, 즉 인지적 욕구로 인해 발생한 긴장상태를 해소하고자 유발되는 동기이다. 예를 들어 회사원이 승진하기 위해 열심히 일을 한다거나 좋아하는 음식을 생각하고 먹고 싶다는 마음을 갖게 되는 것 등이 이에 속한다. 환경적 요인은 환경으로부터의 자극, 즉 환경적 욕구에 의해 활성화되는 동기이다. 음식점이나 제과점 앞을 지날 때 먹는 즐거움에 대한 생각으로 시장기를 느낀다거나 분위기에 휩쓸려 남들이 모두 스마트폰을 가지고 있기 때문에, 즉 주위의 환경적 요인으로 동기가 유발되어 스마트폰을 구입하는 경우가 이에 해당한다.

---

* P. Kotler & K. L. Keller (2012), *Marketing Management*, 14th ed., Pearson, p.182.

소비자들은 소비동기가 유발되어 소비를 실행하고자 하면 소비에 대한 갈등에 직면하게 된다. 갈등(conflict)은 상충된 여러 목적의 동기들이 동시에 발생하는 경우 유발되는데 주로 시간과 돈, 소비여건 등과 같이 소비자의 자원이 한정되어 있기 때문에 발생한다.

갈등은 매우 다양한 유형으로 나타나게 된다. 첫째는 긍정적 동기 간의 갈등이다. 소비자가 두 가지 이상의 긍정적 대안 중에서 어느 하나를 선택하여야 할 경우에 발생하게 되는데 고려하는 대안의 매력 정도가 비슷할수록 갈등은 더욱 커지게 된다. 예를 들어 스마트폰도 사고 싶고 새 옷도 사고 싶은데 모두 구입하기에는 돈이 부족한 경우가 이에 속한다. 이러한 경우 마케팅관리자는 소비자에게 적절한 갈등해소방안을 제시하여 고객만족과 제품판매를 달성하여야 한다. 예를 들어 신용판매나 정기적 할인판매 등 두 가지 욕구를 모두 충족시켜 줄 수 있는 방안을 마련해 주어야 한다.

둘째는 부정적 동기 간의 갈등이다. 소비자가 피할 수 없는 두 가지 부정적 대안에 직면하여 어느 하나를 선택하여야 할 경우에 발생하는데, 두 가지 모두 부정적으로 지각하므로 어느 것을 선택할 것인지 갈등하게 된다. 예를 들어 평소에 타고 다니던 자동차가 고장 난 경우 낡은 차지만 수리해서 계속 탈 것인가 아니면 부담되지만 새로운 차를 구입할 것인가를 고민하게 되는데, 두 가지 모두 비용이 들어가기 때문에 부정적으로 인식하게 된다. 이러한 경우 마케팅관리자는 할부판매나 무이자 대출을 통한 신용판매 등의 적절한 구매조건을 제공하여 갈등을 해소시켜야 마케팅에 성공할 수 있다.

셋째는 긍정과 부정이 혼합된 동기 간의 갈등이다. 소비자가 목표대상에 대해 긍정적 동기요인과 부정적 동기요인을 모두 인식하는 경우로 긍정적인 면과 부정적인 면을 모두 가지고 있는 대안을 고려할 때 발생한다. 예를 들어 햄버거가 먹고 싶으나 건강에 해가 될 것을 걱정하는 경우, 맥주를 마시고 싶은데 체중이 늘어날 것을 걱정 경우, 커피를 마시고 싶으나 잠이 오지 않을 것을 걱정하는 경우 등이 이에 속한다. 이러한 경우 마케팅관리자는 부정적 요소를 제거시킨

상품을 개발하는 전략 등으로 갈등을 해소시킬 수 있어야 한다. 예를 들어 저칼로리 아이스크림이나 맥주, 카페인을 제거한 커피 등의 제품 개발이 바로 이러한 목적에서 개발된 제품이라 할 수 있다.

3) 소비자행동의 영향요인

소비자행동에 영향을 미치는 요인은 〈표 5-3〉에서 보는 바와 같이 내부요인과 외부요인으로 구분할 수 있다.

소비자행동에 영향을 미치는 내부요인을 이해하기 위해서는 소비자가 어떻게 정보를 처리하고 어떠한 과정으로 의사결정을 하게 되는지에 대해 이해하여야 한다. 소비자의 정보처리과정은 소비자가 마케팅 정보에 노출(exposure)되는 것으로부터 시작된다. 노출은 우연적 노출과 의도적 노출, 선택적 노출로 구분할 수 있는데 우연적 노출(accidental exposure)은 소비자가 의도하지 않는 상태에서 정보에 노출되는 경우로 예를 들어 제품에 대한 이야기를 지인으로부터 듣거나, TV를 시청하거나 신문을 읽는 경우를 말한다. 의도적 노출(intentional exposure)은 소비자가 의사결정과정에서 외적탐색을 통해 스스로 정보를 찾는 경우에 해당한다.

✚ 표 5-3 | 소비자행동에 영향을 주는 요인

구 분	영향요인
내부요인	노출(exposure), 주의(attention), 지각(perception), 기억(memory), 태도(attitude), 학습(learning) 등
외부요인	ㅇ 사회 · 문화적 요인 ㅇ 소비자 개인적 특성: 개성, 라이프스타일 등 ㅇ 대인적 영향요인: 준거집단, 의견선도자(opinion leader), 구전 등 ㅇ 상황적 요인: 소비상황, 구매상황, 커뮤니케이션 상황 등

선택적 노출(selective exposure)은 소비자가 필요로 하고 관심 있는 정보에만 자신을 노출시키고자 하는 경우로 신문이나 잡지의 광고 부분을 보지 않고 관심 기사만을 읽는 경우 또는 TV를 시청하다 광고가 나오자 다른 채널로 돌리는 경우 등이 이에 해당한다. 소비자는 우연적이거나 의도적 내지 선택적으로 정보에 노출되면 주의(attention)를 기울이게 되는데, 관여도가 높을수록 상당한 주의를 기울이게 된다. 관여도가 높지 않더라도 잘 기획된 광고 등은 주의를 끌게 된다. 그러나 주의의 대상은 다를 수 있다. 제품 자체에 대한 관여도가 높으면 제품 및 제품 정보에 주의를 기울이지만, 단지 광고 자체에 흥미를 느끼는 경우에는 제품 정보보다는 광고의 배경이나 연출에 주의하게 된다. 저관여 상태에서의 주의라도 소비자

✚ 그림 5-1 | 소비자의 정보처리 과정(consumer conformation processing)

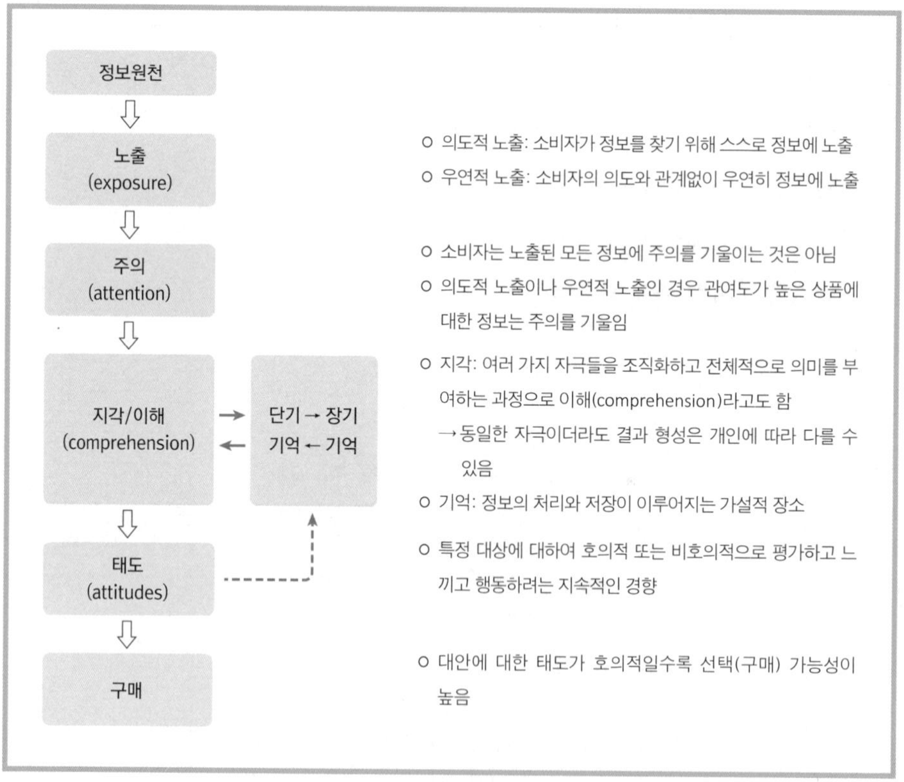

자료: 이학식 · 임지훈(2015), 마케팅, 제4판, 집현재, p.94.

의 구매행동에 영향을 미칠 수 있다. 광고의 배경이나 연출에 주의하여 즐기게 되면 해당 광고와 제품에 대해 호의적 태도를 형성하여 기억 속에 저장하였다가 향후 해당 제품의 구매를 긍정적으로 고려하게 된다.

소비자가 정보에 노출되어 주의를 기울이게 되면 해당 내용에 대해 지각(perception)하고 이에 대해 이해(comprehension)하고자 한다. 지각이란 여러 감각기관을 통해 유입된 자극을 개인의 주관적 기준으로 선택하고 조직하며 해석하고 이해하는 것을 말한다.* 동일한 내용의 제품설명이나 TV광고라 하더라도 이에 대한 소비자의 해석은 매우 주관적이어서 이를 이해하는 정도와 내용이 각기 다를 수 있다. 소비자는 나름대로의 지각적 조직화, 지각적 범주화, 지각적 추론 등 자신의 지각 메커니즘에 의해 내용을 효율적으로 해석하고자 한다. 여기서 지각적 조직화(perceptual organization)란 자극물을 구성하는 여러 요소에 대해 따로따로 의미를 부여하지 않고 전체적으로 통합하여 의미를 부여하는 것이다. 멋진 산과 강이 있는 직선 도로로 달려 나가는 자동차 TV광고를 본 소비자는 광고물의 모든 요소들을 통합 · 조직화하여 해당 자동차의 특성을 이해하게 된다. 지각적 범주화(perceptual categorization)란 소비자가 새롭게 유인된 정보를 기억 속의 기존 스키마와 관련짓는 것을 말한다. 제품 스키마(product schema)란 특정 제품에 관련된 개념들 간의 네트워크(network)를 말하는 것으로 예를 들면 소비자가 레드불의 광고에 처음 노출되었을 때 에너지음료와 관련된 기억 속에 스키마(피로회복음료, 각성효과, 빠른 흡수 등)되어 있다면 레드불을 에너지음료로 범주화시켜 쉽게 이해시킬 수 있을 것이나, 에너지음료를 전혀 모른다면 레드불의 특성을 이해하기 어렵게 된다. 지각적 추론(perceptual inference)은 특정 대상을 평가할 때 평가요소들로부터 직접적으로 평가하지 않고 다른 것들로부터 추리하는 것이다. 예를 들면 가격-품질 연상(price-quality association)과 같이 소비자가 특정 제품의 품질을 측정할 만한 충분한 정보를 갖고 있지 못하다면 가격이 높을수록 품질을 높게 평가하는 경향이 있다. 소비자

---

* P. Kotler & G. Armstrong (2014), *Principles of Marketing*, 15th ed., Pearson, p.172.

✚ 표 5-4 | 소비자의 지각 과정

과 정	내 용
선택적 주의 (selective attention)	ㅇ 수많은 자극물 중 관심이 있는 것을 거르는 과정 → 마케팅관리자가 소비자의 주의를 끌 수 있도록 노력하여야 함 ㅇ 주의를 끄는 자극 • 현재의 욕구와 관련되는 자극 • 소비자 자신이 기대하고 있는 자극 • 자극의 편차가 보통보다 큰 경우
선택적 지각 (selective perception)	ㅇ 지각적 탐색: 소비자는 수많은 광고와 자극 중에서 자기의 욕구에 부합되어 자신에게 유용한 정보를 더 잘 지각 ㅇ 지각적 방어: 소비자는 자신에게 위협적이며 모순적인 정보는 사실로 인식하지 않으려는 방어적 경향
지각적 조직화 (perceptual organization)	ㅇ 기존에 가지고 있던 감각과 자극을 하나로 합쳐 불완전한 정보를 의미 있는 정보로 인식해 가는 과정 ㅇ 지각적 부호화: 자극을 자신이 이해할 수 있는 형태로 변환시키는 과정 ㅇ 지각적 통합화: 부분적 자극을 하나로 통합시키는 과정
지각적 해석 (perceptual interpretation)	ㅇ 소비자는 선택되어 조직화된 자극을 자신의 욕구, 희망, 흥미에 따라 적합하게 재해석 ㅇ 지각적 왜곡: 소비자는 자신의 과거 경험, 동기, 흥미에 따라 자극을 해석하기 때문에 왜곡되게 해석하는 경우도 있음 ㅇ 지각적 분류: 소비자가 각종 정보를 자신의 지식구조에 포함시킬 때 자신의 과거 경험을 바탕으로 정보를 분류해서 저장하는 경향
선택적 보유/보존 (selective retention)	ㅇ 노출된 정보 중 망각되지 않고 기억되는 부분 ㅇ 자신이 좋아하거나 자신에게 유리한 정보는 기억되기 쉬움

의 지각 과정은 〈표 5-4〉와 같다.

소비자가 지각한 사항은 이를 기억(memory)하게 된다. 기억이란 소비자가 어떤 상품이나 일, 지식 등을 머릿속에 보존하였다가 필요할 때 되살려 생각해내는 것을 말한다. 소비자가 지각한 내용을 기억하는 과정은 〈표 5-5〉와 같다.

특정 대상에 대한 전반적인 평가(overall evaluation)로 소비자가 해당 대상을 얼

표 5-5 | 기억 과정

과 정	내 용
감각적 정보 저장	ㅇ 자극이 감각기관을 통해 처음으로 들어와 잠시 머무는 상태
단기 기억 (short-term memory: STM)	ㅇ 감각적 정보 중 소비자의 주의를 끄는 정보 ㅇ 수용 용량이 제한되어 있음 ㅇ 주로 청각자극의 형태로 기억됨
장기 기억 (long-term memory: LTM)	ㅇ 중요하다고 판단되는 정보와 지식을 장기적으로 저장 ㅇ 용량의 제한이 없음 ㅇ 주로 시각과 청각 자극의 형태로 기억됨

마나 좋아하는지 혹은 싫어하는지에 대한 태도(attitude)를 형성하게 된다.* 태도란 어떤 대상(사람, 사물, 사안)에 대해 일관성 있게 호의적이거나 비호의적 또는 지속적으로 긍정적이거나 부정적인 반응을 나타내는 학습된 성향을 말하는데 후천적으로 형성되어 한동안 지속되며, 그 방향과 강도는 개인마다 다르다. 소비자는 의사결정과정에서 대안을 평가하고 그 결과는 대안에 대한 태도가 된다. 태도는 의사결정과 무관하게 정보처리과정에서도 형성될 수 있다. 소비자가 우연히 제품정보에 노출되어 제품을 이해하면 이를 토대로 제품에 대해 긍정적, 부정적 혹은 중립적 태도를 형성할 수 있기 때문이다. 따라서 마케팅관리자는 목표소비자들이 자사 제품에 대해 가급적 호의적 태도를 형성할 수 있도록 노력하여야 한다.

소비자는 상품을 직접 사용해 본 경험이나 외부 정보를 통해 얻은 지식을 활용하여 자신의 신념과 태도 및 행동 등을 영구적으로 변화시키는데, 이와 같이 경험이나 지식을 통한 개인적 행동의 변화를 학습(learning)이라고 한다.** 학습이 이루어지기 위해서는 소비 대상이 되는 상표, 상품, 점포 등의 조건자극이나 유명인사, 연예인, 좋은 음악 등의 무조건자극이 있어야 한다. 예를 들어 말보로 담배

* 이학식 · 임지훈(2015), 마케팅, 제4판, 집현재, pp.97-98.

** P. Kotler & K. L. Keller (2012), *Marketing Management*, 14th ed., Pearson, p.185.

✚ 표 5-6 | 태도의 기능

기 능	내 용
실용적 기능	태도는 소비자로 하여금 욕구를 달성하도록 유도 ※ 치아를 하얗게 만들고자 하는 욕구: 치아를 하얗게 하는 ○○치약 광고를 봄 →구매로 유도됨
가치표현 기능	특정 대상에 대한 태도는 소비자의 가치관을 표현 ※ 무소나 코란도 선호 → 남성적 이미지를 선호하는 가치관 소유
자아방어 기능	내적 갈등과 불안감을 제거함으로써 소비자를 보호 ※ 입냄새 제거에 대한 긍정적인 태도 → 타인을 배려하는 마음을 보호하고 입냄새로 인한 갈등을 제거 → 자아를 방어함
지식통합 및 조직화 기능	새로운 지식의 통합 방향을 제시함으로써 정보의 구조화가 효과적으로 이루어질 수 있도록 함 ※ 현대의 MPI 엔진 개발 - 현대에 대한 우호적 태도 → 성능이 우수한 엔진으로 인식 - 현대를 싫어하는 부정적 태도 → 독자적 엔진 개발을 무시

자료: 이훈영(2015), 마케팅, 제2판, 청람, p.356.

광고의 경우 말보로 담배라는 조건자극과 박력 있고 강인한 카우보이라는 무조건자극에 의해 말보로 담배를 피우는 사람은 박력 있고 남성적인 사람으로 연상하며 제품에 대해 학습한 것이다.

소비자행동에 영향을 미치는 외부 요인도 매우 다양하다. 첫째는 사회 · 문화적 요인이다. 문화(culture)는 소비자가 속한 사회구성원들이 공유하는 관습, 가치관, 라이프스타일, 도덕 등의 복합체라 할 수 있는데 소비자가 어떤 상황에서 적절한 생각이나 행동이 무엇인지에 대한 지침이 된다. 문화는 소비자행동에 가장 폭넓고 깊게 영향을 미치는 요인이며 사람들의 욕구나 행위를 결정하는 가장 근본적 요소이다. 문화는 구성원들에게 구체적인 귀속의식(identification)과 사회화(socialization)를 제공하는 더 작은 하위문화들(subcultures)*로 구성되어 있어 인종별

* 하위문화의 대표적 예로는 힙합(Hip Hop)문화, 펑크(Punk)문화, 히피(Hippie)문화 등을 들 수 있다.

표 5-7 | 학습을 유발하는 대표적 방법

방 법	내 용
고전적 조건화 (classical conditioning)	ㅇ 파블로프 실험: 개에게 무조건자극인 먹이를 줄 때마다 조건자극인 종을 치는 것을 반복하면서, 나중에는 무조건자극인 먹이를 주지 않고 조건자극인 종만 쳐도 개는 침을 흘리게 됨 ㅇ 무조건 자극의 강도, 반복횟수, 조건자극과 무조건자극의 순서, 친숙성 등이 조건화에 영향을 미침 ㅇ 소비자가 특정 반응을 일으키는 무조건자극들을 조건자극인 상품과 연관시켜서 소비자를 학습시킬 수 있음
작동적 조건화 (operant conditioning)	ㅇ 스키너 실험: 흰쥐를 상자 속에 가두어 놓고 불이 켜질 때마다 쥐가 상자 속의 지렛대를 누르면 음식이 제공되는 장치를 해놓고, 불이 켜질 때마다 흰쥐가 지렛대를 눌러 먹이를 얻도록 학습시킴 ㅇ 기업은 소비자가 특정한 행동을 하면 자신이 원하는 것을 보상받을 수 있다는 사실을 학습하도록 하여 기업이 원하는 반응을 지속적으로 끌어낼 수 있음 ※ 쿠폰과 경품: 이를 위해서는 소비자에게 제시되는 자극과 그에 따른 반응 및 강화에 대한 지속적인 연구가 필요함

니치시장이나 지역별 니치시장을 형성하면서 다문화마케팅(multiculture marketing)으로 성장하고 있다. 문화적으로 비슷한 부류에 속하는 사람은 그렇지 않은 사람과 구분되는 행동을 한다. 예를 들면 일본인은 재스민 향을 좋아하고 미국인은 레몬 향을 선호한다.

사회계층(social class)은 사회에서 상대적으로 동질적이고 지속적인 집단을 말한다. 즉 사회 안에서 비슷한 가치, 관심, 행동양식들을 공유하고 있는 사람들로 구성된 집단으로 한 사회 내에서 영속적이고 동질적인 부류(permanent homogeneous divisions)라 할 수 있다.* 사회계층들은 대체로 직업, 소득, 교육수준 및 재산 등에 의해 위계적으로 서열화되어 있고, 각 계층의 구성원들은 유사한 가치, 관심, 행위 등을 공유한다. 특정한 사회계층이나 집단이 어떤 특징을 가지고 어떤

* 이학식 · 임지훈(2015), 마케팅, 제4판, 집현재, p.103.

행동을 하는지를 분석하는 것은 기업이 목표로 하는 소비자에게 정확하게 접근하고, 필요한 상품을 전달하는 데 매우 중요하다.

둘째는 소비자의 개인적 특성이다. 소비자의 개인적 특성은 국적 · 성별 · 머리 색 등과 같은 개인의 선천적 요소와 선호 색 · 음악 · 직업 등의 후천적 요소로부터 복합적으로 영향을 받는다. 소비자의 개성(personality)은 환경에 대해 상대적으로 일관되고 지속적인 반응을 유발하는 독특한 심리적 특성을 말하는데 자신감(self-confidence), 지배성(dominance), 자율성(autonomy), 존경심(deference), 사교성(sociability), 자기방어(defensiveness), 적응성(adaptability) 등과 같은 특징(trait)으로 표현된다. 일반적으로 소비자들은 자신의 개성과 일치하는 브랜드를 선택하는 경향이 있다. 소비자의 자아개념(self-concept)도 소비자행동에 영향을 미치는 소비자의 개인적 특성 요인이다. 자아개념은 실제적 자아개념, 이상적 자아개념, 사회적 자아개념으로 구분할 수 있다. 실제적 자아개념(actual self-concept)은 소비자가 자신을 어떻게 보고 있는가를 표현하는 것이며, 이상적 자아개념(ideal self-concept)은 소비자는 자신을 어떻게 보이고 싶어 하는가와 관련된 개념이다. 사회적 자아개념(other self-concept)은 다른 사람들이 자신을 어떻게 본다고 생각하는가에 대한 것이다. 자아개념은 개인적으로 소비되는 제품보다는 공공장소에서 소비되는 제품에 더 큰 영향력을 행사하게 되는데 마케팅관리자 입장에서는 소비자를 설명하고 예측하는 데 도움이 된다. 자아개념은 일관적이며 지속적인 특성을 가지고 있으나 큰 사건을 겪거나 나이가 들어감에 따라 변할 수도 있다. 소비자의 연령과 라이프스타일(lifestyle)도 소비자의 개인적 특성 요인이다. 이는 나이, 성별, 직업 등 개인의 전반적인 프로필을 집약적으로 나타낸다. 특히, 라이프스타일(lifestyle)은 행동(activity), 관심(interest), 의견(opinion)으로 표현되는 특정 사람의 삶의 패턴을 의미하는 것으로 시간의 흐름에 따라 필연적으로 변하게 된다. 소비자의 라이프스타일을 분석하면 개인적 성향을 집약적으로 파악할 수 있다

직업과 경제적 상황도 소비자의 개인적 특성요인이다. 직업(occupation)은 소득 및 사회적 지위와 밀접한 관계를 맺고 개인의 소비패턴에 영향을 미친다. 실례

로 CJ 제일제당의 '컨디션'은 회사원을 비롯한 사무직 종사자들이 숙취해소에 대해 높은 니즈를 가지고 있다는 것을 파악하고 '컨디션'을 '비즈니스맨의 음료'로 광고하여 성공할 수 있었다. 소비자의 경제적 상황(economic circumstances)은 소비 가능한 소득수준, 경제적 안정성, 소비패턴, 저축과 자산 및 부채, 대출능력, 저축과 소비에 대한 태도 등을 말한다. 우리나라의 경우에는 개인의 경제적 정보 노출을 꺼리기 때문에 보유 자동차의 종류, 콘도나 골프 회원권 보유 여부, 아파트 평수 등을 이용하여 간접적으로 평가할 수 있다.

셋째는 대인적 영향요인이다. 소비자는 구매의사결정 과정에서 주변 사람들의 영향을 받게 된다. 준거집단(reference group)은 소비자가 추종하거나 동경하는 사회적 집단으로 소비자의 태도와 행위에 직접적 또는 간접적으로 영향을 주게 된다.* 준거집단은 새로운 행위나 라이프스타일에 노출시키고 사람들의 태도나 자아개념에 영향을 준다. 준거집단의 영향은 제품유형과 소비상황에 따라 달라진다. 소비상황이 타인에게 잘 드러나지 않는 침구, 속옷 등의 개인적 제품보다는 타인에게 잘 드러나는 겉옷, 가방 등의 공공적 제품을 구매할 때, 필수품보다는 사치품을 구매할 때 더 많은 영향을 받게 된다. 의견선도자(opinion leader)는 제품이나 제품범주에 대해 충고나 정보를 제공하는 비공식적 제품관련 커뮤니케이션 참여자를 의미하는데, 어느 상품이 좋고 나쁘다는 등 특정 상품에 대한 정보와 장단점을 주변 사람들에게 알림으로써 그들의 구매활동에 영향을 미치게 된다. 가족(family)은 사회에서 가장 중요한 구매조직이고 가족구성원은 영향력 있는 1차적 준거집단이다. 가족 내에서 사용자와 구매자가 다른 경우 구매자에게 초점을 맞춘 마케팅 활동을 전개하는 것이 일반적이다. 어린이 장난감, 청량음료, 빙과류, 과자 등은 사용자인 어린이가 결정하는 경향이 강하므로 어린이에게 초점을 맞추어 마케팅 활동을 전개한다. 가정용 PC와 같이 사용자와 구매자를 구분하여 판단하기 어려운 경우에는 양동작전이 필요하다. 즉 PC의 사용자인 학생에게는

---

* P. Kotler & K. L. Keller (2012), *Marketing Management*, 14th ed., Pearson, p.175.

학습이나 게임에 필요한 여러 가지 멀티미디어 기능을 내세우고, 구입자인 부모에게는 가격과 함께 자녀교육에 없어서는 안 될 필수품이라는 점을 내세워야 한다. 소비자들은 자신의 역할과 지위를 나타낼 수 있는 제품들을 선택한다. 역할(role)이란 특정 사람이 수행할 것으로 기대되는 행동들로 구성되며 역할들은 지위(status)를 기반으로 한다. 구전(word of mouth)은 실제로 상품을 사용해 본 경험자가 자신의 경험을 주변의 다른 사람들에게 전달하는 것으로 광고나 기타 판촉활동보다 훨씬 신뢰성 있게 전달되며, 인터넷 등의 보편화로 확산이 매우 급속도로 진행되고 있다. 최근 광고의 효과가 떨어지고 무형의 서비스 산업이 확장됨에 따라 구전을 통한 마케팅의 중요성이 더욱 강조되고 있다. 그러나 긍정적인 구전의 확산보다 부정적인 구전 방지가 더욱 중요하다.

넷째는 상황적 요인이다. 이는 특정 시간에 특정 장소에서 일어나는 일시적 상태나 조건이 소비자행동에 영향을 미치는 것이다. 소비자의 소비행태는 소비상황에 따라 달라질 수 있고 구매상황에 따라서도 달라질 수 있다. 상점내부의 음악이나 상품진열 상황, 상점입지, 구매목적 등에 따라 소비행태가 달라진다. 또한 매체를 통한 소비자와의 커뮤니케이션 상황에 따라서도 달라질 수 있다.

2. 소비자심리분석

1) 의사결정모형과 휴리스틱

일반적으로 의사결정모형에는 규범적 의사결정모형과 서술적 의사결정모형이 있다. 규범적 의사결정모형은 이성을 가진 합리적 경제인이 최적의 결정에 이르도록 유도하고 규정하는 모형이다. 이는 경제학 이론의 합리적 판단과 수리적 최적화에 기반을 두고 있다. 이 모형은 이론적으로는 가장 바람직한 의사결정모형이라 할 수 있는데 의사결정자가 가지고 있는 가치와 위험에 대한 선호를 명확하게 제시하고 있으며 논리적으로 최적의 결과를 유도하고 있다. 즉 인간은 가장 합리적인 경제인이며, 얻고자 하는 모든 정보를 항상 얻을 수 있고, 의사결정 과정에 소요되는 시간과 비용 및 인지적 능력에는 제한이 없다는 것을 전제로 하고 있다. 규범적 의사결정모형에 따른 의사결정은 문제 정의 → 평가요인 선정 → 평가요인별 가중치 부여 → 대안 선정 → 대안 평가 → 대안 선택의 6단계를 거친다. 이 모형은 현실적으로 합리적 판단을 내릴 수 있을 만큼의 충분한 정보를 얻을 수 없고 기억력과 계산력 등 의사결정자의 인지적 능력에는 한계가 있다는 것을 간과하고 있다. 또한 의사결정이라는 것 자체가 현재의 상태, 의사결정자의 경험, 구매목적 등 정황(context)에 따라 크게 영향을 받을 수 있다는 것도 고려하지 않고 있다.

서술적 의사결정모형은 의사결정과정에서 실제로 발생하는 판단과 선택 행위를 서술하는 모형이다. 이 모형에 의하면 의사결정은 실제상황에서 이루어지는 의사결정과정과 방법을 객관적으로 종합한 결과라는 것이다. 이 모형은 규범적 모형보다 설명력과 예측력이 높은 편이다.

휴리스틱(Heuristic = Rule of Thumb)은 한정된 정보와 제한된 인지적 능력을 가지고 단기간 내 적은 비용으로 의사결정을 내리기 위한 단순화 전략이다. 즉 탐색과정을 단순화시켜 의사결정에 필요한 시간과 노력을 절약하고자 하는 것이다. 최선의 선택은 보장하지 못하지만 빠른 시간 내에 대체로 합리적인 결정을 유도하기 위한 것으로 복잡한 의사결정 상황에서 효과적으로 사용되고 있다.

사회생활을 하는 모든 사람들은 실제로 휴리스틱을 많이 활용하고 있다. 휴리스틱은 이를 활용하는 방식에 따라 가용성 휴리스틱, 대표성 휴리스틱, 기준설정과 조정 휴리스틱으로 구분할 수 있다. 가용성 휴리스틱(availability heuristic)이란 기억 속에서 얼마나 잘 떠오르는가 하는 정도로 어떤 사건의 빈도와 발생 가능성을 추정하는 단순화 전략이다. 이를 이용하는 빈도와 관계없이 단순히 생각해 내는 방법의 용이성에 의존하기 때문에 잘못된 판단을 내릴 수도 있다. 예를 들어 신상품의 성공가능성을 판단하는 경우 신상품 개발담당자는 새로 만든 신상품의 성공과 실패 가능성을 머릿속에 떠오르는 유사한 상품의 성공과 실패 여부에 비추어 판단하는 경향이 있다. 경험한 상품이 대체로 성공하였으면 성공할 것으로, 실패하였으면 실패할 것으로 판단하는 경향이 있다. 또한 비행기와 자동차의 안전성을 판단할 때에도 가용성 휴리스틱을 활용한다. 예를 들어 동일한 거리를 이동할 때 비행기가 자동차보다 훨씬 안전함에도 불구하고 비행기 사고는 치명적이고 대규모 인명피해와 연관되어 있어 아주 생생하게 기억하기 때문에 비행기가 더 위험한 것으로 잘못 판단하는 경우도 있다.

대표성 휴리스틱(representative heuristic)은 상품 혹은 사건에 대하여 평가할 때 평가대상을 특정 부류로 분류하여 평가하려는 단순화 전략이다. 사람을 평가하는 경우에 적용하면 극히 비난받을 만한 많은 차별적 요소, 예를 들면 인종, 출신지역, 외모 등을 내포하고 있다. 신제품의 성공가능성을 판단하는 경우 신상품이 성공한 상품의 대표적 유형(prototype)과 비슷한지 실패한 상품의 전형적 유형과 비슷한지를 평가하여 신상품의 성공가능성을 판단하는 경우가 대표성 휴리스틱을 활용한 것이다.

기준설정과 조정 휴리스틱(anchoring and adjustment heuristic)은 판단을 할 때 개인적 가치기준점이나 최초 값을 먼저 설정한 후 최종 결정을 위해 점진적으로 조정해 가는 단순화 전략이다. 이에 의하면 최초값에 따라 추정하고자 하는 값의 대부분이 결정된다. 종업원의 임금 책정 시 작년을 기준으로 결정하는 것이 이러한 예에 속한다.

2) 의사결정 정황과 구성효과

사람들의 인지적 능력에는 한계가 있기 때문에 의사결정 문제의 본질과 관계없는 정황(context)이나 구성(framing)의 영향으로 합리적이지 못한 의사결정을 내리게 된다.

사람들은 경제원칙에 의한 회계학적 평가에 따라 판단하고 행동하기보다는 자신만의 마음속 회계처리 방법을 이용하여 판단하고 선택하는 경향이 있는데 이를 심적 회계(mental accounting)라고 한다. 예를 들면 노력하여 번 돈과 공짜로 생긴 돈은 다르다고 생각하여 이를 쓰는 것에 차이가 발생한다.

구성 효과(framing effects)는 문제를 제시하는 방법, 즉 문제 구성이 의사결정에 미치는 영향을 말한다. 긍정적 방향으로 구성된 문제에 대해서는 위험 회피(risk averse) 경향이, 부정적 방향으로 구성된 문제에 대해서는 위험 감수(risk taking) 경향이 나타난다. 예를 들어 사막에서 컵에 물이 반만 있는 경우 물이 반밖에 없다고 부정적으로 생각한다면 보다 적극적으로 새로운 물을 찾으려고 위험을 무릅쓸 것이나 물이 반이나 남았다고 긍정적으로 생각하면 무리한 위험을 회피하며 느긋하게 대처할 것이다. 이와 같이 구성 효과는 문제를 어떻게 구성하고 표현하는가에 따라 준거점(reference point)이 달라지는 효과이다. 문제를 긍정적 혹은 부정적으로 보느냐의 관점은 의사결정자의 중립적 준거점(neutral reference point)이 어디에 위치해 있는가에 따라 달라질 수 있다.

3) 프로스펙트 이론

프로스펙트 이론은 구성효과를 보다 명확히 설명하기 위해 카네만과 트벌스키(Kahneman & Tversky, 1979)가 불확실성을 내포하고 있는 의사결정에서 기댓값에 따른 판단과 선택 이론의 대안으로 개발하였다. 이 이론은 최적의 행동이 무엇인가를 밝히기보다는 사람들의 실제 선택행위를 가장 정확하게 묘사하고 예측하는 데 목적을 두고 있다.

기댓값(expected value)이란 대안을 구성하고 있는 각각의 기대금액과 그 금액이 나올 확률을 곱한 값들의 총합이다. 이를 식으로 표현하면 다음과 같다.

$$\text{기댓값(expected value)} = \sum x \cdot p(x)$$

* x = 기대금액 혹은 개별 기댓값
* $p(x)$ = x값이 발생할 가능성을 나타내는 확률

이론적으로 사람들은 여러 대안 중에 가장 높은 기댓값을 제시하는 대안을 선택한다. 그러나 현실적으로는 위험을 회피하기 위해 안전한 선택을 하는 경우도 있다. 즉 사람들의 위험에 대한 대응태도는 위험기피형(risk averse), 위험중립형(risk neutral), 위험선호형(risk taking)의 세 유형으로 구분할 수 있는데 위험기피형은 경우 기댓값이 제시하는 대안보다는 위험을 회피할 수 있는 안전한 선택을 선호한다.

프로스펙트 값(prospect value)이란 금액 x에 대한 평가가치와 금액 x가 발생할 가능성의 확률값 $p(x)$에 대한 인식을 나타내는 함숫값의 총합을 말한다. 이를 식으로 표시하면 다음과 같다.

$$\text{프로스펙트 값(prospect value)} = \sum v(x) \cdot \pi\{p(x)\}$$

* $v(x)$ = 금액 x에 대한 평가가치
* $\pi\{p(x)\}$ = $p(x)$에 대한 인식을 나타내는 함숫값

카네만과 트벌스키는 기댓값 계산에서 사용되는 기대금액 x와 x값이 발생할 가능성을 나타내는 확률 $p(x)$가 사람에 따라 또는 정황(context)에 따라 가치가

달리 평가될 수 있다고 생각하고 x를 평가하는 가치함수(value function) $v(x)$와 $p(x)$의 가치평가를 나타내는 $\pi\{p(x)\}$를 제시하였다.

가치함수(value function)란 정해진 준거점을 기준으로 이득(gain)과 손실(loss)에 대한 평가함수를 말하는데, 가치함수를 통해 평가된 함수를 Y축으로, 이득과 손실을 X축으로 나타내면 발생되는 이득과 손실에 따라 인식된 평가가치의 변화는 S자 모양을 나타나게 된다. 가치함수의 모양은 가치판단자의 위험에 대한 태도와 그가 생각하고 있는 준거점의 위치에 따라 달라진다. 가치함수는 사은품을 이용하는 판촉마케팅이나 신용카드의 대금결제 방법 등 마케팅 분야에서 다양하게 활용되고 있다.

가치함수에서는 첫째, 인지된 가치는 절대가치와 다르다는 가설을 전제로 하고 있다. 처음에 발생하는 이득에 대해서는 그 값의 절대가치보다 높게 평가하고, 큰 금액이나 추가적으로 발생하는 이득에 대해서는 그 값의 절대가치보다 낮게 평가하는 경향이 있다. 처음에 발생하는 손실에 대해서는 매우 부정적으로 인식하나 손실이 매우 큰 경우나 추가적으로 발생하는 손실에 대해서는 그 값의 절대가치보다 작게 생각하는 경향이 있다. 손실은 이득보다 평가가치가 상대적으로 매우 크게 나타나는 경향이 있는데, 이는 이득보다 손실에 대하여 더욱 민감하게 반응하기 때문이다. 이득에 대해 위험을 회피하려는 성향을 보이는 사람들도 손실에 대해서는 위험을 택하려는 성향을 보이게 된다. 둘째, 가치함수는 가치판단자에 따라 다르다는 가설을 전제로 하고 있다. 부자의 100만 원과 가난한 사람의 100만 원의 가치는 다르다는 것이다. 이 가설에 따른다면 마케팅관리자는 소비자에게 100만 원을 줄 경우 가난한 사람의 입장에서 받도록 하고 소비자가 100만 원을 지출할 경우에는 부자의 입장에서 지출하도록 만들어야 한다. 셋째, 가치함수는 가치판단자의 준거점에 따라 다르다. 가치판단의 기준이 되는 준거점은 상황의 변화와 시간의 흐름에 따라 이동할 수 있다. 일례로 300원에 판매되던 컵라면의 가격을 500원으로 인상하자 가격이 너무 비싸다는 이유로 시장에서 외면되었다. 이에 업계는 1,000원짜리 새로운 컵라면을 또다시 출시함으로써 소비자들이 느끼는 기존 컵라면 가격에 대한 가격기준을 변화시켰다. 그 결과 300원짜리 컵라면은 너무 싸서 차츰 소비자로부터 멀어지기 시작하였고, 반면에 1,000원짜리 컵라면은 너무 비싸다는 인식 때문에 중간 가격인 500원짜리 컵라면의 소비가 증가하였다.

데일러(Thaler, 1985)는 이득과 손실이 일어나는 4가지의 대표적 경우를 예시하며 이에 따른 가치함수의 마케팅 전략적 활용방안을 제시하였다.

첫째는 복수 이득 분리(segregation of multiple gains)의 법칙으로 여러 개의 이득은 서로 분리하는 것이 유리하다는 것이다. 복수 이득(multiple gains)의 경우에는 $v(x) + v(y) > v(x+y)$이 성립한다. 예를 들면 보너스는 여러 번으로 나누어 지급하는 것이 유리하다. 상품과 함께 제공되는 사은품도 상품과 서로 다른 것으로 느낄 수 있는 것을 제공하는 것이 좋다. 실제로 지하철에서 물건을 파는 사람이 여러 번에 나누어 상품을 제공함으로써 매우 많은 것을 주는 것으로 생각하게 만드는 것이 이러한 법칙을 활용한 것이다.

둘째는 복수 손실 통합(integration of multiple losses)의 법칙으로 여러 개의 손실은 하나로 통합하는 것이 유리하다는 것이다. 복수 손실(multiple losses)의 경우에는 $v(-x) + v(-y) < v\{(-x)+(-y)\}$이 성립한다. 실례로 여러 번 나누어 사용한 신용카드(credit card) 대금을 한 번의 대금명세서로 청구하는 것이 이러한 법칙을 활용한 것이다.

셋째는 이득과 손실 통합(integration of mixed gain)의 법칙으로 이득이 손실보다 클 경우 큰 이득으로 작은 손실을 상쇄시킨다는 것이다. 이익과 손실이 합쳐진 이득(mixed gains)은 $v(z) + v(-x) < v(z-x) = v(y)$이 성립한다. 이는 이득과 손실이 동시에 일어날 경우에 해당되는 법칙으로 이득이 손실보다 크면 손실을 상쇄시켜 제거하고 이득만을 제시하는 것이 바람직하다.

넷째는 이득과 손실 분리(segregation of mixed loss)의 법칙으로 손실이 이득보다 큰 경우 큰 손실과 작은 이득을 분리하는 것이 유리하다는 것이다. 즉 이익과 손실이 합쳐진 손실(mixed losses)의 경우 $v(-z) + v(x) > v\{(-z)+x\} = v(-y)$이 성립한다.

마케팅에서 의사결정을 할 때에는 확률값에도 많이 의존한다. 그러나 소비자의 입장에서 수학적 확률값과 인지적 확률값 사이에는 많은 차이를 보이고 있다. 아주 작은 확률에 대해서는 실제값보다 크게 인식하고, 중간 정도이거나 높은 확률은 실제값보다 작게 인식하는 경향이 있다. 일례로 제약회사나 음료회사에서 특정 성분이 98% 함유되어 있다고 광고하면 사람들은 90% 정도 함유한 것으로, 99%는 93% 정도로 생각한다. 결국 100%라고 할 때만이 100%로 인식하는 100%의 법칙이 성립한다.

소비자가 상품구매로부터 얻는 효용은 소유효용과 거래효용에서 온다. 소유효용(acquisition utility)이란 상품을 직접 소유함으로써 얻는 효용, 즉 소비자가 상품 구입을 위하여 상품의 가격에 해당하는 금액을 지불하고 상품 자체에 부여된 가치를 소유함으로써 얻는 효용을 말한다. 거래효용(transaction utility)이란 고객이 거래의 공정성(fairness)을 비롯하여 거래의 질적 수준에 대한 평가결과로부터 발생하는 효용이다.

마케팅의 활동이 이루어지는 현장에서는 소비자의 심리적 측면을 활용한 다양한 전략들이 추진되고 있다. 일례로 소비자 심리적 측면을 활용한 가격인상 방법에 대해 살펴보자. 첫째 권장소비가 가격을 높게 제시하는 방법이다. 참조가격인 소매가격과 공장도가격을 높게 제시하여 가격이 저렴하다고 생각하게 하는 전략인데 이는 소비자가 사용하는 휴리스틱 중의 하나인 기준설정과 조정을 이용하는 방법이다. 둘째, 기본 상품은 저렴하게 책정하는 대신 옵션(option)을 추가하는 방법이다. 이는 한계부정효용체감의 법칙을 활용하는 방법으로 기본 상품은 가급적 저렴하게 책정하고 필요한 옵션을 추가로 판매하는 방식이다. 자동차 기본 모형은 저렴하게 하고 대신 옵션을 추가하도록 하는 것은 이러한 방법을 활용한 가격전략이다. 일반적으로 기본 상품의 가격이 비싸면 비쌀수록 더욱 심하게 나타난다. 셋째, 원래의 가격을 유추하지 못하도록 애매하게 하는 방법이다. 이는 정확한 거래 결과에 따른 효용(transaction utility)을 추정하지 못하도록 하는 방법으로 표준화되지 않은 특수한 규격이나 표장에서 활용된다. 예를 들면 발렌타인데이의 선물용 초콜릿은 종이나 하트 등 다양한 모양으로 포장함으로써 소비자에게 제품을 돋보이게 함은 물론 원가추정을 어렵게 하여 상대적으로 높은 가격임에도 소비자들이 거부감 없이 제품을 구입하도록 하고 있다.

3. 구매의사결정 과정

1) 관여도의 이해

1 관여도의 개념

관여도(involvement)란 소비자가 주어진 상황에서 어떤 대상을 중요시하는 정도나 대상에 관심을 갖는 정도(level of percevied personal importance and/or interest)* 내지 특정 대상과 소비자 자신과의 관련성 지각 정도(perceives personal relevance)라고 할 수 있다.** 그런데 관여도는 제품에 따라, 개인적 특성에 따라, 상황에 따라 달라질 수 있기 때문에 관여도를 특정의 상황에서 특정 대상에 대한 소비자 개인의 관련성 지각 정도 혹은 중요성 지각 정도라고 정의하기도 한다.*** 이와 같이 소비자가 상품 구매 의사결정 과정에서 세세하게 따져보고 비교하는 신중함의 정도를 관여도라고 할 수 있는데 관여도는 상품의 가격이나 특성, 구매자의 개인적 성향에 따

* J. H. Antil (1984), Conceptualization and Operationalization of Involvement, *Advances in Consumer Research*, 11, pp.203-209.

** J. P. Peter and C. Jerry (1993). *Olson, Consumer Behavior*, 3rd ed., p.107.

*** 안광호 · 권익현 · 임병훈(2013), 마케팅, 제5판, 북넷, p.73.

라 차이가 있다.

일반적으로 고관여(high involvement) 상황에서는 저관여(low involvement)의 경우보다 의사결정과정이 더욱 포괄적이고 복잡하며 정보처리과정도 더 정교하고 세밀하다. 소비자에게 제품에 대한 관여도의 높고 낮음은 절대적인 것이 아니라 상대적인 것이다. 관여도의 정도는 개인마다 다르며, 고가품과 저가품 등 제품에 따라, 본인 사용 물품과 선물 등 상황에 따라 달라진다. 일반적으로 고관여 상품은 자동차, 보석, 가구 등의 내구재와 같이 구매 빈도가 낮고 금액이 높은 물품을 말하며 저관여 상품은 생필품, 식음료 등의 소비재와 같이 자주 구매하거나 금액이 낮은 물품을 말한다.

관여도에 영향을 미치는 변수는 가격이 아니라 제품에 대해 지각된 위험이다. 재무적 위험의 경우에는 잘못된 구매결정으로 제품가격을 포함하여 투입된 총비용을 상실할 가능성을 말하고, 심리적 위험은 자아표현의 중요성 등을 의미하며, 사회적 위험에는 다른 사람으로부터의 부정적 평가 등이 고려된다.

2 소비자의 의사결정 과정

엔겔(Engel)과 블랙웰(Blackwell)은 소비자의 의사결정을 단절된 행동이 아닌 연속적 과정으로 보고 5단계의 의사결정 모형을 제시하였다.

✚ 그림 5-2 | 소비자의 의사결정 단계

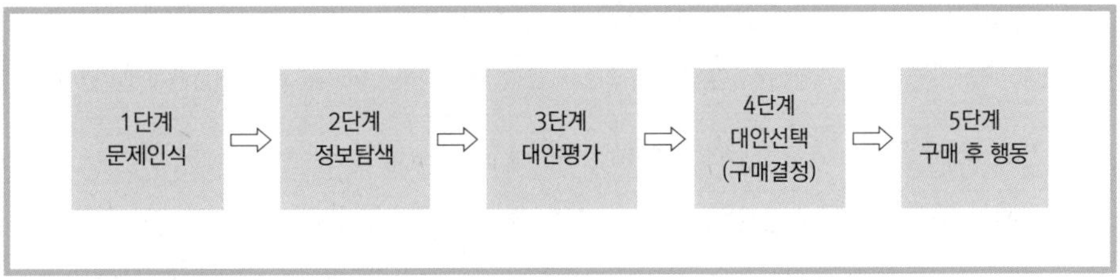

자료: P. Kotler & G. Armstrong (2014), Principles of Marketing, 15th ed., Pearson, p.176.

✚ 그림 5-3 | 소비자의 의사결정모형: 자극-반응 모형(stimulus-response model)

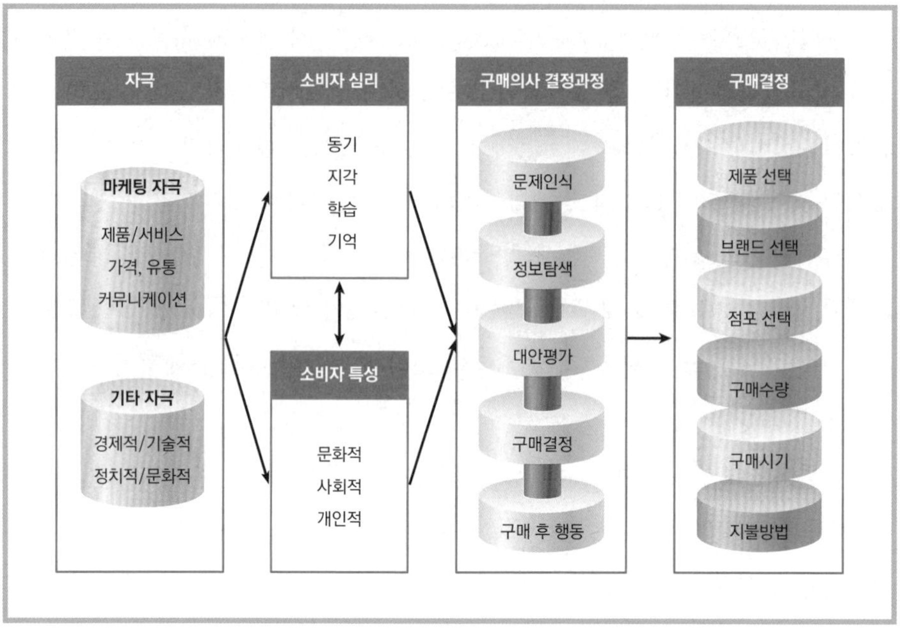

자료: P. Kotler & K. L. Keller(2012), Marketing Management, 14th ed., Pearson, p.183

소비자가 문제해결을 위해 의사결정하는 과정은 〈그림 5-3〉과 같이 내부 또는 외부로부터 자극을 받으면 소비자의 심리와 소비자의 특성에 따라 의사결정을 내리게 되는데 일반적으로 5단계 모형에 따라 문제인식 → 정보탐색 → 대안평가 → 구매결정 → 구매 후 행동의 순서를 따르게 된다. 이때 소비자는 제품 및 브랜드 선택, 점포 선택, 구매 수량 및 시기, 지불방법 등에 대해 결정하며 구매를 진행하게 된다.

소비자가 구매의사결정을 하는 과정에서 제품에 따라 의사결정유형이 달라지게 되는데 소비자의 의사결정 유형에는 포괄적 문제해결, 제한적 문제해결, 회상적 문제해결 및 일상적 문제해결 방식이 있다.

제품구매 경험이 없는 경우에서의 포괄적 문제해결(extensive problem solving) 방식은 소비자가 상당한 시간과 노력을 들여서 신중하게 의사결정을 하는 경우

✚ 표 5-8 | 소비자의 문제해결 유형

새로운 정보탐색	특정 제품군에 대한 구매경험	
	무	유
다	포괄적 문제해결	포괄적 문제해결
소	제한적 문제해결	제한적 문제해결
무	회상적 문제해결	일상적 문제해결 회상적 문제해결

자료: 이학식 · 임지훈(2015), 마케팅, 제4판, 집현재, p.82.

이다. 이는 소비자가 상당한 시간과 노력을 투입하여 정보를 수집하고 대안들을 평가한 다음 신중히 선택하는 것이다. 소비자가 처음으로 주택이나 승용차를 구매하는 경우와 같이 해당 제품에 대한 소비자의 관여도가 높은 경우 또는 해당 제품에 대한 지식은 별로 없으나 정보수집의 시간적 여유가 충분한 경우 등이 이에 해당한다. 제한적 문제해결(limited problem solving) 방식은 소비자가 비교적 적은 시간과 노력을 들여 의사결정을 하는 경우이다. 제품에 대한 관여도가 낮거나 지식이 어느 정도 있는 경우 또는 소비자의 관여도가 높더라도 긴급한 의사결정이 필요하여 정보수집의 시간적 여유가 없는 경우 등이 이에 해당한다. 회상적 문제해결(recalled problem solving)은 소비자가 다른 대안에 대한 정보탐색이나 평가를 하지 않고 과거에 구매했던 경험은 없지만 기억 속에 저장된 대안으로 바로 의사결정을 하는 경우이다.

제품구매 경험이 있는 경우에서의 일상적 문제해결(routinized problem solving)은 소비자가 다른 대안에 대한 정보탐색이나 평가를 하지 않고 과거에 구매했던 대안에 따라 습관적으로 바로 의사결정을 하는 경우이다. 이러한 경우에는 브랜드 로열티(brand loyalty)에 의해 소비자가 특정 대안에 호의적 태도를 가지고 계속 구매하려는 경향을 나타내거나 타성적 구매(inertia), 즉 소비자가 특정 대안을 소비 · 사용한 후 그리 좋아하지 않더라도 별로 불만족을 느끼지 않으면 다른 대안을 고려하지 않고 구매경험이 있는 대안을 선택하는 경향을 나타내게 된다. 경우에 따라서는 다양성을 추구하는 행동(variety seeking)을 보이기도 한다. 음료수를 구매할 때마다 새로운 것을 찾는 경우와 같이 처음 구매 경험의 만족 여부와 관계없이 재구매 시 다른 대안을 시험적으로 구매하고자 하기도 한다.

2) 관여도와 구매의사결정

관여도에 따른 소비자의 상품 구매의사결정 과정을 5단계 의사결정 모형에 의거하여 표시하면 〈그림 5-4〉와 같다.

✚ 그림 5-4 | 관여도와 구매의사 결정 과정

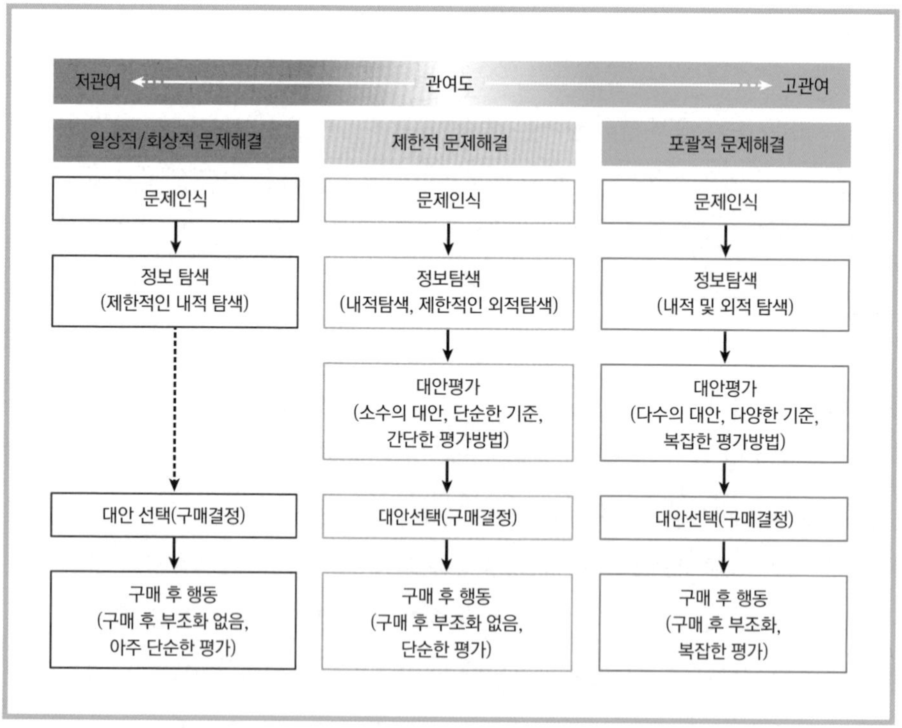

자료: 박찬수(2014), 마케팅원리, 제5판, p.140.

고관여상품 구매의사결정의 1단계는 문제인식(problem recognition) 과정이다. 문제인식이란 소비자가 자신의 현재 상태가 바람직한 상태와 차이가 있는 것을 느끼는 것이다. 즉 소비자가 특정 사안에 대해 자신의 실제 상태와 바람직한 상태 간에 차이를 지각하고 이를 충족시키고자 하는 욕구가 환기(need arousal)되는 과정이다. 따라서 욕구 환기는 소비자 문제해결 과정의 출발점이 된다.

소비자가 문제를 인식하는 계기는 내적요인과 외적요인이 있다. 내적요인(internal factors)이란 소비자 자신이 스스로 문제를 인식하는 것이다. 예를 들어 배고픔 · 갈증 등에 의한 생리적 욕구의 발생, 자신이 사용하던 제품을 모두 소비 · 사용하거나 성능이 저하된 경우, 기타 새로운 제품에 대한 필요성을 느끼는 것 등이 이에 속한다. 외적요인(external factors)은 소비자 자신은 문제를 인식하지 못하였으나 외부의 자극으로 인해 문제를 인식하게 되는 것이다. 예를 들면 가족 · 준거집단 등의 주변 사람이나 유행 등의 기타 사회적 요인으로부터 영향을 받거나 광고 · 홍보 또는 판매원의 노력에 의한 것이 이러한 예에 속한다. 구체적인 예로 타고 다니던 차가 자꾸 고장나서 문제를 인식하는 것은 내적요인이며, 새로 나온 광고를 보고 차에 대한 교환 여부의 문제를 인식하는 것은 외적요인이라 할 수 있다.

문제인식이 의사결정과정을 거쳐 구매로 이어지기 위해서는 충분한 동기부여(motivation)가 되어야 한다. 이상적 상황과 실제적 상황과의 차이를 인지하고 구매의 필요성을 인식하여 구매욕구가 발생되고 구매욕구가 충분히 커지면 동기(motive)로 발전하여 행동으로 옮겨지는 것이다. 동기부여의 정도는 실제 상태와 바람직한 상태 간 차이의 크기와 해당 문제의 중요성에 따라 달라진다. 따라서 마케팅관리자는 소비자의 잠재욕구를 자극하여 문제를 인식하도록 유도할 필요가 있다. 현재 충족되고 있는 욕구에 대해서는 현재 상태보다 더 바람직한 상태를 제시함으로써 새롭게 문제를 인식시키고, 현재 충족되지 않은 욕구에 대해서는 문제인식은 되어 있는 상태이므로 이를 해결할 수 있는 신상품 개발 및 홍보에 주력할 필요가 있다.

2단계는 정보탐색(information search) 단계로 문제를 강하게 인식하고 문제 해결에 필요한 정보나 방법 등을 찾아보는 과정이다. 소비자는 구매의사결정에 필요한 정보를 내부와 외부에서 찾을 수 있다. 내적 탐색(internal search)은 문제와 관련된 소비자의 경험이나 기억 속에 저장된 정보를 신속하고 무의식적으로 더듬어 찾는 과정을 말한다. 일반적으로 내적 탐색만으로 충분한 정보를 얻으면 바로 의사결정을 내리게 된다. 반면 충분한 정보를 얻지 못하면 외적 탐색을 실시하게 된다. 외적 탐색(external search)은 외부로부터 새로운 정보나 경험을 얻는 과정인데, 정보 탐색에 소요되는 비용과 이로부터 얻을 수 있는 이득에 대한 소비자의 지각 정도에 따라 외적 탐색의 범위가 달라진다. 소비자가 외적 탐색을 통해 정보를 얻을 수 있는 정보원천으로는 가족 · 친구 · 이웃 · 지인 등의 개인적 원천(personal source), 광고 · 웹사이트 · 판매원 · 판매점 · 포장 · 진열 등의 상업적 원천(commercial source), 대중매체 · 소비자 관련 단체 등의 공공적 원천(public source) 및 제품을 직접 만져보거나 검토하거나 사용해 보는 경험적 원천(experimental source) 등이 있다.

소비자가 내적 및 외적 정보를 탐색하여 이를 구매의사결정에 반영하는 과정을 컴퓨터의 예로 살펴보면 〈그림 5-5〉와 같다. 소비자는 우선 모든 컴퓨터에

✚ 그림 5-5 | 소비자의 정보탐색과 구매의사결정 과정: 상품 · 브랜드 집합들(컴퓨터)

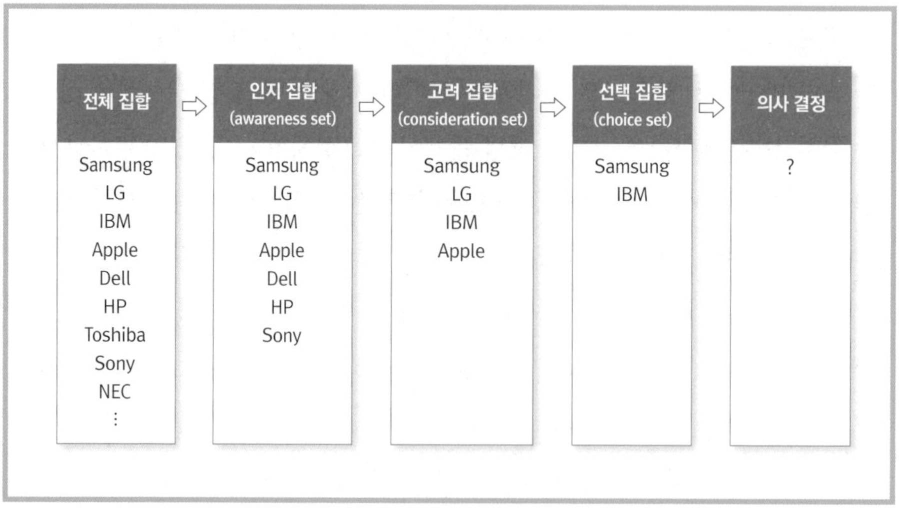

대해 정보를 탐색하여 브랜드 집합을 구성한다. 이 브랜드 집합에서 소비자 본인이 잘 알지 못하는 브랜드를 제거하고 잘 알고 있는 브랜드로 인지집합을 구성하여 이들에 대해 보다 세밀한 정보를 탐색한다. 인지집합에 대한 탐색 정보를 바탕으로 구입하려고 하는 브랜드로 고려집합을 구성한 후 이에 속한 브랜드의 다양한 속성에 의거하여 선택집합을 구성하고 여기에서 소비자 자신의 구매여건 등을 다양하게 고려하여 최적의 상품을 최종 구매상품으로 결정하게 된다.

소비자의 정보탐색 및 구매의사결정 과정에 비추어 볼 때 마케팅관리자는 첫째, 24시간 상담원 연결이 가능한 수신자 부담 전화 또는 홈페이지 개설 등과 같이 소비자들이 가능한 한 자사 상품에 대한 정보를 쉽게 얻을 수 있도록 하여야 한다. 둘째, 유리한 구전 창출 등 소비자들이 신뢰하는 정보원천을 통해 자사 상품에 유리한 정보가 흐르도록 하여야 한다. 셋째, 구매 가능 소비자의 인지집합, 고려집합, 선택집합 속에 자사 상품이나 브랜드가 포함되도록 인지도 향상 등의 마케팅 전략을 실행하여야 한다. 넷째, 소비자의 선택집합에 속한 다른 브랜드들을 파악하여 적절한 경쟁적 소구점을 모색하여야 한다. 마지막으로 소비자들의 정보원천을 파악하고 상대적 중요도를 평가함으로써 효과적인 커뮤니케이션 활동을 준비할 필요가 있다.

3단계는 대안평가(alternative evaluation) 과정이다. 이 단계에서는 정보탐색 단계에서 수집한 정보를 토대로 도출된 상표나 상품, 대안 등을 비교 · 평가하여야 한다. 소비자들은 구매욕구의 부합 정도에 따라 상품의 성능, 디자인, 가격 등 다양한 평가기준을 활용하는데, 평가기준은 상품과 상황에 따라 달라질 수 있다. 일례로 1997년 한 가구회사가 침대 스프링 논쟁을 통하여 침대 구매의 의사결정 기준을 바꾸어 놓았다. 침대를 구매하는 경우 일반적으로 크기, 디자인, 쿠션과 가격 등이 고려되고 있었으나 특정 업체가 돌연 녹슨 스프링을 논하면서 스프링이라는 새로운 기준을 제시하였다. 이에 대한 광고가 나간 후 구매의사 결정기준으로 스프링이 중요 요소가 되었다.

4단계는 대안선택 과정이다. 이 단계는 가장 선호하는 대안을 선택하여 실제로 상품을 구매하는 단계이다. 소비자들은 구체적으로 상표나 상품은 물론 구매할 점포와 구입방식, 대금결제 방법 등을 결정하게 된다. 소비자들의 구매의도와 구매결정에는 다른 사람들의 태도(attitudes of others)가 영향을 미친다. 다른 사람들의 부정적 강도, 다른 사람들의 바람에 순응하려는 소비자의 동기 등이 구매결정에 영향을 미친다. 또한 갑작스런 금전적 문제, 판매원의 불친절 등 예상치 못한 상황적 요인(unexpected situational factors)도 영향을 미치게 되며 그 외에는 지각된 위험(perceived risk)도 영향을 미치게 된다. 예를 들면 구입 후 후회하면 어떻게 하나 하는 생각이 강한 경우를 말하는데, 상품이 고가일수록, 상품에 대한 확신이 부족할수록 위험을 크게 지각하게 된다.

5단계는 구매 후 행동(purchase and postpurchase evaluation)이다. 소비자는 상품을 구입한 후 이를 사용하면서 상품 및 상품구입 과정에 대해 평가하게 된다. 자신이 구입한 상품으로부터 기대했던 효용과 실제 지각된 효용을 비교하여 기대효용보다 높은 효용을 얻었다고 판단하면 상품 및 구매행동에 만족해 해당 상품을 재구매할 가능성이 높다. 반면에 기대효용에 미치지 못하면 불만족이 야기되고 이로 인한 구매 후 부조화(post-purchase dissonance)*를 느끼고 이를 해소시키려 노력하게 된다. 자신이 선택한 상품의 장점을 의식적으로 강화하고 단점을 약화시키려 하며, 자신의 선택을 지지하는 정보를 탐색하여 부조화를 해소하고자 노력한다.

저관여상품의 경우에는 고관여상품과 달리 대안선택이 대안평가보다 선행한다. 1단계는 문제인식 과정이다. 저관여상품의 경우 문제의 발생은 내부요인보다 외부자극에 기인하는 경우가 대부분이다. 따라서 발생된 문제는 단기적인 성격이 강하고 장기간 지속되는 경우는 거의 없다.

문제가 인식되면 대안을 선택하게 된다. 저관여상품의 경우에는 포괄적 정보탐색 없이 제한된 지식과 정보를 근거로 상표나 상품을 구매하는 것이 일반적

---

* 구매 후 부조화(post-purchase dissonance)란 소비자가 구매 후에 자신의 선택에 대하여 느끼는 불안감으로 중요한 구매일수록, 비슷한 대안이 많을수록 높아진다.

이다. 외부 정보 탐색도 거의 없다. 이는 외부 정보 탐색에 소요되는 시간이나 비용에 비해 얻을 수 있는 이득이 별로 없기 때문이다. 저관여상품의 경우에는 구매 후 사용과정에서 상품을 평가하는 것이 일반적이다. 신상품의 경우에도 일단 선택하여 소비한 다음 그 결과를 바탕을 평가하고 재구매 여부를 결정하게 된다.

사례: SK에너지의 지크 XQ – 저관여상품을 고관여상품으로

자동차 엔진오일이 저가상품은 아니다. 그럼에도 불구하고 엔진오일은 일반적으로 '아무거나' 선택하는 소비자들이 대부분이었다. 왜냐하면 예전에는 대부분의 소비자들이 엔진오일을 중간재적 성격이 강한 제품으로 보았기 때문이다. 엔진오일에 대한 지식이나 관심도 없었던 소비자들은 정비 시 직원의 선택에 전적으로 의존했다. 눈에 보이지 않는 엔진오일의 브랜드를 선택한다는 것 자체가 생소한 일이어서 카센터 직원이 알아서 갈아주는 대로 맡겼기 때문이다.

대표적인 저관여상품으로 분류되던 엔진오일이 고관여상품으로 바뀌어 가고 있다. 점차 외제차의 수요가 늘어나고 국산차들 역시 고급화되는 추세로 엔진오일에 대해서 관심이 적었던 소비자들의 인식이 젊은 층을 중심으로 달라지기 시작했다. 특히, SK에너지의 지크 XQ가 이렇게 엔진오일에 대한 관심을 증대시킨 대표적 성공사례라고 할 수 있다. "차값을 생각하면 지크 XQ"라는 광고 카피로 대표되는 SK에너지의 지크 XQ는 1995년 시장에 선을 보인 후 출시 6개월 만에 100만 캔이 팔렸으며, 출시 2년 만에 무려 1,000만 캔 생산을 돌파하는 큰 성공을 거두었다. 시장이 안정기에 접어든 현재에도 꾸준한 증가추세를 보이며 엔진오일 시장에서 33%(2007년 6월 기준)의 시장점유율을 차지하였다.

먼저 소비자의 트렌드 변화를 읽은 SK는 업계 최초로 TV광고를 시작하였다. "아무거나 넣어주세요"라고 했던 고객들에게 "좋은 엔진오일 넣어주세요. 지크 넣어주세요"라고 말하도록 광고캠페인을 하였고, "차 값이 얼만데…, 차 값을 생각하면 지크 XQ"라는 광고를 통해 소비자의 관여도를 높이도록 유도하였다. 또한 고급차를 소유한 30~40대 남성 고객들과 수입차를 타는 젊은 층과 여성층을 대상으로 경품이벤트 등을 통해 '믿을 수 있는 엔진오일을 사용하는 것이 차의 가장 중요한 부분인 엔진을 보호하는 것이다'라는 인식을 심어주었다. 그리고 카센터를 대상으로 지크 판매를 통한 마일리지제도와 다채로운 판촉활동을 펼침으로써 정비원들의 호감도를 높였다.

지크의 등장 이후 GS칼텍스의 킥스(Kixx) 엔진오일 등 경쟁 브랜드가 속속 등장했다. 그러나 지크의 브랜드 파워는 흔들리지 않았다. 지크는 브랜드 최초 상기도(가장 먼저 떠오르는 브랜드)에서 80%를 넘고, 인지도는 97%에 이르며 엔진오일 시장 점유율 부동의 1위(2008년 기준)를 지키고 있다.

자료: 이훈영(2015), 마케팅, 제2판, 청람, pp.375-376.

사례: 한국 소비자들의 일곱 가지 라이프 스타일

사회가 복잡해지고 산업화, 정보화가 진전됨에 따라 사람들의 라이프스타일도 더욱 복잡, 다양해지고 있다. 특히 최근 모바일 기기, 소셜 네트워크 서비스(SNS) 등 혁신 제품과 서비스들이 만들어 내는 새로운 경제, 사회 환경은 소비자의 삶의 방식에 큰 변화를 일으키고 있다. 대한민국 소비자들의 라이프스타일은 과연 어떤 모습일까? LG경제연구원은 소비자 삶의 변화 속에 담긴 세상의 변화를 이해하고자 '소비자 라이프스타일' 조사 연구를 수행하였다. 소비자들의 가치관과 라이프스타일의 현주소를 전국 단위 소비자 조사를 통해 살펴보았다. 올해 1월~2월에 서울/수도권, 6대 광역시에 거주하는 16세부터 59세 한국 소비자 1,800명을 대상으로 조사를 수행하였다. 또한 한국의 30대~40대 1인 가구 라이프스타일을 해외와 비교하기 위해 일본의 30대~40대 1인 가구 200명을 조사 대상에 포함시켰다.

본 연구에서는 한국 소비자들의 라이프스타일을 대변할 수 있는 키워드를 추출하고 라이프스타일 키워드 관점에서 세대별 특성을 알아본 후, 라이프스타일의 상세 내용을 살펴보았다.

한국 소비자들의 라이프스타일을 대변하는 키워드로는 몸(Body), 의미(Meaning) 등 7가지가 도출되었다. 키워드 도출을 위해 가치관과 라이프스타일의 질문 항목별로 긍정 응답률 결과를 통계적으로 검증하고 선별(긍정 응답률 30% 이상)하여, 총 86개의 질문을 집단화(Grouping)하였다. 그리고 각 질문 집단에서 나타난 소비자들의 라이프스타일을 대표할 수 있는 키워드 7개를 도출하였다.

키워드 1: '몸(Body)'

건강(Health)과 아름다움(Beauty) 등 몸에 대한 투자에 몰입하는 라이프스타일이다. 한국 소비자들은 건강에 최우선 가치를 두고 있다. 이로 인해 식품의 원산지와 첨가물을 확인하는 등 건강 지향 의식주 생활이 보편화되고 있다. 또한 외모지상주의(lookism)의 모습도 확인하였다. 예컨대 '우리 사회에서 외모로 호감을 주지 못하면 손해를 본다'는 질문에 65%의 긍정 응답률을 보였다.

키워드 2: '의미(Meaning)'

일과 삶의 불균형에서 삶의 의미를 생각하고, 찾는 라이프스타일이다. 일 인당 국민소득 2만 달러 시대의 한국인들은 과반수 이상이 행복하다고 느끼지만, 동시에 상당한 스트레스에 시달리는 것으로 조사되었다. 가계 수입과 지출, 직장 생활, 자녀 교육과 육아 등이 가장 큰 스트레스 요인이다. 사람들은 일 중심의 삶을 살아가고 있다. 조사 결과를 보면, 일과 삶의 중요도 비율은 각각 53%, 47%이고, 시간 등 실제 자원 투입 비율은 일이 60%, 삶이 40%로 나타났다. 사람들은 일의 중요도에 비해 개인의 자원을 더 많이 투입하고 있었다. 이처럼 각박한 삶 속에서 사람들은 삶의 의미를 찾고자 노력한다. 예컨대 장기 기증 운동 참여, 기업의 사회적 책임 요구, 기부 소비 등 사회적 가치에 대한 질문에 각각 42%, 50.8%, 26.6%의 긍정 응답률을 보였다.

키워드 3: '개인화(Individualism)'

세상의 중심을 자신에게 두고 개인의 가치를 높이고자 하는 라이프스타일이다. 집단이나 조직보다 개인의 가치를 중시하는 사람들이 적지 않았다. '조직보다 개인이 우선이다', '공익을 위한다고 해도 나의 권리가 포기되거나 제한될 수는 없다'라는 질문에 각각 36.4%, 36.8%의 긍정 응답률을 보였다.

나, 개인 중심의 사고 방식은 결혼, 부부, 노후 생활에서도 뚜렷하게 나타났다. '결혼은 부모님의 의사보다는 나의 선택이 중요하다', '맞벌이를 할 경우 부부가 소득을 독립적으로 관리할 수 있다', '노후에는 자식들과 독립해 따로 살고 싶다'라는 질문에 각각 69.1%, 50.6%, 69.8%의 긍정 응답률을 보였다. 또한 이혼에 대해서도 개방적 태도를 보였다. '부부 사이의 갈등을 해결할 수 없다면 이혼하는 것이 낫다', '노년이 되어서도 부부갈등이 커지면 이혼할 수 있다(황혼 이혼)'라는 질문에 각각 43.1%, 50.6%의 긍정 응답률을 보였다. 특히 황혼 이혼에 대해서는 여성이 남성보다 더욱 개방적인 것으로 나타났다(여성의 긍정 응답률은 54.6%, 남성의 긍정 응답률 46.7%). 또한 최근 지속적으로 늘고 있는 1인 가구는 개인화 현상의 일환으로 볼 수 있다. 한국의 1인 가구보다 일본의 1인 가구가 혼자 사는 기간이 길고, 비혼 의향이 더 높았다.

키워드 4: '현실주의(Realism)'

원칙이나 전통보다 '실제 이득'을 중시하는 가치 지향적 라이프스타일이다. 사람들은 원칙, 전통, 과정보다 실리, 결과를 중시하는 성향을 보였다. '원칙과 격식보다는 융통성을 중시한다', '매장보다는 화장을 선호한다', '일의 과정보다 결과를 중시한다'라는 질문에 각각 55.8%, 59.4%, 51.6%의 긍정 응답률을 보였다.

실리를 중시하는 삶은 전업주부 남편 등 남녀의 전통적 성 역할에 대한 인식도 바꾸는 것으로 나타났다. '남자가 육아와 살림을 하고 여자가 돈을 벌 수 있다', '필요하다면 처가살이도 괜찮다'라는 질문에 각각 45.9%, 46.9%의 긍정 응답률을 보였다.

현실주의 성향은 돈을 중시하는 가치관에서 잘 나타났다. 또한 학벌과 배경을 중시하고 대학 교육의 실용성을 더욱 중시하는 경향을 보였다. '사회적 지위는 낮더라도 돈을 많이 벌면 성공했다고 말할 수 있다', '한국 사회에서 성공하기 위해서는 학벌이 중요하다', '대학 교육은 학문적 지식을 쌓는 것보다 취업준비에 도움이 되는 것이 우선이다'라는 질문에 각각 55.8%, 80.7%, 53.9%의 긍정 응답률을 보였다.

주거생활에 대한 현실주의 경향도 나타났다. 집을 소유가 아닌 경험의 대상으로 여기는 사람도 많아 '집을 사지 않고 전세에 살아도 상관없다'는 문항에 대해 응답자 전체는 37%, 30대는 41.1%의 긍정 응답률을 보였다.

키워드 5: '가정(Home)'

가족의 가치를 소중히 여기는 라이프스타일이다. 사람들은 가족 가치를 소중히 여기며, 처가나 본가보다 자신의 가족이 우선이라고 생각하는 사람들이 많았다. 고소득, 서울/수도권 사람들이 상대적으로 이러한 인식이 높았다. 가족 중시 성향은 요리, 실내외 오락 등 가족 중심의 라이프스타일로도 보인다. '오락, 영화감상 등 집에서 하는 여가활동이 과거보다 많아졌다', '가족들과 야외에 나가 캠핑하고 싶다'라는 질문에 각각 46.9%, 48.6%의 긍정 응답률을 보였다.

사람들은 가족을 위해 많은 것을 희생하지만 중년들은 자녀 교육비 투자 등 가족 헌신으로 인해 정작 본인의 노후 준비를 못 하고 있는 것으로 나타났다. '가족을 위해서라면 나를 희생하는 것은 당연하다'는 문항에 대해 응답자 전체는 67.3%, 50대는 76.6%의 높은 긍정 응답률을 보였다. 하지만 '노후(은퇴 후)를 위해 저축/연금 등 재정적 준비를 전혀 하지 못하고 있다'라는 문항에 22.4%의 긍정 응답률을 보였다.

키워드 6: '온라인 사교(e-Socializing)'

SNS를 통해 타인과의 온라인 소통을 즐기는 라이프스타일이다. SNS가 삶의 질을 높여주고, 신뢰할 만한 매체라고 인식하는 동시에 소통 수단으로서 음성보다 편리하다고 생각하는 젊은 세대들이 많았다. 'SNS는 나의 삶의 질을 높여준다', 'SNS에서 사람들이 말하는 이야기나 견해를 신뢰한다', '전화 거는 것보다 문자나 SNS로 대화하는 것이 더 편하다'라는 질문에 응답자 전체는 각각 32.5%, 32.6%, 38.6%, 20대는 37.4%, 34.4%, 42.4%의 긍정 응답률을 보였다.

키워드 7: '이동성(Mobility)'

스마트폰 등 모바일 기기를 적극 활용하여 일과 삶을 바꾸어 가는 라이프스타일이다. 스마트폰으로 인한 연결(Connectivity)로 새로운 공간과 시간이 만든 편리한 일상을 향유하고 있다. '언제 어디서나 지인들과 연결된 느낌이다', '스마트폰으로 인해 대중교통도 매우 다양한 활동의 공간이 된다', '궁금한 것이 생기면 바로 스마트폰을 이용해 검색한다'라는 질문에 각각 46.4%, 58.7%, 78.4%의 긍정 응답률을 보였다.

자료: LG경제연구원(2011), 2011 소비자 Lifestyle, 보고서 및 박정현(2011. 6. 15), 한국 소비자들의 7가지 라이프스타일, LG Business Insight, LG경제연구원.

사례: 뉴 소비코드 53

사회 · 문화가 더욱 복잡하고 다양해짐에 따라 소비자의 라이프스타일은 빠르게 변화 · 발전해 가고 있다. 특히, 소비자 행동에 영향을 미치는 소비자의 개인적인 특성, 즉 개성과 라이프스타일이 서로 복합적으로 작용하면서 소비시장이 더욱 세분화되고 있다. 최근 국내외적으로 부각되고 있는 현대 소비자의 대표적인 5가지 소비행태를 살펴보면서 소비자 니즈가 어떻게 변화하고 있는지를 파악하여 앞으로 이렇게 변화하는 소비자를 어떻게 효과적으로 대응해야 할지를 생각해 보도록 하자.

1. 트레저 헌터(treasure hunter)

가격 대비 최고의 가치를 제공하는 상품을 구입하기 위해서 끊임없이 정보를 탐색하는 소비자

▶ 코스트코(Costco): 고급 제품 가운데 과다한 재고를 보유한 제품이나 생산 중단된 제품을 사들여 할인된 가격에 파는 전략으로 저가 유통 월마트와의 차별화에 성공하였다. 즉 고급 소비에 대한 니즈를 가지고 있으나 주머니 사정도 생각해야 하는 소비자에게 '가격 대비 최고의 가치'를 제공하고 있다.

2. 아티젠(arty generation)

상품에 예술이 결합된 아트디자인을 우선적으로 선호하는 소비자

▶ LG전자의 아트가전 시리즈: LG전자는 꽃의 화가라 불리는 하상림의 작품을 접목한 아트 디오스, 스팀 트롬 등의 아트가전 시리즈를 출시하여 기존 제품들과 차별화하였다. 즉 단순히 세련되고 예쁜 디자인 수준을 넘어 예술가가 주는 고유의 디자인과 브랜드로 제품가치를 극대화하려는 목적으로 출시한 제품이다.

3. 크리슈머(cresumer)

창조적 소비자(creative consumer)로서 기업의 신제품 개발, 디자인, 판매 등에 적극적으로 개입하는 소비자

▶ 크라우드 스피릿(Crowd Spirit): 프랑스 IT기업인 크라우드 스피릿은 CD 플레이어나 게임기를 조작하는 조이스틱 등을 크리슈머가 직접 디자인하도록 하였다. 제품 설계는 물론이고 어떤 기능을 추가할지, 어떤 기술을 사용할지 등이 모두 투표로 결정되며 채택된 제안에 대해서는 보상금이 지급된다. 이와 같은 것을 크라우드 소싱(crowd sourcing)이라고 하며, 이를 통해 생산단가를 낮출 수도 있다.

4. 몰링(malling)

대형 복합 쇼핑몰에서 쇼핑뿐 아니라 오락 등 다양한 여가활동을 즐기는 소비행위

▶ 코엑스몰(COEX Mall): 서울 삼성동의 코엑스몰에는 가족이나 연인과 함께 쇼핑과 외식, 영화, 오락 등 여가를 동시에 즐기는 몰링족들이 있다. 이는 주 5일 근무제가 정착되었지만 여전히 시간이 부족하고 즐기고 싶은 일은 더욱 많아지고 있기 때문에 원스톱(one-stop), 즉 몰링을 추구하는 소비자가 늘어나고 있기 때문에 큰 인기를 누리고 있다. 해외에서도 몰링은 보편적인 소비패턴으로 자리 잡고 있다. 미국의 Mall of America, 일본의 Canal City, 홍콩의 Harbour City 등이 몰링의 좋은 예이다.

5. 마이크로 미디어(micro-media) 소비

네티즌들이 온라인상에서 1인 미디어인 UCC, 블로그, 미니홈피 등을 제작하고 공유하는 행위(TV, 신문 등의 시청 및 구독을 일컫는 매스 미디어 소비와 상반된 개념)

▶ 아프리카 TV(Africa TV): 누적 생방송 횟수 1,000만 건, 하루 평균 생방송 채널 수 5만 개, 600만 개의 누적 방송채널 개설 등은 2006년 3월 초 '1인 방송국'을 지향하며 동영상 서비스를 시작한 아프리카 TV가 이루어 낸 기적이다. 이는 최근 소비자들은 기업의 일방적인 정보 및 콘텐츠를 수동적으로 소비하는 것에서 벗어나 보다 적극적인 정보 생산자 및 주체로 거듭났음을 의미한다.

인터넷의 발달로 정보의 유통이 빨라지고, 기업과 소비자 간의 정보의 비대칭성에 딸린 문제가 급속히 사라지고 있다. 과거의 기업이 주도적으로 대규모 광고 및 판촉활동 등을 통해 유행을 창조하고 시장을 조성해 가던 시대는 점차적으로 사라져 가고 있다. 따라서 마케팅 담당자는 쌍방향 커뮤니케이션을 통해서 변화하는 소비자들의 라이프스타일을 수시로 분석하고 평가하여 이를 기업의 마케팅 활동에 반영할 수 있도록 해야 한다.

자료: 박정현(2007. 11. 4), New 소비코드 5, LG주간경제, LG경제연구원.

연 습 문 제

❶ 소비자의 소비 동기 및 갈등에 영향을 미치는 요인에 대하여 설명하시오.

❷ 구매를 위한 소비자의 제품정보 처리과정에 대하여 설명하시오.

❸ 소비자행동의 영향요인 중 내부요인에 대하여 구체적인 예를 들어 설명하시오.

❹ 소비자의 판단과 제품 선택을 위한 심리적 영향요인에 대하여 설명하시오.

❺ 소비자의 구매의사결정과정을 관여도에 따라 설명하시오.

M A R K E T I N G

제3부

마케팅 전략

제6장 마케팅 전략: 개관

제7장 STP 전략

제6장

마케팅 전략: 개관

1. 마케팅 전략의 기초개념

1) 마케팅 전략의 의의

마케팅 활동이 효율적으로 이루어지려면 기업의 모든 경영활동이 마케팅 중심으로 통합되어야 한다. 이러한 마케팅 이념을 전사적 마케팅 개념(total marketing concept)이라고 한다. 전사적 마케팅 개념에 의거한 기업의 경영전략 개발은 마케팅 전략의 개발로부터 시작된다. 경영전략(business strategy)이란 기업의 기본 목표와 목적을 설정하고 이의 달성을 위한 경로를 결정하며 여기에 소요되는 자원을 합리적으로 배분하는 일련의 과정을 말한다. 즉 경영전략은 기업의 경영목표달성을 위한 의사결정 규칙 내지 지침이다. 따라서 기업의 경영전략에 따라 기업의 활동

방향과 범위가 달라진다. 경영전략 내에는 시장별, 사업별 및 기능별로 수행하여야 할 업무들이 할당된다. 이 중 마케팅 분야에서 수행하여야 할 사업별 및 시장별 업무가 마케팅 전략인 것이다.

마케팅 전략(marketing strategy)이란 기업의 목표 달성을 위해 수립한 장기 경영전략계획(corporate strategic planning)에 따라 목표시장의 기회를 확인하고, 경쟁여건을 분석하며, 시장기회와 경쟁여건에 부합하는 장 · 단기 마케팅 프로그램을 수립 · 실행(programing)하는 것이다.* 따라서 마케팅 전략에는 변화하는 마케팅 환경에 능동적으로 대처하기 위해 마케팅 목표를 설정하고, 이의 달성을 위해 중장기 계획을 수립 · 실행 · 점검하는 모든 활동들이 포함된다.**

✚ 그림 6-1 | 경영전략과 마케팅 전략

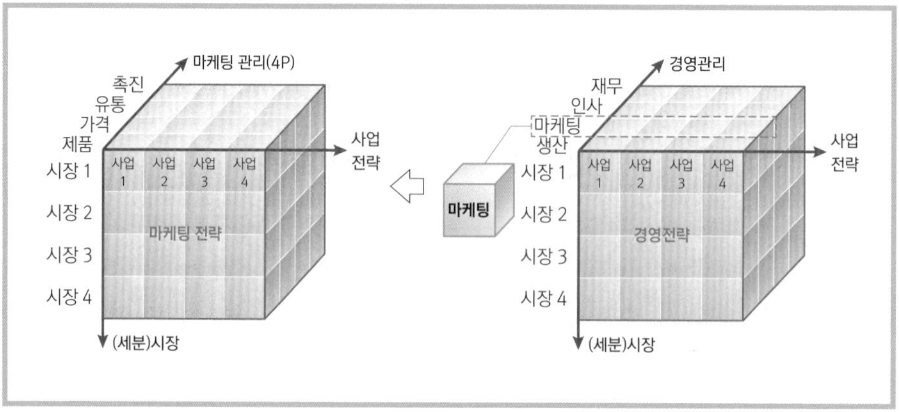

* 원종근 · 현인규 · 지남웅(1995), 국제마케팅, 법문사, p.192.

** 주우진 · 박철 · 김현식(2010), 마케팅관리, 학현사, p.38.

2) 마케팅 전략의 개념적 틀

✚ 그림 6-2 | 마케팅 전략의 개념적 틀(framework)

1. 전략적 차원

환경		조직	기업의 가치관과 욕구
• 경제적	• 사회적	• 자원/능력	• 성장/규모
• 문화적	• 정치적	• 인적자원	• 수익성
• 법률적	• 기술적	• 마케팅	• 지리적 분포
• 비용	• 시장	• 재무	• 사회적 책임
• 경쟁기업	• 연관기업	• 생산 및 엔지니어링	• 미학적 스타일
• 고객	• 정부	• 연구개발	• 기업 및 사회윤리

2. 전략적 과정

확인
평가
결정

주요가정	주요가정	주요가정
기회/위험/추세	강점/약점	상대적 중요성

대체전략-무엇이 가능한가? | 상대적 중요성

대체전략-무엇이 가능한가?

↓

3. 전략 목표 결정

목적과 목표

4. 특정 목표 선택

제품/시장 목표	기업조직의 능력	평가 결과
• 고객의 이점	• 기술	• 시장 규모/성장성
• 기술적 위치	• 제품의 수용도	• 수익성/실제 수익
• 시장점유율	• 판매방법	
• 수익성/성장 목표	• 유통경로	
• 경쟁에 유리한 위치	• 이용 가능한 자원	
• 지리적 목표	• 보증집단	

5. 통합된 계획과 프로그램 개발

• 인적자원	• 엔지니어링	• 마케팅	• 연구개발
• 재무	• 사회적 책임	• 생산	• 통제

6. 계획에 소요되는 자원의 획득과 투입

7. 통제 : 계획과 경과의 비교

• 계획과 경과의 비교, 주요 가정과 환경 · 조직 · 가치관의 차이를 비교 · 평가하여 통제함

8. 시기 조절(timing)

평가와 검토	실행 예산 책정	중장기 예산 계획 및 프로그램 계획

과거 — 현재 — 1년 — 중기 — 장기

마케팅 전략에는 세 가지의 기본적 요소, 즉 환경 · 조직 · 기업의 가치관과 욕구 등이 전략적 차원에서 고려되어야 한다. 환경차원에서는 마케팅 활동에 영향을 미치는 기회와 위험 및 이들의 추이가 시장별 · 사업별로 확인 · 평가되어야 한다. 조직 측면에서는 기업의 강점과 약점이 분석되어야 한다. 기업의 가치관과 욕구 차원에서는 기업이 추구하는 가치과과 욕구의 상대적 중요성이 평가되어야 한다. 이러한 평가를 기준으로 선택가능한 대체전략(alternative strategy)이 모색된다. 각각의 대체전략들이 모색되면 대체전략별로 목록을 작성하고 장단점을 열거하여 이를 기록한다. 다양한 대체전략안 중 제품시장의 목표와 기업조직의 목표 등 기업이 추구할 특정 목표가 구체적으로 선택되면 이의 달성에 필요한 통합적 계획과 프로그램을 개발하고 이에 의거하여 필요한 자원을 획득 · 투입하게 된다. 전략의 실행과정에서는 마케팅 활동의 중복과 낭비를 피하기 위해 계획과 성과를 비교함으로써 적절히 통제하는 동시에 마케팅 프로그램의 집행시기 등을 조절함으로써 마케팅 전략의 효율성을 극대화한다.

3) 마케팅 전략의 수립과 실행

마케팅 전략을 수립 · 실행하는 데 있어서는 〈그림 6-3〉에서 보는 바와 같이 시스템적 접근방법이 많이 활용되고 있다.

시스템적 접근방법에 따른 마케팅 전략 실행과정의 첫 단계는 기업의 사명에 의거하여 기업의 목표를 설정하는 일이다. 일반적으로 기업의 사명과 목표는 최고경영층의 의사결정에 의해 설정하게 된다.

둘째는 시장별 · 제품별로 기회와 위험을 확인 · 분석하고 자사의 내부여건을 평가하여 강점과 약점을 분석한다. 이를 토대로 잠재수요를 개발하고 이를 전략적으로 활용하기 위한 사업의 우선순위를 정하여야 한다.

셋째는 담당하여야 할 사업부문의 마케팅 목표를 설정하고 그 범위 안에

✚ 그림 6-3 | 마케팅 전략의 수립 · 실행과정

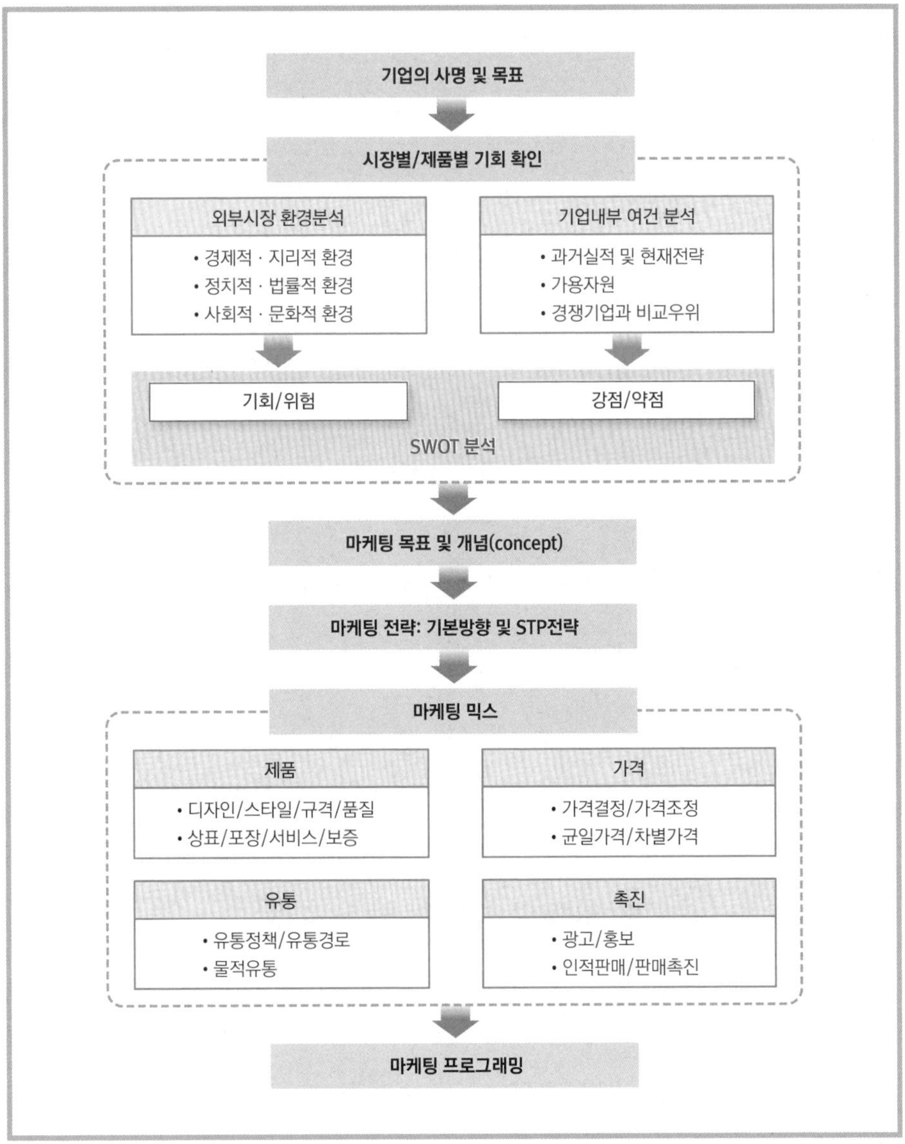

서 마케팅 개념을 명확히 정립하는 것이다. 마케팅 목표는 기업의 사명과 목표 달성에 적합하도록 조화롭게 설정되어야 한다. 마케팅 개념은 고객가치에 기반을 두고 시장별 · 제품별 특성과 기업의 능력을 고려하여 설정하되 시장환경 변화에 적절히 대응할 뿐만 아니라 가능하다면 시장환경 변화를 유용하게 활용하기 위한 방안을 찾을 수 있도록 설정하여야 한다.

넷째는 마케팅 전략을 수립하는 것이다. 이는 마케팅의 기본방향을 설정하고 이에 의거하여 STP 전략, 즉 시장세분화(segmentation), 목표시장 선정(targeting), 포지셔닝(positioning) 전략을 수립하여야 한다.

다섯째는 마케팅 믹스전략을 개발하는 것이다. 마케팅 믹스(marketing mix)란 통제불가능한 마케팅 환경에 적응하여 기업 내의 통제 가능한 제품(product) · 가격(price) · 유통(place) · 촉진(promotion) 등의 제반 요소를 적절히 혼합(mix)함으로써 마케팅 활동을 효율적으로 수행해 나가는 것이다.

마지막은 마케팅 목표를 효율적으로 달성할 수 있도록 시장별 · 제품별 및 각 믹스 요소별 마케팅 프로그램을 구상하고 필요한 예산과 자원을 배분 · 투하하는 것이다. 이 단계에서는 마케팅 전략을 생산 · 인사 · 재무 · 투자 · 기술 등 다른 기능 분야 및 운영 분야의 전략과 연계되어 시너지를 창출할 수 있도록 통합 · 조정하여야 한다.

2. 마케팅 전략의 핵심과제

1) 가치와 핵심역량

1 가치와 마케팅

마케팅의 근본적 목적은 고객이 필요로 하는 것과 원하는 것을 충족시키는 것이다. 그런데 오늘날의 고객들은 자신이 필요로 하고 원하는 것을 충족하는 것

✚ 그림 6-4 | 가치 전달 프로세스

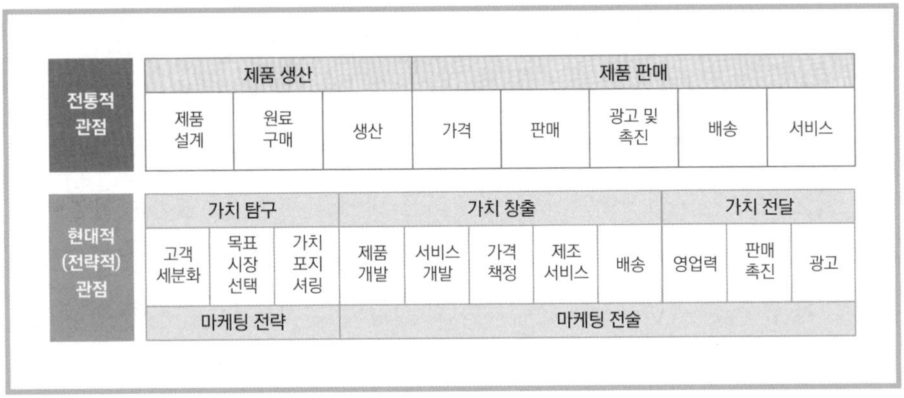

자료: M. J. Lanning and E. G. Michael(1988. 6), A Business is a Value Delivery System, Mckinsey Staff Paper, no.41.

에 그치지 않고 이 과정에서 가치를 추구하는 가치 중심의 마케팅을 원하고 있다. 따라서 기업의 마케팅적 과제는 적정 이익을 확보하면서 고객이 원하는 가치를 창출 · 제공하는 것으로 변화되고 있다. 이를 위해서 기업은 잘 정비된 가치 전달 프로세스를 통하여 우수한 가치를 창출 · 제공하면서 고객과 원활히 의사소통하여야 한다. 기업이 가치를 창출하여 전달하는 과정은 전통적 생산 · 판매 프로세서와 비교하면 〈그림 6-4〉와 같다.

전통적 관점에서 마케팅은 기업이 생산한 제품을 상품화하여 판매하는 것이다. 이러한 관점에 따르면 마케팅은 전체 과정 중 제품을 판매하는 후반부에 나타나게 된다. 기업은 자신의 자원과 능력을 최대한 활용하여 제품을 생산하고 이를 고객이 구입할 수 있도록 가격을 결정하여 판매하면서 판매촉진을 위한 활동을 전개한다. 이러한 관점의 마케팅은 공급보다 수요가 많은 경우에 적합할 수 있다. 이는 소비자가 제품의 품질이나 특성, 스타일 등에 별로 관심을 두고 있지 않기 때문이다. 예를 들면 새롭게 개발되고 있는 시장에서 기본 상품을 판매하고자 하는 경우에 타당할 수 있다.

그러나 다양한 상품들이 많이 거래되는 대규모 시장(mass market)에서는 모든 소비자를 대상으로 소비자들의 모든 필요와 욕구를 충족시켜 준다는 것은 불가능하다. 따라서 소비자들의 필요와 욕구, 인식, 선호 등 다양한 기준으로 고객을 세분화하여 세분시장을 구성하고 세분시장 중에서 목표시장을 선정하여 이를 대상으로 집중적인 마케팅 활동을 전개하게 된다. 가치 중심의 전략적 마케팅에서도 고객의 가치를 탐구하여 고객이 원하는 가치를 창출 · 전달하는 활동을 전개하게 된다. 보다 정밀한 가치탐구를 위해 고객을 세분화하여 세분시장으로 구분하고 이 중 목표 세분시장을 선택하여 이 시장의 고객가치를 조사한 후 적절한 가치 포지셔닝을 찾아낸다. 이를 토대로 고객의 필요와 욕구를 기본적으로 충족시키면서 고객의 가치도 충족시켜 줄 수 있는 제품 및 서비스를 개발하고 제품의 가치를 나타낼 수 있는 가격을 책정하는 가치 창출과정을 이행한다. 창출된 가치가 내포된 제품과 서비스는 기업의 영업력을 기반으로 광고 및 판매촉진활동 등에 의해 고객과 의사소통하고 고객에게 전달된다.

고객가치 중심의 마케팅 활동은 시장 감지 과정(market sensing process)에서부터 시작된다. 이 과정에는 시장 정보를 수집하여 기업 내부에 배포하고 실행에 옮기는 것과 관련된 모든 활동이 포함된다. 다음은 신규 제공물 실현 과정(new offering realization process)이다. 여기에는 새로운 가치의 제공물을 정해진 시간과 예산의 범위 내에서 연구개발부터 출시까지의 모든 과정 및 이와 관련된 모든 활동들이 포함된다. 제공물이 형성되면 고객 획득 과정(customer acquisition process)이 진행된다. 여기에는 목표시장을 정의하고 신규 고객을 예측하는 것과 관련된 모든 활동들이 포함된다. 고객이 확보되면 고객관계관리 과정(customer relationship management process)이 진행된다. 개별 고객에 대한 세심한 이해를 바탕으로 바람직한 관계를 형성하고 이를 통해 새로운 제공물의 가치를 창출하기 위한 다양한 노력들이 경주된다. 마지막은 거래 이행 관리 과정(fulfillment management process)이다. 고객으로부터 주문을 받고 이를 승인하며, 새로운 제공물을 창출하여 정해진 시간 내에 배송하고 대금을 회수하는 것과 관련된 모든 활동들이 포함된다.

기업에서 활용가능한 가치 중심 통합적 마케팅의 기본 체계는 〈그림 6-5〉

✚ 그림 6-5 | 통합적 마케팅 지향성(holistic marketing orientation)과 고객가치

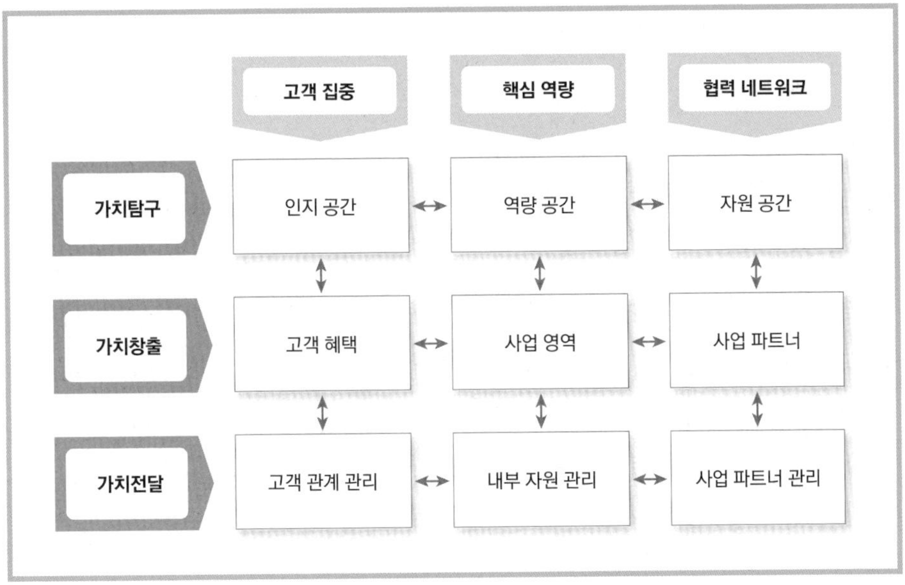

와 같다. 가치 중심 통합적 마케팅의 개념은 장기적으로 이해관계자 간 상호 유기적 관계 유지 및 이를 통한 상호 이익과 번영을 도모하기 위해 공동의 가치를 탐구하고 창출하여 전달하는 것이다.

가치탐구는 기업이 새로운 가치 기회를 어떻게 파악할 수 있는가 하는 문제이다. 이는 소비자의 인지공간에 대한 분석을 통해 찾을 수 있다. 이를 위해서는 소비자의 기존 및 잠재적 필요와 욕구, 참여 · 안정 · 자유 · 변화 등의 욕구를 파악하고 이해하여야 한다. 소비자가 필요로 하고 원하는 가치가 무엇인가를 탐색해내고 이를 충족시켜 줄 수 있는가 하는 것은 기업이 보유하고 있는 역량이 무엇인가에 따라 달라진다. 따라서 기업의 보유하고 있는 핵심역량의 내용과 수준에 대해서도 분석하여야 한다. 또한 가치 중심의 마케팅에서는 협력자와의 네트워크를 통해 시너지 효과를 얻어야 한다. 이를 위해서는 협력자의 자원 공간을 활용하여 시장 기회를 확인하고 이를 극대화할 수 있도록 가치창출을 위한 파트너십을 구축하여야 한다.

가치창출은 기업이 보다 가치 있는 제공물을 더 많이 창출할 수 있는가 하는 문제이다. 고객 입장에서 가치란 결국 고객이 누리는 혜택이기 때문에 가치창출을 위해서는 새로운 가치를 고객의 관점에서 파악하여야 하고, 이를 기업이 보유하고 있는 핵심역량에 적용하여 실현할 수 있도록 사업영역을 결정하여야 한다. 그리고 사업을 효과적으로 운영하기 위해 사업파트너와의 상호 협력 영역 및 방안을 창출하여야 한다.

가치전달은 기업이 가치 있는 새로운 제공물을 보다 효율적으로 전달하는 능력과 기반을 어떻게 구축하고 활용할 것인가 하는 문제이다. 이를 위해서는 고객을 이해하고 고객에게 즉각적으로 반응하는 고객관계관리에 능숙하여야 한다. 또한 내부자원관리 및 협력 파트너관리도 효율적으로 이루어져야 한다.

2 핵심역량과 마케팅

핵심역량(core competencies)이란 경쟁사에 대하여 자사의 경쟁우위 원천에 도움이 되는 자원과 능력을 말한다.* 핵심역량은 조직에서 다양한 생산기술을 조정하고 여러 가지 기술적 흐름을 통합하는 방법으로 총체적 학습을 통해 습득하게 되는데,** 치열한 경쟁에서 생존하기 위해 보유하게 된 기업 나름대로의 독특하고 차별화된 경쟁우위요소가 된다.*** 핵심역량은 경영 및 기술적 노하우, 경험 및 지식을 통해 다각화된 기업에서 서로 다른 사업들을 연결하는 자원이나 능력의

* M. A. Hitt, R. D. Ireland, and R. E. Hoskisson (2003), *Strategic Management: Competitiveness and Globalization*, 5th ed., Thomson, p.21.

** J. B. Barney and W. S. Hesterly (2008), *Strategic Management and Comparative Advantage: Concepts and Cases*, 2nd ed., Prentice Hall, p.219.

*** C. K. Prahald and G. Hamel (1990. 5-6), The Core Competence of the Corporation, *Harvard Business Review*, pp.79-91.

복합체이며 종종 기능적 기술과도 관련된다. 회계적 의미에서 핵심역량은 자산은 아니나 기업이 개발하여 활용하면 전략적으로 중요한 요인이 될 수 있다. 일례로 혼다(Honda)는 핵심역량인 우수한 엔진 제조 능력을 기반으로 자동차, 오토바이, 잔디 깎는 기계, 발전기 등의 사업에서 차별화 우위 확보할 수 있었으며, 캐논(Canon)은 광학, 화상, 중앙처리제어 분야에서의 핵심역량을 활용하여 복사기, 레이저프린터, 카메라, 스캐너 등과 같은 다양한 사업에 진출하여 성공할 수 있었다.

핵심역량은 함께 나누고 사용할수록 강화되고 개선되는 특성을 가지고 있다. 우선 핵심역량은 경쟁우위의 원천이 된다. 이러한 경쟁우위를 보유한 기업은 새로운 시장 진출이 용이하고 다양한 시장에 적용하여 전략적으로 활용한다. 또한 핵심역량에 근거하여 생산한 제품은 경쟁기업에 비해 우수하기 때문에 고객의 신뢰도를 제고할 수 있을 뿐만 아니라 경쟁기업의 모방을 어렵게 한다.

그러나 기업이 경쟁우위를 보유하고 있다고 하여 모두 핵심역량이 될 수는 없다.* 핵심역량이 되기 위해서는 첫째, 경쟁기업 대비 차별적 우위를 보유하고 있어야 한다. 핵심역량은 단순히 특정 기업이 잘하는 활동을 의미하는 것이 아니라 경쟁사에 비해 우월한 상대적 능력을 의미하기 때문이다. 둘째, 가치창출에 기여할 수 있어야 한다. 핵심역량을 활용해 고객에 대한 가치를 높이거나 가치를 보다 효율적으로 전달할 수 있어야 한다. 셋째, 경쟁기업이 쉽게 모방할 수 없는 희소성이 있어야 한다. 개별 기술뿐만 아니라 다양한 경영자원과 조직능력에 의해 복합적으로 구성되고 집단적으로 학습될 때 모방이 어렵다. 아울러 다른 사업에도 적용 가능하여 다양하게 활용할 수 있다면 더욱 유리하다.

---

* 이승주(2006), 경영전략 실천 매뉴얼, 시그마컨설팅그룹, p.78.

2) 차별화 전략

차별화(differentiation)란 소비자의 욕구를 충족시키고 목표시장에 성공적으로 진입하기 위하여 제품 · 서비스 · 종업원 · 유통경로 · 이미지 등 마케팅의 전략요소 또는 마케팅 프로그램 등을 경쟁기업과 다르게 설정하고 실행하는 것을 말한다. 차별화의 최대 이점은 시장별 내지 고객별 특수한 사정을 충분히 고려하여 개별 시장 및 고객에 맞춘 특별한 전략을 수립하고 이를 실행함으로써 마케팅 효과를 극대화할 수 있다는 점이다. 그러나 지나치게 차별화할 경우 비용 증대를 유발할 수 있다. 따라서 차별화 전략의 채택 여부는 차별화로 얻을 수 있는 이익과 차별화에 소요되는 비용을 비교 · 분석하여 결정하여야 한다.

기업이 차별화 전략을 채택할 경우 활용할 수 있는 요인은 〈표 6-1〉과 같다.

첫째는 제품의 차별화이다. 제품의 차별화를 위해서는 형태, 특징, 성능, 일관성, 내구성, 신뢰성, 수선가능성, 스타일, 디자인 등을 활용할 수 있다. 형태(form)의 차별화는 제품의 크기, 모양 및 물리적 구조 등을 경쟁기업과 다르게 하는 것이다. 일례로 아스피린의 경우 알약의 크기, 모양, 코팅, 작용시간 등으로 차별화하고 있다. 특징(features)의 차별화는 제품의 기본적 기능을 보완하는 특성을 차별화 하는 것이다. 고객이 느끼는 특징을 차별화할 때에는 가치와 기업의 비용

✚ 표 6-1 | 차별화 요인

범주	요인
제품	형태, 특징, 성능, 일관성, 내구성, 신뢰성, 수선가능성, 스타일, 디자인 등
서비스	주문 용이성, 배송, 설치, 고객 교육훈련, 고객 상담, 유지보수 등
종업원	능력, 친절성, 신용가능성, 신뢰성, 반응성, 효과적 커뮤니케이션 등
유통경로	커버리지, 전문성, 성과 등
이미지	상징, 매체, 분위기, 이벤트 등

을 비교하여 선정하여야 하는데 고객이 원하는 정도, 도입에 소요되는 시간, 경쟁기업의 모방가능성 등도 고려하여야 한다. 성능(performance quality)의 차별화는 제품의 기본적 특성이나 작동수준을 다르게 하는 것이다. 이를 위해서는 목표시장과 경쟁기업의 수준을 고려하여 적합한 성능수준을 선택하여야 하며, 이 수준의 유지 및 개선을 위해 지속적으로 관리하여야 한다. 일관성(conformance quality)은 모든 제품의 품질수준이 동일하고 소비자의 기대수준을 일관되게 충족시키는 정도를 의미한다. 경쟁기업보다 제품의 품질이 일관되게 유지된다면 고객의 신뢰도는 상승될 것이다. 내구성(reliability)은 일반적 상황이나 혹독한 상황에서 기대되는 제품의 작동기간을 의미하는데, 내구성이 우수할수록 고객은 제품을 장기간 사용할 수 있다. 수선가능성(repairability)은 제품이 기능을 발휘하지 못하거나 고장이 발생했을 때 이를 정상적으로 되돌릴 가능성을 의미한다. 표준화된 부품을 가진 자동차는 고장이 나도 부품을 쉽게 교체할 수 있기 때문에 수선가능성이 높다. 스타일(style)은 제품의 외관과 구매자에게 주는 느낌을 말하는 것으로 스타일이 좋은 제품에 대해 소비자는 프리미엄 가격을 지불할 수 있을 것이다. 스타일을 모방하기 어려운 독특한 차별성을 만들어 내지만 스타일이 좋다고 성능이 항상 좋은 것은 아니다. 제품의 디자인(design)은 제품의 외부적 특성을 보여주는 총체로 기업 입장에서 디자인이 뛰어난 제품은 제조하기 쉽고 유통시키기 쉬운 제품을 의미하지만 고객 입장에서 디자인이 뛰어난 제품은 보기 좋고, 설치하기 좋고, 사용하기 좋고, 수선하기 좋고, 폐기하기 좋은 제품의 의미를 가지고 있다.

둘째는 서비스의 차별화이다. 서비스의 차별화를 위해서는 주문, 배송, 설치, 고객 교육훈련, 고객 상담, 유지보수 등의 요인을 활용할 수 있다. 주문 용이성(order ease)은 고객이 제품을 주문하기 쉬운 정도를 의미한다. 주문이 용이하면 제품 매출을 쉽게 증대시킬 수 있다. 배송(delivery)은 제품이 신속하고 정확하게 고객에게 배달되는 정도를 말한다. 빠른 배송은 고객의 신뢰도를 제고시킬 수 있다. 일례로 멕시코의 꼬멕스(Comex)는 피자보다 빠르게 배달하겠다고 약속하고 GPS가 장착된 트럭을 이용하여 모든 배송품을 추적할 수 있게 하였으며 배송이

10분 이상 늦으면 배송료의 20%를 할인해 주는 전략을 활용하기도 하였다. 설치(installation)는 계획된 장소에 제품을 작동시킬 수 있도록 만드는 활동으로 복잡한 제품에 매우 유용하다. 고객에 대한 교육훈련(customer training)은 판매물품을 적절하고 효율적으로 사용할 수 있도록 교육시키고 훈련시키는 것이다. 예를 들어 GE(General Electronic)는 병원에 의료장비를 판매하고 설치해 줄 뿐만 아니라 사용자를 교육 · 훈련시킴으로써 전환효과와 재구매효과를 동시에 추구하고 있다. 고객 상담(customer consulting)은 구매자에게 자료, 정보, 조언 등의 서비스를 제공하는 것이다. 가구회사인 허만 밀러(Herman Miller)는 사무용 가구의 인체공학적 장점을 설득하기 위해 퓨처 인더스트리얼 테크놀로지(Future Industrial Technology) 사와 협력하고 있다. 유지 · 보수(maintenance and repair)는 판매된 제품이 최상의 작동상태를 유지할 수 있도록 관리해주는 서비스 프로그램이다. 자동차 · 컴퓨터 등 내구재에서 매우 중요하게 고려하여야 할 요인이다.

셋째는 종업원의 차별화이다. 잘 훈련된 종업원을 보유하는 것은 강력한 경쟁우위를 확보하는 것이다. 잘 훈려된 종업원이란 능력(스킬과 지식), 친절(존경과 배려), 신용 가능성(믿음), 신뢰성(일관되고 정확한 성과), 반응성(신속한 행동), 효과적 커뮤니케이션(고객에 대한 이해와 명확한 의사소통)의 특징을 가지고 있다. 항공사의 승무원 등과 같이 대고객 서비스 업종에서는 매우 중요한 요인이다. 싱가폴 에어라인은 승무원의 친절성으로 널리 알려져 있다.

넷째는 유통경로의 차별화이다. 유통경로의 커버리지, 전문성, 성과 등을 효과적으로 계획함으로써 경쟁우위를 확보할 수 있다. 컴퓨터 제조회사인 델(Dell)은 전화나 인터넷을 이용한 고품질의 직접 마케팅 경로를 개발하고 관리함으로써 경쟁기업과 차별화하여 성공할 수 있었다.

마지막은 이미지의 차별화이다. 이미지(image)란 소비자가 기업이나 제품을 지각하는 방식을 의미하는데, 소비자는 기업이나 브랜드의 이미지에 따라 상이하게 반응한다. 좋은 이미지를 형성하기 위해서는 효과적인 아이텐티티(identity)*를 통해 제품의 성격과 가치를 명확히 하고 차별적인 방식으로 제품의 특성과 감성적 가치를 소비자에게 전달하여야 한다.

3) 경쟁전략

기업의 마케팅 전략을 수립하고 실행하는 마케팅관리자는 자사 제품이 최종적으로 소비자에게 선택받기 위해 시장에서 거쳐야 하는 경쟁에 대해 이해하고 이에 대응하기 위한 경쟁전략을 수립하여야 한다. 경쟁전략을 수립하기 위해서는 경쟁구조를 이해하고 경쟁기업을 분석하여 이에 적합한 경쟁전략 유형을 선택하여 실행하여야 한다.

1 경쟁구조 이해

마케팅에서의 경쟁구조는 산업 관점과 시장 관점에서 이해할 수 있다. 산업 관점의 경쟁이란 동일 산업에 속한 기업 간의 경쟁을 의미하는데, 여기서 산업(industry)이란 서로 대체관계에 있는 제품이나 제품군을 제공하는 기업 집단을 말한다.

산업 관점의 경쟁은 판매기업의 수, 제품차별화 정도, 진입장벽 · 이동장벽 · 퇴출장벽의 존재 여부, 비용 구조, 통합 정도 등에 따라 달라진다. 판매기업의 수에 따라서는 독점산업, 과점산업, 경쟁산업으로 분류할 수 있다. 독점

* 아이덴티티(identity)란 기업이 회사나 자사 제품을 식별시키거나 포지션하고자 하는 방식을 의미하며, 상징, 색상, 슬로건, 분위기, 매체, 이벤트 등의 모든 커뮤니케이션 수단들과 브랜드 접촉을 통해 소비자에게 전달된다.

✚ 그림 6-6 | 경쟁전략의 패러다임

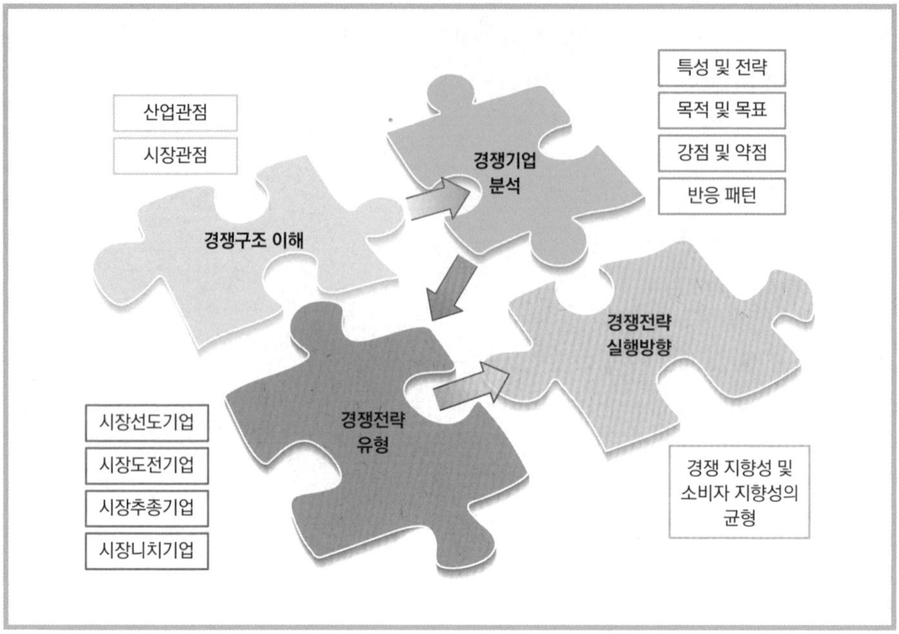

(monopoly)산업이란 특정 국가나 지역에서 하나의 기업이 모든 제품이나 서비스를 제공하는 산업이다. 독점산업에서 규제를 받지 않는 독점기업은 높은 가격을 책정할 수 있고 광고도 거의 하지 않으며 최소한의 서비스만 제공한다. 따라서 독점산업에 대해서는 대부분 정부가 규제를 가하는 것이 일반적이다. 규제를 받는 독점기업은 공공의 이익을 위해 더 낮은 가격을 책정하고 더 많은 서비스를 제공하기도 한다.

과점(oligopoly)산업은 대규모의 소수 기업들이 차별화되거나 표준화된 제품과 서비스를 제공하는 산업이다. 과점산업은 순수과점과 차별화된 과점으로 구분할 수 있다. 순수 과점(pure oligopoly)산업은 소수의 기업들이 동질적 제품을 생산하는 경우로 이러한 산업에 속한 기업은 현재의 시장가격 이상으로 가격을 인상하기 어렵기 때문에 서비스 수준이 비슷하다면 유일한 경쟁전략 수단이 비용 인하이다. 차별화된 과점(differentiated oligopoly)산업은 소수의 기업들이 차별화된 제품을 제공하는 산업이다. 이에 속한 기업들은 특정 속성에서의 우위를 바탕으로 소비자를 끌어들이고 이에 프리미엄 가격을 부과한다.

경쟁산업에서는 다수의 기업들이 차별화되거나 표준화된 제품이나 서비스를 제공한다. 여기에는 독점적 경쟁과 순수 경쟁이 있다. 독점적 경쟁(monopolistic competition)산업은 많은 기업들이 완전히 또는 부분적으로 차별적인 제품을 제공하는 경우이다. 특정 세분시장에 초점을 두고 고객의 니즈에 맞는 차별적 제품을 제공함으로써 더 높은 가격을 받으려고 노력한다. 순수 경쟁(pure competition)산업에서는 많은 경쟁자들이 동질적인 제품이나 서비스를 제공하고 가격도 동일하다. 심리적 차별화가 불가능하기 때문에 광고도 실시하지 않는다. 만일 심리적 차별화가 가능하여 광고를 할 수 있다면 이는 독점적 경쟁산업이 된다.

진입장벽 · 이동장벽 · 퇴출장벽도 산업 내 기업의 수에 영향을 미치기 때문에 경쟁구조를 결정하는 요인이 되고 있다. 진입장벽(entry barriers)이란 특정 산업 또는 시장에 신규로 진입할 때 직면하는 장벽으로 높은 자본투자의 필요성, 규모의 경제성(economies of scale), 특허권과 라이선스의 필요성, 입지 · 원자재 · 유통기업의 희소성, 명성의 중요성 등이 영향을 미친다. 이동장벽(mobility barriers)은 산업 내 특정 세분시장에서 다른 세분시장으로 이동할 때 직면하는 장벽이다. 퇴출장벽(exit barriers)은 특정 산업 또는 시장에서 빠져나가고자 하는 경우 직면하게 되는 장벽이다. 고객 · 채무자 · 종업원 등에 대한 법적 또는 도덕적 책임, 정부의 규제, 자산의 낮은 처분가치(salvage value) 등이 영향을 미친다. 퇴출장벽이 존재하는 경우 기업들은 변동비나 고정비 중 일부만 커버할 수 있어도 해당 산업에 머물러 있으려고 하는 것이 일반적이다.

비용구조도 산업의 경쟁구조에 영향을 미친다. 모든 산업은 기업의 전략에 영향을 주는 고유한 비용구조를 가지고 있다. 예를 들면 철강산업은 제조비용과 원자재비용이 높고, 장난감산업은 유통비용과 마케팅 비용이 높은 구조를 가지고 있다.

수직적 통합(vertical integration) 정도도 경쟁구조에 영향을 미친다. 수직적 통합이 잘 이루어진 경우 비용절감에 따른 이익 증대가 가능하고, 부가가치사슬 중 세금이 가장 낮은 부분에서 이익이 나도록 가격과 비용을 조정할 수 있다는 혜택이 있다. 예를 들어 석유산업에서는 기업들이 유전탐사, 시추, 정제, 화학, 주유소 운영 등에 참여할 수 있다. 그러나 가치사슬의 특정 부분에서는 비용이 증가하거나 기업의 전략적 유연성(strategic flexibility)이 감소한다는 문제점이 있다. 이러한 경우 전문기업이 더욱 낮은 비용에서 효율적으로 처리할 수 있는 활동들은 전문기업에게 아웃소싱(outsourcing)하기도 한다.

시장 관점의 경쟁은 동일 시장 내에서 동일한 고객 니즈를 충족시키는 제품간의 경쟁을 말한다. 예를 들어 워드프로세서 프로그램을 구매하는 고객들은 '문서화 능력'을 원하는 것이고 이는 연필, 펜, 타이프라이터 등으로도 만족시킬 수 있기 때문에 시장 관점에서는 서로 경쟁관계에 있는 것이다. 경쟁의 시장 관점 개념을 활용하면 현재의 경쟁자(직접적 경쟁자)뿐만 아니라 잠재적 경쟁자(간접적 경쟁자)까지도 찾아낼 수 있다.

2 경쟁기업 분석

경쟁구조를 파악하였으면 경쟁기업의 범위를 설정하고 해당 경쟁기업의 전략적 특성, 목적 및 목표, 강점과 약점, 반응패턴 등을 분석하여야 한다.

경쟁기업의 전략적 특성을 분석할 때에는 경쟁기업 개개의 전략을 분석하는 것이 어렵기 때문에 전략집단으로 묶어 분석하는 것이 효율적일 수 있다. 전략집단(strategic group)이란 주어진 목표시장에서 동일한 전략을 추구하는 기업집단을 말한다. 경쟁기업을 전략집단으로 구분하여 배치시키면 집단별로 진입장벽이 다르다는 것을 알 수 있다. 만일 특정 기업이 특정 전략적 집단에 성공적으로 진입한 경우 이에 대해 분석하면 특정 기업의 주요 경쟁기업과 경쟁전략을 파악하여 자사가 해당 목표시장에 진입하고자 할 때 활용할 수 있다.

경쟁기업의 목적 및 목표를 분석하기 위해서는 경쟁기업이 시장에서 추구하는 것은 무엇인가, 경쟁기업은 어떤 동기에 따라 행동하는가, 기업의 규모 · 역사 · 경영진 · 재무상황 등이 경쟁기업의 목적에 어떤 영향을 주는가 등에 대해 살펴보아야 하며, 만일 경쟁기업이 대기업의 한 부문이라면 모기업의 성장 · 이익 · 현금흐름 등에 대해서도 살펴보아야 한다. 또한 경쟁기업의 이익지향성이 단기적 이익 중심인지 아니면 장기적 이익 중심인지 파악하여야 한다. 일반적으로 미국기업들은 주주의 이익을 충족하고 투자자들의 신뢰를 잃지 않기 위해 단기적 이익 극대화를 추구하는 반면, 일본기업들은 시장점유율의 극대화를 추구하기 때문에 은행으로부터 낮은 이자율로 대규모 자금을 차입하고 낮은 이익을 잘 수용하는 경향이 있다. 그 외에도 현재 수익성 극대화, 시장점유율 증대, 현금흐름 최소화, 기술적 리더십, 서비스 리더십 등의 대안적 목적들에 대해서도 파악하여야 하며 경쟁기업의 향후 계획에 대해서도 지속적으로 살펴보고 검토하여야 한다.

경쟁기업의 강 · 약점을 분석하기 위해서는 시장점유율, 마인드점유율, 마음점유율 등을 지속적으로 살펴보아야 한다. 시장점유율(market share)이란 목표시장에서 특정 기업이 차지하고 있는 비율을 의미하며, 마인드점유율(mind share)은 특정 산업에서 첫 번째 떠오르는 기업이 어디인가 하는 질문에 특정 기업을 선택한 소비자의 비율을 의미한다. 마음점유율(heart share)이란 어떤 기업의 제품을 사려 하느냐의 질문에 특정 기업을 선택한 소비자의 비율을 의미한다. 일반적으로 소비자들의 마인드점유율이나 마음점유율이 꾸준히 증가하는 기업은 필연적으로 시장점유율이 증가하고 수익성도 개선된다.

경쟁기업의 선택은 고객가치를 먼저 분석한 후 이를 근거로 이루어진다. 강력한 경쟁기업을 선택할 것인가 아니면 약한 경쟁기업을 선택할 것인가의 문제에서 시장점유율을 높이기 위해서는 적은 자원을 활용하는 약한 경쟁기업을 목표로 선택하는 것이 일반적이다. 반면에 최고의 기업이 되기 위해서는 강력한 기업과도 경쟁하여야 한다. 이 경우 강력한 경쟁기업도 나름대로 약점을 가지고 있기 때문에 이를 찾아 은밀히 공략할 필요가 있다. 유사한 경쟁기업과 유사성이 낮은 경쟁기업의 문제에서 대부분 가장 유사한 경쟁기업을 선택하는 것이 일반적이다. 그러나 장기적으로는 유사성이 낮은 기업에 대해서도 잘 파악하고 있어야 한다. 이러한 이유에서 코카콜라(Coca Cola)는 최고의 경쟁기업으로 펩시콜라(Pepsi Cola)가 아닌 수돗물을 꼽기도 한다. 좋은 경쟁기업과 나쁜 경쟁기업의 문제에서는 좋은 경쟁기업을 보호하고 나쁜 경쟁기업을 공격하여야 한다. 좋은 경쟁기업은 산업의 성장잠재력에 대해 현실적 가정을 가지고 산업의 규칙에 따라 행동하며 비용을 고려하여 합리적으로 가격을 설정하고 산업을 건전하게 만들기 위해 노력할 뿐만 아니라 합리적 수준의 시장점유율과 이익을 받아들인다. 반면에 나쁜 경쟁기업은 큰 위험을 부담하려 하고 생산시설에 과잉 투자하여 결과적으로 산업의 균형을 파괴시킨다.

3 경쟁전략 유형

경쟁구조를 이해하고 경쟁기업을 분석하였다면 자사의 경쟁적 위치에 따라 적절한 경쟁전략 유형을 결정하여야 한다. 일반적으로 기업은 시장에서의 경쟁적 위치에 따라 선도기업, 도전기업, 추종기업 및 니치기업으로 구분할 수 있으며, 이에 따라 경쟁전략의 유형도 달라져야 한다.

선도기업은 컴퓨터 소프트웨어의 마이크로소프트(Microsoft), 패스트푸드의 맥도널드(McDonald), 스마트폰의 삼성(Samsung) 등과 같이 목표시장에서 가장 큰 시장점유율을 가지고 가격변화, 신제품도입, 유통범위, 촉진활동 등에서 다른 기업을 이끄는 기업을 말한다. 선도기업은 제품혁신 및 기술혁신에서 낙후되지 않기 위해 항상 산업의 주요 발전 동향 파악에 주력한다. 또한 선도기업은 경험을 통해 비용을 많이 지출하면 이익이 감소한다는 것을 알기 때문에 도전기업에 비해 보수적으로 비용을 지출한다. 그러나 새로운 경쟁기업의 출현으로 선도기업의 지위를 잃지 않기 위해 부단히 노력한다.

선도기업이 현재의 지위를 계속 유지하기 위해서는 첫째 전체 시장수요의 확대 방안을 마련하여야 한다. 전체시장에서 제품의 소비가 증대되면 그만큼 선도기업의 이익은 증가하기 때문이다. 둘째 새로운 사용자를 유인하여야 한다. 제품을 잘 모르거나 가격 등의 이유 때문에 제품을 구매하지 않는 사람들, 제품을 사용해 보기는 하였으나 구매하지 않는 사람들, 제품을 전혀 사용해 보지도 않은 사람들, 다른 지역에 사는 사람들을 유인할 수 있어야 한다. 또한 소비수준이나 소비량을 증가시키거나 사용빈도를 증가시켜야 한다. 경우에 따라서는 포장이나 제품디자인 변경, 제품을 사용하는 새로운 상황 모색, 제품 개발을 통한 사용 촉진 등으로 소비증대를 도모할 수도 있다.

둘째는 현재의 시장점유율을 방어하여야 한다. 선도기업은 우수한 방어 및 공격 행동을 통해 현재의 시장점유율을 방어하여야 한다. 자신의 현재 사업을 국내외 경쟁자들로부터 방어하는 가장 건설적인 방법은 지속적 혁신(continuous innovation)을 통해 현재의 지위를 지속적으로 유지하는 것이다. 아울러 자사의 약점이 경쟁기업에게 노출되지 않도록 최대한 억제하여야 한다. 선도기업의 방어전략은 공격기업의 수익성을 감소시키고, 위협적이지 않은 분야로 공격을 전환시키거나 공격의 강도를 완화시키는 데 목적을 두고 있다. 선도기업의 방어전략에는 위치방어, 측면방어, 선제방어, 반격방어, 이동방어 및 작전상 후퇴 등의 다양한 유형이 있다. 위치방어(position defense)는 우수한 브랜드 파워를 구축하여 브랜드를 난공불락으로 만드는 전략이다. 측면방어(flank defense)는 선도기업의 약한 측면을 보호하거나 역공을 위한 전초기지를 세우는 전략이다. 선제방어(preemptive defense)는 경쟁기업이 공격하기 전에 경쟁기업을 공격하는 전략으로 경쟁기업의 여기저기를 공격하여 정신 차리지 못하게 하거나 시장을 포위하기도 하고, 선도기업이 다양한 신호를 미리 표출하여 경쟁기업들이 섣불리 공격하지 못하도록 차단하는 방법도 있다. 반격방어(counteroffensive defense)는 공격을 받았을 때 즉각적으로 반격을 가하는 전략으로 경쟁기업의 주요 시장에 반격하거나 공격기업을 단념시키기 위해 경제적 또는 정치적 영향력을 행사하기도 한다. 이동방어(mobile defense)는 시장확장과 시장다각화 등의 방법을 통해 미래의 공격과 방어 중심지가 될 새로운 시장으로 확장을 시도하는 전략이다. 시장확대(market broadening)전략을 통해 보다 본원적 니즈에 초점을 둔 광범위한 기술을 개발하거나 다각화(market diversification)전략을 통해 비관련 산업분야로 진출하는 방법이 이에 속한다. 작전상 후퇴(contraction defense)는 모든 시장을 방어하기 어려운 경우 선택할 수 있는 방법으로 전략적 철수가 이에 속한다. 전략적 철수(strategic withdrawal)란 약한 시장영역을 포기하고 강한 시장영역에 자원을 재배치하는 계획된 축소전략이 주로 활용된다. 이는 경쟁우위를 통합하여 핵심시장에 자원을 집중시키고자 하는 전략이다.

셋째는 시장점유율을 확대하여야 한다. 선도기업은 시장규모가 증가하지 않더라도 시장점유율 확대에 노력하여야 한다. 이는 시정점유율의 증가가 시장선도기업의 수익성을 크게 개선시킬 수 있기 때문이다. 다만, 시장점유율 증가 전략을 실행하는 경우 반독점 금지 조치(antitrust action)의 규제 대상이 될 수 있고 시장점유율 증가에 의한 이익보다 시장점유율 획득에 소요된 비용이 더욱 커져 수익성이 증가하지 않거나 오히려 하락하는 경제적 비용(economic cost)을 고려하여야 하며 잘못된 마케팅 믹스 전략을 수행할 가능성이 있다는 점을 고려하여야 한다.

도전기업은 먼저 시장점유율 증가와 같이 전략적 목적을 명확히 설정하고, 이를 토대로 공격대상 기업을 결정하여야 한다. 만일 선도기업을 공격대상으로 하는 경우 내포된 위험은 크지만 성공하였을 경우 잠재적 보상도 그만큼 크다. 그러나 도전기업은 규모에 비해 성과가 부진한 기업, 재무적으로 취약한 기업, 제품이 오래된 기업, 과다한 가격을 책정한 기업, 고객만족도가 낮은 기업 등을 공격하거나 소규모 지역기업이나 지방기업을 공격대상으로 선택한다.

도전기업은 정면공격, 측면공격, 포위공격, 우회공격, 게릴라 공격 등 다양한 유형의 전략을 수행할 수 있다. 정면공격(frontal attack)은 경쟁기업의 제품, 광고, 가격 등에 맞대응하는 전략유형이다. 이 전략은 자원을 많이 보유하고 있거나 시장리더 제품과 수준이 동등하다고 확신하는 경우에 효과적이다. 측면공격(flank attack)은 경쟁기업의 성과가 저조한 지역시장이나 미충족 니즈를 가지고 있는 시장을 공격하는 전략이다. 이는 자원이 적은 도전기업에게 매력적인 전략으로 정면공격보다 성공가능성이 높다. 포위공격(encirclement attack)은 여러 측면에 대한 대대적 공격을 통해 경쟁기업의 여러 영역을 장악해 가는 전략유형이다. 도전기업이 우수한 자원을 가지고 있고 신속한 포위를 통해 경쟁기업의 의지를 꺾을 수 있을 때 의미있는 전략이다. 우회공격(bypass attack)은 자원기반을 확충하기 위해 경쟁기업을 우회하여 공격하기 쉬운 시장을 공격하는 가장 간접적인 전략유형이다. 비관련 제품으로 다각화, 새로운 지역시장으로 다각화, 기존제품을 대체할 새로운 기술로 도약 등을 통해 우회공격을 감행한다. 게릴라 전략(guerilla warfare)은 소규모의 끊임없는 공격을 통해 경쟁기업을 괴롭히고 사기를 떨어뜨림으로써 결국에는 안정적이고 영구적인 발판을 확보하는 전략유형이다. 이 유형은 대규모 경쟁기업과 싸우고자 하는 소규모기업이 주로 활용한다. 이 경우 선택적 가격인하, 집중적 촉진공세 등의 전통적 방법과 비전통적 방법이 모두 활용된다.

선도기업에 도전하기보다 추종하는 것을 선호하는 추종기업의 수익은 정상적 상황에서 선도기업보다 낮은 것이 일반적이다. 그러나 전략에 따라서는 추종기업의 수익이 선도기업이나 도전기업보다 높을 수도 있다. 혁신을 주도하는 선도기업이 신제품의 개발 및 유통, 고객 교육 등에 많은 비용을 지출하는 경우 추종기업의 제품모방전략(product imitation strategy)이 선도기업의 제품혁신전략(product innovation strategy)보다 수익성이 좋을 수 있기 때문이다.* 이러한 현상은 제품 차별화나 이미지 차별화의 기회가 적고, 서비스 품질이 비슷하며 가격 민감성이 높은 철강산업이나 화학산업에서 많이 나타난다. 그러나 추종기업이 단기간에 시장점유율을 제고하려는 전략을 무리하게 추진하는 경우 선도기업으로부터 보복을 당할 우려가 있다.

추종기업은 위조자, 복제자, 모방자 및 각색가로서 선도기업의 제품을 변

---

* T. Levitt (1996. 9-10), Innovative Imitation, *Harvard Business Review*, p.63.

형하여 시장에 출시하게 된다. 위조자(counterfeiter)란 추종기업이 시장 선도기업의 제품과 포장을 복제하여 암시장이나 불법 거래하는 딜러를 통해 판매하는 경우이다. 복제자(cloner)는 선도기업의 제품, 상표명, 포장 등을 약간 변형하여 복제하는 경우이다. 모방자(imitator)는 선도기업 제품의 일부를 모방하지만 포장, 광고, 가격설정 등에서는 차별성을 유지하는 경우이다. 이 경우 선도기업이 모방기업을 악의적으로 공격하지 않는 한 대응하지 않는 것이 일반적이다. 각색가(adapter)는 선도기업의 제품을 변형하거나 개선하여 다른 시장에 판매하는 경우이다.

니치기업 전략은 대규모시장에서 추종기업이 되기보다는 소규모시장이나 니치시장에서 선도기업이 되고자 하는 전략유형이다. 보통 소규모기업들은 대기업이 등한시하거나 관심을 갖지 않은 소규모시장을 목표시장으로 설정함으로써 대기업과의 경쟁을 회피하고자 한다. 즉 니치기업 전략의 핵심은 전문화이다. 일례로 로지텍(Logitech International)은 상상할 수 있는 모든 형태의 컴퓨터 마우스를 생산하여 전 세계 시장에 판매함으로써 마우스 시장의 선도기업으로 성장하였고, 이를 발판으로 컴퓨터용 헤드폰 세트, 웹 카메라 등의 다른 주변기기 시장으로 확장할 수 있었다. 그러나 니치시장은 쇠퇴할 수 있기 때문에 계속적으로 새로운 니치시장을 개발 · 확장 · 보호하거나, 2개 이상의 니치시장에서 경쟁우위를 확보함으로써 기업의 생존을 보장받아야 한다.

4 경쟁전략의 실행방향

경쟁전략의 유형이 선택되면 이를 구체적으로 실행하여야 한다. 경쟁전략을 실행할 때에는 경쟁 지향성과 소비자 지향성의 균형이 필요하다. 경쟁자 중심적 기업(competitor-centered company)은 경쟁기업에 초점을 두어 경쟁기업의 유통망 개선, 가격인하, 신규서비스 도입 등과 같이 경쟁기업이 무엇을 하는가를 파악하고 이에 대응하여 광고비 증가, 가격인하, 촉진예산 증액 등의 경쟁적 대응전략을 수립하여 실행한다. 이러한 전략은 기업의 경쟁 지향성이 증가하고 경쟁기업과 비교를 통해 파악된 자사의 약점에 주의를 기울여 이를 보완하고자 노력할 수 있다는 장점이 있다. 반면에 과도하게 반응적인 기업이 될 수 있다는 한계가 있다. 이는 일관된 고객 지향적 전략을 수립 · 실행하지 못하고, 자사 목표보다는 경쟁자의 행동에 즉각적으로 반응하여 전략을 결정하기 때문이다. 소비자 중심적 기업(customer-centered company)은 고객에게 초점을 두고 경쟁전략을 수립 · 실행하는 기업이다. 이러한 기업은 새로운 기회를 발견할 수 있고, 장기적 수익성을 고려한 전략의 수립 · 실행이 가능하다는 장점이 있다.

연습문제

❶ 마케팅의 전략적 계획에 대한 기본적 틀(framework)과 주요 내용에 대하여 설명하시오.

❷ 전략적 마케팅의 가치체계에 대하여 설명하시오.

❸ 마케팅의 차별화전략에 대하여 설명하시오.

❹ 마케팅의 경쟁구조를 산업 관점과 시장 관점으로 구분하여 설명하시오.

❺ 기업의 경쟁전략 유형을 시장 관점에서 설명하시오.

제7장

STP 전략

마케팅 전략은 대량생산을 기반으로 대량판매를 추구하는 매스마케팅에서부터 최근 인터넷의 발달로 소비자 개개인의 필요와 요구를 맞추어 주는 일대일마케팅 등 다양한 형태의 전략 유형이 나타나고 있다.

✚ 그림 7-1 | 마케팅의 전략 유형

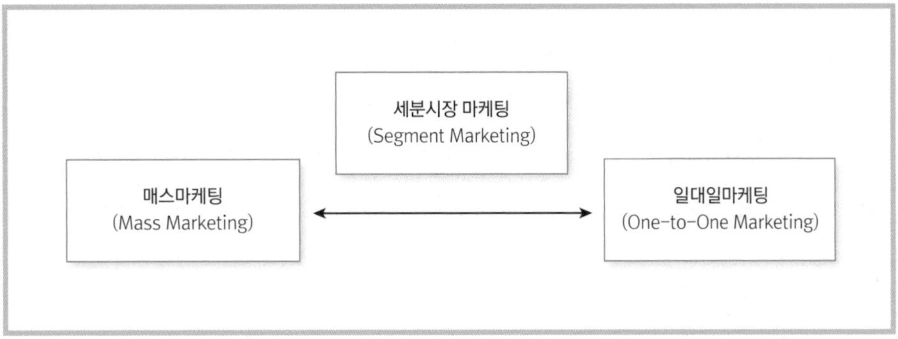

매스마케팅(mass marketing)이란 모든 고객들에게 똑같은 상품을 똑같은 방법으로 제공하는 마케팅 전략 유형이다. 이 전략은 산업혁명 이후 대량생산 시대에 소수의 상품을 대량생산하여 값싸게 공급하면서 적용되었다. 이 전략 유형의 전형적인 예는 미국 포드자동차의 초창기 모델 티(Model T)에서 찾아볼 수 있다. 소비자들은 "검은색이라면 어느 색깔이든(in any color, as long as it is black) 원하는 차를 살 수 있다"라는 농담이 잘 보여주듯이 포드자동차의 모델 티는 1908~1927년까지 한 가지 모델, 한 가지 색깔로 총 1,500만 대가 생산되는 기록을 수립하였다. 한 가지 모델 덕분에 대당 가격은 825달러에서 260달러로 낮아졌지만 결국 매스마케팅의 한계 때문에 시장에서 사라지고 말았다. 즉 포드자동차는 GM에 추월당하였는데 GM은 여러 개의 작은 자동차 제작사들이 합쳐져서 만들어진 회사이기 때문에 스포티한 폰티악, 정통 세단 뷰익, 고급차 캐딜락 등 다양한 차종을 내놓을 수 있었다. 이렇게 되자 모델 티(Model T)보다 더 스포티한 차를 원하던 사람들은 폰티악을, 더 중후한 세단을 원하면 뷰익을, 더 고급차를 원하면 캐딜락을 사게 되기 때문에 모델 티의 판매대수는 급격히 줄어들게 되었다. 전성기에는 무려 60%의 시장점유율을 자랑하며 독주하던 포드자동차는 이때 GM에게 빼앗긴 선두자리를 수십 년간 되찾을 수 없었다.* 국내시장에서도 럭키화학(현 LG생활건강)은 1954년부터 1975년까지 럭키치약 한 가지만 생산 · 판매하는 매스마케팅 전략을 추구하였다.

일대일 마케팅(one-to-one marketing)은 고객 개개인을 위한 맞춤상품을 개별적인 방법으로 제공하는 마케팅 전략 유형이다. 산업혁명 이전의 주문생산시대에 개별 고객의 주문에 의해 생산한 제품을 주문 고객에게 판매하는 방식이 이러한 예에 속하며 최근에는 인터넷마케팅에서 추구하는 전략 방향도 여기에 속한다.

세분시장 마케팅(segment marketing)은 개별 세분시장 내 소비자들의 욕구에 맞는 상품을 제공하는 마케팅 전략 유형으로 오늘날 대부분의 기업에서 채택하

---

* 박찬수(2014), 마케팅원리, 제5판, 법문사, p.174.

고 있는 마케팅 전략 유형이다. 예를 들어 LG생활건강도 주방용 세제시장에서 세분시장 마케팅을 채택하고 있는데, 주방용 세제시장을 주부들이 원하는 편익에 따라 3개의 세분시장으로 구분하고 그에 맞는 제품을 출시하고 있다. 경제성에는 퐁퐁, 손 보호에는 자연퐁, 안심에는 세이프라는 3개의 브랜드를 출시하여 판매하는 세분마케팅 전략을 추진하였다. 최근에는 고객 개개인을 위한 맞춤상품을 대량으로 제공하는 대량 개별화(mass customization) 전략도 시도되고 있다. 원하는 곡만으로 디지털 앨범을 제작한다거나 인터넷 포털의 마이 페이지 등이 이러한 예에 속한다.

다양한 마케팅 전략 방향에서 오늘날의 기업들은 세분시장 마케팅을 근간으로 하고 있다. 시장을 세분하여 목표시장을 선택하고 선택한 목표시장에 맞춘 전략을 추진한다. 즉 고객 니즈를 조사 · 분석하여 몇 개의 기준들로 시장을 세분(S: Segmentation)하고, 세분시장들 중에서 자사의 능력과 경쟁상황 등을 고려하여 가장 효과적으로 공략할 수 있는 목표시장을 선정(T: Targeting), 선정된 목표시장 내에 있는 여러 경쟁상품이나 브랜드들과 비교하여 자사의 상품이나 브랜드를 잠재고객들의 마음속에 각인시키는(P: Positioning) 전략을 구사하는데, 이를 STP 전략이라고 한다. 기업들이 STP 전략을 추구하는 이유는 기업의 급속한 증가와 생산기술 발달로 인한 과잉공급으로 시장에서 경쟁이 심화되었기 때문이다. 또한 소비자들의 소득수준 향상으로 소비의 수준이 향상되었으며 동시에 소비자들의 필요와 욕구도 다양화되면서 기업이 모든 잠재고객의 필요와 욕구를 모두 충족시킨다는 것은 불가능하기 때문이다. 기업이 STP 전략을 추진하는 과정은 〈표 7-1〉과 같다.

✚ 표 7-1 | STP의 과정

1단계	시장세분화 (Segmentation)	ㅇ 최적의 시장세분화 방법을 탐색 ㅇ 세분화된 시장 정보 수집	ㅇ 소비자의 니즈(needs)를 파악하고 분류하여 시장을 세분화하고 각각의 세분시장을 규명 ㅇ 기업의 마케팅 전략을 효과적으로 반영할 수 있는 세분화 변수를 선정하여 시장을 세분화 ㅇ 세분시장별로 시장을 규명하는 프로필 생성
2단계	목표시장 선정 (Targeting)	ㅇ 세분시장의 매력도 및 효과성 검토 ㅇ 매력적인 세분시장 선택	ㅇ 각 세분시장의 매력도 · 적합성 · 수익성 분석 ㅇ 가장 효과적으로 공략할 수 있는 세분시장을 목표시장으로 선정
3단계	위치선정 (Positioning)	ㅇ 적절한 마케팅 믹스를 활용하여 소비자 마음속에 자사 · 제품 · 서비스 · 브랜드 이미지 각인	ㅇ 소비자의 마음속에 각인시키고자 하는 이미지 결정 ㅇ 가장 효과적인 방법으로 이미지 각인 ㅇ 각인된 이미지의 추적 · 관리

자료: 이훈영(2015), 마케팅, 제2판, 청람, pp.30.

1. 시장세분화

1) 시장세분화의 의의

시장세분화(market segmentation)란 특정 시장을 여러 개의 세분시장으로 나누는 것을 말한다. 따라서 나누어진 세분시장(market segment)은 비슷한 욕구를 가지고 있는 고객들의 집단으로 구성된다. 결국 시장세분화란 고객의 니즈나 상품으로부터 얻고자 하는 편익이나 가치가 서로 비슷한 고객끼리 동일 집단으로 분류하는 것이다. 즉 소비자의 니즈(needs)와 소비자가 상품을 구입함으로써 얻는 편익(benefits) 그

✚ 표 7-2 | 시장세분화의 목적

정확한 시장상황 파악	○ 소비자의 니즈와 욕구, 구매동기 등에 대한 세밀한 분석을 통하여 정확한 시장상황 파악 → 소비자의 다양한 욕구 충족 ○ 변화하는 고객과 시장수요에 적극적으로 대응 ○ 미충족 욕구를 발견하여 새로운 시장기회 포착(예: 2011년 라면 시장에 돌풍을 일으킨 꼬꼬면, 나가사끼짬뽕과 같은 하얀 국물 라면 시장) ○ 자사 브랜드 간의 불필요한 경쟁 회피(예: 한국야쿠르트는 프리미엄 제품을 개발하면서 위에 좋은 윌, 장에 좋은 메치니코프, 간에 좋은 쿠퍼스 등 명확한 차별점을 제시하여 자사 브랜드 간 경쟁을 방지하고 제품시장 확대에 성공)
기업의 경쟁좌표 설정	○ 기업의 강점과 약점 확인 ○ 기업의 명확한 경쟁좌표 설정
정확한 목표시장 선정	○ 세분시장의 매력도 · 적합성 분석에 따른 정확한 최적의 목표시장 설정 ○ 목표시장에서의 마케팅 활동 방향 설정 및 집중
마케팅 자원의 효과적 배분	○ 기업의 마케팅 활동에 대한 소비자의 반응 분석 ○ 소비자의 반응 분석에 따른 효과적 마케팅 자원 배분

리고 인구통계적 요인 등을 기초로 시장을 분류하는 것이다. 전체시장을 욕구, 선호, 행동 등이 유사한 동질적 집단으로 분류한다. 소비자의 욕구를 보다 정확하게 세분화하기 위해서는 투입 비용도 상대적으로 점차 증가하지만 세분화된 고객의 욕구에 대한 정보가 정확할수록 이를 충족시키는 것이 보다 용이하기 때문에 시장세분화 전략을 채택하게 된다.

기업이 시장을 세분화하는 목적은 시장상황을 정확하게 파악하고, 기업의 경쟁좌표를 확인하여, 목표시장을 명확하게 설정함으로써 기업의 제한된 마케팅 자원을 효과적으로 배분하는 데 있다. 이를 보다 상세히 정리하면 〈표 7-2〉와 같다.

효율적이고 효과적인 시장세분화가 되기 위해서는 첫째, 자료의 이용가능성 및 측정가능성이 있어야 한다. 시장세분화에 필요한 정보의 획득 및 파악이 용이하여야 하며, 이를 통해 세분시장의 규모 · 구매력 · 특성 등을 측정할 수 있어야 한다. 둘째, 차별성 및 비교가능성이 있어야 한다. 세분시장들이 차별적 특성을 가지고 있어 상이한 마케팅 믹스들에 대해 상이하게 반응할 수 있어야 하고, 다른 세분시장과 비교 가능하여야 한다. 셋째, 접근가능성 및 실행가능성이 있어야 한다. 세분시장에 효과적으로 도달하고 마케팅 활동을 수행할 수 있어야 하고, 세분시장의 소비자들을 끌어들이고 마케팅 활동을 수행하기 위한 효과적인 프로그램을 구성할 수 있어야 한다. 넷째, 실질성 및 수익성이 있어야 한다. 세분시장이 차별적 마케팅 활동을 전개할 만큼 충분히 크고 수익성이 있어야 한다. 이를 위해서는 세분시장이 차별화된 프로그램을 수행할 수 있을 만한 규모의 동질적 소비집단이어야 한다. 마지막으로 유효성(validity), 즉 일관성과 지속성이 있어야 한다. 특정 기준에 의해 구분된 세분시장의 특성은 일정 기간 일관되게 지속되어야 한다.

시장세분화 전략을 성공적으로 수행한 기업은 첫째, 시장에 대한 정확한 파악 및 이를 통한 보다 뚜렷한 목표시장의 선택이 가능하다. 둘째, 마케팅 기회를 발견할 수 있다. 기업의 경쟁적 강점과 약점을 평가하여 유리한 세분시장을 선택할 수 있다. 셋째, 효율적이고 효과적인 마케팅 활동이 가능하다. 고객의 욕구를 보다 더 잘 이해할 수 있어 기업의 마케팅 노력을 유망한 세분시장에 집중할 수 있기 때문이다. 넷째, 명확한 경쟁우위 확보가 가능하다. 하나의 상품보다는 여러 개의 상품을 내놓는 것이 고객 욕구를 더 잘 충족시킬 수 있고 기업 입장에서는 마케팅 자원의 효율적 배분이 가능하기 때문이다. 마지막으로 차별화를 통한 가격경쟁을 완화시킬 수 있다. 동일한 소비자를 놓고 직접 경쟁하지 않아도 되기 때문에 자사의 목표 세분시장에서 독점적 지위, 즉 국지적 독점(local monopoly)을 확보할 수 있다. 이온음료시장을 예로 들면 이온음료시장을 양분해 온 게토레이와 포카리스웨트는 시장세분화를 통해 직접적인 경쟁을 회피하고 있다. 게토레이는 격렬한 운동 후에 마시는 용도에, 포카리스웨트는 일상적으로 마시는 용도에 초점이 맞추어져 있기 때문이다. 이러한 전략은 규모가 작은 중소기업들의 틈새마케팅 활동에 매우 유용하다. 틈새마케팅(niche marketing)이란 규모가 작은 세분시장에 마케팅 활동을 집중하는 것이다.

2) 시장세분화 전략

시장의 세분화 과정은 〈표 7-3〉에서 보는 바와 같이 마케팅 전략의 취지와 핵심역량을 고려하여 시장세분화의 역할을 정립하는 것에서부터 시작된다. 역할이 정립되면 잠재고객의 필요(needs)와 욕구(wants)에 근거하여 시장세분화를 위한 기준을 선정하고 시장세분화를 실행한다. 시장이 세분화되면 세분시장의 기본적 특성을 파악하고 시장진입을 위해 매력도 · 적합성 · 수익성 등을 분석하여야 한다.

✚ 표 7-3 | 시장세분화의 과정

단 계		내 용
역할(role) 정립		마케팅 전략의 취지와 핵심역량을 고려하여 시장세분화의 역할 정립
기준(변수) 선정		잠재고객의 필요(needs)와 욕구(wants) 관점에 기초하여 고객 간 차이를 명확히 할 수 있는 시장세분화 기준(변수) 선정
시장세분화 실행		유사한 니즈나 추구 혜택 등 세분화 기준에 기초하여 고객들을 세분시장으로 집단화
세분시장 특성 파악		파악된 니즈에 기초하여 세분시장을 식별하고 인구통계적 특성, 라이프스타일, 사용행동 등 세분시장의 특성을 파악
세분시장 분석	매력도	시장성장률, 경쟁 강도, 시장접근성 등 사전에 결정된 세분시장 매력도 평가기준에 의거하여 시장매력도 평가
	적합성	기업문화와 사명, 기존 고객 및 기존 마케팅 믹스와의 적합성 평가
	수익성	세분시장의 잠재적 수익성 평가
세분시장 포지셔닝		세분시장의 독특한 니즈와 특성에 기초한 가치제안과 제품/가격 등의 포지셔닝 전략 구상
세분시장 테스트		세분시장별 포지셔닝 전략에 대한 매력성 테스트 방안 마련
세분시장 마케팅 믹스		세분시장의 포지셔닝 전략을 확장하여 제품, 가격, 촉진, 유통 등의 모든 마케팅 믹스 전략 구상

✚ 그림 7-2 | 시장세분화의 기준

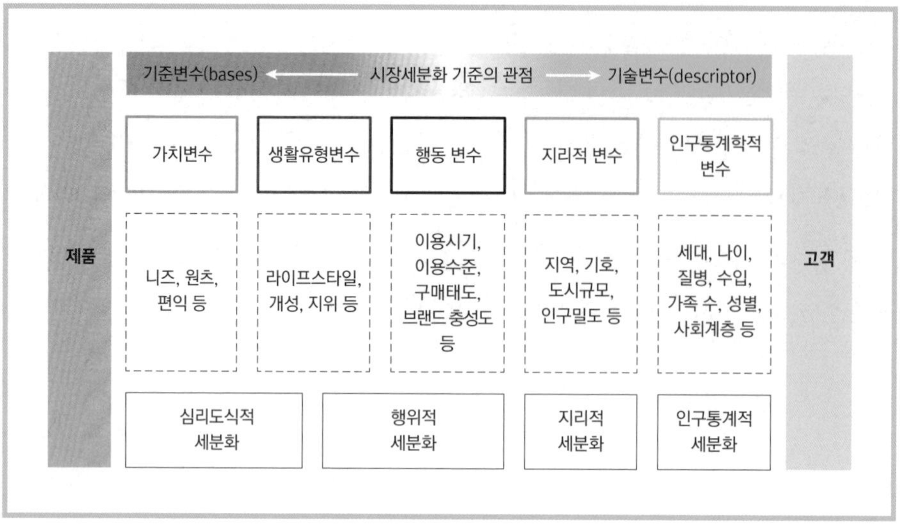

전략적으로 적합하게 시장을 세분화하기 위해서는 시장세분화 기준이 합리적으로 선정되어야 한다. 일반적으로 활용가능한 시장세분화 기준은 〈그림 7-2〉와 같다.

인구통계적 세분화(demographic segmentation)는 연령 등과 같은 인구통계적 특성을 기준으로 시장을 세분하는 것이다. 이 방법은 가장 잘 알려진 세분화 방법인데, 소비자들의 욕구, 선호, 사용률 등이 인구통계적 변수들과 관련된 경우가 많고, 측정이 용이하기 때문이다. 인구통계적 세분화의 기준으로는 연령, 생애단계, 성별, 소득, 사회계층 등의 지표가 활용된다. 연령(age)에 따라 소비자들의 욕구와 능력이 달라지기 때문에 시장세분화의 기준이 된다. 치약시장의 경우 어린이, 성인, 노인 소비자를 목표시장으로 세 가지 유형의 치약제품을 제공하고 있으며, 여기에 기능성 치약이 추가되고 있다. 실례로 LG생활건강 화장품사업부의 경우 20대 초반 라끄베르, 20대 후반 헤르시나, 30대 이자녹스와 같이 연령별로 다른 브랜드 제품을 제공하고 있다. 이혼 경험, 재혼, 노부모 부양, 다른 사람과의 동거, 새집 장만 등과 같은 개인의 생애단계(life stage)에 따라 주요 관심사가 달라진다. 동일한 생애주기에 속한 사람이라도 생애단계는 다를 수 있고 생애단계의 유형에 따라 주요 관심사가 다를 수 있다. 성별(gender)에 따라 유전자 구성이나 사회화 방식이 따르기 때문에 남성과 여성 간에는 상이한 태도 지향성과 행위 지향성이 나타난다. 특히 의류, 화장품, 잡지 등에서 차별성이 나타난다. 남성은 제품을 만져보라고 해야 만지지만 여성은 그런 말을 하지 않아도 잘 만진다. 소득(income)은 자동차, 보트, 고급의류, 여행 등에서 오랫동안 사용해왔던 기준이다. 최근에는 점차 중간시장이 없어지고 프리미엄 상품 쪽으로 이동하는 경향이 있다. 세대(generation)에 따라 자신들이 성장하던 시기의 음악, 영화, 정치, 사건들에 영향을 받는다. 동일한 세대집단을 동류집단(cohorts)이라 하는데, 동류집단의 구성원들은 동일한 경험을 공유하고 유사한 사고방식과 가치를 가지기 때문에 동류집단 내의 우상이나 이미지를 활용하는 마케팅 전략은 효과적일 수 있다. 사회계층(social class)은 자동차, 의류, 가구, 여가활동, 독서습관, 소매상 등의 선호에 강한 영향을 미친다.

지리적 세분화(geographic segmentation)는 국가, 도, 시, 군 등과 같은 지리적 단위를 기준으로 시장을 나누는 것이다. 특정 우편번호를 대상으로 하는 지역마케팅은 시장을 지리적 기준에 의해 세분화한 것이다. 최근에는 지리적 기준과 인구통계적 기준을 결합하여 소비자와 소비자 거주 지역의 특성을 고려한 마케팅 활동을 전개하기도 한다.

행위적 세분화(behavioral segmentation)는 제품에 대한 지식, 태도, 사용행동, 반응 등에 기초하여 시장을 세부화하는 것이다. 구체적으로 상황, 혜택, 사용자 지위, 사용률, 충성도, 구매자의 준비상태, 태도 등이 세분화의 기준이 될 수 있다.

상황(occasions)은 니즈 형성, 제품구매, 제품사용 등에서 구매자들의 세분화가 가능하다. 예를 들면 발렌타인데이의 초콜릿이나 캔디 등이 이에 속한다. 소비자들에게 제공하는 혜택(benefit)에 따라서도 시장을 세분화할 수 있다. 미국의 모빌(Mobil)은 소비자에게 제공하는 혜택을 기준으로 세분시장을 나누었다. 프리미엄 상품과 서비스 중시하는 Road Warriors, 신속한 연료주입 서비스 및 음식물 서비스를 중시하는 Generation F, 높은 브랜드 충성도를 가진 True Blue, 편의성을 중시하는 Home Bodies, 저가격을 중시하는 Price Shopper로 구분하였다. 모빌은 가격에 민감하지 않은 세분시장을 목표시장으로 선정하여 깨끗한 건물, 밝은 조명, 친절한 종업원 등과 같은 서비스를 제공하여 경쟁기업보다 갤런당 3센트 정도 더 높은 가격임에도 불구하고 매출을 20~30% 증가시킬 수 있었다.* 사용자의 지위(user status)에 따라서는 비사용자(nonusers), 이전 사용자(ex-users), 잠재 사용자(potential users), 신규 사용자(first time users), 정규 사용자(regular users) 등으로 세분화할 수 있다. 시장 리더기업은 잠재적 사용자를 끌어들이는 데 초점을 두는 반면 소규모기업들은 리더기업으로부터 떨어져 나온 소비자들을 끌어들이는 데 초점을 둔다. 사용률(usage rate)에 따라서는 경 사용자(light users), 중 사용자(medium users), 대량 사용자(heavey users)로 세분화할 수 있다. 대량 사용자들은 사용자 수는 적지만 전체 소비에서 차지하는 비중이 크므로 마케팅관리자는 여러 명의 경 사용자보다 1인의 대량 사용자를 끌어들이고자 한다. 대량 사용자들은 상표충성도가 높을 수도 있지만 저가격 제공물만 구매하고자 하는 경우도 있다. 구매자의 준비상태(buyer-readiness stage)에 따라서는 제품에 대해 전혀 알지 못하는 구매자, 잘 아는 구매자, 들어본 적이 있는 구매자, 관심이 있는 구매자, 소유하고 싶어 하는 구매자, 구매의도가 확실한 구매자 등으로 구분할 수 있다. 구매준비단계에 속한 소비자의 수에 따라서는 마케팅 프로그램 설계가 달라질 수 있다. 충성도(loyalty status)에 따라서는 하나의 브랜드에 충성하는 충성집단(hard-core loyalty), 2~3개의 브랜드에 충성하는 분할된 충성집단(split loyalty), 특정 브랜드에서 다른 브랜드로 이동하는 이동집단(shifting loyalty), 어떤 브랜드에도 충성을 보이지 않는 집단으로 구분할 수 있다. 충성집단을 분석하여 기업의 강점을, 분할된 충성집단을 분석하여 자사 브랜드의 강력한 경쟁 브랜드를, 이동집단을 분석하여 자사 마케팅 활동의 약점을 파악할 수 있다. 충성도가 높아 보이는 경우라 해도 습관적 구매행동, 브랜드들의

---

* A. Sullivan (1995. 1. 30), Mobile Bets Drivers Pick Cappuccino over Parties, *Wall Street Journal*.

무차별성, 높은 전환비용(switching cost), 다른 브랜드의 이용가능성 제한 등에 따라 충성적으로 보이는 경우가 있으므로 구매패턴의 이면을 면밀히 분석하여야 한다. 태도(attitude)에 따라서는 열정적(enthusiastic), 긍정적(positive), 무차별적(indifferent), 부정적(negative) 집단으로 세분화할 수 있다.

심리도식적 세분화(psychgraphic segmentation)는 심리적 · 개성적 특징, 라이프스타일, 가치 등에 따라 시장을 세분화하는 것이다. 소비자를 더욱 잘 이해하기 위해 심리학과 인구통계학을 활용하는 학문을 심리도식학(psycographics)이라 한다.

시장세분화에 따른 마케팅 전략 방향은 4가지 유형으로 구분할 수 있다.* 첫째는 무차별적 마케팅(undifferentiated marketing)이다. 이는 기업이 시장에 하나의 제품을 내놓으며, 하나의 균일한 표준화된 마케팅 믹스로 가능한 한 많은 고객을 유인하려고 하는 마케팅 전략 유형이다. 이는 특별한 욕구 및 수요를 가진 세분시장의 존재를 무시하는 전략으로 대부분의 소규모기업과 대기업들이 채택하고 있다.

둘째는 제품사용자별 마케팅(particularized marketing)이다. 이는 단일제품에 대해 고객들이 서로 다르게 사용함을 인정하는 마케팅 전략 유형이다. 보다 많은 수요를 촉진하기 위하여 단일제품이지만 상이한 판매촉진 주제, 다양한 판매경로 및 가격전략 등 다양한 마케팅 믹스를 추구한다.

셋째는 집중적 마케팅(concentrated marketing)이다. 이는 하나 또는 그 이상의 세분시장을 특별히 취급하고자 다른 시장에서 분리한 한정된 세분시장에 마케팅 활동을 집중하는 전략 유형이다. 대기업이 이미 지배하고 있는 시장에 진출하려는 소규모기업이 주로 채택한다.

넷째는 차별적 마케팅(differentiated marketing)으로 보다 많은 세분시장에 소구하기 위하여 제품과 마케팅 믹스를 차별화하는 전략 유형이다. 이는 차별화를 통

---

* C. McDaniel, Jr. (1979), *Marketing: An Integrated Approach*, Harper & Row, pp.42-44 and S. Marjaro (1978), *International Marketing: A Strategic Approach to World Markets*, George Allen & Unwin, pp.53-54.

하여 많은 세분시장을 창출하고 이들 시장의 특별한 필요와 욕구를 충족시키는 전략이다. 대부분의 대규모 소비재 생산업자들이 이러한 전략을 추구한다.

시장세분화 전략을 채택하는 데 있어서 마케팅관리자는 시장세분화가 언제나 바람직한가 하는 전략적 유용성에 대해 검토하여야 한다. 경우에 따라서는 시장세분화가 유용하지 않을 수도 있기 때문이다. 실제적으로 혁신적 신상품의 경우에는 시장세분화가 시기상조일 수 있다. 예를 들어 휴대폰이나 스마트폰 단말기의 경우 초창기에는 소비자의 욕구가 성능에 집중되어 있어 성능에 초점을 맞춘 한두 가지 모델만으로 충분히 경쟁할 수 있지만 소비자의 욕구가 점차 다양해지면 여러 가지 디자인과 색상의 모델들을 출시하여야 한다. 콜라 시장에서 최근 인기를 끌고 있는 다이어트 코크(Diet Coke)의 경우 첫선을 보인 것은 커쉬 노캘 콜라(Kirsch's No-cal cola)가 나온 1952년이었지만 너무 일찍 출시되어 실패하고 말았다. 또한 지나친 세분시장 마케팅은 매출비용의 증대로 수익성을 악화시킬 수 있기 때문에 부적합할 수 있다. 도전자의 경우에는 역세분화*하는 것이 바람직할 수도 있다. 일례로 국내 샴푸 시장은 2000년대 초반 저가, 겸용(샴푸+린스), 비듬 방지 등 세 가지 시장으로 나누어져 있었는데, 그중에서 비듬 방지 시장은 급성장하는 반면 저가 시장은 줄어들고 있었다. 소비자들은 겸용 샴푸에 대해 린스 효과가 떨어진다고 불평하였고, 비듬 방지 샴푸에 대해서는 샴푸와 린스가 같이 들어 있지 않아 불편하다는 불만을 가지고 있었다. 이러한 상황에서 태평양(현 아모레퍼시픽)은 주력 시장이었던 저가 샴푸 시장이 위축되고, 겸용 샴푸 시장에서는 럭키(현 LG생활건강)나 애경보다 늦게 진입하여 시장 지위조차 확보하지 못하였으며 비듬 방지 샴푸 시장에는 아예 발을 들여놓고 있지 않았기 때문에 시장점유율이 현저히 낮아지고 있었다. 이에 태평양은 겸용 샴푸의 린스 기능을 강화하고 여기에 비듬 방지 기능도 추가한 댄트롤(dantrol) 샴푸를 출시하였다. 댄트롤 샴푸는 출시한 지

---

* 역세분화(counter-segmentation)란 세분화된 시장을 통합하여 여러 세분시장에 동시에 어필할 수 있는 상품을 출시하는 것이다.

불과 1년여 만에 샴푸 시장 점유율 1위 브랜드의 자리에 올라섬으로써 전세를 역전시킬 수 있었다.

2. 목표시장 선정

1) 목표시장 선정의 의의

목표시장 선정(targeting)이란 제한된 자원을 가진 기업이 자사 제품을 어떤 시장에서 판매할 것인가를 결정하는 것이다. 즉 세분시장의 매력도를 분석하여 기업의 한정된 자원을 가장 효과적으로 활용할 수 있는 세분시장을 선택하는 것이다.*

목표시장을 선정한다는 것은 주된 판매시장을 어디로 할 것인가를 결정하는 것이며 동시에 경쟁자와 경쟁범위도 결정하는 것이다. 목표시장의 선택은 기업 스스로가 자사와의 경쟁기업들을 선택하는 것이며 목표시장에서 활동하고 있던 기존 기업들과의 경쟁을 선포하는 것과 같은 의미이다. 따라서 목표시장의 잠재력뿐만 아니라 경쟁구조, 잠재 및 현재 경쟁기업들과 자사의 경쟁우위를 고려하여야 한다. 또한 시장 침투 내지 확대 전략을 수립 · 실행하여야 하기 때문에 목표시장의 동태적 변화를 분석하여야 하며 미래시장과의 상호연계성 진전 및 통합정도도 고려하여야 한다.

* P. Kotler & G. Armstrong (2014), *Principles of Marketing*, 15th ed., Pearson, p.214.

2) 목표시장 선정 전략

일반적으로 시장을 선정할 때에는 시장의 매력도, 경쟁우위, 적합성을 고려하여야 한다. 세분시장을 선정할 때에도 같은 기준이 적용될 수 있다. 세분시장을 선정할 때에는 첫째, 이익을 창출할 수 있을 정도로 충분한 현재와 미래의 시장 규모, 둘째 미래의 수요를 고려한 잠재적 경쟁 정도, 셋째 기업목표와 목표시장의 일치 여부, 넷째 기업의 능력과 자원 등을 고려하여야 한다.

세분시장의 전반적 매력도(segment's overall attractiveness)를 분석하기 위해서는 잠재 세분시장의 규모, 성장률, 규모의 경제성, 위험수준 등을 통하여 매력도를 파악하여야 한다. 기업의 목적 및 자원(company's objectives and resources)에 대해서도 분석하여야 하는데 이는 기업의 목적과 자원에 비추어 의미가 있는 세분시장인지를 파악하는 것이다. 그 외에도 세분시장 진입전략, 세분시장 체계 업데이트, 목표시장 선택의 윤리적 문제 등에 대해서도 파악하여야 한다. 세분시장 진입을 위해서는 장기적인 세분시장 진입전략이 필요한데, 선택한 특정 세분시장에 진입할 때에는 경쟁기업이 다음에 진입할 목표 세분시장을 알지 못하도록 하여야 한다. 실제로 펩시콜라(Pepsi Cola)의 경우 일반 소매시장에서 코카콜라(Coca Cola)를 공략한 다음 자판기 시장을 공략하였고 그 후 즉석식품 시장을 공략하였다. 일본의 자동차 기업 도요타(Toyota)가 미국 시장을 진출할 때에도 코롤라(Corolla)로 소형차 시장에 진입한 후 캠리(Camry)와 아발론(Avalon)으로 중형차 시장에 진입하였으며 고급차 시장에는 렉서스(Lexus)라는 브랜드로 접근하였다. 또한 봉쇄된 시장에 진입하기 위해서는 이해관계자들의 협력을 얻기 위해 메가마케팅(megamarketing) 전략을 활용하기도 한다. 펩시콜라(Pepsi Cola)는 코카콜라(Coca Cola)가 떠난 인도 시장을 공략할 때 현지 경쟁기업 및 다국적기업에 대해 부정적인 입법가들의 반대를 극복하고 정부의 승인을 얻기 위해 현지기업들과 협력하였으며, 콜라 원액 수입금액 이상의 농업제품을 수출할 수 있도록 지원하였고 시골 지역의 경제개발도 약속하였다. 세분시장 체계의 주기적인 업데이트(up-date)도 필요하다. 이는 세분시장들도 변화하기 때문이다. 델 컴퓨터(Dell Computer)는 개인용 컴퓨터(PC) 시장을 속도와 성능만으로 세분화하였으나 소규모 오피스와 가정용 오피스를 의미하는 소호(Soho) 시장이 성장하고 있다는 것을 알았다. 이에 고성능 컴퓨터를 저가격에 우편 판매하던 델(Dell)은 소규모 오피스와 가정용 오피스가 다른 니즈를 가진다는 점에 착안하여 1,000만 개의 사업체를 소규모 오피스, 가정용 오피스, 중소형 사업체로 세분한 마케팅 활동을 전개하여 크게 성공할 수 있었다. 그리고 시장분할(market partitioning)을 통해 위계구조를 조사하여 세분시장을 발굴하여야 하며 위계구조의 변화에 대응하여 마케팅 활동을 조정하여야 한다. 대부분의 자동차 구매자들은 과거 제조회사를 먼저 결정한 후 모델을 결정하는 브랜드 지배적 위계구조에서 오늘날은 국가를 선택하고 제조업체를 선정한 후 모델을 결정하는 국가 지배적 위계구조로 변화하고 있다. 마지막으로 목표시장 선택의 윤리적 문제도 고려하여야 한다. 사회적 책임을 다하는 마케팅 활동이란 누가 목표시장인가가 아니라 어떤 목적으로 어떻게 마케팅 활동을 전개하는가의 문제이다. 최근에는 어린이 같은 취약집단이나 도시빈곤층과 같은 불우한 집단을 불공정하게 이용하려 하거나 유해한 제품을 판매하고자 하는 경우가 있어 윤리적으로 문제가 되고 있다. 이에 어린이의 노동력을 헐값에 활용한 커피의 불매운동 내지 정당한 노동력을 이용한 커피의 제값 구입 캠페인 등이 전개되기도 하였다. 또한 어린이 대상 시리얼 광고에서 애니메이션 캐릭터를 통한 광고가 어린이들로 하여금 설탕이 과도하게 함유된 시리얼을 너무 많이 먹게 하거나 균형이 깨진 아침식사를 하도록 하여 어린이의 건강과 정상적인 성장을 해할 수 있다고 비난받은 바 있다. 반면에 콜게이트(Colgate)의 어린이 치약 광고 같은 경우에는 어린이들이 더욱 오랫동안 그리고 자주 양치질하도록 하는 제품의 이미지로 긍정적인 평가를 받았다.

목표시장을 선정하는 방법을 시장과 제품을 기준으로 살펴보면 5가지 유형으로 구분할 수 있다.

첫째는 단일 세분시장 집중화(single segment concentration) 전략이다. 이는 단일 세분시장만을 선택하여 마케팅 노력을 집중하는 형태이다. 이 전략은 기업의 자

✚ 그림 7-3 | 목표시장 선정방법

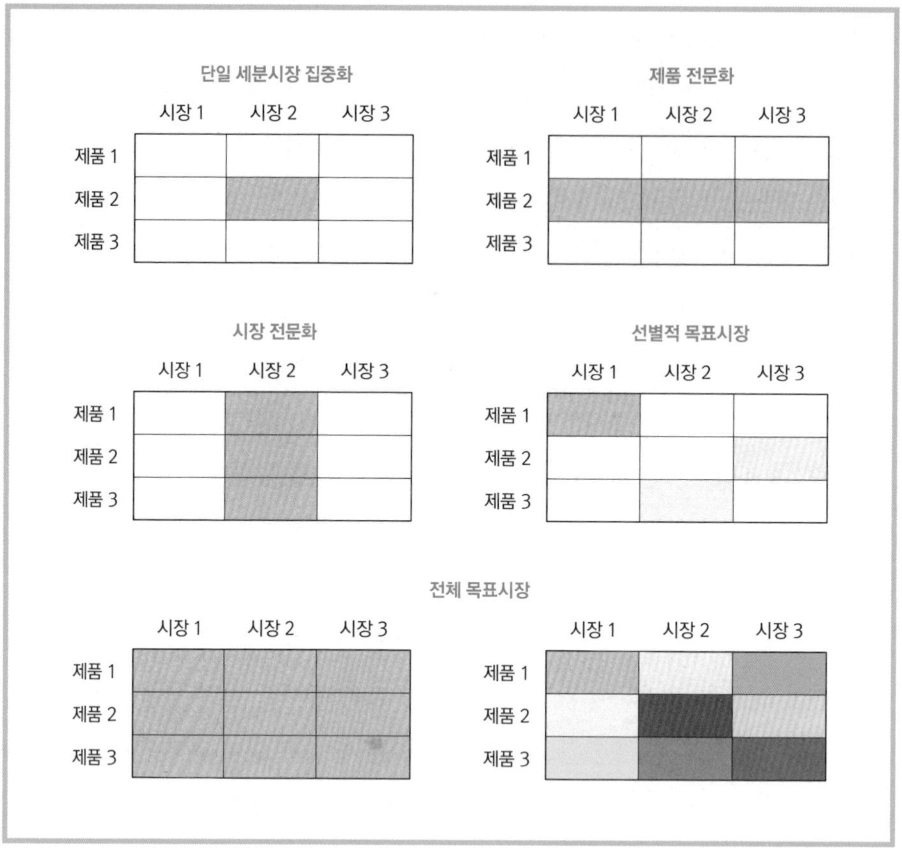

원이 극히 한정적이고, 경쟁사의 능력과 비교하여 상대적으로 모두 열위에 있는 경우, 스포츠카 시장의 포르쉐(Porsche)와 같이 단일시장 집중 전략을 초기에 이용하고 추후에 다른 세분시장으로 확장하기 위한 출발점으로 고려하는 경우 등에 활용되고 있다. 이 전략은 집중적 마케팅을 통해 세분시장의 니즈를 철저하게 이해하고 이를 기반으로 시장에서 강력한 지위를 구축할 수 있으며, 전문화를 통해 생산 · 유통 · 촉진 등에서 운영상의 경제성을 향유할 수 있고, 목표시장에서 리더십을 확보하여 수익성을 제고시킬 수 있다는 이점이 있다. 반면에 구매패턴의 변화, 새로운 경쟁자의 등장 등으로 인한 세분시장의 매력성 상실 우려가 있다는 한계가 있다. 여러 개의 세분시장에서 활동하는 것을 선호하거나 거대 세분시장(supersegment)을 선호하는 경우도 있기 때문이다. 예를 들어 심포니 오케스트라의 경우 정규적으로 콘서트에 오는 고객보다는 광범위하게 문화적 관심을 가진 사람들을 목표시장으로 선택하는 경우도 있다.

둘째는 제품 전문화(product specialization) 전략이다. 이는 특정 제품에 한정하여 전문화하고 모든 시장의 다양한 고객을 대상으로 마케팅 활동을 전개하는 전략 유형이다. 이 전략은 제품이 기술적으로 고도의 수준이며 부가가치가 높은 경우 유용하다. 헬리콥터 제조업체가 정부, 기업, 단체 등을 대상으로 B2B 인터넷 마케팅 활동을 전개하는 경우가 이에 해당한다. 이 전략은 제품의 전문화에 상응하는 마케팅의 전문화가 요구되기 때문에 시장별로 다른 마케팅 전략과 활동이 적용된다. 예를 들어 현미경을 연구소 실험실, 대학, 중고등학교, 초등학교에 공급하는 경우 시장별로 다른 유형의 제품과 전략이 적용된다.

셋째는 시장 전문화(market specialization) 전략이다. 이는 특정 고객집단을 대상으로 다양한 제품을 제공함으로써 특정 세분시장의 다양한 욕구를 충족시키고자 하는 전략 유형이다. 이 전략의 대상이 되는 상품은 상호 관련된 속성을 가지고 있다. 실제로는 정밀기계, 화학제품, 의약품 등과 같이 설비산업이거나 자본집약적 산업의 경우에 이 전략유형을 선택한다. 이러한 산업분야에서는 시장경쟁이 심화되면 여러 세분시장을 공략하는 것보다 특성 세분시장에 집중하여 전문화하는 것이 더욱 효율적이고, 특정 고객집단에 전문화함으로써 강력한 명성을 구축할 수 있기 때문이다. 그러나 특정 시장만을 대상으로 하기 때문에 시장여건이 급격히 악화될 경우 그만큼의 위험을 감수하여야 한다. 이 전략은 장기적 관점에서 자원을 분산시키기 때문에 전문성을 살리지 못하는 것보다는 효율적일 수 있다.

넷째는 선별적 목표시장(selective target marketing) 전략이다. 이 전략은 제품별로 가장 매력적인 세분시장을 선정하여 각 세분시장별로 서로 다른 믹스전략을 취하는 전략 유형으로 선택적 전문화 전략이라고도 한다. 이 전략에서 선택된 세분시장 간 시너지효과는 거의 또는 전혀 없지만 각 세분시장은 나름대로의 좋은 사업전망을 가지고 있다. 이 전략은 제품별 · 시장별 포트폴리오(portfolio)를 기업의 전사적 목표와 이익의 흐름 등을 고려하여 적용하는 전략이기 때문에 위험 분산 효과도 기대할 수 있다.

마지막은 전체목표시장 전략이다. 이 전략은 시장을 세분화하였으나 모든 시장에서 상대적인 우위를 보유하고 있어 전체시장을 대상으로 다양한 제품을 제공하는 전략 유형이다. 이 전략은 시장이 독과점 상태에 있어서 경쟁자와 묵시적 합의가 이루어져 있거나 기술적으로 첨단제품군을 보유하고 있어 핵심역량(core advantage)을 보유하고 있는 기업이 활용할 수 있는 전략이다. 이 전략유형에서는 세분시장의 차이를 무시하고 하나의 제공물로 전체시장을 대상으로 하는 비차별적 마케팅(undifferentiated marketing) 활동이 전개된다. 이 전략에서는 가장 광범위한 구매자들에게 소구할 수 있는 제품과 마케팅 프로그램을 설계하고 우수한 이미지를 창조할 수 있는 대량광고의 지원하에 대량유통을 통해 판매한다. 제품라인을 좁게 유지함으로써 연구개발비, 생산비, 재고비, 소송비, 시장조사비, 광고비, 제품관리비 등을 줄일 수 있다. 절감된 비용을 활용하여 낮은 가격을 설정하고 가격에 민감한 소비자들을 대상으로 마케팅 활동을 전개하기도 한다. 반면에 세분시장별로 상이한 마케팅 프로그램을 설계 · 실행하는 차별적 마케팅(differentiated marketing)이 전개되기도 한다. 차별적 마케팅은 비차별적 마케팅보다 더 높은 매출을 창출할 수 있으나 반드시 수익성이 좋다고는 할 수 없다. 제품변경, 제조활동, 관리활동, 재고관리, 촉진활동 등의 비용이 증가하기 때문이다.

3. 포지셔닝

1) 포지셔닝의 의의

포지셔닝(positioning)이라는 용어는 1972년 알 라이스(Al Ries)와 잭 트라우트(Jack Trout)가 〈산업마케팅(Industrial Marketing)〉이라는 잡지에 발표한 글에서 처음 사용되기 시작하였다. 이들은 "포지셔닝은 상품에서 시작한다. 물론 상품, 서비스, 기업, 심지어 사람에게서도 시작할 수 있다. 그러나 포지셔닝은 어떤 상품 자체에 대하여 무엇을 행하는 것이 아니라 잠재고객의 마음속에 자신의 이미지와 상품을 위치(인식)시키는 것이다"라고 주장하였다. 코틀러(P. Kotler)는 포지셔닝을 목표시장의 마음속에 차별적인 위치를 차지하도록 제공물과 이미지를 설계하는 활동으로 정의하면서 목표시장의 고객들이 자발적으로 제품을 구매하도록 고객 중심적 가치제안(customer-focused value proposition)을 성공적으로 창출하는 것이 포지셔닝 전략의 목적이라고 주장하였다.* 결국 포지셔닝(positioning)이란 기업이 자신의 차별적 이미지를 상품이나 서비스 혹은 특정 기업 활동 등을 통하여 고객의 마음속에 각인시키는 활동이라고 할 수 있다. 이러한 관점에서 볼 때 마케팅이란 궁극적으로 상품의 경쟁이 아니라 가치제안을 통한 인식의 경쟁이라고도 할 수 있다. 따라서 기업들은 자사의 경쟁적 차별화 요인을 소비자들에게 경쟁사와 비교하여 정확히 인식시키고 자사 및 자사 상품이 독특하고 유리한 위치를 차지하도록 함으로써 소비자들이 자사 제품을 선택하도록 유도한다.

* P. Kotler & K. L. Keller (2012), *Marketing Management*, 14th ed., Pearson, p.298.

2) 포지셔닝 전략

기업이 일반적으로 포지셔닝 전략을 수립하고 실행하는 과정은 〈표 7-4〉와 같다.

1단계는 현재의 자사 포지션을 파악한 후 목표 포지션을 탐색하는 과정이다. 이 과정에서는 소비자들의 인식 속에 있는 자사와 경쟁사의 현재 포지션 파악한 후 이를 근거로 장기적 관점에서 자사의 경쟁우위를 확보 · 유지하는 동시에

✚ 표 7-4 | 포지셔닝 전략의 수립 및 실행 과정

단 계	내 용
1단계: 현재 포지션 파악 및 목표 포지션 탐색	ο 소비자들의 인식 속에 있는 자사와 경쟁사의 현재 포지션 파악 ο 장기적 관점에서 경쟁우위의 확보 · 유지 및 소비자의 지속적 관심을 끌 수 있는 포지션 탐색
2단계: 전반적 포지션 설정 및 경쟁 확인	ο 소비자들의 마음속에 포지셔닝 방향 제시 • 상품 차별화, 낮은 가격, 틈새시장 추구 등 • 상품 리더(product leader), 기능상 우수한 회사(operationally excellent firm), 고객과 친근한 회사(customer intimate firm) 등 ο 동일 포지션 내의 경쟁기업 및 경쟁제품에 대한 분석 ο 시장선도기업과의 경쟁을 피할 수 있는 틈새시장 탐색
3단계: 자사의 목표 및 자원 파악	ο 자사의 목표: 기업의 목표 성장률, 시장점유율 등 ο 자사의 자원: 가용 자원의 규모, 가용 시간 및 비용 등
4단계: 구체적 포지션 설정	ο 전반적 포지셔닝에 의거하여 보다 세밀한 포지션 설정 • 속성 또는 편익 포지셔닝(attribute or benefit positioning) • 품질 또는 가격 포지셔닝(quality or price positioning) • 용도 또는 사용자 포지셔닝(use or user positioning) • 경쟁사 또는 경쟁사 대비 포지셔닝(competitor positioning) 등
5단계: 포지션 획득 및 유지 · 강화	ο 치밀하고 신속한 마케팅 계획의 수립 및 실행을 통한 포지션 획득 ο 획득한 포지션의 가치를 고객에게 제안하기 위한 커뮤니케이션 활동 전개 ο 획득 포지션의 일관된 차별성을 지속적으로 유지 ο 획득 포지션과 목표 포지션의 일치도를 수시로 점검하며 이를 강화시키기 위한 노력 전개

소비자들로부터 지속적으로 관심을 끌 수 있는 포지션이 무엇인지 탐색한다.

2단계는 전반적 포지션을 설정하고 이 범주 내에서 경쟁자를 확인하는 과정이다. 전반적 포지션을 설정한다는 것은 고객의 마음속에 구체적으로 포지셔닝하기 전 큰 맥락에서 포지셔닝의 방향성을 제시해 주는 것으로 포지셔닝의 출발점이 된다. 기업들은 전반적 포지션을 상품 차별화, 낮은 가격, 틈새시장 추구 등에서 찾기도 하고, 좀 더 구체화하여 상품 리더(product leader), 기능상 우수한 회사(operationally excellent firm), 고객과 친근한 회사(customer intimate firm) 등에서 찾기도 한다. 일례로 월마트는 소비자들에게 낮은 가격으로 제품을 구입할 수 있는 곳으로 인식되어 있으며 고객과 친근한 기업으로 받아들여지고 있다. 이러한 의미에서 전반적인 포지션은 기업의 미션(mission) 및 브랜드 아이덴티티(brand identity)와 관련이 있다. 전반적인 포지션이 설정되면 동일 포지션 내의 경쟁기업 및 경쟁제품에 대하여 분석하여야 한다. 이때 해당 목표시장의 선도기업과 경쟁을 피할 수 있는 틈새시장이 있다면 이를 탐색하는 것도 바람직하다.

3단계는 자사의 목표 및 자원을 파악하는 과정이다. 자사의 목표에 대해서는 기업의 목표 성장률 및 시장점유율 등을 파악하여야 하며 자사의 자원에 대해서는 가용 자원의 규모, 가용 시간 및 비용 등을 분석하여야 한다. 이는 자사가 목표로 하는 전반적 포지션이 아무리 훌륭하다 하더라도 기업의 목표에 부합되지 않거나, 이 전략을 수행할 만한 자원을 보유하고 있지 못하다면 목표 포지션에 도달할 수 없기 때문이다.

4단계는 구체적인 포지션을 설정하는 과정이다. 이는 전반적 포지션에 의거하여 보다 세밀한 포지션을 설정하는 단계이다. 구체적인 포지션은 다양한 기준에 의해 설정할 수 있다.

첫째는 제품이나 서비스의 속성 또는 편익에 의한 포지셔닝이다. 이는 제품이나 서비스가 가지고 있는 속성이나 특성, 혜택 등에 초점을 맞추는 전략이다. 아마존은 온라인 서적 시장에 가장 먼저 진입했다는 점을 강조하고 있다. 미국의 승용차 시장에서 현대의 소나타(Sonata)는 저가격을, 사브(Saab)는 안전성을, BMW

는 성능을 강조하는 포지셔닝 전략을 구사하고 있다. 시장에 따라서는 제품이나 서비스의 경제성, 신뢰성, 내구성 등의 편익을 강조하기도 한다. 비자(Visa) 카드는 "당신이 원하는 곳 어디에든 다 있습니다(It's everywhere you want to be)"라는 광고 문구로 전 세계에서 사용이 가능하다는 편익에 초점을 맞추고 있다. 경우에 따라서는 제품이나 서비스의 추상적인 편익에 소구하기도 한다. 이는 고급품의 이미지로서 자사 이미지를 향상시키기 위해 소비자들의 심리에 호소하는 방법으로 고급 패션의류, 고급 화장품, 보석, 액세서리 등에서 활용된다. 일례로 레녹스 차이나(Lenox China)는 "예술품은 결코 낭비가 아니다(Art in never an extravagance)"라는 광고 카피를 사용하여 자사 제품이 단순한 사기그릇이 아니라 고급 이미지의 도자기 예술품이라는 독특하고 차별적인 이미지를 구현하였다.

둘째는 품질 또는 가격(quality or price)에 의한 포지셔닝이다. 이는 기업의 상품이나 서비스가 가격에 비해 가치가 있다는 점을 강조하는 것으로 고품질-고가격과 좋은 품질-적정가격에 이르는 연속선 상에서 선택할 수 있는 전략이다. 벨기에의 스텔라 아르투아(Stella Artois)는 자사 맥주가 스타인웨이(Steinway) 피아노와 함께 배치되어 있는 신문광고로 맥주의 품격을 높이는 전략을 활용하였다.

셋째는 용도 또는 사용자(use or user)에 의한 포지셔닝이다. 제품이나 서비스의 용도 또는 사용자 계층과 연관시키는 전략으로 상품이나 서비스가 어떤 것을 하는 데 최고라고 하거나 특정 사용자 그룹을 목표로 만들어졌음을 강조하는 전략이다. 존슨 앤드 존슨(Johnson & Johnson)은 원래 자사의 로션이나 샴푸 제품을 유아용으로 포지셔닝하였다가 매출액 증가가 한계에 이르자 피부가 약한 성인들에게 좋은 제품이라는 이미지로 재포지셔닝하여 매출증대에 성공하였다. 밀러(Miller)도 자사의 '하이 라이프(High Life)' 맥주에 대해 처음에는 상류층이나 여성용 맥주로 포지셔닝하였다가 매출실적이 저조하자 블루칼라(blue collar)가 즐기는 맥주로 재포지셔닝하여 매출을 증대시킬 수 있었다. 운동 후 갈증해소에 효과적인 음료로 포지셔닝되어 있던 게토레이는 체액 보충제로 아주 좋다고 의사가 직접 권유하는 광고캠페인을 구사하여 비수기 매출증대를 도모하기도 하였다.

넷째는 경쟁사 또는 경쟁브랜드에 대비한 포지셔닝이다. 이는 이미 소비자의 마음속에 자리 잡고 있는 경쟁브랜드와 대비함으로써 자사 제품의 편익과 이미지를 부각시키는 전략이다. 세븐업(Seven Up)의 경우 1970년대 중반 '콜라가 아닌 청량음료(un-Cola)'라고 하는 캠페인으로써 코카콜라(Coca-Cola)나 펩시(Pepsi)콜라의 대체품으로 포지셔닝하여 제3위의 청량음료가 될 수 있었다. 그러나 이러한 전략은 서로가 서로를 비교하는 경쟁이므로 공정거래위원회로부터 시정명령을 받거나 경쟁기업의 민감한 반응 내지 보복의 우려가 있다. 실례로 버거킹(Burger King)은 자사의 햄버거가 바비큐식으로 조리하므로 맥도날드(McDonald) 햄버거보다 맛이 좋다고 캠페인하여 맥도날드로부터 소송을 당하기도 하였다.

마지막 단계는 포지션을 획득하고 획득한 포지션을 유지 · 강화하는 과정이다. 기업은 먼저 치밀하고 신속한 마케팅 계획의 수립 및 실행을 통하여 자사의 포지션을 획득하고, 획득한 포지션의 가치를 고객에게 제안하기 위한 커뮤니케이션 활동을 지속적으로 전개하여야 한다. 이때 획득 포지션의 일관된 차별성을 지속적으로 유지하는 것이 무엇보다도 중요하다. 또한 획득한 포지션이 목표한 포지션과 일치하는지를 수시로 점검하며 포지션을 보다 강화시키기 위한 노력을 지속적으로 전개하여야 한다.

포지셔닝을 고객에게 인식시키기 위한 마케팅 활동을 성공적으로 수행하기 위해서는 고객의 기억 속에 최초가 되기 위한 방안을 모색하여야 한다.* 대부분의 소비자들은 최초로 인식된 것을 가장 좋은 것으로 생각하고 처음 것만 기억하는 습관이 있기 때문이다. 고객의 기억 속에 최초가 되기 위해서는 시장경쟁에서 앞서 나가는 것이 무엇보다도 중요하다. 일단 업계에서 선두가 되어 이를 지키는 것은 선두 위치를 차지하기 위한 노력보다 용이하기 때문이다. 복사기 시장에서 제록스(Xerox)는 업계의 선두를 차지한 다음 장기간 동안 최고의 자리를 고수할 수 있었다. 비록 경쟁사에서 기술력이나 기타의 유용성이 부가된 신제품을 출

---

* 이훈영(2015), 마케팅, 제2판, 청람, pp.60-74.

시하여도 고객들의 머릿속에 복사기 하면 제록스라는 이미지가 각인되어 있었기 때문이다. 결국 기업의 가장 좋은 포지셔닝 전략은 더 좋은 것보다는 최초가 되는 것 또는 다른 것이 되는 것이다. 여기서 최초라는 것은 시장에서 최초가 아니라 잠재고객의 기억 속에서 최초가 되는 것을 의미한다.

기업이 포지셔닝 전략에서 최초가 될 수 없다면 첫째, 현재의 위상을 더욱 강하게 강조하여 현재의 포지션을 강화하는 방안도 고려할 수 있다. 미국의 자동차 렌트 회사인 아비스(Avis)는 업계 1위 허츠(Hertz)를 추월하는 것이 어렵자 "우리는 업계의 2위입니다. 대신 우리는 더욱 열심히 노력하겠습니다."라는 광고문구로 매출이 급상승하였다. 아비스는 자신이 1등이 아니고 2등이라는 사실을 스스로 밝힘으로써 고객들에게 신뢰감을 주었고 2등까지 기억해주고 2등을 밀어달라는 호소로 소비자들의 동정심을 자극할 수 있었기 때문이다. 둘째, 1등 그룹을 형성하여 1등임을 주장할 수 있다. Big 3라는 말은 미국의 3대 자동차 제조기업인 지엠(GM), 포드(Ford), 크라이슬러(Chrysler)를 의미하는데, 이 말은 3위 업체인 크라이슬러가 만들어냈다. 셋째, 최초가 될 수 있는 조그만 틈새를 찾는 틈새시장 전략을 추진할 수도 있다. 틈새시장 전략(niche market strategy)이란 새롭고 빈 공간인 틈새시장을 찾아내어 여기에서 확고한 위치를 차지하든가, 아니면 기존의 기준이 아니라 시장을 구분할 새로운 기준을 제시하여 소비자의 판단기준을 전환함으로써 자신의 이미지를 부각시키는 전략이다. 폭스바겐(Volkswagon)은 "작은 것을 생각하라(Think Small)"고 광고하면서 당시에 만연되어 있던 대형 자동차 선호의식에 정면으로 도전하여 소비자에게 크기(size)에 의한 틈새시장을 찾아내는 데 성공하였다. 세븐업(7 Up)은 청량음료 시장의 최대 상품인 콜라와 대비시켜 자신은 "콜라가 아니다"라고 광고함으로써 소비자들에게 전체 음료 시장의 범위가 콜라와 비콜라 시장으로 양분되게 함으로써 비콜라 시장이라는 틈새시장에서 선두의 위치로 포지셔닝하는 데 성공하였다.

기업이 자사만의 새로운 포지션을 찾을 수 없는 경우에는 경쟁상대를 재포지셔닝하는 전략을 추진할 수도 있다. 이는 소비자의 마음속에 경쟁사나 경쟁상품을 재포지셔닝함으로써 자사의 포지션을 구축하고자 하는 방법이다. 즉 경쟁상품에 대한 소비자의 생각을 바꾸는 전략이다. 예를 들어 파스퇴르우유는 고온살균 우유에 대한 문제점을 제시함으로써 경쟁사 제품을 재포지셔닝시켰다. 그 당시 대부분의 우유는 고온에서 살균처리되었다. 파스퇴르유업은 고온살균된 우유는 우유가 아니라고 주장함으로써 고객의 마음속에 자리 잡고 있던 서울우유나 남양우유 등을 고객의 마음속에서 떨어져 나가게 했다. 그리고 그 자리를 파스퇴르우유가 차지하였다. 후에 비방에 대한 소송이 있었지만 그 결과와 관계없이 이미 고객의 마음속 한가운데에 파스퇴르우유가 자리 잡게 되었다. 또한 매일유업은 "바나나는 원래 하얗다"라는 광고를 통해 경쟁기업을 재포지셔닝 시켰다. 바나나우유는 여러 종류가 있고 그 수요가 급격히 늘어나야 할 근거는 별로 보이지 않았다. 따라서 1974년 출시된 빙그레의 '바나나맛 우유'가 바나나우유 시장을 장악하고 있는 가운데 빈틈이 별로 없기 때문에 새로운 바나나우유를 출시하고자 하는 기업은 경쟁사인 빙그레 제품을 재포지셔닝할 필요가 있었다. 매일유업은 바로 이 점에 착안하여 노란 우유와 하얀 우유의 대결 국면으로 만드는 전략을 선택했던 것이다. 하얀 우유는 단 하나이고 나머지는 모두 노란 우유이니, 이렇게 재포지셔닝이 이루어지고 나면 하얀 바나나우유를 선택하는 소비자는 자연스레 '바나나는 원래 하얗다'를 구매하게 된다는 생각에서 나온 전략이다.

경쟁사 또는 경쟁제품을 재포지셔닝하기 위해서는 비교광고가 많이 활용된다. 비교광고(comparative advertising)는 소비자가 상품 선택 시 간과할 수 있는 중요 내용을 근거가 명확한 자료로 제시하여 상기시켜줌으로써 상품 선택 시 필요한 중요기준을 제공하는 데 활용할 수 있다. 특히, 광고를 실시하는 기업이 자사에게 유리한 항목만을 골라 비교하는 것이 가능하므로 기업의 입장에서는 소비자의 판단기준을 자사에게 유리하도록 교육하는 효과가 있고 소비자 입장에서는 지금까지 고려하지 않았던 새로운 기준을 설정할 수 있거나 자신이 더욱 가치를 두고 있는 기준에 의해 상품을 선택할 수 있게 하는 효과가 있다. "콜라를 마시겠습니까? 무색소, 무카페인, 무로열티의 사이다를 마시겠습니까?"라는 칠성사이다의 광고와 “참이슬은 천연대나무 숯으로 정제하는 데 반해 처음처럼은 일반필터로 여과해 정제효과에 차이가 있다”는 진로소주 참이슬 후레쉬 등의 비교광고가 이러한 예에 속한다.

그러나 잘못된 비교광고는 비방광고가 되어 소비자들로부터 외면당할 수도 있다. 녹즙기의 쇳가루 논쟁이 대표적인 사례이다. 녹즙기 생산업체 간 과열광고가 상호 비방으로 이어져 녹즙기 자체가 소비자들로부터 외면당하게 되었고, 기업 모두 공멸하고 말았다. 파스퇴르유업의 고름우유 공방도 이러한 예에 속한다. 1995년 10월 유방염에 걸린 젖소에서 짜낸 원유가 우유 원료로 사용된다는 보도가 나가자 파스퇴르유업은 고름우유를 절대 팔지 않겠다는 내용의 광고를 대대적으로 실시하여 고름우유 논쟁을 촉발시켰다. 공정거래위원회는 이 광고에 대해 마치 시중에 고름이 섞여있는 우유가 판매되거나 타사는 고름우유를 제조 · 판매하는 것처럼 소비자를 오인시킬 우려가 있는 부당한 광고로 판단하여 시정명령을 지시하였다. 이에 대해 파스퇴르는 고등법원, 대법원에 차례로 상소하였고, 결국 1998년 3월 대법원은 공정거래위원회의 손을 들어 주었다. 이 과정에서 파스퇴르유업은 부도 · 처리되어 2004년 한국야쿠르트에 인수되었다. 경쟁기업에 대한 재포지셔닝 전략은 신중하게 판단하여 실행하여야 한다. 경쟁상대에 대한 재포지셔닝 전략의 실패는 자사의 위치를 끌어내릴 수도 있기 때문이다. 펩시콜라는 재포지셔닝을 위해 ‘펩시 챌린지’ 캠페인을 수행하였으나 실패하였다. 펩시는 캠페인을 통해 경쟁사를 재포지셔닝한 것이 아니라 단순히 경쟁사 브랜드와 비교하여 자사의 브랜드 위치를 측정하는 데 그쳤기 때문이다. 즉 제품의 속성에 대한 소비자의 선호를 확실하게 제공함으로써 경쟁사를 재포지셔닝하기보다는 주관적인 맛에 대해 단순히 비교한 것에 불과하였다. 맛이라는 것은 개인마다 취향이 다르기 때문에 펩시가 구체적으로 어떠한 맛이나 속성이 뛰어나다고 객관적인 관점에서 부각시킬 수 없었다.

포지셔닝 전략에서 기업은 획득한 포지션의 강화를 위해 지속적으로 집중하여야 한다. 기업의 제한적 자원으로 자사의 위치를 고객들에게 분명하게 알리기 위해서는 한 가지에 지속적으로 집중하는 것이 중요하다. 이를 위해서는 포기할 줄도 알아야 한다. 기업들이 너무나 많은 분야로 사업을 확장하는 것은 포지셔닝과 기업의 정체성에 문제가 될 수 있기 때문이다. 지나치게 광범위한 분야로 확산되어 있는 분야는 가능한 한 축소하고 자사의 기업목표와 목표 포지션이 일치된 분야에 기업의 자원과 능력을 집중하는 노력이 필요하다.

연습문제

❶ 마케팅에서 STP 전략을 수립 · 실행하여야 할 필요성을 시장의 환경변화와 기업의 대응전략 차원에서 설명하시오.

❷ 시장세분화의 전제조건에 대하여 설명하시오.

❸ 시장세분화의 과정에 대해 구체적으로 설명하시오.

❹ 목표시장의 선정방법에 대해 구체적인 예를 들어 설명하시오.

❺ 포지셔닝 전략의 수립 · 실행과정에 대해 설명하고, 이를 성공적으로 이끌기 위한 마케팅관리자의 고려요인에 대하여 논의하시오.

M A R K E T I N G

제4부

마케팅 믹스

제8장 제품전략: 신상품전략

제9장 제품전략: Branding & Packaging

제10장 가격전략

제11장 유통전략

제12장 촉진전략

제8장

제품전략: 신상품전략

1. 제품의 기초개념

1) 제품의 개념과 종류

1 제품과 상품의 개념

제품(product)이란 고객의 니즈와 욕구를 만족시키기 위해 시장에 제공될 수 있는 모든 것을 의미한다.* 여기에는 물리적 재화, 서비스, 경험, 이벤트, 사람들, 장소들, 부동산, 조직, 정보, 아이디어 등이 모두 포함된다. 일반적으로 소비자들

* P. Kotler & K. L. Keller (2012), *Marketing Management*, 14th ed., Pearson, p.347.

은 제품의 특징과 품질, 서비스 믹스, 가격의 적절성 등에 의해 제공물을 평가하고 구매를 결정한다. 한편 상품(commodity)이란 제품과 서비스를 포함하여 시장에서 거래되는 모든 것을 의미하기도 한다. 여기에는 소비자가 제품이나 서비스의 구매로부터 얻고자 하는 모든 편익과 효용이 포함된다. 즉 제품이 제조된 모든 물품을 의미한다면 상품은 상거래의 대상이 되는 물품을 의미한다고 할 수 있다. 과거 공급경제 관점에서는 기획 및 생산 과정을 통해 만들어지는 물품을 제품으로 정의하였다. 오늘날에는 제품의 기획에서부터 생산, 판매, 구매, 사용, 욕구 충족 등에 이르는 모든 과정을 포함하는 포괄적 개념을 도입하여 상거래의 대상이 되어 구매 · 사용되는 제품 및 서비스를 상품으로 정의하고 있다. 결국 이는 상품을 소비경제 관점에서 동태적으로 파악하는 것이다. 소비자를 만족시킨 상품은 재판매가 이루어지고, 소비자의 피드백을 받아 지속적으로 개선되고 발전되는 순환과정으로 보는 것이다.

상품은 고객의 필요나 욕구를 충족시키기 위해 제공되는 것인데 마케팅 대

✚ 그림 8-1 | 제품과 상품의 개념

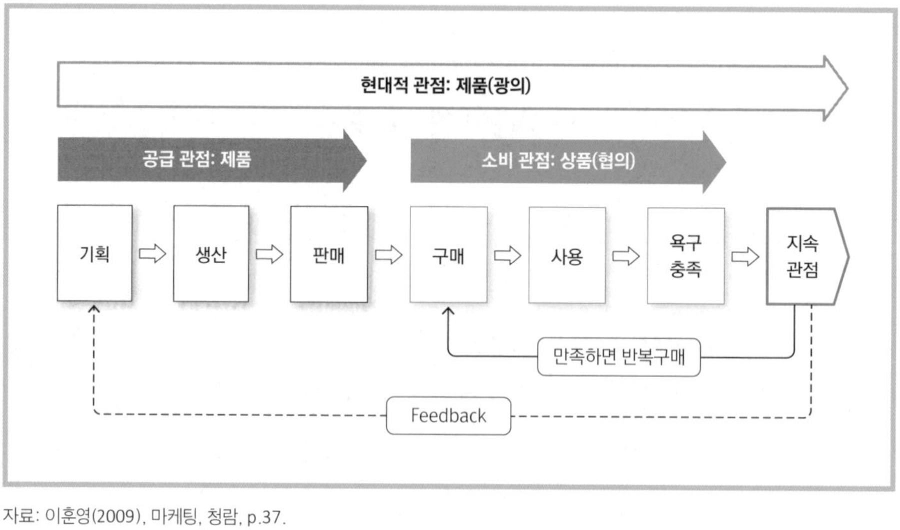

자료: 이훈영(2009), 마케팅, 청람, p.37.

상으로 보면 유형적 제품과 무형적 서비스가 혼합되어 있다.* 예를 들어 자동차는 유형적 제품이지만 자동차의 구매결정에는 A/S, 할부판매, 등록대행, 중고차 처분 등 다양한 서비스도 영향을 미친다. 노래방은 흔히 무형의 서비스지만 노래방의 시설이나 기계 등이 선택에 영향을 미치는 주요 요인이 되고 있다.

고객의 입장에서 상품은 편익의 묶음이라 할 수 있다. 상품이 주는 편익은 기능적 편익, 심리적 편익, 사회적 편익으로 구분할 수 있다. 기능적 편익(functional benefit)은 상품이 직접적으로 제공해 주는 편익으로 난로의 따스함, 치약의 충치 예방 등이 이에 속한다. 심리적 편익(psychological benefit)은 감성적 혹은 정서적 편익(emotional benefit)이라고도 하는데 상품을 구입 · 소유 · 사용하면서 얻는 심리적 만족감을 의미한다. 유명인들이 사용하는 제품 등을 구입하여 사용하면서 얻는 만족감이 이에 속한다. 사회적 편익(social benefit)은 자기표현적 편익(self-expressive benefit) 또는 상징적 편익(symbolic benefit)이라고도 하는데 상품을 통하여 다른 사람들에게 자신의 개성을 표현하면서 얻는 편익을 말한다. 애국적 측면을 강조했던 815 콜라가 이러한 예에 속한다.

2 제품의 구성요소

제품은 핵심요소, 포장요소 및 보조 서비스요소로 구성되어 있다. 핵심요소는 고객들이 진정으로 구매하고자 하는 핵심적 혜택으로 물리적 제품의 실체, 제품의 기능적 특징, 디자인, 스타일 등을 말한다. 포장요소는 핵심제품의 가치나 효용 증대에 결정적 역할을 하는 요소로 상표명, 등록상표, 포장, 표찰 등이 포함된다. 보조 서비스요소는 기업에서 추가적으로 제공하는 서비스나 혜택 등으로 제품의 배달 및 설치, 신용판매, 보증, 애프터서비스 등이 이에 속한다.

---

* P. Kotler & G. Armstrong (2014), *Principles of Marketing*, 15th ed., Pearson, p.248.

✚ 그림 8-2 | 제품의 구성요소

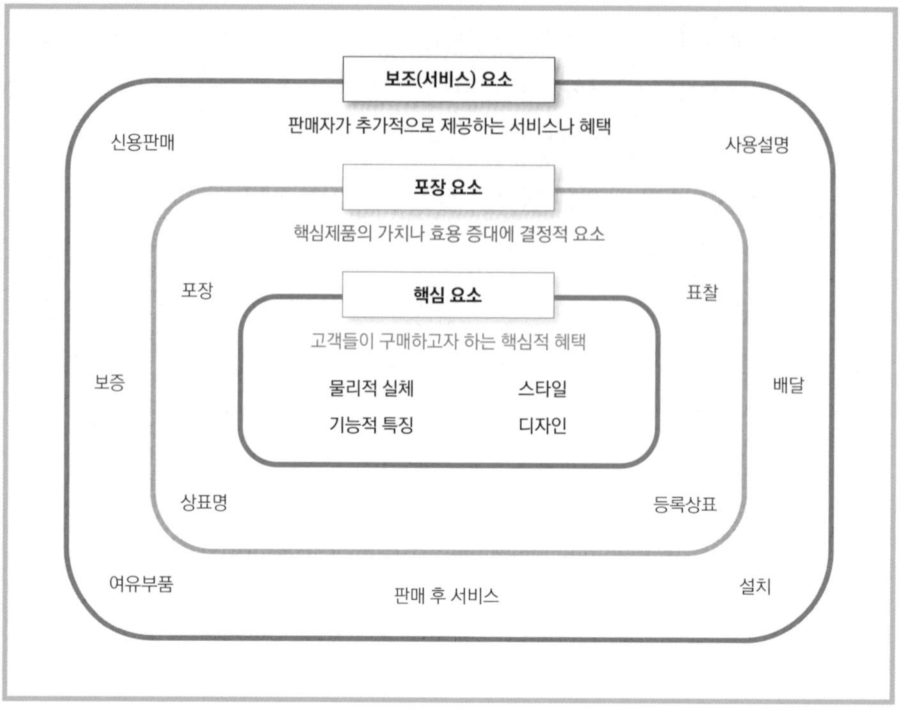

자료: G. Albaum, J. Strandskov, E. Duerr, and L. Dowd (1989), *International Marketing and Export Management*, Addison-Wesley Publishing Company, p.199.

3 제품의 유형

제품은 기준에 따라 다양한 유형으로 구분할 수 있다. 여기서는 마케팅관리자로서 제품을 이해하고 제품 관련 전략의 수립 · 실행에 유용한 기준을 중심으로 제품의 유형과 특성을 살펴보고자 한다.

제품은 제품의 가시성에 따라 유형품과 무형품으로 구분할 수 있다. 유형품(tangible goods)은 실체를 가지고 있는 제품을 말하며, 무형품(intangible goods)은 실체를 가지고 있지 않은 서비스, 즉 판매를 위해 제공되는 활동, 혜택 또는 만족 등을 말한다. 무형품은 연극, 영화, 관광, 법률자문 등이 대표적인데 무형성, 이질성,

비분리성, 소멸 가능성을 특징으로 한다. 무형품은 품질관리 및 공급자의 신뢰성, 적합성 등이 마케팅에서 중요한 요인이 된다.

제품의 사용연한에 따라서는 내구재와 비내구재로 구분할 수 있다. 내구재(durable goods)란 냉장고, 의류, 자동차 등과 같이 일단 구입하면 여러 번 사용이 가능한 제품들로서 인적 판매나 서비스에 대한 의존도가 높고 판매자의 보증이 마케팅에서 매우 중요한 역할을 한다. 반면 비내구재(nondurable goods)는 맥주, 비누, 소금 등의 소모성 제품으로 한번 내지 몇 번만 사용되는 제품을 말한다. 비내구재는 빨리 그리고 자주 소비되므로 이윤의 폭은 작게 하고 여러 곳에서 구입이 가능하도록 하여야 한다. 또한 소비자의 최초 사용 및 사용 후 만족이 매우 중요하므로 이를 위해 꾸준히 광고 및 홍보활동을 실시하여야 한다.

제품의 사용자에 따라서는 소비재와 산업재로 구분할 수 있다. 소비재(consumer goods)는 소비자의 생활을 위해 구매 · 사용 · 소비되는 제품을 말한다. 반면에 산업재(industrial goods)는 기업이나 기관으로 구성되는 산업재 시장에서 거래되는 제품을 말한다. 산업재는 자재품과 부품, 자본품 및 보급품으로 세분할 수 있다. 자재품(materials)과 부품(parts)은 제조업자의 제품생산에 완전히 투입되는 제품으로서 원자재 및 제조원료품이 포함된다. 자본품, 일명 자본재(capital items)는 완제품 생산에 부분적으로 투입되는 제품으로서 건물 및 고정시설물과 같은 설비품(installations), 손도구 · 트럭 · 타이프라이터 · 책상 등과 같은 보조장비(accessory equipment), 즉 기자재가 포함된다. 보급품(supplies)과 서비스(business service)는 완제품 생산에 전혀 투입되지 않는 제품으로 윤활유, 석탄, 타이프용지, 연필, 페인트, 못 등 산업재부문의 편의품과 수선서비스, 유지보수서비스, 사업자문서비스 등을 말한다.

소비재는 구매형태에 따라 편의품, 선매품, 전문품 및 미탐색품으로 구분할 수 있다. 편의품(convenience goods)은 상품의 비교나 구매에 최소한의 노력을 투입하거나, 즉각적으로 빈번히 구입하는 제품이다. 편의품은 다시 필수품과 충동품, 긴급품으로 세분할 수 있다. 필수품(staples)은 소비자가 규칙적 · 정규적으로 구입

✚ 표 8-1 | 소비재의 유형별 특성

구분	편의품	선매품	전문품	미탐색품
고객 구매 행동	ㅇ 빈번한 구매 ㅇ 구매계획을 하지 않음 ㅇ 대안 비교 노력 혹은 쇼핑 노력을 기울이지 않음 ㅇ 고객의 관여수준이 낮음	ㅇ 덜 자주 구매 ㅇ 상당한 구매계획 및 쇼핑 노력을 기울임 ㅇ 가격 · 품질 · 스타일 등에 근거하여 브랜드 대안들을 비교함	ㅇ 강한 브랜드 선호도와 충성도 ㅇ 특별한 구매 노력 ㅇ 브랜드 대안 간 비교가 이루어지지 않음 ㅇ 가격민감도가 낮음	ㅇ 제품에 대한 인지도와 지식이 별로 없음
가격	저가격	고가격	고가격	다양함
유통	ㅇ 광범위한 유통 ㅇ 편리한 점포 위치	ㅇ 비교적 소수의 소매점들을 통한 선별적 유통		
촉진	ㅇ 제조업체에 의한 대량 촉진	ㅇ 제조업체와 유통업체에 의한 광고와 인적판매	ㅇ 제조업체와 유통업체에 의해 특정 고객층을 겨냥해 신중하게 수행되는 촉진활동	ㅇ 제조업체와 유통업체에 의한 적극적인 광고와 인적판매
예	ㅇ 치약, 세탁세제, 잡지 등	ㅇ TV, 가구 등의 주요 내구재, 의류	ㅇ 고급 시계, 고급 크리스털 제품 등의 사치품	ㅇ 생명보험, 적십자 헌혈

자료: P. Kotler & G. Armstrong (2014), *Principles of Marketing*, 15th ed., Pearson, p.251.

하는 제품으로 학생의 경우 학용품과 서적 등이 포함된다. 필수품의 구입은 상표 충성도(brand royalty)가 큰 영향을 미친다. 충동품(impulse goods)은 사전계획이나 정보 탐색 없이 구매되는 제품으로서 여러 곳에서 구매할 수 있도록 하는 것이 바람직하기 때문에 주로 계산대 옆에 진열되는 것이 일반적이다. 긴급품(emergency goods)은 급히 필요할 때 구매되는 제품으로 강우 시 우산, 폭설 시 부츠와 삽이 이에 해당한다. 긴급품은 고객이 필요할 때 즉시 구입이 가능하도록 미리 준비하여야 한다. 선매품(shopping goods)은 소비자가 적합성, 품질, 가격, 디자인 등을 비교하여 선택, 구매하는 제품으로 가구, 의류, 중고차, 주요 설비품 등이 이에 속한다. 선매품은 개인적 기호를 충족시킬 수 있도록 제품의 구색을 잘 갖추는 것이 중요하며 잘 훈련된 판매원을 통해 고객이 원하는 정보와 조언에 대하여 충분히 대응할 수 있도록 하여야 한다. 전문품(specialty goods)은 대다수의 구매자들이 습관적으로 특별한 구매노력을 기울이거나 독특한 특성을 보유하고 있어 상표식별이 가능한 제품을 말한다. 사진관이나 사진작가의 사진기 구입은 전문품이라고 할 수 있다. 전문품은 구매비교를 하지 않는 것이 일반적이다. 마지막으로 미탐색품(unsought goods)은 소비자에게 알려져 있지 않거나 알려져 있더라도 능동적 구매의욕이 없는 제품을 말한다. 생명보험, 장의용품 등이 이에 해당하는데, 이러한 제품들은 일반적 마케팅 기법으로는 판매가 어렵다.

2) 제품의 동태적 성질

제품이 만들어져 시장에 출하되면 제품은 지속적으로 변화하고 개선되는 동태적 성질을 갖게 된다. 제품의 동태성은 진화, 대체, 시스템화 및 고차화로 나타난다.

제품의 진화란 소비자의 동일한 욕구 충족을 위해 제품이 변화 · 개선되는 것을 말한다. 일례로 더운 여름 시원함을 원하는 소비자는 과거에 부채를 구입하여 사용하였으나 점차 동력을 이용하는 선풍기에서 창문형 에어컨, 그리고 중앙 냉방장치 등으로 진화되었다. 특정 지점에서 다른 지점으로 이동하기 위한 이동 수단도 과거의 가마에서 인력거로, 지금은 동력을 이용한 자동차로 진화되었다. 오늘날 우리가 즐겨 입는 청바지의 경우에는 서부개척시대 포장마차의 덮개였던 포장에서 시작되었다. 황량한 서부에서 찢어지지 않는 질긴 옷이 필요하자 이를 포장마차에 사용된 포장의 천으로 옷을 만들어 입었던 것이다. 그러나 착용감이 좋지 못하고 신축성도 없자 이를 다시 블루진으로 발전시켰고, 소비자들이 청색 이외의 다양한 색상을 원하게 되자 패션진으로 진화된 것이다.

제품의 대체란 기존의 제품이 동일한 기능이나 효용을 가지면서 상대적으로 저렴한 가격으로 제공되거나 보다 나은 기능이나 성능을 발휘하는 신제품으로 대체되는 현상을 말한다. 문서작성을 위해 만들어진 타자기가 오늘날에는 워드프로세서로 대체되었다. 음악감상 도구로 만들어진 축음기와 레코드판이 카세트테이프로 대체되더니 다시 컴팩트 디스크(CD)와 MP3로 발전한 것은 제품의 대체에 해당한다.

제품의 고차화란 저차원적 소재 내지 재료에 변형이 가해져 새로운 형태의 제품을 만들어 내는 계속적 과정을 의미한다. 누에고치에서 실을 뽑고, 이를 이용하여 천을 만들고 천을 이용하여 옷을 만드는 것은 원료에서 재료제품으로 다시 가공제품으로 그리고 최종 조립제품으로 고차화되었다고 할 수 있다. 최근에는 제품의 고차화가 물리적으로 쉽게 일어나기 어려워지자 소비자의 심리적 측면을 활용하는 제품의 심리화가 빈번해지고 있다. 제품의 심리화란 제품의 고차화에 따라 소비자의 물적 욕구뿐만 아니라 심리적 욕구의 만족을 위해 제품의 의미가 변환되는 것을 말한다. 예를 들어 갈증해소를 위한 청량음료 대신 이온음료나 건강음료를 선택하거나 겨울철 보온을 위한 속옷이었던 내의가 다양한 디자인과 색상의 패션 내의로 발전하는 것은 소비자의 심리적 측면을 이용한 제품의 심리

✚ 그림 8-3 | 제품의 심리화 · 의미화

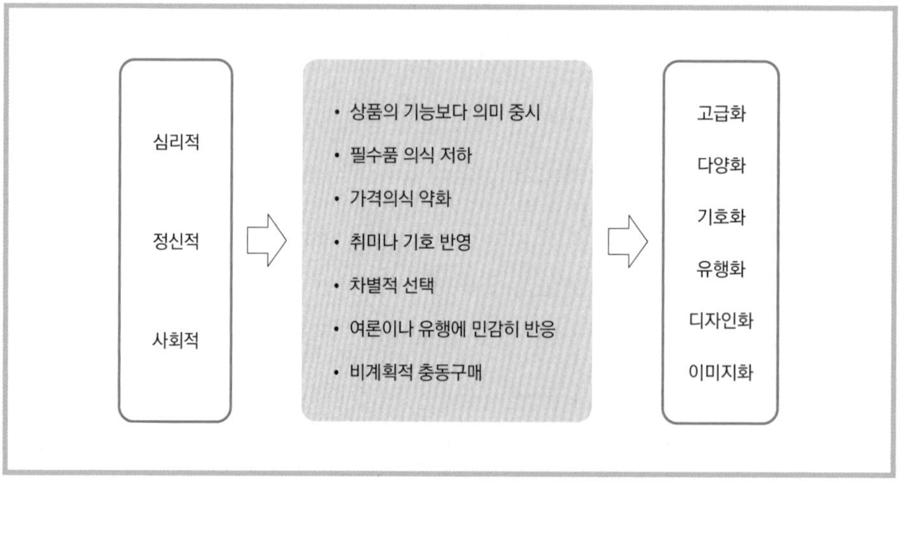

화 및 의미화를 반영한 것이다.

제품의 시스템화는 별개로 판매될 수 있는 제품이나 서비스가 하나의 상품으로 묶여 판매되는 현상을 말한다. 관광산업에서 철도, 버스, 숙박을 하나의 상품으로 묶어 패키지 상품으로 판매하는 것이 이러한 예에 속한다. 우리가 구입하는 컴퓨터도 메인보드, 메모리, 입력장치 등이 하나로 묶인 시스템 제품이다.

3) 제품수명주기

제품수명주기(PLC: Product Life Cycle)란 새로운 제품이 시장에 출하되어 시장개발에 성공한 후 매출액이 증가되다가 일정 기간이 지나면 매출액이 감소되면서 사양 품목으로 쇠퇴되어 가는 과정을 말한다. 제품수명주기는 도입기(introduction stage), 성장기(growth stage), 성숙기(maturity stage), 쇠퇴기(decline stage)로 구분할 수 있다. 도입기는 제품이 시장에 출하된 초기단계이다. 이 단계는 판매성장이 매우 느린 기간으로 제품개발비 및 촉진활동비 등의 비용부담 대비 매출액이 적어 이익이 거의 발생하지 않는다. 도입 초기의 적자 폭을 줄이기 위해서는 신제품을 가능한 한 빨리 성장기로 유도할 필요가 있다. 성장기는 급속한 판매성장으로 이익이 증대되기 시작하는 단계이다. 성숙기는 대부분의 잠재적 구매자들이 제품을 수용하는 단계로서 판매성장은 둔화되나 이익은 최고 수준에 이르게 된다. 따라서 성숙기의 기간을 최대한 연장시키는 것이 유리하다. 쇠퇴기에는 매출액이 심하게 감소하게 되며 이익도 격감한다. 제품수명주기와 마케팅의 관계는 다음의 〈그림 8-4〉와 같다.

도입기에는 품질이 가장 중요하고 다음으로 광고, 가격, 포장이 중요하다. 도입기에는 제품에 대한 인지도 및 수용도가 매우 낮다. 소비자의 구매 저항, 판매망의 미정비 등으로 인해 매출액 증가율도 매우 낮다. 따라서 촉진활동을 강화하여 신제품의 특성을 잠재적 소비자에게 설득하고, 고소득층을 대상으로 1차 수

✚ 그림 8-4 | 제품수명주기와 마케팅

① 특징

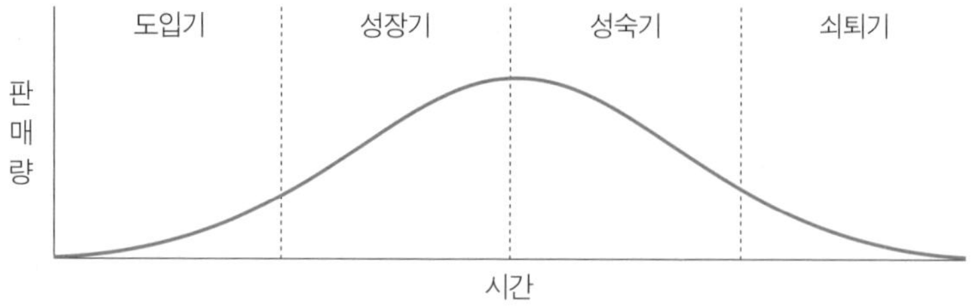

판매량	낮음	급속성장	최대판매	감소
상품원가	높음	점차 하락	낮아짐	낮음
이익	적자 또는 낮음	점차 증대	높음	감소
고객층	혁신층	초기수용자	중간다수층	후기수용층(보수층)
고객당(비용)	높음	평균	낮음	낮음
경쟁업자	약간	점차 증대	많음	감소

② 마케팅 목표

마케팅 목표	제품인지도 형성 및 시험적 사용의 증대	시장점유율 확대	이익 극대화 및 시장점유율 방어	비용절감과 투자 회수

③ 마케팅 전략

상품전략	기초 상품 제공	상품 확대, 서비스 향상, 보증 제공	상품과 브랜드 및 모델 다양화	취약 상품 폐기
가격전략	고가 또는 저가	시장침투가격	경쟁대응가격	가격 인하
광고전략	초기 수용자층과 취급점에 대한 상품인지도 형성	일반 대중 소비자층의 인지도 및 관심 형성	브랜드 간 차이와 상품 편익 차이 강조	상표충성도가 강한 고객 유지에 필요한 수준으로 감소
판매촉진전략	시험적 사용 확보를 위한 강력한 판매촉진 활동	수요 확대에 따른 판매촉진 활동 감소	상표 전환 유도를 위한 판매촉진 활동	최초 수준으로 감소
유통전략	선택적 유통: 좁은 경로 커버리지	집약적 유통: 경로 커버리지 확대	집약적 유통: 경로 커버리지 최대화	선택적 유통: 수익성 적은 경로 폐쇄

요를 자극하여 집중 판매하되 고가격전략으로 투하자본의 조기회수를 시도하여야 한다. 초기부터 대량생산에 의한 원가절감이 가능할 경우에는 경쟁자의 진입에 대비하여 초기 저가격전략과 판매망 확충으로 시장점유율을 높여 나가야 한다.

성장기에 가장 큰 영향을 미치는 믹스 요인은 광고이며 그다음이 제품의 품질이다. 도입기의 신제품이 호평을 받았다면 성장기에서는 매출액이 급격히 증가하게 된다. 따라서 이익도 발생하게 된다. 이 단계에서는 경쟁기업이 유사품을 개발할 가능성이 높으므로 상표충성도(brand royalty)를 높이기 위해 제품차별화 전략을 활용하면서 판매경로를 확대하고 판매촉진활동을 강화할 필요가 있다. 또한 구매시점(point of purchase) 광고와 딜러 등에 대한 지원도 강화하여야 한다.

성숙기에 접어들게 되면 매출액 성장률이 점차 둔화하면서 가격탄력성이 커지게 되어 가격이 가장 큰 영향요인이 된다. 다음으로 광고, 품질, 서비스가 중요시된다. 따라서 이 단계에서는 제품의 대체수요를 개발하기 위한 전략을 사용할 필요가 있다. 이 단계에서는 평균비용 수준까지 가격이 인하됨으로 경쟁력이 약한 기업은 도태되고 만다. 매출액도 거의 증가하지 않으므로 각종 비용도 통제하여야 한다. 이 단계에서는 제품용도의 새로운 개발 또는 제품 개선을 통하여 성숙기간을 최대한 연장시키려는 마케팅 전략이 필요하다. 성숙기 이후에는 경쟁기업 제품과의 차별화를 거의 이룰 수 없기 때문에 제품포장에 주의를 기울여 상대적 비교우위를 점하는 전략을 실행할 필요도 있다.

쇠퇴기에는 판매의 급속한 감소현상이 생겨나게 되며 이익도 감소한다. 쇠퇴기에 접어들면 많은 기업들이 보다 수익성이 높은 다른 제품의 생산으로 기업의 인적 · 물적 자원을 전환시키기 때문에 일부 소수의 기업들만이 옛날 제품을 선호하는 보수적 소비자들을 대상으로 마케팅 활동을 전개하게 된다.

제품수명주기를 마케팅에 활용할 때에는 첫째, 변화가 빠른 시장에서는 매우 유용하지만 변화가 거의 없는 시장에서는 유용하지 못하다는 점을 고려하여야 한다. 둘째, 상품수명주기는 독립변수가 아니라 종속변수라는 점이다. 기업의 노력 여하에 따라서는 쇠퇴기에 접어든 상품의 수명주기를 다시 성장기로 되돌려 놓는 재활성화(reactivation)도 가능하다. 셋째, 상품범주나 상품형태 수준에서 사용하여야 하며 브랜드 수준에서는 적용할 수 없다는 점에 유의하여야 한다.

2. 제품전략

1) 제품개념 설정

마케팅관리자가 제품전략을 수립 · 실행하고자 하면 우선적으로 제품개념(product concept)을 설정하여야 한다. 제품개념은 마케팅관리자가 제품과 관련하여 추진하여야 할 활동의 방향과 범주를 결정하는 기준이 되기 때문이다.

코틀러(P. Kotler)는 제품개념의 수준을 3단계 및 5단계로 구분하여 설명하고 있다.

3단계 수준의 구분에서는 제품개념을 핵심제품, 실체제품 및 첨가제품으로 구분하였다. 핵심제품(core product)이란 소비자가 구매하는 제품으로부터 기대하는 기본적 편익(benefits)을 말한다. 실체제품은 유형제품(tangible product)이라고도 하는데 소비자가 제품으로부터 추구하는 편익을 구체적인 속성(특성)들의 집합으로 유형화시킨 것을 말한다. 즉 소비자들이 구매하게 되는 유형(有形)의 실체적인 제품이다. 여기에는 제품특성, 브랜드명, 품질, 가격, 매력도 등이 결합된 유형적 형태가 모두 포함되며 제품의 경쟁우위 확보에 매우 중요하다. 첨가제품은 확장제품(augmented product)이라고도 하는데 유형제품에 정보, 대금지불방식, 신속한 배달, 고객과의 의사소통 등의 여러 서비스들이 부가된 것을 말한다. 즉 실체제품에 덧붙여 제공되는 서비스나 혜택이 포함된 제품개념이다. 레비트(T. Levitt)는 앞으

✚ 그림 8-5 | 코틀러(P. Kotler)의 제품개념 수준: 3단계 구분

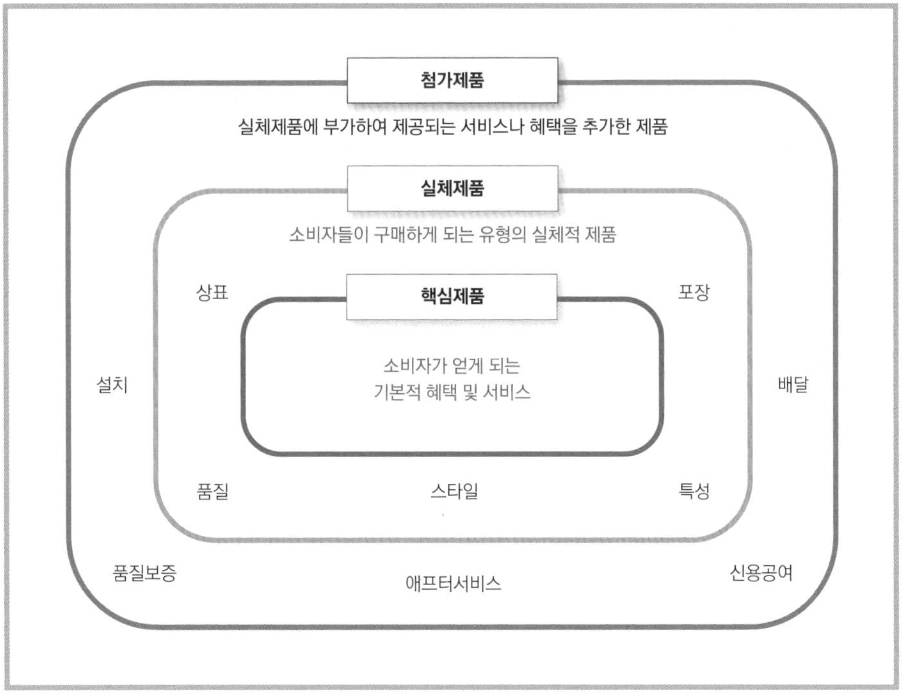

자료: Kotler, P. and G. Armstrong (1994), *Principles of Marketing*, 6th ed., Prentice-Hall, 1994, p.277.

로의 경쟁양상은 기업이 무엇을 생산하는가에 달려 있는 것이 아니라 생산된 제품에 가치 있는 혜택들을 어떻게 효율적으로 첨가시킬 수 있느냐에 달려 있다고 주장하면서 첨가제품의 의미를 강조하고 있다.*

코틀러(P. Kotler)는 소비자의 필요와 욕구가 세분화되고 가치 중심의 서비스제품이 증대되면서 서비스마케팅이 확산되자 5단계 수준의 마케팅 개념을 제시하였다.** 5단계 수준에서는 핵심제품, 기본제품, 기대제품, 확장제품, 잠재제품

* 하버드(Harvard) 대학의 레비트(T. Levitt) 교수는 앞으로의 경쟁은 기업들이 생산한 것에 의한 것이 아니라 생산된 제품에 추가하여 포장화, 서비스, 광고, 고객상담, 금융서비스, 배달, 보관, 그리고 기타 가치 있는 것들을 통하여 무엇을 부가시키는가의 경쟁이 이루어진다고 주장하며 첨가제품의 중요성을 강조하고 있다.

** P. Kotler & K. L. Keller (2012), *Marketing Management*, 14th ed., Pearson, p.348.

으로 제품개념을 구분하였다. 핵심제품(core product)은 가장 근본적인 차원의 제품개념(concept)으로 고객이 실제로 구입하는 근본적 핵심 편익 또는 서비스, 즉 핵심적 혜택(core benefit)을 말한다. 일례로 소비자가 자동차를 구입한다는 것은 특정 지점에서 다른 지점으로 빠르게 이동하기 위한 이동수단을 구매하는 것이다. 즉 자동차의 핵심적 혜택은 신속한 이동이라고 할 수 있다. 이 개념은 고객들의 불만(negative need)을 긍정적 욕구(positive need)로 전환하는 과정에서 찾을 수 있다. 인터넷마케팅의 경우에는 쇼핑몰을 통하여 제품 자체를 판매하는 것이 아니라 쇼핑몰을 통해 고객에게 제공하는 편익도 고려하여야 한다는 점에서 핵심제품의 중요성을 인식하여야 한다.

기본제품(basic product)은 핵심 편익을 기본적 제품으로 형상화시켜 놓은 제품개념으로 본원적 제품, 일반제품(generic product) 또는 유형제품(tangible product)이라고도 한다. 이는 가장 기본적인 실체제품을 의미하는 것으로 제품의 형태(style), 색, 디자인을 비롯하여 상표 등이 포함된다. 이는 핵심제품을 유형화한 상태의 제품으로 고객의 욕구 충족을 위하여 문화, 라이프 스타일, 개성 등을 판단한 후 고객들의 선호에 맞는 내용들로 제품을 구성하여야 한다. 기업은 기본제품 없이 시장에 참여할 수 없으며, 시장에서는 기술이 발달할수록 기본상품에 의한 차별성은 점차 사라지고 있다.

기대제품(expected product)은 구매자들이 제품을 구입할 때 정상적으로 기대하고 합의하는 일체의 속성과 조건이 포함된 제품개념이다. 이는 소비자가 일반적으로 기대할 것으로 생각되는 차원의 제품개념으로 사용 편리성, 차별성, 가격조건, 거래상황, 반품 용이성, 신뢰성 등이 포함된다. 예를 들어 소비자가 이 개념에 의해 자동차를 구입하다는 것은 이동의 신속성이라는 핵심적 혜택뿐만 아니라 자동차 자체를 포함하여 품질보장, 판매인의 제품 관련 지식 및 대화방식 등도 함께 구입하는 것이다. 최근에는 기업 간 경쟁이 심화되고 고객의 수준이 높아지면서 기대상품이 확장되고 그 수준도 점차 높아지고 있다. 일반적으로 기대제품은 국제마케팅의 경우 저개발국에 가장 적합한 제품개념이며 인터넷마케팅에서는 가장 중요시되고 있는 제품개념이다. 따라서 마케팅관리자는 고객들이 자사의 제품을 이용하기 전에 무엇을 어떻게 기대할 것인가를 파악하여 고객들의 기대수준을 넘어서는 기대제품 및 서비스를 제공하여야 한다.

확장제품(augmented product)은 기대제품에 추가적 서비스를 제공하여 제품의 부가가치를 높인 제품개념으로 확대제품 또는 첨가제품이라고도 한다. 이는 다른 기업의 제품과 구별하여 추가적으로 제공되는 혜택과 서비스가 포함된 개념으로 고객이 이를 기대하지 못하는 경우에만 확장제품이고 고객이 기대하게 되면 기대제품이 된다. 즉 확장제품은 하나의 신상품으로 인식될 수도 있는 새로운 아이디어를 가지고 고객이 감동할 만한 서비스를 제공할 수 있다면 이는 신상품 개발이라 할 수 있기 때문이다. 국제마케팅의 경우 이 개념은 선진국 수준의 제품 개념이며 인터넷마케팅에서는 제품 그 자체보다 부가적인 기능, 즉 신용, 고객상담, 배달, 보관, 애프터서비스 등을 첨가함으로써 제품 가치가 더욱 확장될 수 있어 경쟁력의 주요 원천 중 하나가 되고 있다. 확장제품 개념 도입에 따른 제품 확장(product augmentation)이 성공적이기 위해서는 사용자가 제품을 획득 · 사용 · 수선 · 폐기하기까지의 전체 소비시스템(total consumption system)을 분석하여야 한다.

잠재제품(potential product)은 구입한 제품이 앞으로 새로운 가치를 추가할 것으로 예상되는 측면에서의 제품개념으로 장래에 제공될 서비스 및 혜택이 포함된다. 예를 들어 소프트웨어를 구입하는 경우 향후 업그레이드 제품이 나오면 새로 구입하는 비용보다 훨씬 싼 가격으로 업그레이드할 수 있다는 것을 예상하고 구매하는 경우 업그레이드 제품은 잠재제품이 될 수 있다. 이는 고객들이 미래에 경험할 수 있는 변화와 확장의 일체를 의미하는 차원의 개념이다. 확장제품이 현재시장에 나와 있는 제품에 포함된 추가적 가치를 의미한다면, 잠재제품은 향후 추가될 것으로 예상되는 가치를 의미한다. 마음속의 공허함을 메우거나 미래에 높은 가능성을 보여줄 수 있는 상품 및 이를 제공하는 기업에 대한 기대감 등이 포함될 수 있다. 이 수준의 기업들은 고객을 만족시키고 자사의 제공물을 경쟁기업과 차별화할 수 있는 새로운 방식들을 찾고자 노력하게 된다.

✚ 표 8-2 | 제품개념의 예

개 념	의 미	예 시	
		숙박업	의료서비스업
핵심적 혜택	ㅇ 핵심 편익 또는 서비스	ㅇ 휴식과 수면	ㅇ 치료
본원적 제품	ㅇ 기본이 되고 본질이 되는 제품 ㅇ 시장에 참여하기 위한 기본조건	ㅇ 객실을 갖춘 호텔(침대, 욕실, 수건 등 포함)	ㅇ 환자의 질병에 대한 정보제공 ㅇ 병원의 원무 및 임상 서비스 ㅇ 의료장비 및 환자치료 능력
기대제품	ㅇ 고객이 상품구입 시 얻고자 기대하는 모든 것	ㅇ 깨끗한 침대와 세면도구, 전화, 조용함 등	ㅇ 깨끗한 병원 환경 ㅇ 서비스 제공자의 친절성 ㅇ 편리한 예약시스템 및 예약시간 준수
확대제품	ㅇ 고객이 기대하는 것 이상을 포함하는 상품	ㅇ 텔레비전, 샴푸, 싱싱한 꽃, 신속한 수속절차, 세련된 룸서비스 등	ㅇ 병원 커뮤니티를 통한 질병의 조기진단 ㅇ 퇴원 후 환자의 건강상태 점검 ㅇ 수술 후 꽃다발 제공
잠재제품	ㅇ 미래에 높은 가능성을 보여주는 상품이나 기업에 대한 기대감	ㅇ 베개에 숨긴 사탕, 그릇에 담긴 과일, 비디오 상영 등	ㅇ 우호적인 병원 이미지 ㅇ 높은 신뢰감

자료: P. Kotler (1994), *Marketing Management: Analysis, Planning, Implementation, and Control*, Prentice-Hall, pp.432-434에 의거하여 수정 · 보완.

2) 제품믹스 전략

제품믹스(product mix)란 특정 기업이 판매하는 모든 상품들의 집합을 말하며 제품구색(product assortment)이라고도 한다.* 즉 특정 기업이 판매를 목적으로 시장에 제공

* P. Kotler & K. L. Keller (2012), *Marketing Management*, 14th ed., Pearson, p.358.

하는 모든 제품과 서비스의 집합으로 제품품목과 제품계열의 배합을 의미한다.

제품품목(product item)이란 기업의 판매품목표에 나타난 제품의 항목들로 크기 · 가격 · 외형 · 속성 등에 의해 구별되는 특정 상표나 제품계열 내의 단위를 말한다. 제품계열(product line)이란 상호 밀접히 관련된 제품품목들의 제품군으로서 유사한 방식이나 기능을 수행하며, 동일한 고객집단에게 판매되거나, 동일한 유형의 유통경로를 통하여 시장에서 상품화되거나 또는 특정 가격 범위 내에 있으므로 서로 밀접하게 관련된 단일 제품계층 내의 제품집단을 말한다.

제품믹스는 넓이(폭), 길이, 깊이 및 일관성을 갖게 된다. 제품믹스의 넓이(폭: width)는 제품계열의 수를 말하는 것으로 얼마나 많은 제품계열을 취급하는가 하는 것을 의미한다. 제품계열이 넓다는 것은 제품의 다양화(product diversification)를 의미한다. 제품믹스의 길이(length)는 제품믹스에 포함된 전체 품목의 수 또는 브랜드의 수를 말하는데 이는 모든 제품계열 길이의 합계와 같다. 또한 평균 제품계열의 길이는 한 개의 제품계열이 가지고 있는 제품품목 수의 평균치를 말하는데, 제품믹스의 길이를 제품계열의 수로 나눈 값으로 표시할 수 있다. 제품믹스의 깊이(depth)는 제품계열 내 제품 브랜드가 거느리고 있는 품목(version) 수를 말하는데 각 계열 내에 있는 각 품목의 다양성을 의미한다. 제품믹스의 깊이를 통해서는 제품의 차별화(product differentiation) 정도를 가늠할 수 있다. 예를 들어 베스킨라빈스 31의 경우 아이스크림, 아이스크림 케익 등 아이스크림에 기반한 제품들만을 취급하므로 제품믹스의 길이는 제한적이지만 31개의 아이스크림을 취급할 정도로 제품믹스의 깊이는 깊어 제품이 차별화되어 있다. 제품믹스의 일관성(consistency)은 여러 가지 제품계열이 생산요소, 유통경로 및 사용방법 등에서 서로 얼마나 밀접히 연관되어 있느냐 하는 것으로 일관성을 증가시킨다는 것은 동일 분야의 사업 확장을 의미한다.

기업이 단일 상품을 출시하며 전문화할 수 있음에도 불구하고 다양한 제품 구색으로 제품믹스를 구성하는 이유는 첫째, 소비자 욕구의 이질성 때문이다. 하나의 상품으로 여러 개의 세분시장들이 가지고 있는 상이한 욕구를 충족시킨다는 것은 불가능하다. 예를 들어 샴푸는 모발의 특성에 따라, 향기에 따라 다양한 형태로 출시되고 있다. 둘째, 소비자의 다양성 추구 성향 때문이다. 예를 들어 게토레이는 다양한 맛을 선보임으로써 이온 음료의 단순한 맛에 식상한 고객들의 이탈을 방지하고 있다. 셋째, 가격 민감도의 차이 때문이다. 소비자들 중에는 동일 상품이라도 보다 높은 가격을 지불할 용의가 있는 집단과 그렇지 않은 집단이 있다. 이 경우 한 가지 상품을 한 가지 가격에 판매하는 것보다 상품을 다양화하여 선택할 수 있도록 하는 것이 이익의 극대화에 도움이 될 수 있다. 자동차를 예로 들면 동일 차종이 배기량별로 구분되어 있고 그 안에서 다시 Delux, Luxury 등으로 등급을 구분하여 다른 가격으로 판매한다. 넷째, 경쟁자의 시장진입을 저지할 수 있기 때문이다. 예를 들어 인텔(Intel)은 마이크로프로세서 라인에 1년 동안 25가지나 되는 품목을 추가하여 AMD와 같은 경쟁자들이 인텔의 제품라인에 파고들지 못하도록 저지하였다. 다섯째, 판매량을 증대시킬 수 있기 때문이다. 예를 들어 일회용 반창고의 경우 표준형, 방수형, 살균형, 대형 · 소형, 직사각형 · 정사각형 등이 있고 어린이들을 위한 캐릭터형이 있어 소비자로 하여금 다양한 종류를 가정에 비치하도록 유도하고 있다.

기업이 제품을 관리한다는 것은 하나의 제품품목을 관리하는 것이 아니라 제품라인의 길이와 깊이를 관리하는 것인데 이를 제품믹스 전략이라 한다. 즉 제품라인 내에 어떤 제품품목을 언제, 어떤 상황하에서 개발할 것인지를 계획하고, 실행하고, 통제하는 것이 제품믹스의 전략적 핵심이다. 이때 마케팅관리자가 지켜야 할 기본원칙은 자사 제품의 시장범위는 최대화하면서 자사 제품 간 중첩은 최소화(maximize the coverage and minimize the overlap)하는 것이다.

제품믹스는 다양한 전략유형으로 매우 유용하게 활용되고 있다. 첫째, 모든 시장에 모든 제품계열을 판매하는 전략인데, 이는 해태나 롯데의 과자시장같이 모든 소비자들에게 이들이 필요로 하는 모든 제품을 동시에 공급하려는 전략이다. 둘째, 특정 시장에 모든 제품계열을 판매하는 전략이다. 아기용품 시장에 아기들을 위한 식품, 의류, 위생기구, 장난감 등을 공급 · 판매하는 것이 이러한 예에 속한다. 셋째, 제품계열 전문화 전략이다. 이는 특정 제품계열에 한정하여 다양한 제품을 공급하는 전략이다. 신발류의 제품계열에 특화하여 여자용, 남자용, 유아용 등 일반 소비자를 대상으로 신발을 생산하여 공급할 뿐만 아니라, 각종 스포츠 종목의 신발류, 기타 특수화를 생산하여 공급하는 경우가 이러한 예에 속한다. 넷째, 제한된 제품계열 전략이다. 이는 특정 제품 계열의 소수 품목만을 생산 · 공급하는 경우이다. 다섯째, 특정 제품품목 전문화 전략이다. 엔진 전문 제조회사가 승용차, 트럭, 버스, 비행기 및 기타 다양한 용도의 엔진만을 전문으로 생산하여 공급하는 것이 이러한 예에 속한다. 마지막은 특정 상황 전문 전략이다. 이는 건축설계 등과 같이 기업이 가진 특수한 능력으로 소비자의 주문이나 특수한 상황의 욕구를 충족시키기 위해 제품이나 서비스를 공급하려는 전략이다.

제품믹스는 마케팅의 중요한 전략적 수단이지만 무분별하게 제품라인을 확대하거나 제품라인 내에 무작정 제품품목을 추가해서는 안 된다. 잘못된 제품믹스는 첫째, 생산의 효율성을 하락시키고 그 결과 비용을 증가시키게 된다. 둘째, 상품 선택 폭의 증가로 소비자의 혼란이 가중되고 이로 인하여 소비자의 구매연기나 포기가 발생할 수도 있다. 셋째, 다양하고 많은 제품을 확보하여야 하는 소매점의 입장에서는 상품 진열 면적을 확보하기 곤란할 수도 있다. 넷째, 인기제품의 품절 가능성이 증대되고 이에 따라 재고관리의 어려움이 발생할 수도 있다. 마지막으로 자사잠식이 일어날 수도 있다. 자사잠식(cannibalization)이란 신상품이 자사 다른 상품의 판매를 잠식하는 현상으로 신상품의 판매호조로 신상품은 이익을 발생시키나 기존 제품의 판매저조로 오히려 전체 이익이 감소되는 것을 말한다.

3) 제품계열 관리전략

제품믹스 전략이 결정되고 시행되는 과정에서 마케팅관리자는 제품계열을 관리하여야 한다. 제품계열관리(product line management)란 제품계열을 분석하고 그 결과에 따라 제품계열을 확대 혹은 축소하는 것을 말한다.

제품계열을 분석하기 위해서는 첫째, 제품계열의 제공 방향에 대해 파악하여야 한다. 기업은 상이한 소비자 욕구 충족을 위해 확장 가능한 기본 플랫폼과 모듈을 개발하고자 한다. 예를 들면 주택건설업자나 자동차 제조사의 경우 기본 모델을 보여주고 부가적 특징이나 서비스를 추가할 수 있도록 하여 소비자들에게 다양한 제품을 공급하면서도 생산원가는 낮출 수 있다. 둘째, 제품계열 내 각 품목의 판매액과 이익에 대한 공헌도를 파악하여야 한다. 이는 강화 · 유지 · 철수하여야 할 제품계열을 판단하는 기초자료가 되기 때문이다. 셋째, 해당 제품계열이 시장에서 차지하고 있는 경쟁적 위치를 파악하여야 한다. 이를 위해서는 제품위치도를 작성할 필요가 있다. 제품위치도(product map)란 자사 제품들이 어떤 특징이나 혜택 측면에서 경쟁기업과 어떻게 경쟁하는가를 보여주는 지도이다. 이를 통해 다른 세분시장을 파악할 수도 있고, 각 세분시장의 니즈에 맞추어 제품들이 잘 포지션되어 있는지에 대해 평가할 수도 있다. 이는 결국 제품계열의 길이와 관련된 의사결정에 중요한 지표가 될 수 있다.

제품계열의 길이는 기업목표에 의해 영향을 받는다. 수익성에 목표를 두고 있는 기업의 경우 수익성이 높은 품목만으로 구성된 짧은 제품계열을 가지고 있고, 높은 시장점유율이나 성장을 추구하는 기업은 긴 제품계열을 취급하려 할 것이다. 일반적으로 제품계열의 길이는 시간이 지남에 따라 점차 길어지는 경향이 있다.

제품계열의 확대는 제품계열의 확장과 제품계열의 보충으로 이루어진다. 제품계열의 확장(product line stretching)은 자사 제품계열의 길이를 길게 하는 전략이다. 여기에는 하향 확장과 상향 확장이 있다. 하향 확장(downward stretching)은 시장의 높은 곳에 위치한 제품계열을 하향적으로 확대시키는 것으로 기존 제품계열에 저가격의 제품을 도입하는 전략이다. 이 전략은 높은 계열이 공격을 받은 경우 경쟁자의 낮은 계열에 침략하여 반격하는 경우, 높은 계열의 판매성장이 부진하였을 경우, 초기에 품질이미지를 높게 구축한 후 점차 하향 확장을 시도하는 경우, 새로운 경쟁자의 진입 여지를 사전에 차단하고자 하는 경우 등에 활용된다. 상향 확장(upward stretching)은 낮은 계열의 제품을 생산하는 기업이 보다 높은 계열로 진출하고자 하는 것으로 기존 제품계열에 보다 높은 가격의 제품을 새로 도입하는 전략이다. 이 전략은 더 높은 성장률 내지 수익률을 추구하는 경우 또는 완전계열을 추구하는 경우 등에서 활용된다. 양면 확장(two-way stretching)은 시장의 중간범위에 위치한 기업이 양방향으로 제품계열을 확대하는 것이다. 제품계열 보충(line filling)은 한 제품계열 범위 내에 더 많은 품목을 추가하는 전략이다. 이 전략은 이익증대를 목적으로 하는 경우, 현재 계열에 없는 품목을 찾는 소비자의 욕구를 충족시키기 위해, 그리고 과잉생산 능력을 이용하기 위해 활용된다.

제품계열의 축소는 제품계열 내에서 이익을 감소시키는 품목을 판매량, 이익공헌도, 장래성 등을 고려하여 제거하는 경우 또는 생산능력이 모자라는 경우, 수익률이 높은 품목의 생산증대를 위하여 수익률이 낮은 품목을 제거하는 경우 등에 나타나게 된다.

3. 신상품개발

1) 신상품개발의 의의

신상품(new product)이란 소비자가 새롭다고 인식하는 상품이나 상품 아이디어를 말하는데, 키건(W. J. Keegan)은 새로움(newness) 정도에 따라 완전히 새로운 발명품이나 기술혁신품, 기존 상품을 수정한 상품, 기존의 상품으로 이미 시장에 출하되어 있으나 기업이 처음으로 취급하는 상품, 기업으로서는 기존의 상품이나 새로운 시장에 처음으로 출하하는 상품 등의 네 가지로 구분하였다.

소비자의 기호가 다양해지고 시장에서 상품 간 경쟁이 치열해지면서 기업은 신상품개발에 많은 시간과 비용을 할애하고 있다. 이처럼 기업이 신상품개발을 중요시하는 이유는 첫째, 신상품개발의 성공은 곧바로 기업의 이익 확보로 이어지고 이는 기업의 성장에 매우 중요한 역할을 하기 때문이다. 실례로 특정 산업에 속한 선도기업의 경우 매출액 중 평균 49%가 최근 5년 이내에 개발된 신상품들로부터 나오는 반면 낙후된 기업들은 매출액 중 평균 11%만이 신상품들로부터 창출되는 것으로 보고되고 있다. 둘째, 신상품개발은 매우 복잡하고 어려운 활동으로 성공이 쉽지 않기 때문이다. 실제로 국내시장에서 신상품의 성공률은 평균 20% 내외에 불과하다. 이는 성공한 1개의 신상품이 실패한 4개의 신상품개발에 들어간 비용까지 커버해야 함을 의미한다.*

✚ 표 8-3 | 신상품개발의 목적

기업 측면	ㅇ 신기술 개발과 생산기술의 변화에 대처하기 위해 ㅇ 새로운 사업영역의 개발 및 사업범위의 확대 ㅇ 매출증대나 비용절감을 위해 ㅇ 사기 진작과 사업부 간 경쟁을 독려하기 위해 ㅇ 유휴설비나 기술의 이용 ㅇ 부산물의 유용한 처분
시장 측면	ㅇ 보다 좋은 제품을 소비자에게 제공 ㅇ 고객 요구에 따라 상품 구색을 갖추기 위해 ㅇ 기존 고객의 유지 및 새로운 고객의 확보 ㅇ 기업의 선도적 위치 확보 ㅇ 경쟁사의 상품에 대처하기 위해 ㅇ 유행 등 시장요구에 효과적으로 대응하기 위해 ㅇ 기존 제품의 진부화에 대처 ㅇ 계절변동에 대처

* 박찬수(2010), 마케팅원리, 제4판, 법문사, pp.210-211.

기업이 신상품을 개발하는 목적은 기업의 선도적 위치 확보와 경쟁에 대응하기 위해, 새로운 사업영역의 개발 및 사업범위의 확대, 기존고객의 유지 및 새로운 고객의 확보 등 매우 다양한데 이를 기업측면과 시장측면으로 구분하면 앞의 〈표 8-3〉과 같다.

2) 신상품의 개발과정

기업이 신상품을 개발하는 과정은 크게 제품화 과정과 상품화 과정으로 구분할 수 있다. 제품화 과정이란 새로운 아이디어를 통해 제품개발에 성공하는 과정을 말한다. 상품화 과정이란 제품이 시장에 출시되어 소비자들에게 선택되고 반복적

✚ 그림 8-6 | 신상품의 개발과정

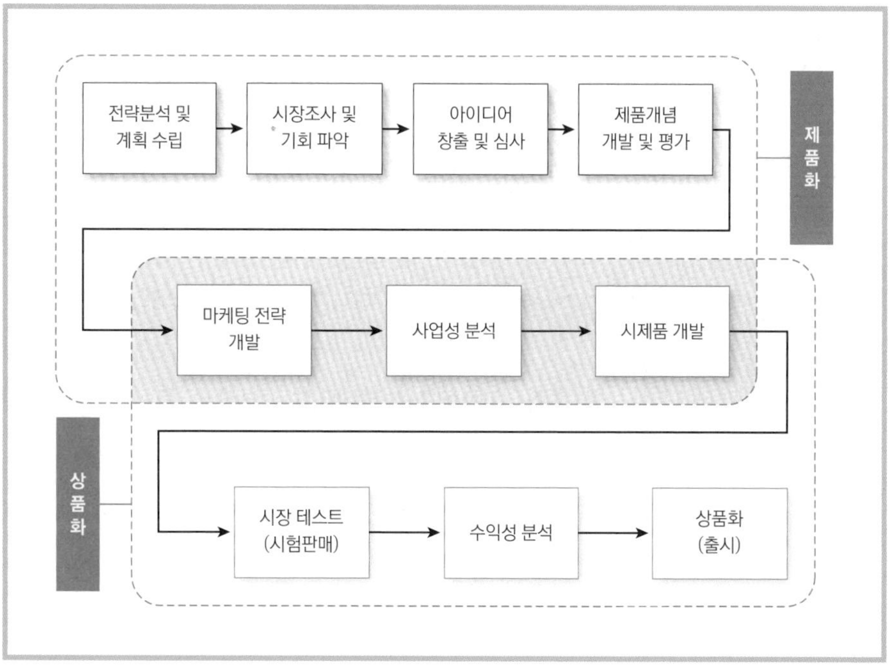

으로 구매되는 과정을 말한다.

신상품개발의 첫 단계는 기존의 전략을 분석하여 이를 근거로 신제품개발 계획을 수립하는 과정이다. 이는 이미 시장에서 판매되고 있는 자사 상품에 대하여 소비자들이 가지고 있는 인지도 및 이미지 등을 분석하는 것이다. 다만 시장에 출시된 적이 없는 혁신품인 경우에는 시장에서 판매되고 있는 연관 상품에 대하여 분석하여야 한다. 기업은 분석 결과를 바탕으로 신상품개발 계획을 수립한다.

두 번째 단계는 시장조사를 통해 기회를 파악하는 것이다. 이 단계에서는 목표시장을 선정하고 이 시장의 크기와 잠재적 성장 가능성을 파악하여야 한다. 시장의 규모와 성장 가능성은 신상품의 성공여부에 매우 중요한 요인이기 때문이다.

세 번째 단계는 아이디어를 창출하고 이를 심사하는 것이다. 이 단계에서는 신상품개발을 위한 새롭고 창의적인 아이디어뿐만 아니라 기존 상품을 개선하기 위한 아이디어까지 수집하여야 한다. 급속한 기술개발이 일어나고 경쟁이 치열해지는 오늘날의 상황에서 신상품개발을 위한 아이디어가 모두 사내에서 일어나기를 기대할 수 없게 되었기 때문에 〈표 8-4〉에서 보는 바와 같이 브레인스

✚ 표 8-4 | 신상품 아이디어의 원천과 창출방법

원 천		창출방법
사내	종업원 최고경영자	제안제도, 부서 간 의사소통을 장려하는 제도나 조치, 브레인스토밍(brainstorming)
사외	최종 소비자	관찰, 인터뷰, 설문조사, 제안제도, 커뮤니티 등
	유통업자	인터뷰, 설문조사, 제안제도 등
	국내외 경쟁자	벤치마킹(benchmarking), 전략적 제휴, 인수합병 등
	공급업자	신상품 공동개발
	다른 국가/산업	기술동향 모니터링

토밍이나 소비자 면접 등 다양한 방법이 활용된다. 일례로 P&G가 내놓은 히트상품 프링글스 프린트(Pringles Prints)는 이탈리아의 작은 베이커리에서 사용하고 있는 잉크젯 기술을 활용함으로써 1년도 걸리지 않아 신상품을 출시할 수 있었다. 이처럼 핵심기술을 외부에서 조달하는 것을 오픈 이노베이션(Open Innovation) 혹은 C&D(Connect & Development)라고 한다. 이러한 의미에서 신상품개발을 위한 아이디어 창출은 마케팅 부서만의 기능으로 보기보다는 기업의 지속적 경영활동 중 하나로 인식하는 것이 바람직하다.

네 번째 단계는 신상품의 개념을 개발하고 평가하는 것이다. 신상품 개념(new product concept)은 신상품 아이디어를 소비자가 사용하는 언어나 그림 등을 통하여 구체적으로 표현한 것으로 신상품이 어떤 요소와 특성을 가질 것인가에 대한 자세한 묘사라 할 수 있다. 새로운 아이디어를 신상품개념으로 전환시키는 과정에는 소비자의 필요와 욕구를 충족시키기 위한 수단이 포함되어 있어야 한다. 일례로 조선맥주는 하이트맥주를 개발할 때 경쟁사인 동양맥주의 약점이 물이라는 점에 착안하여 물을 무기로 한 신상품 아이디어를 개발할 수 있었고, 이를 '지하 150m의 천연 암반수로 만든 부드러운 맛의 맥주로서 가격은 기존 맥주보다 20% 비싼 맥주'라는 구체적인 신상품개념으로 표현하여 크게 성공할 수 있었다. 개발된 신상품개념은 기업(목적 · 강점 · 재원), 상품(목표 · 독창성 · 우수성) 및 목표시장(크기 · 성장성 · 경쟁정도)을 기준으로 평가하여야 한다.

다섯 번째 단계는 신상품에 대한 마케팅 전략을 개발하는 것이다. 신상품개념이 결정되면 이와 어울리는 마케팅 전략이 결정되어야 한다. 특히 마케팅 믹스 요소를 결정하여야 하는데, 신제품개념에는 상품과 가격 요소가 포함되어 있으므로 이 단계에서는 주로 촉진계획을 수립하고 유통경로를 결정하는 것이 일반적이다.

여섯 번째 단계는 사업성을 분석하는 것이다. 선택된 신상품개념을 근거로 아이디어를 제품으로 개발하였을 때 사업으로 적합한가를 판단하는 것이다. 발명왕 에디슨(T. Edison)은 1880년경 축음기를 발명한 후 "새로운 발명품의 사업적 가치는 전혀 없다"라고 단언한 적이 있었다.

일곱 번째 단계는 시제품(prototype)을 생산하여 제품화하는 것이다. 사업성 분석을 통과한 신상품개념은 연구개발부서나 엔지니어링 부서에 넘겨져 점차 제품의 형태를 갖추게 된다.

여덟 번째 단계는 신상품을 출시하기 전에 잠재소비자를 대상으로 신상품을 사용하게 한 다음 반응을 조사하는 시장 테스트(market test) 과정이다. 비내구재의 매출은 시용(trial)-반복(repeat)의 과정을 거치게 된다. 즉 새로운 음료가 시장에 나오면 시험 삼아 구매해서 마셔보는 시용과정을 거쳐 마음에 들면 자주 사 마시게 되는 반복과정을 거치게 된다. 비내구재의 시장 테스트에서는 매출액이나 시장점유율을 예측하여야 한다. 비내구재의 성패는 얼마나 많은 사람들이 시용했으며 또 시용한 사람들 중 얼마나 많은 사람들이 반복 구매를 얼마나 자주 하는가에 달려 있기 때문이다. 시용-반복 과정을 관찰하기 위해서는 가정유치조사, 시험시장, 예비시험시장 등이 활용된다. 가정유치조사(in-home use test)는 많은 가정에 신상품과 기존 경쟁상품을 주고 일정 기간 동안 사용하게 한 다음 구매의도를 물어보는 방법이다. 시험시장(test market)은 3~4개의 중소 도시에 일정 기간 동안 실전과 동일하게 신상품을 마케팅해 보는 방법이며 예비시험시장(pretest market)은 시험시장을 축소시킨 것으로 시험시장이 실제시장에서 이루어지는 데 비하여 예비시험시장은 실험실이나 모의 점포에서 잠재구매자들을 대상으로 이루어진다. 한편 내구재의 시장테스트는 큰 의미를 갖지 못한다. 여기에는 막대한 설비투자 비용이 소요되기 때문이다. 그러한 최근에는 가상현실(virtual reality) 기술이 개발되면서 테스트 방법에도 변화가 일어나고 있다.

아홉 번째 단계는 수익성을 분석하는 것이다. 이 단계는 시장테스트 결과를 바탕으로 만일 신상품이 본격적으로 시장에 출하된다면 기업은 어느 정도의 이익을 올릴 수 있는지에 대한 예상수익을 추정하는 것이다.

마지막은 수익성이 있다고 판단된 신상품을 본격적으로 시장에 출시해 상품화하는 것이다. 이 단계에서는 아무리 완벽하게 준비했다 하더라도 출시과정을 자세히 모니터하는 추적(tracking) 조사가 중요하다. 비내구재의 경우에는 시용-반복 과정을 모니터하기 위해 출시 후 1년 동안 2~3개월에 한 번씩 설문조사를 실시하기도 한다. 웅진식품의 '가을대추'는 처음 1년간 300억 원의 높은 매출을 올렸지만 광고비를 100억 원이나 쓰는 바람에 적지 않은 손실을 보았다. 이는 반복구매율이 높지 않았음에도 불구하고 지나치게 많은 광고비를 지출하였기 때문인데 지속적인 추적조사를 통하여 관리하였다면 이러한 결과를 초래하지 않을 수도 있었을 것이다. 내구재의 경우에는 구입자들의 만족도를 조사할 필요가 있다.

3) 신상품의 개발전략

신상품을 개발하는 전략 유형은 선제전략과 반응전략으로 구분할 수 있다.* 선제전략은 시장에서의 기회 포착이나 경쟁기업들의 움직임을 사전에 봉쇄하거나 선제하기 위해 기업 내의 자원 배분을 통해 신상품을 개발하되, 경쟁기업이 따라오기 어려울 정도로 신상품을 먼저 출시하여 시장의 주도권을 확보하는 전략이다. 구체적으로는 연구개발을 통해 신상품개발을 선도하는 연구개발(R&D) 전략, 소비자의 필요나 욕구를 찾아내어 이를 충족시킬 수 있는 신상품을 개발하는 마케팅 전략, 참신한 신제품 아이디어를 가진 기업가 · 창업가가 소규모 조직의 유연성과 민첩성을 활용하여 신상품을 개발하는 기업가적(entrepreneurial) 전략, 직접 신상품을 개발하지 않고 신상품을 가지고 있는 기업을 인수하는 기업 인수(acquisition) 전략 등이 이에 포함된다. 반응전략은 기업을 둘러싼 환경 변화의 압력에 대응하기 위한 수단으로 신상품개발에 착수하는 전략이다. 구체적으로는 경쟁기업의 성공적인 신상품에 대항하기 위해 자사 제품의 변형 혹은 대항 제품을 출시하는 방어적(defensive) 전략, 일종의 'me-too' 전략으로 경쟁자의 신상품이 시

* 이혁수(1999. 11. 17), 성공하는 신제품 개발전략, LG주간경제, LG경제연구원, pp.48-49.

장에서 성공을 거두기 전에 모방제품을 출시하는 모방적(imitative) 전략, 경쟁자의 신상품을 개선하여 보다 나은 신상품을 출시하는 보다 나은 두 번째(second-but-better) 전략, 소비자 요구 시 특정 시장을 방어하기 위해 신상품을 출시하는 응답적(responsive) 전략 등이 이에 포함된다.

선제전략과 반응전략 중 어느 전략이 절대적으로 우월하다고는 할 수 없다. 기업이 어떤 전략을 선택하여야 하는가를 결정하기 위해서는 전략 선택 기준을 기초로 기업이 처해 있는 조건을 따져볼 필요가 있다. 그중 가장 중요한 기준은 바로 성장전략과의 연계성이다.

기존 상품으로 기존 시장에 침투하는 시장침투의 경우는 기존 제품에 주력하여 기업의 성장을 도모하는 전략이다. 예를 들어 KFC의 경우 다양한 패스트푸드를 판매하기보다는 닭을 이용한 요리만을 다양하게 개발하여 판매하고 있다. 이러한 경우는 기업의 규모가 작아서 새로운 상품개발이 어렵거나 틈새시장을 추구하는 경우에 나타난다.

둘째는 기존 상품을 가지고 새로운 시장에 진출하는 이른바 시장개발의 경우이다. 암앤해머 사의 베이킹 소다는 빵을 만드는 시장이 포화상태에 이르자 냉

✚ 그림 8-7 | Ansoff Matrix

		제품	
		기존 제품	신제품
시장	기존 시장	시장침투 (Market Penetration)	제품개발 (Product Development)
	신시장	시장개발 (Market development)	다각화 (diversification)

장고 탈취제, 방취제, 치약 등의 다양한 용도로 시장을 확대하였다. 이처럼 기존 상품의 용도 개발 이외에도 해외시장 및 지역시장 개발 등 시장 범위를 확대하는 경우가 이에 속하는 전형적인 예이다.

셋째는 신상품으로 기존 시장에 진출하는 이른바 제품개발의 경우이다. 대개의 신상품개발은 이 경우에 해당하는데 예를 들어 맥도널드가 햄버거의 유통 · 생산에서의 강점을 바탕으로 맥너겟, 아이스크림, 샐러드 등 다양한 분야에 진출하는 경우이다.

마지막은 신상품을 가지고 새로운 시장에 진출하는 다각화의 경우이다. 예를 들면 제일제당에서 세탁 세제 시장에 비트라는 제품으로 새롭게 진입한 경우이다.

위의 경우에서 시장침투전략을 선택한 기업은 생산과 유통에서 우위를 가져야 하는 반면 성장률에 대한 기대는 높게 가지기 어렵다. 이 경우 신상품개발은 경쟁사와 환경의 압력에 대응하여 기존 상품을 방어하는 데 쓰일 가능성이 높다. 따라서 시장침투전략을 핵심전략으로 채택하려는 기업은 선제전략보다는 반응전략을 사용할 가능성이 많다. 반면 나머지 세 전략의 경우 수성보다는 공세의 입장에 처하게 될 경우가 많아 반응전략보다는 선제전략이 유용한 경우가 많다.

기술혁신에 대한 보호 여부도 전략 선택에 영향을 미치는 요인이다. 특허 등의 법적 장치를 통해 기술혁신이 보호되는 경우라면 이른바 선두 프리미엄*을 고려할 때 연구개발 등을 활용하여 시장에 먼저 진입하는 선제전략을 사용할 필요가 있다.

시장의 규모도 전략 선택에 영향을 미친다. 시장규모가 크다면 규모의 경제 달성이 가능하고 경험효과도 활용할 수 있기 때문에 선도기업은 시장에서 지배적 위치를 점해 높은 수익을 올릴 수 있게 된다. 이러한 경우에는 당연히 마케팅 및 연구개발 등을 활용하여 선제전략을 취할 필요가 있다. 반면에 시장규모가

* 연구결과에 의하면 두 번째 진입기업은 선두기업에 비해 평균 70% 정도의 시장점유율에 그친다.

작은 경우에는 투자 회수가 어려울 수 있으므로 반응전략을 선택하는 것이 유리할 수 있다. 예를 들어 산업재를 생산하는 기업이라면 비교적 소수의 고객을 대상으로 고객의 요구에 맞게 제품을 생산하는 응답적 전략 등의 반응전략을 활용하는 것이 바람직하다.

경쟁자 또한 전략의 선택에 영향을 미친다. 규모가 작은 기업이 모방이 쉬운 제품을 선도적으로 개발하는 것은 현명하지 못한 전략이다. 규모가 작은 기업은 혁신이 보호되지 않는 한 섣불리 선제전략을 사용하는 것은 위험이 따를 수 있다. 그러나 규모가 큰 기업이라면 모방되기 쉬운 제품이라 하더라도 규모의 경제 등을 활용하여 선제전략을 활용하는 것이 유리하다. 마지막으로 생산과 유통시스템상의 위치도 전략 선택에 영향을 미친다. 생산과 유통시스템상에서 특정 기업이 다른 기업에 비해 주도적 위치를 차지하고 있다면 선제전략을 선택하는 것이 유리하다. 그러나 종속적 위치에 있다면 주도적 기업의 니즈를 잘 이해하고 이에 발 빠르게 대응하는 반응전략이 더 유리할 수 있다.

상품개발을 실패로 이끄는 기업의 전형적인 모습은 다음의 다섯 가지로 나누어진다.*

첫째는 오늘 뭔가 새로운 아이디어 없나 형이다. 실제로 이론적이고 체계적인 과정이 있음에도 불구하고 즉흥적이고 일시적인 방법으로 신상품개발에 임하는 경우가 많다. 이처럼 한 개인의 아이디어에 의존하는 신상품개발은 일시적으로 성공을 거두는 경우가 있을지 모르지만 장기적으로는 기업의 마케팅 전략과 일치하지 않아 기업에 손실을 끼치게 된다.

둘째는 신기술을 발견했다 형이다. 이는 기술 지향적 산업이나 연구개발 중심의 기업에서 흔히 발견되기 쉬운 현상이다. 시장에서 성공적인 상품의 20~30% 정도만이 기술적 진보에 의한 것이라는 것이다. 바꿔 말하면 60~70%의 상품은 고객의 욕구와 니즈를 충실히 반응했기 때문에 시장에 성공했다는 것이

---

* 이혁수(1999. 11. 17), 성공하는 신제품 개발전략, LG주간경제, LG경제연구원, pp.47-48.

다. 소비자는 복잡한 신기능 때문에 해당 상품을 구입하는 것이 아니라 자기가 원하는 니즈를 상품이 충족시켜 줄 수 있다고 믿기 때문에 사는 것이다.

셋째는 우리도 따라 만들자 형이다. 이는 경쟁자에 대응하기 위해 유사한 상품을 만드는 경우이다. 그러나 소비자들은 경쟁 제품보다 품질이 좋은 상품, 가격이 저렴한 상품이 아니라면 소비자는 선도 상품을 구입할 것이다.

넷째는 일단 시장에 들어가자 형이다. 이는 경쟁자가 신제품을 만들면 유사한 제품으로 일단 시장에 출하하는 경우이다. 이러한 유형은 자사의 기술, 생산 및 마케팅 능력 등을 고려하지 않았기 때문에 실패 가능성이 높다.

다섯째는 뭔가 빨리 형이다. 이는 지나치게 효율성만을 강조하는 단기 성과 중심의 유형이다. 이러한 유형은 장기적으로 기업에 해를 끼치게 되는데, 이는 좋지 못한 성과를 만회하고자 다시 무엇인가를 빨리 만들어야 하는 악순환에 빠지기 쉽기 때문이다. 부단히 신상품을 만들어내는 선도기업들은 신상품을 빨리빨리해서 끊임없이 개발하는 것이 아니다. 현재 시장에 나오는 선도기업들의 신상품은 몇 년 전부터 여러 번의 실패를 거듭하며 연구한 결과인 것이다.

신상품개발이 실패하는 요인을 정리하면 〈표 8-5〉와 같다.

기업이 시장에서 성공하기 위해서는 경쟁력 있는 신제품을 만들어 내야

✚ 표 8-5 | 신상품개발의 실패요인

구 분	내 용	
상품 자체 요인	ㅇ 상품 자체의 결함	ㅇ 새롭지 않고 차별화되지 못한 상품
기업 내부 요인	ㅇ 불충분한 시장 분석 ㅇ 마케팅 능력 부족 ㅇ 상품 출하(시장 진출) 시기의 부적절 ㅇ 자사 기존 상품과의 상충 ㅇ 예상보다 높은 개발비용: 예산 부족	ㅇ 부정확한 예측 및 과도한 투자 ㅇ 마케팅 전략 실패 ㅇ 조직 내 불화 ㅇ 신상품 도입 지역(시장) 선정의 부적절 ㅇ 영업사원 교육 미흡
외부 환경 요인	ㅇ 기업 간 경쟁 심화 ㅇ 소비자 니즈와 취향의 변화	ㅇ 도 · 소매 등 유통시스템의 미흡한 지원 ㅇ 경기불황 및 천재지변

한다.* 성공적 신제품은 다음 세 가지 특징을 가진다. 첫째, 고객 니즈를 충족시켜 줄 수 있는 제품이어야 한다. 아무리 뛰어난 제품이라 할지라도 고객이 외면한다면 시장에서 성공할 수 없다. 한 예로 유명 전자 업체인 필립스(Philips)는 게임 기능 등 다양한 오락 기능들을 포함한 홈 엔터테인먼트 시스템(Home Entertainment System)을 만들어 소니(Sony), 닌텐도(Nintendo) 등이 주도하고 있는 게임/오락 시장에 도전하였다. 그러나 사용하기가 너무 복잡하고 가격이 비싸 고객들에게 호응을 얻지 못했다. 그러므로 고객의 눈높이에서 그 니즈를 제대로 맞추는 것이 성공의 주요 요건이라 하겠다.

둘째, 수익성 있는 제품이어야 한다. 제품을 구매할 고객들이 아무리 많더라도, 수익 향상에 도움을 주지 못한다면 기업 입장에서 제품을 개발할 이유가 없을 것이다. 기업이 신제품에 투자하는 근본 이유가 성과 창출이기 때문이다. 미국의 화학 업체인 듀퐁(DuPont)이 제품을 개발할 때 각 제품별로 사업화 예측 사례(Business case)를 마련하여 수익성을 꼼꼼히 따진 후 투자 의사결정을 하는 배경이 여기에 있다. 이와 같이 새로 출시된 제품이 성공적인 신제품으로 평가받으려면 기업의 성과를 향상시킬 수 있어야 한다.

셋째, 적시에 출시되는 제품이어야 한다. 이는 고객이 원하는 스펙에 맞춰 누구보다도 빨리 제품을 시장에 공급해야 한다는 뜻이다. 경쟁이 치열한 오늘날에는 '누가 먼저 고객의 스펙을 맞춰 주느냐'가 제품의 성공 여부를 결정하는 주요 요인이 된다. 컨설팅 업체인 맥킨지(McKinsey)의 보고서에 의하면, 시장 출시가 6개월 늦어질 경우 제품의 수익성은 1/3 정도 감소한다고 한다. 이 조사는 매년 20%씩 성장하는 시장의 기업들을 대상으로 했기 때문에 일반화하기에는 한계가 있겠지만, 적시에 제품을 출시하는 것이 얼마나 중요한가를 명확히 보여주고 있다.

성공적인 신제품을 만들어 내기 위해서는 첫째, 제품 개념(product concept)부터 제대로 잡아야 한다. 고객이 필요로 하고 자사의 역량으로 충분히 개발할 수

* 황인경(2004. 6. 9), 성공적인 신제품 개발의 조건, LG주간경제, LG경제연구원, pp.15-20.

있는 제품을 선택해야 성공할 수 있다는 뜻이다. 3M이 자사에서 높은 성과를 창출하는 R&D 연구소들을 대상으로 조사한 바에 따르면 이들은 공통적으로 제품 개념화 단계에서 철저하게 시장을 분석하고 자사의 기술 활용 가능성을 파악했다고 한다. 보다 효과적으로 제품 콘셉트를 도출하기 위해서는 다기능팀(CFT: Cross Functional Team)을 활용하여야 한다. 시장성과 기술 가능성에 대한 보다 효과적인 검토는 연구개발(R&D) 부서와 타 부문 간 긴밀한 연계를 통해 이루어질 수 있다. 현장에서 고객과 직접적으로 교류를 하는 사업 부문과 기술적 가능성을 타진할 수 있는 연구개발 및 엔지니어링 부문 간 긴밀한 협력 없이는 고객 지향적 제품을 개발하는 데 한계가 있을 수밖에 없다. 따라서 기업 내 다양한 부문이 공동으로 참여하는 다기능팀을 구축하여 제품 콘셉트를 도출해야 할 것이다. 실제 쓰리엠(3M), 듀퐁(DuPont) 등 많은 선진 기업들은 신제품의 성공 가능성을 높이기 위해 제품 콘셉트 도출 과정에서 다기능팀을 만들어 적극적으로 운영하고 있다. 또한 평가 · 보상체계를 개선하여야 한다. 다기능팀을 구성해 놓는다고 해서 다양한 부문의 구성원들 간 협력이 자동적으로 이루어지는 것은 아니다. 협력을 강화하기 위해서는 한 장소에서 일하도록 만들거나 커뮤니케이션 기회를 제공하는 등 다양한 연계 방안들을 적극적으로 모색해야 한다. 이 중에서도 무엇보다 평가 및 보상 체계를 우선적으로 검토 · 개선할 필요가 있다. 다기능팀 활동에 대해 공식적인 평가를 받도록 제도화되어 있지 않다면 구성원들의 몰입도는 낮아지기 쉽다. 특히 현장 부서의 업무가 많고 바쁠 경우 본인의 성과 평가 및 보상에 영향력이 없는 다기능팀의 활동에 관심을 가지기가 쉽지 않다. 그러므로 보다 효과적인 다기능팀 운영 및 협력 강화를 위해서는 기존 부서의 리더만이 아니라 다기능팀 리더에게 구성원들을 평가할 수 있는 권한을 부여해야 한다. 또한 최종 신제품 성과에 대한 보상도 인센티브로 제공해 주어야 한다. 예컨대 신제품 매출에 따른 수익의 일정 비율을 다기능팀 구성원들에게 배분하는 방식을 들 수 있다. 이러한 방법들을 통해 팀 구성원들의 보다 적극적인 몰입을 유도할 수 있을 것이다. 마지막으로 고객이 반길 만한 제품을 만들기 위해서는 고객의 생생한 목소리를 듣는 것이 가장 빠르고 정확한 길이다. 쓰리엠(3M)의 한 사업부는 문헌 자료 및 보고서, 외부 리서치 기관의 조사 자료 등을 활용하는 시장 조사 방식을 지양하고, 다기능팀을 중심으로 직접 고객과 인터뷰를 하여 제품 콘셉트를 잡도록 하고 있다. 이는 무엇보다도 고객의 직접적인 목소리가 중요하며, 제품에 이를 철저히 반영하겠다는 회사의 강력한 의지를 나타낸 것이라 하겠다. 그러나 다기능팀의 구성원들이 제대로 훈련받지 않은 상태에서 시장 니즈(needs) 분석, 제품 개념 도출, 관련 기술 분석 등 고도의 전문적 분석 작업을 체계적으로 수행해 나가는 것은 상당히 어려운 일이다. 그러므로 보다 효과적인 업무 진행을 위해서는 무엇을 어떻게 해야 하는지에 대한 구체적인 방법을 제시해 주는 것이 바람직하다. 예컨대 쓰리엠(3M)의 한 사업부에서는 제품 개념화를 위해 4단계로 구성된 '선도고객조사(Lead User Research)'라는 방법을 활용하고 있다. 선도고객조사의 첫 단계는 다기능팀 전체 일정과 계획을 마련하고 시장과 고객에 대한 기초 자료 및 정보를 수집하는 단계이다. 2단계는 선도고객들이 누구인지를 파악하고 인터뷰를 실시하는 단계이다. 선도고객이란 자사 제품을 많이 사용하며 더 필요한 부분과 개선점에 대한 아이디어를 갖고 있는 사람들을 말한다. 이들과의 직접적인 접촉을 통해 다기능팀 구성원들은 고객의 니즈를 생생하게 접하게 되는 것이다. 3단계는 인터뷰 결과들을 바탕으로 새로운 제품에 필요한 속성들을 도출 · 정리하는 단계이다. 마지막 4단계는 고객과 사내의 구성원들을 초청하여 워크샵을 실시하는 단계이다. 워크샵에서는 고객과 내부 구성원들이 몇 개의 팀으로 나뉘어져 제품 개념을 구체화하게 된다. 또 각 팀이 발표한 제품에 대해 평가를 실시함으로써 보다 고객에 필요하고 기술적으로 접근이 용이한 제품을 선택하고 있다. 이러한 방법을 통해 3M에서는 구성원들이 보다 효과적으로 신제품 개념을 도출해 낼 수 있게 도와주고 있다.

둘째, 프로젝트 검토시스템(PRS: Project Review System)을 강화하여야 한다. 프로젝트 검토시스템은 회사의 수익을 높여줄 수 있는 프로젝트를 가려서 선택하는 시스템이다. 대부분의 회사들이 연구개발과 관련하여 프로젝트 검토시스템 제도를 운영하고 있는데, 사내의 모든 프로젝트들은 개념 수준이든 진행 중인 프로젝트이든 프로젝트 검토시스템을 통과해야만 예산을 배정받아 연구개발 활동을 계속 수행할 수 있게 된다. 기업이 프로젝트 검토시스템을 운영하는 근본 이유는 제한된 연구개발 자원을 보다 효율적으로 배분 · 활용하기 위한 것이다. 즉 수익성 있는 프로젝트를 선택하고 집중하겠다는 뜻이다. 이를 위해서는 프로젝트의 지속/중단(Go/Kill)에 대한 결정이 제대로 이루어질 수 있도록 명확하고 구체적인 평가 기준(criteria)이 마련되어야 한다. 프로젝트 도중이라도 조건에 맞지 않으면 과감히 중단시킬 수 있어야 한다. 한 조사에 따르면 대다수의 기업들은 진행 중인 프로젝트를 중단하는 데 많은 부담을 가지고 있으며 과감한 의사 결정을 잘 못 한다고 한다. 그러므로 이러한 부담을 덜어 주고 자원의 낭비를 막기 위해서는 객관적이고 설득력 있는 기준을 마련하여 엄격히 평가할 수 있는 분위기를 조성해야 할 것이다. 또한 프로젝트 검토 시스템이 제대로 운영되려면 상위 경영층의 적극적인 참여가 필수적이다. 프로젝트 예산 결정권을 쥐고 있는 상위 경영층의 관여가 없을 경우 프로젝트 검토시스템을 통과한 프로젝트에 대한 지속적인 지원이 이루어지기 어렵기 때문이다. 이는 결국 프로젝트 검토시스템을 유명무실하게 만들어 효과적인 프로젝트 및 자원 운영에 한계를 가져오게 된다. 현실적으로 볼 때 상위 경영자가 프로젝트 검토시스템에 적극적이지 않은 경우가 많은데 그 이유는 관심의 부족과 시간의 부족 두 가지로 나누어 볼 수 있다. 이 중 관심 부족 문제는 '전체 프로젝트의 순현재 가치(NPV)' 등과 같은 성과 지표를 임원 평가에 반영함으로써 일부 해결이 가능하다. 보다 많은 기업에서 호소하는 것은 시간 부족의 문제이다. 상위 경영자가 바쁘게 돌아가는 현업을 수행하면서 모든 프로젝트를 면밀히 검토한다는 것은 쉽지 않은 일이다. 그러므로 일부 프로젝트 검토 시스템(PRS) 업무를 하부 관리자에게 위임하는 등의 방법을 모색하는 것이 바람직하다. 예컨대 미국의 통신 업체인 노텔 네트워크(Nortel Networks)는 위험도가 낮고 예산이 적게 들어가는 프로젝트의 경우 하위 관리자가 검토하도록 제도화하고 있다. 또 미국 식품 업체인 크래프트 푸드(Kraft Foods)는 '검토안 첨부(Recommendation)' 제도를 활용하고 있다. 이는 각 팀이 프로젝트 내용을 자체적으로 평가하고 그 결과를 첨부하여 제출함으로써 상위자가 보다 짧은 시간 내에 효과적으로 프로젝트를 검토하는 데 기여하고 있다.

셋째, 양산 단계까지 연구개발의 관여도를 높여야 한다. 마케팅의 관점에서 보면 제품 콘셉트를 적절하게 설정하고, 연구개발 활동을 통해 시제품(prototype)을 성공적으로 만들어 냈다고 해서 신제품이 완성된 것은 아니다. 생산현장에서 양산이 안정적으로 이루어져 고객에게 만족할 만한 제품이 출시되고 이것이 고객에게 제공될 때 신제품 개발이 완료된 것으로 보아야 한다. 시제품이 만들어졌다고 안심할 일이 아닌 것이다. 때로 생산 과정에서 더 많은 문제가 발생하기도 하는데, 이는 신제품 출시에 심각한 장애(bottleneck)로 작용하게 된다. 예를 들어 어느 기업이 연구소에서 시제품을 만들어 낸 지 4년이 지났는데도 생산 라인에서 양산이 이루어지지 않아 제품생산이 원활하지 못하다면 이를 신제품 개발에 성공하였다고 할 수 없다. 생산 과정에서 문제가 생기는 주요 이유는 연구소에서 제품을 만들고 테스트하는 환경과 생산 현장의 환경이 다르기 때문이다. 즉 생산 현장에서는 제품을 대량으로 생산해야 하기 때문에 연구소에서 시제품을 시범적으로 1~2개 만들 때와는 근본적으로 다른 문제들이 발생할 수밖에 없다. 예컨대 특정 공정 과정에서 온도가 1도만 더 높아도 시제품과 전혀 다른 제품이 나오기도 하는데, 이러한 문제를 해결하기 위해서는 연구개발 과정에서 발생 가능한 문제들을 미리 발견하여 예방책을 마련해야 한다. 이러한 문제들을 효과적으로 해결하는 데는 생산 부문의 힘만으로는 한계가 있다. 보다 빠른 개선을 위해서는 제품의 특성에 대해 가장 잘 알고 있는 연구개발 부문의 적극적인 지원이 필요하다. 그러나 많은 경우 연구개발 담당자들은 현장에 잘 나가려 하지 않는 경향을 보인다. 제품 생산 초기에는 연구개발 부서가 업무의 일부를 지원하지만, 그 이후에는 문제가 생겨도 잘 와 보지 않거나 전화로 대충 해결하려는 태도를 보인다. 결국 출시가 자꾸 늦어져 고객의 불만을 크게 사거나 시장 선점이 어렵게 된다. 이를 해결하기 위해서는 연구개발 부문의 공식적인 책임 범위를 양산 안정화 단계까지 확대하는 것이 바람직하다. 즉 출시 예정일, 양산 품질 수준, 제품당 생

✚ 표 8-6 | 신상품개발의 성공조건

구 분	내 용
상품 자체 요인	○ 고객 니즈 충족: 목표시장 요구에 부합되고 실질적인 편익을 제공 ○ 제대로 된 신제품개념: 고객이 필요로 하고 자사의 역량을 충분히 발휘할 수 있는 상품 ← 다기능 팀(cross functional team: CFT) 활용, 평가 보상 체계 개선, 고객 요구의 철저한 반영 ○ 기술적 우위와 혁신성 · 차별성 ○ 상품 판매 수익성 ○ 상품 출시의 적시성
기업 내부 요인	○ 체계적인 신상품 개발 과정 ○ 프로젝트 검토 시스템(project review system: PRS) 강화: 명확한 기준 마련, 상위 경영층의 적극적 참여 ○ 양산 단계까지의 연구개발(R&D) 관여도 ○ 기업 내부능력에 부합 ○ 최고 경영층의 일관된 지원 ○ 부서 간 상호 협조 ○ 개발기간 단축 및 개발비용 절감 능력 ○ 조직 문화 관리
외부 환경 요인	○ 성장잠재력 있는 시장 ○ 유리한 외부 환경: 정부 정책, 유행 및 트렌드 등

산 비용 등의 항목을 연구개발 부문 평가에 일부 반영해야 한다. 이를 통해 연구개발 부문의 양산 지원 활동을 강화하여야 보다 빠른 양산활동의 안정화가 가능하다.

성공적인 신제품을 보다 효과적으로 만들어 내려면 조직 문화에 대한 관리도 필요하다. 조직의 분위기가 창의적이고 상호 협력적일 때 성공적 신제품 개발이 원활히 이루어진다. 그러나 많은 기업들이 아직도 위계적이며 관료주의적인 문화 성향을 보이고 있다. 그러나 기업들이 성공적으로 성장 · 발전하기 위해서는 혁신적이고 협력적인 조직 문화를 창출함으로써 보다 성공적인 신상품을 만들어 내야 한다.

연습문제

❶ 제품개념(product concept)을 3단계 및 5단계로 구분하여 설명하시오.

❷ 제품의 동태적 특성과 이에 대한 마케팅 전략적 활용방안에 대하여 논의하시오.

❸ 제품수명주기 이론의 내용과 마케팅 전략적 활용방안에 대하여 논의하시오.

❹ 제품믹스의 개념과 마케팅 전략적 활용방안을 구체적인 예를 들어 설명하시오.

❺ 신상품개발의 성공조건에 대하여 설명하시오.

제9장

제품전략:
Branding & Packaging

1. 브랜딩

1) 브랜드의 이해

1 브랜드의 의의

브랜드(brand; 상표)란 상품에 붙여진 이름이라 할 수 있는데, 미국마케팅학회(AMA: American Marketing Association)는 판매자가 자신의 상품 혹은 서비스를 다른 경쟁자의 것들과 구별하기 위하여 사용하는 명칭 · 용어 · 상징 · 디자인 혹은 그 결합체로 정의하고 있다.* 즉 상표는 단순한 상품의 이름이 아니라 다른 상품들과 차별될 수 있는 상품과 관련된 모든 것을 총칭하는 것으로 보고 있다. 코틀러(P. Kotler)도 판매기업의 제품이나 서비스를 식별시키고, 경쟁기업의 브랜드와 차별화하기 위한 이름 · 단어 · 사인 · 상징 · 디자인 등의 결합체로 정의하고 있다.** 브랜드는 브랜드 네임과 브랜드 마크로 구성되는데, 브랜드 네임(brand name; 상표명)이란 상표 중 말이나 글로 표현된 낱말 · 문자 · 숫자 등을 의미하며, 브랜드 마크(brand mark)는 상표 중 상징 · 디자인 · 독특한 색상이나 문자와 같이 인식은 되지만 말로 표현될 수 없는 부분을 의미한다. 한편 등록상표(trade mark)는 법적 보호에 의하여 독점적 사용권이 허용된 상표나 그 일부를 말한다. 이에 비하여 흔히 상표로 잘못 이해되고 있는 표찰(label)은 상품을 안전하고 만족스럽게 취급 · 사용할 수 있도록 포장 위에 인쇄하거나 별도로 만들어 부착한 것을 말하므로 상표와는 구분된다.

모든 경영활동의 결과는 기업에게 재무성과로 나타나지만 소비자에게는 기업의 상표 인지도로 나타나므로 상표는 마케팅 활동에서 중요한 의미를 가지게 된다. 경쟁기업과 명확하게 구분되는 기업의 상표이미지를 소비자의 마음속에 각인시킴으로써 브랜드 아이덴티티(brand identity)를 구축할 수 있고, 고객의 마음속에 브랜드 아이덴티티가 확립되면 기업의 상표는 자산으로서의 가치를 가지게 되며, 기업이 브랜드 자산을 효과적으로 운용하면 기업의 자산 가치를 증대시킬 수 있다.

상표는 특정 상품을 다른 상품과 구별하게 하여 고객의 상표충성도(brand loyalty)를 제고할 수 있다. 또한 등록상표의 경우에는 다른 기업의 자사 제품 모방

---

* A brand is a name, term, sign, symbol, design, or some combination of these elements, intended to identify the goods and services of one seller or group of sellers and to differentiate them from those of competitors.

** P. Kotler & K. L. Keller (2012), *Marketing Management*, 14th ed., Pearson, p.290; P. Kotler & G. Armstrong (2014), *Principles of Marketing*, 15th ed., Pearson, p.255.

에 대응하는 법적 보호 수단이 될 수 있으며 시장세분화를 돕는 수단도 될 수 있다. 상표는 소비자 측면에서 상품의 본질을 규명할 수 있게 한다. 즉 상표만으로 소비자가 해당 상품이 무엇인지 알 수 있도록 한다. 예를 들면 소비자가 상품을 구입하면서 "자양강장제 혹은 피로회복제 주세요"라고 말하기보다는 "박카스 주세요"라고 소비자가 구입하고자 하는 상표를 직접 말하는 경우이다. 또한 상표는 생산자의 책임을 증명하는 것이므로 소비자로부터의 신뢰감을 증대시킬 수 있고 상품 선택에서 소비자의 위험과 비용 부담을 경감시킬 수 있다. 또한 상표는 쇼핑의 편의를 제공할 뿐만 아니라 소비자 자신의 구매의지를 간접적으로 표출하는 수단이 될 수 있다.

생산자인 기업의 측면에서 상표는 상품의 법적 보호 수단이 되는 동시에 해당 기업 전체의 이미지를 평가하는 잣대가 될 수 있다. 신상품의 효과적 출시를 가능하게 하며 효과적 상표관리를 통해 소비자의 반복적 구매를 촉진하여 기업의 마케팅 비용을 절감할 수 있다.

2 브랜드의 계층구조 및 유형

브랜드의 계층구조는 그룹브랜드, 기업브랜드, 패밀리브랜드, 개별브랜드 및 브랜드 수식어로 형성되어 있다. 〈표 9-1〉에서 보는 바와 같이 삼성은 그룹브랜드, 삼성전자는 기업브랜드이며, 삼성전자가 생산하여 판매하는 스마트폰과 태블릿에는 패밀리브랜드인 갤럭시(Galaxy)를 사용한다. 스마트폰의 경우에는 갤럭시 A, J, S, Note의 개별브랜드에 숫자 및 수식어를 붙여 사용한다. 그러나 우리나의 경우 모든 기업들이 브랜드 계층구조를 가지고 있는 것은 아니다. 국내의 경우 기업브랜드와 패밀리브랜드, 개별브랜드와 브랜드 수식어 등의 혼합 형태로 운용되는 경우가 많아 보다 체계적인 브랜드 계층구조의 정립이 필요하다.

브랜드의 계층구조에서 어느 계층의 브랜드를 강조하는가에 따라 마케팅

✚ 표 9-1 | 삼성의 브랜드 계층구조

그룹브랜드	기업브랜드
SAMSUNG	SAMSUNG 삼성전자
패밀리브랜드	**개별브랜드 및 브랜드 수식어**
Samsung GALAXY	Samsung GALAXY S6 edge

효과가 달라질 수 있다. 삼성의 경우에도 그룹브랜드인 삼성과 기업브랜드인 삼성전자의 브랜드 파워가 이미 상당한 수준에 있기 때문에 갤럭시(Galaxy)라는 패밀리브랜드의 성공에 긍정적인 영향을 줄 수 있었다. 브랜드를 관리하는 마케팅관리자는 어느 브랜드를 중심으로 마케팅 활동을 전개할 것인지에 대해 신중히 검토하여야 한다. 현대자동차는 쏘나타라는 개별브랜드를 중심으로 제품개발과 개선 등을 시도하여 자동차생산업체로서 강력한 인상을 심어 줄 수 있었다. 즉 쏘나타라는 개별브랜드에 Ⅰ, Ⅱ, Ⅲ, EF, NF, YF, LF 등의 브랜드 수식어를 붙인 제품을 출시하며 끊임없이 새로운 변혁을 시도하고 있다는 것을 보여주고 있다.

브랜드 계층구조에서 대부분의 그룹브랜드는 별도로 존재하지 않고 기업브랜드와 일치하는 경우가 일반적이며, 기업브랜드는 기업의 상호, 즉 법인명과 일치하는 경우가 많다. 기업브랜드(corporate/company brand)란 기업의 상호를 제품의 브랜드로 사용하는 것이다. 기업브랜드는 한번 확정하면 변경하기 어렵고, 오랫동안 지속적으로 사용하기 때문에 신중하게 고려하여 개발하여야 한다. 기업브랜드는 소비자에게 일관성, 신뢰성, 상품이나 서비스의 품질과 가치에 대한 확신을 제공할 수 있다는 점에서 하나의 브랜드로 취급될 수 있다. 기업브랜드 중심전략은 식품산업과 같이 신상품에 대한 수용도가 낮은 산업이나 상품 품목이 많은 경우, 기술발전 속도가 빠른 경우 및 제품수명주기가 짧아 개별브랜드의 수명주기가 짧은 경우 등에 매우 유용하다. 국내에서는 역사가 오래된 식품기업들이 기업브랜드 중심전략을 주로 활용하고 있다. 예를 들어 현존하는 국내 브랜드 중 가장 오래된 샘표는 샘표식품의 브랜드인데 샘표식품에서 생산되는 대부분의 상품에 샘표라는 기업브랜드를 붙이고 있다. (주)오뚜기도 다양한 종류의 가공식품에서부터 차류, 건강기능식품 및 육가공품에 이르기까지 자사가 생산하고 있는 모든 제품에 오뚜기라는 브랜드를 사용하고 있다.

패밀리 브랜드(family brand = umbrella brand)는 여러 가지 다양한 카테고리의 상품에 공통적으로 부착되는 브랜드이다. 이는 동일한 소비자가 비슷한 콘셉트의 상품들을 한 장소에서 동시에 구입하는 경향이 높은 상품군에 주로 적용된다. 패밀리 브랜드는 비교적 짧은 시간에 새로운 상품을 널리 알릴 수 있다. 패밀리 브랜드는 화장품, 문구류, 식료품 등에서 사용되고 있다. 일례로 동원F&B의 양반은 김, 죽, 김치 등에 사용되고 있는 패밀리 브랜드라고 할 수 있다.

개별 브랜드(individual brand)는 한 가지 상품에만 부착되는 브랜드를 말한다. 이는 특정한 개별상품이나 상품군에 붙여진 이름으로 고유의 브랜드 아이덴티티를 보유한다. 개별 브랜드는 신상품의 실패 가능성이 높은 경우, 신상품 고유의 브랜드 아이덴티티를 구축하고자 하는 경우, 2위 기업이 기존의 브랜드 이미지를 벗고 새로운 틈새시장을 공략하고자 하는 경우 등에 유용하게 활용될 수 있다.

브랜드 수식어(brand modifier)는 개별브랜드를 추가적으로 설명하기 위해 붙여진 보조어를 말하는데, 상품의 속성이나 형태를 나타내기 위해 사용되는 것이 일반적이다. 예를 들어 과자명 뒤에 붙이는 '매운맛', '고소한 맛', '바비큐 맛' 등이 이에 해당한다. 브랜드 수식어는 가격을 올리기 위한 수단으로 활용되기도 하며, 유통점마다 다른 가격대의 색다른 상품을 원하는 경우 브랜드 수식어를 변경하여 브랜드 변종(brand variants)을 만들어 내기도 한다.

3 브랜드의 구성요소

브랜드는 넓은 의미로 해석하면 상품에 붙여진 이름을 의미하는 브랜드 네임 이외에 심벌과 로고, 캐릭터, 슬로건, 포장 등 다양한 요소들로 구성되어 있다.

브랜드 네임(brand name)은 브랜드 이미지를 인식시키고, 고객과 커뮤니케이션하는 데 있어서 가장 중요한 브랜드의 핵심요소이다. 브랜드 네임은 새로이 진입하려는 경쟁자에게 진입장벽의 역할을 하며 확립된 브랜드를 통해 기업에게 이익창출의 기회를 제공한다. 그러나 기업이 추구하는 모든 것을 브랜드 네임에 담을 수 없을 뿐만 아니라 그림 형태인 로고나 문장 형태인 슬로건에 비해 유연성이 떨어진다는 한계가 있다. 따라서 브랜드는 친숙성과 차별성, 독특성을 고려하여 만들어야 하는데 이를 위해서는 고객들이 쉽게 연상할 수 있도록 하여야 한다. 이는 브랜드 네임에 대한 고객의 반응과 평가가 브랜드 자산의 형성과 평가에 중요하기 때문이다.

심벌(symbol)과 로고(logo)는 기호화된 모양이나 색 등에 의해 고객에게 시각적 정보를 제공하는 요소이다. 심벌과 로고는 상품의 이미지를 형성하는 중요 수단이 되고 있다. 이는 고객을 논리적 판단에서가 아니라 감정적으로 이해시키기 위한 중요한 수단이 되기 때문이다. 심벌과 로고는 브랜드 네임에 비하여 상대적으로 변형과 수정이 용이하다. 따라서 시간이 흐르면 구시대적 이미지를 버리고 세련된 현대적 이미지를 풍길 수 있도록 새롭게 만드는 것이 일반적이다. 그러나 심벌과 로고는 법적 보호를 받기 어렵기 때문에 경쟁자의 모방에 주의하여야 한다.

캐릭터(character)는 기업이나 특정한 상품의 특징을 강조할 목적으로 브랜드를 의인화한 것이다. 즉 브랜드가 가지고 있는 개성을 그대로 살려서 움직일 수 있도록 만든 상징체라고 할 수 있다. 캐릭터는 (주)옥시의 물먹는 하마와 같이 제품의 개성을 표출하거나 유한킴벌리의 뽀삐와 같이 친근감을 조성하는 데 효과적 수단이 될 수 있다. 그러나 캐릭터의 이미지가 너무나 강하게 표출되면 브랜드와 상품이 캐릭터에 묻혀버릴 가능성이 있으니 주의하여야 한다.

슬로건(slogan)은 짧은 브랜드 네임에 담기 어려웠던 내용을 전달하거나 그림 형태인 로고나 심벌 및 캐릭터에서 직접 표현하기 어려웠던 것들을 담아 고객에게 전달하는 중요한 수단이다. 예를 들어 나이키(Nike)의 'Just Do It', 애플(Apple)의 'Think Different' 등은 널리 알려진 슬로건이다. 우리나라의 경우에도 슬로건이 널리 알려지면서 기업과 제품이 알려진 경우도 흔히 찾아볼 수 있다. 예를 들면 농심 신라면의 '사나이 울리는 매운 맛', 제일제당 다시다의 '고향의 맛', 오리온 초코파이의 '말하지 않아도 알아요. 오리온 초코파이 정' 등이 이에 해당한다. 슬로건은 삼성전자의 'Any Call'과 같이 구체적이고 적절하며 기억하기 쉬운 문장을 선택하여야 한다.

포장(package)은 한국공업규격(KS)에 의하면 유통과정에서 물품의 가치 및 상태를 보호하기 위하여 적합한 재료 또는 용기 등으로 물품을 싸는 방법 및 상태를 말한다. 포장은 상품의 보관 · 유통 · 사용의 편리함을 제공하는 1차적 기능 이외에 상품의 정보 제공 및 시각 요소를 통한 브랜드 이미지 전달이라는 2차적 기능도 수행한다. 포장의 2차적 기능 때문에 브랜드 이미지를 전달하기 위한 수단으로 활용될 수 있다. 예를 들어 코카콜라(Coca Cola)는 빨간색과 흰색의 조화를 통해 경쾌한 이미지를 연상하게 하고 있으며, 농심 신(辛)라면은 붉은색과 검은색을 통해 매운 맛을 강조하고 있다.

2) 브랜딩

1 브랜딩 개념

브랜딩(Branding)이란 제품이나 서비스에 대해 브랜드 파워를 부여하는 것이라고 할 수 있다.* 여기에는 기업과 상품을 차별화시킬 수 있는 브랜드를 구축하고 이를 소비자에게 인지시키는 활동이 모두 포함된다. 즉 기업이 브랜드를 만들고 이를 고객에게 인식시켜 고객에 마음속에 브랜드 아이덴티티(brand identity)를 구축하는 브랜드 구축(brand building)과 장기적 관점에서 고객들에게 좋은 브랜드 아이덴티티가 형성될 수 있도록 일관성을 유지하는 브랜드 관리(brand management)가 모두 포함된다.

2 브랜딩 전략

신제품의 브랜딩은 우선 브랜드화 여부 결정에서부터 시작된다. 브랜드를 부착한다는 것은 인지된 품질을 높이고 상품의 품위를 제고하겠다는 것이고, 브랜드를 부착하지 않는다는 것은 브랜드 부착 및 관리에 소요되는 비용을 절감하고 이를 통해 가격을 인하하겠다는 것이다. 오늘날의 마케팅에서는 브랜드를 부착하지 않던 일상용품까지도 브랜드에 의한 차별화를 시도하는 것이 일반적이다.

브랜드를 부착하기로 하였다면 브랜드 주체를 결정하여야 한다. 생산업자가 자신의 브랜드를 부착하는 자사 브랜드 전략을 활용한 것인지, 아니면 타사 브랜드, 즉 도입 브랜드 또는 유통업자 브랜드인 주문자상표를 부착할 것인지 결정하여야 한다.

---

* P. Kotler & K. L. Keller (2012), *Marketing Management*, 14th ed., Pearson, pp.265.

✚ 표 9-2 | 개별 브랜드 전략과 공동 브랜드 전략의 비교

구분	개별 브랜드	공동 브랜드
장점	ㅇ 브랜드에 의한 시장세분화가 가능하고 브랜드별 마케팅 전략 수립이 가능 ㅇ 브랜드별로 다른 이미지를 구축할 수 있어 자기 잠식의 가능성이 적음 ㅇ 특정 제품의 실패가 다른 제품에 대한 부정적 영향이 상대적으로 적음	ㅇ 마케팅 비용 절감 효과 ㅇ 다양한 제품군에 동일 브랜드를 채택하여 기업과 제품에 대한 소비자의 신뢰성 증대 ㅇ 특정 브랜드의 성공으로 인한 동일 브랜드 제품의 긍정적 파급효과
단점	ㅇ 상당한 마케팅 비용 부담 ㅇ 특정 브랜드의 성공에 따른 파급효과를 기대하기 어려움 ㅇ 다양하고 많은 브랜드로 인한 소비자 혼동 및 이로 인한 관리비용의 증가와 경영의 비효율성	ㅇ 특정 브랜드의 실패가 다른 브랜드에 대한 부정적 효과 초래 ㅇ 초기 제품이 강력한 이미지를 형성하면 다른 제품의 공동 브랜드 유지 곤란 ㅇ 신제품이 유사한 자사 제품의 매출을 잠식

자사 브랜드를 사용하기로 하였다면 구체적인 상표명(brand name)을 결정하여야 한다. 상표명을 결정하는 과정에서는 개별상표를 사용할 것인지 아니면 공동상표를 사용할 것인지 등에 대해 고려하여야 한다. 개별상표명(individual brand names)전략이란 개별품목마다 독자적인 브랜드를 사용하는 전략이다. 이 전략은 취급하는 품목이 가격이나 품질 면에서 상이한 경우 유용하며, 동일한 제품군일지라도 품질수준에 따라 다른 브랜드를 사용할 수 있다. 예를 들어 대한항공에서는 대한항공이 100% 출자한 저가항공사의 이름을 진에어라고 붙였다. 개별상표전략은 특정 품목의 실패가 기업 전체의 명성에 피해를 끼치지 않을 수 있고, 다른 상표로서 개별 세분시장에 포지셔닝함으로써 신제품 출하 시 소비자에게 새로운 이미지를 전달할 수 있다는 특성이 있다. 공동상표명(blanket family name for all products) 또는 포괄상표명 전략은 모든 제품에 공동의 동일 상표를 사용하는 전략이다. 예를 들어 케첩으로 유명한 하인즈(Heinz)의 경우 케첩 이외에도 스파게티 소스 · 칠리 소스 · 머스터드 소스 · 우스터 소스 등의 다양한 소스류와 통조림, 주스, 식초 등에서도 하인즈라는 상표를 공동으로 사용하고 있다. 또한 야마

하(Yamaha)의 경우에도 피아노를 비롯한 악기, 오토바이와 보트 등의 엔진, 골프채 등 전혀 어울리지 않는 분야에서 공동 상표를 성공적으로 활용하고 있다. 공동상표명 전략은 상표명 선정을 위한 별도의 조사가 필요 없고, 상표명 인식과 선호를 소비자에게 심어주기 위해 별도의 광고비 등을 투입할 필요가 없어 신제품 도입 시 비용을 절감할 수 있다는 이점이 있다. 또한 제조회사가 잘 알려진 경우에는 신제품도 즉각적으로 판매가 가능하다. 경우에 따라서는 계열별 포괄상표명, 즉 부문별 공동 브랜드(separate family names for all products)전략을 활용할 수도 있다. 이는 기업이 생산하는 제품계열이나 품목 또는 품질 등에 따라 각기 다른 포괄 상표를 사용하는 전략이다. 예를 들어 LG전자가 에어콘에는 휘센(Whisen), 텔레비전에는 X-캔버스(X-Canvas), 냉장고에는 디오스(Dios) 등을 사용하는 것이 이러한 예에 속한다. 또한 상호(기업명)와 개별상표명의 결합(company trade names combined with individual product names)전략을 활용할 수도 있다. 이는 회사 이름과 개별상표를 연관시키는 전략으로 신제품 출하 시 기업의 좋은 평판을 최대한 이용하고자 하는 것이다.

브랜딩 전략에서는 복합 브랜딩과 요소 브랜딩에 대하여도 고려하여야 한다. 복합 브랜딩(co-branding)은 듀얼 브랜딩(dual branding) 또는 브랜드 번들링(brand bundling)이라고도 하는데, 이는 둘 이상의 잘 알려진 기존 브랜드들을 결합하여 공동 제품을 만들거나 공동으로 마케팅하는 것을 말한다. 구체적으로는 동일기업 복합 브랜딩(same company co-branding), 합작기업의 공동 브랜딩(joint venture co-branding), 소매업자의 복합 브랜딩(retail co-branding), 다중후원자의 복합 브랜딩(multiple sponsor co-branding) 등 다양한 형태로 활용되고 있다. 복합브랜딩은 제품이 다양한 브랜드로 포지션되어 있기 때문에 기존 목표시장에서 보다 높은 매출을 올릴 수 있고, 새로운 소비자와 유통경로에 진출이 가능하며, 두 가지의 잘 알려진 이미지가 결합되어 잠재수요를 촉진하므로 제품출시에 드는 비용을 절감할 수 있다. 그러나 다른 브랜드와의 조정과정에서 상표에 대한 통제력을 상실할 우려가 있기 때문에 철저한 관리가 필요하다. 특정 제품의 불만족스러운 성과는 두 브랜드 모두에게 손실을 초래할 수 있고, 과다노출로 브랜드 연상이 희석될 수 있으며, 기존 자사 브랜드에 대한 관심이 감소될 우려가 있기 때문이다.

요소 브랜딩(ingredient branding)이란 특정 브랜드 제품에 들어가야 하는 자재, 구성품, 부품에 대한 브랜드 자산을 창출하기 위해 이를 복합하는 것이다. 예를 들면 잡음 제거 시스템 돌비(Dolby), 방수 소재 고어텍스(Gore Tex), 컴퓨터 칩 인텔(Intel: Intel Inside 로고가 들어간 컴퓨터 구입) 등이 이에 해당한다.

어떠한 전략에 의해 상표를 부착하든 마케팅 목표 달성에 적합한 상표가 되기 위해서는 쉽게 발음되고 기억되는 상표이면서 다른 제품과 선명하게 구별되는 상표이어야 한다. 이 이외에도 제품의 중요한 특징을 암시하고 있어야 하며 제품이 제공하는 이점을 나타내고 있어야 한다. 또한 기업의 이미지와 제품의 이미지가 일치되어야 한다. 마지막으로 법적 보호를 위해 상표등록이 가능하여야 한다.

브랜딩 전략에서는 경쟁상황에 따라서도 다양한 전략을 구사할 수 있다. 경쟁상황에 따라서는 서브브랜드 전략, 개별브랜드 전략, 브랜드 확장전략 및 미투 브랜드 전략 등 다양한 유형의 전략을 고려할 수 있다.

서브 브랜드 전략(sub brand strategy)은 기존 브랜드를 강화하는 전략이다. 이 전략은 기존 시장에서 1위 자리를 고수하고 있는 기업이 경쟁기업의 신규상품에 대한 방어전략으로 활용하는데 경쟁상품의 콘셉트와 대응할 만한 서브 브랜드를 만들어 기존 브랜드를 방어하는 방법이다. 이 전략은 양념류 시장과 청량음료 시장에서 많이 활용되고 있다. 예를 들어 순창고추장이라는 브랜드로 고추장 시장에서 점유율 1위를 차지하고 있는 (주)대상이 해찬들에서 만든 '태양초 고추장'에 맞서, 시장방어용 브랜드인 '청정원-고운 빛 매운 고추장'을 새로 개발하여 경쟁시킴으로써 기존의 순창고추장 브랜드를 방어하는 전략을 구사하였다.

확실한 상품차별성이 있는 경우에는 개별 브랜드 전략(individual brand strategy)을 활용한다. 이는 상품 자체가 독특하고 혁신적이라면 이를 충분히 반영해 줄 수 있는 창의적인 개별브랜드를 사용하는 것이 상품 이미지 부각에 유리하기 때문이다. 삼성전자는 일반적으로 삼성이라는 브랜드를 중심으로 각종 신제품들을 출시해 왔으나 지펠(Zipel)냉장고의 경우에는 최고급 상품라인을 별도로 만들고 개별브랜드로 출시하여 큰 성공을 거두었다.

강력한 기존 브랜드를 확보하고 있는 경우라면 브랜드 확장 전략(brand extension strategy)을 활용할 수 있다. 이는 시장에서 기존 브랜드의 이미지가 확고하고 긍정적일 경우 이를 이용하여 동일하거나 유사한 콘셉트의 상품군으로 브랜드를 확장하는 전략이다. 예를 들면 만화영화 사업을 통해 브랜드 이미지를 쌓아온 디즈니(Walt Disney)는 기존의 목표고객을 대상으로 동일한 마케팅 콘셉트를 유지하면서 캐릭터 상품점, 출판, 게임, 오디오 및 테마파크 사업에까지 성공적으로 확장하였다. 그러나 상품확장을 위해서는 상표명 결정 시 이를 미리 고려하여야 한다. 예를 들면 오란씨(Oran-C)는 오렌지 맛 탄산음료로는 매우 좋은 이름이지만 포도, 파인애플 등 다른 맛으로의 확장 가능성을 놓고 보면 환타(Fanta)에 뒤떨어진다. 환타는 1968년 오렌지 향을 처음으로 소개한 뒤 1974년 포도 향, 2000년 파인애플 향, 2001년 후르트 펀치와 딸기 향, 2010년에는 애플 향 등 제품을 다양화하며 환타라는 브랜드명을 고수하였다.

미투 브랜드 전략(me-too brand strategy)은 기존 패턴에 의존하는 후발주자의 소극적 대응방안이다. 이는 경쟁이 치열한 시장에 후발주자로 진입하는 경우 1등 브랜드를 모방하는 전략으로 마케팅 역량이 부족하여 상품 카테고리의 일부분이라도 차지할 목적으로 수행된다. 예를 들면 농심 신라면이 선도 브랜드로 자리 잡고 있는 매운라면 시장에 참여하기 위해 오뚜기는 열라면으로, 빙그레는 매운콩라면으로, 한국야쿠르트는 팔도 맵시면(맵고 시원한 라면)과 틈새라면 빨계떡으로 미투(me-too)브랜드 전략을 실행하여 시장의 부분잠식에 성공하였다.

시장에는 매일매일 새로운 상품이나 서비스가 출시되고 있고 이에 따라 새로운 브랜드도 소개되고 있으나 성공한 브랜드로 소비자들의 기억 속에 오래도록 남아 있는 경우는 그리 많지 않다.* 소비자들의 기억 속에 오래도록 남기 위해

* 포지셔닝과 마케팅 불변의 법칙의 저자이며 맥심과 같이 전 세계적으로 성공한 브랜드를 여러 개 만들어낸

서는 첫째, 소비자의 기억 속에 한 단어를 각인시켜야 한다. 즉 강력한 브랜드 이미지를 형성하려면 소비자의 기억 속에 자사 브랜드와 연관된 특정 단어가 연상되어야 하는데, 상품 자체는 시각적 실체를 가지고 있지만, 실제로 소비자의 기억 속에서 해당 상품의 의미를 부여하는 것은 브랜드 및 이와 관련된 연상이기 때문이다. 예를 들어 소니(Sony)는 소형(small), 메르세데스 벤츠(Mercedes Benz)는 권위(prestige), 볼보(Volvo)는 안전(Safety)이라는 의미를 연상하게 된다. 콜라 하면 코카콜라(Coca Cola), 소주하면 진로와 같이 소비자의 기억 속에 한 단어를 차지한 브랜드는 업종을 대표하는 브랜드가 될 수 있다.

둘째, 초점을 좁혀서 승부하여야 한다. 강력한 브랜딩은 항상 확장하는 것이 아니라 축소하는 일로부터 시작된다. 브랜드의 과도한 확장은 단기적으로 추가적 매출증대의 효과는 있을지 모르나 장기적으로 브랜드 파워가 약화되고 브랜드 이미지도 흐려질 수 있기 때문이다. 스타벅스(Starbucks)는 독창적 사업 감각을 지닌 하워드 슐츠(Howard Schultz)가 커피라는 단일 상품에 집중하였기 때문에 오늘날 연간 수억 달러의 매출을 올리는 세계 제1의 커피전문 체인점으로 성장할 수 있었다.

셋째, 업종의 선도 브랜드는 후속 브랜드를 적극 영입할 필요가 있다. 업종을 형성하기 위해서 선도 브랜드는 후속 브랜드의 탄생을 적극적으로 환영하여야 한다. 이는 전체적으로 시장이 확대되고 수요도 증대될 수 있기 때문이다. 특히, 업종이 새로이 만들어지거나 업종 간 경쟁이 치열한 경우 이러한 전략은 더욱 중요하다. 코카콜라(Coca Cola)만의 독점시장에 펩시콜라(Pepsi Cola)가 출현함으로써 소비자들이 콜라에 대해 더 많은 것을 알 수 있게 되었고 콜라의 소비도 급속히 증대되었다. 일반적으로 코카콜라는 연장자에게 펩시콜라는 젊은 층에게 어필함으로써 전체 콜라 시장이 크게 확대되었고 결국 코카콜라의 수익도 증대될 수 있었다.

브랜딩 전문가 알 라이스(Al Ries)의 브랜딩 불변의 법칙을 참고한 7가지 브랜드 전략이다.

넷째, 광고가 아닌 홍보로 브랜드를 탄생시켜야 한다. 마케팅관리자들은 광고에 대해 절대적인 믿음을 가지고 있으나 강력한 브랜드의 탄생은 광고보다는 홍보에 의해 이루어지는 경우가 더 많다. 일반적으로 일반 대중들은 광고보다 홍보를 훨씬 더 신뢰하는 경향이 있기 때문이다. 일례로 미국의 애니타 로딕(Anita Roddick)은 광고를 하지 않고 바디숍(body shop) 브랜드를 구축하였다. 그녀는 "순수 자연주의 바디숍은 적극적인 사회참여를 통해 사회와 환경의 긍정적인 변화를 위해 함께 노력한다"는 기업의 설립 이념을 강조하며 전 세계를 돌아다니는 홍보를 실시하였다. 천연화장품 등을 비롯한 환경친화적 상품 아이디어를 강조하는 홍보활동을 지속적으로 전개한 것이다. 실제로 애니타 로딕은 1986년 영국의 그린피스와 손잡고 벌인 '고래를 구하자'를 비롯해 1987년부터 시작된 동물실험 반대 캠페인, 1989년 브라질 열대우림 지역의 방화 중지를 요청하는 'Stop the Burn' 등의 활동에 직접 참여하였다. 그녀의 활동은 신문과 잡지 기사로 보도되었을 뿐만 아니라 라디오와 텔레비전의 인터뷰로 이어져 현재의 바디숍 브랜드를 만들어 내는 데 실질적인 역할을 하였다.

다섯째, 일단 형성된 브랜드를 지키기 위해서는 지속적으로 광고할 필요가 있다. 홍보가 브랜드 형성을 위한 강력한 수단이라면 광고는 성공한 브랜드의 위치를 지켜주는 수단이기 때문이다.

여섯째, 초기부터 글로벌 브랜드로 시작하여야 한다. 브랜드는 런칭 초기부터 세계시장을 겨냥한 글로벌 브랜드로 만들어야 한다. 국내용과 해외용 브랜드가 따로 존재하면 기업역량이 분산되어 브랜드 이미지를 약화시킬 수 있기 때문이다. 오늘날에는 인터넷 정보통신의 발달로 국가 간 시장의 벽이 없어지고 있어 가능하다면 통합된 글로벌 브랜드로 시작하고 기업의 브랜딩 역량을 집중하여야 한다. 또한 사이버 브랜딩 전략도 같이 하는 것이 바람직하다. 오프라인 브랜드뿐만 아니라 온라인상의 사이버 브랜딩 전략도 함께 수행하여야 한다. 오늘날의 비즈니스는 물리적 세계(physical world)와 정보로 이루어진 가상세계(virtual world)의 경쟁도 치열하게 전개되고 있기 때문이다. 사이버 브랜딩은 오프라인상의 물리적 브랜드와 다른 특성이 있는데, 이는 활동공간이 확연하게 다르기 때문이다. 따라서 브랜드 구축방법이나 커뮤니케이션 유형도 달라져야 한다.

3) 전략적 브랜드 관리

전략적 브랜드 관리(strategic brand management)란 브랜드의 가치를 최대화하기 위해 브랜드를 구축하고 측정하고 관리하기 위한 마케팅 활동과 프로그램을 계획하고 실행하는 것을 말한다. 즉 마케팅 목표 달성을 위해 강력한 브랜드를 구축하고 이를 효율적으로 활용하는 통합적 활동 및 과정이다.

✚ 그림 9-1 | 전략적 브랜드 관리 과정

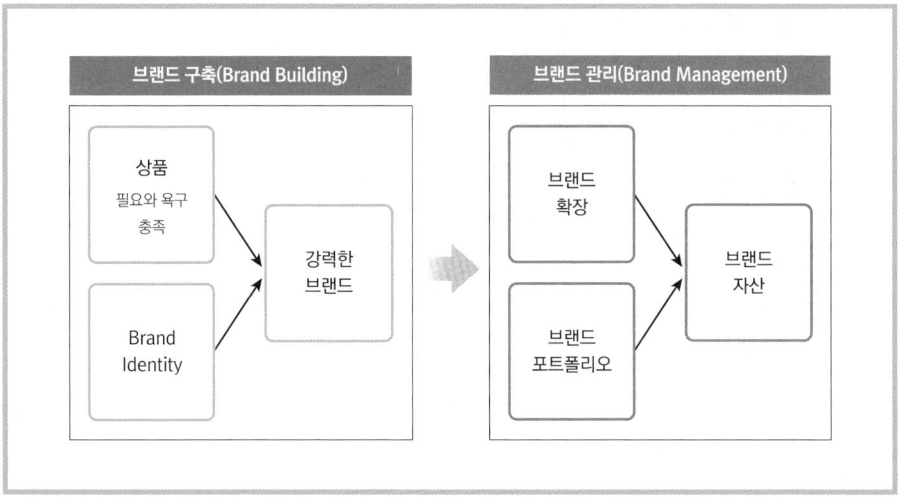

1 브랜드 구축

브랜드 구축(brand building)은 상품을 통해 고객의 필요와 욕구를 충족시키고 이를 인식시켜 고객의 마음속에 브랜드 아이덴티티(brand identity: BI)를 형성함으로써 강력한 브랜드를 만드는 과정 및 활동이다. 여기서 강력한 브랜드란 소비자들이 알아주고, 품질을 인정하며, 좋은 이미지 연상을 떠오르게 하고, 또다시 사고 싶고 남에게 자랑하고 싶은 브랜드를 말한다.* 예를 들면 코카콜라, 애플, 삼성 등과 같이 브랜드 파워(brand power)를 보유하고 있어 브랜드 자산(brand equity) 가치가 있는 브랜드를 강력한 브랜드라고 할 수 있다. 강력한 브랜드를 창출하기 위해서는 첫째, 고객이 브랜드를 얼마나 잘 인지하고 있는가를 보여주는 브랜드 인지도가 높아야 한다. 둘째, 고객들이 상품이나 서비스의 품질에 대해 얼마나 알아주는가를 나타내는 척도, 즉 인지된 품질에 대한 명성이 있어야 한다. 특히, 온라인에서는 품질 단서가 상대적으로 부족하므로 품질 명성이 매우 중요하다. 셋째, 브랜드를 생각할 때 떠오르는 이미지로서 긍정적인 브랜드 연상이 있어야 하며, 마지막으로 고객이 브랜드를 얼마나 좋아하는가를 보여주는 브랜드 애호도가 높아야 한다. 브랜드 애호도가 높으면 해당 브랜드를 좋아하게 되어 다시 사고 싶어 하며, 다른 사람들에게 해당 브랜드를 추천하기도 한다.**

브랜드 아이덴티티(brand identity)는 기업이 회사나 자사 제품을 식별시키거나 포지션하고자 하는 방식을 말하는 것으로 상징, 색상, 슬로건, 분위기, 매체, 이벤트 등의 모든 커뮤니케이션 수단들과 브랜드 접촉을 통해 전달하게 된다. 즉 브랜드 아이덴티티란 브랜드 구성요소와 브랜딩 과정의 모든 요소와 활동들을 이용하여 소비자의 마음속에 경쟁기업과 구분되어 명확하게 각인된 독특한 브랜드 이미지의 총체를 말한다. 좋은 브랜드 아이덴티티를 구축하기 위해서는 브랜드 네이밍과 함께 긍정적인 브랜드 연상이 중요하다.

---

* 김정구(2000), 미래형 e마케팅, 영진Biz.com, p.215.

** A. D. Arker (1966), *Building Strong Brands*, The Free Press.

2 브랜드 확장

브랜드 확장(brand extension)은 개발된 브랜드를 다른 상품이나 분야에서 효율적으로 다양하게 활용하는 것을 말한다. 브랜드 확장은 라인 확장과 범주 확장을 통해 이루어진다.*

라인 확장(line extension)은 모 브랜드가 속한 제품범주 내의 새로운 신제품, 즉 향, 형태, 색상, 포장단위 등이 달라진 신제품에 모 브랜드를 사용하는 것이다.** 라인 확장은 현재 브랜드가 존재하고 있는 기존 상품군 내에서의 확장으로 기존 브랜드와 동일한 상품범주 내에서 만들어진 신상품에 기존 브랜드를 사용하는 것이다.

라인 확장은 적은 비용으로 매출 및 수익성을 증대시킬 수 있고, 브랜드 확

✚ 그림 9-2 | 브랜드 확장의 유형

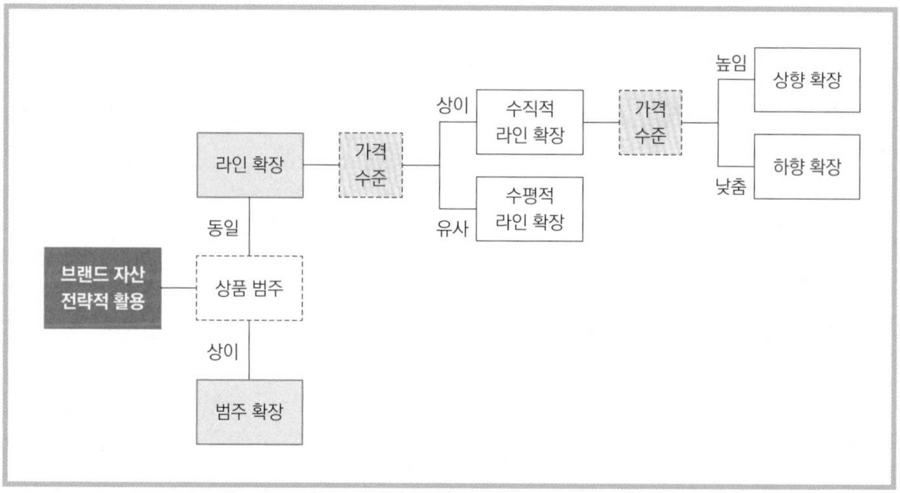

자료: 이훈영(2015), 마케팅, 제2판, 청람, p.14.

---

* P. Farquhar (1989. 9), Managing Brand Equity, *Marketing Research*, Vol.1, pp.24-33.

** P. Kotler & K. L. Keller (2012), *Marketing Management*, 14th ed., Pearson, pp.282-283.

장으로 모 브랜드에 대한 소비자들의 태도가 보다 호의적으로 바뀌는 긍정적 반향효과(feedback effect or reciprocal effect)를 얻을 수 있다는 장점이 있다. 그러나 기존 브랜드가 신상품의 특성을 잘 나타내지 못하여 신상품이 실패할 전략적 한계 및 위험이 있다. 실제로 1990년대 초 LG 생활건강이 '한스푼'을, CJ 제일제당이 '비트'를 내놓으면서 고농축 세탁세제 붐이 일어나자 애경산업은 '울트라 스파크'를 내놓았다. '울트라 스파크'는 애경의 세탁세제인 '스파크'를 라인 확장한 것이었는데, 대부분의 소비자들은 '울트라 스파크'가 새로운 고농축 세제가 아니라 '스파크'의 이름만 바꾼 것으로 생각하여 판매증대에 실패하였다. 또한 부정적 반향효과가 나타나기도 한다. 1980년대 중반 미국 시장에서 잘 팔리고 있던 아우디 5000이 급발진 사고를 일으켰다는 의혹이 제기되면서 아우디 5000은 물론 자매 모델인 아우디 4000의 판매까지 급감하게 되었다. 그러나 같은 아우디(Audi) 모델이지만 아우디 이름을 붙이지 않았던 콰트로(Quattro)의 판매는 거의 영향을 받지 않았다. 경우에 따라서는 라인 확장된 신상품이 기존 브랜드의 이미지를 약화시키는 희석효과(dilution effect)가 나타나기도 하며 심하면 자기잠식(cannibalization)으로 발전할 수도 있다. 커피 시장의 고급 브랜드 전략을 구사하던 초이스(Taster's choice) 커피가 캔 커피에도 초이스 브랜드를 붙인 것은 초이스 커피의 고급 이미지에 손상을 입힐 가능성이 높다. 상향 확장의 경우에는 프리미엄 이미지 구축에 실패할 가능성도 있다. 도요타 자동차가 미국 시장에 최고급 승용차인 렉서스(Lexus)를 내놓으면서 '도요타=경제적인 차'라는 이미지가 렉서스의 판매에 장애가 된다고 판단하여 아예 도요타의 이름을 사용하지 않았을 뿐만 아니라 별도의 렉서스 딜러 네트워크를 구축하여 판매하도록 하였다. 더욱이 라인 확장은 경로 간 갈등을 유발시킬 가능성도 있다. 아모레 퍼시픽이 라네즈(Laneige)를 전문점과 대형마트 양쪽에서 판매하였는데, 전문점 주인들은 대형마트에서 라네즈가 더 낮은 가격에 팔리고 있기 때문에 판매가 저조하다고 강한 불만을 표시하였다. 이 때문에 아모레 퍼시픽은 대형마트 전용 브랜드인 이니스프리(Innisfree)를 출시하고 라네즈는 전문점에서만 판매하기로 하였다.

범주 확장(category extension)은 모 브랜드가 속한 제품범주 이외의 제품범주에 속하는 신제품에 모 브랜드를 사용하는 것이다.* 이는 하나의 상품시장에 높은 명성을 얻게 된 기존 브랜드 네임을 완전히 다른 새로운 시장의 신상품 브랜드로 사용하는 것으로 기존 브랜드 네임을 그 기업의 다른 상품군에 속한 신제품에서 같이 사용하는 것이다. 이는 이미 구축된 기존 브랜드의 명성이나 이미지와 같은 자산적 가치를 새로운 상품에 전이시켜 신상품 도입 및 성공을 보다 용이하게 하는 것이다. 범주 확장은 즉각적으로 높은 인지도를 달성하여 낮은 비용으로도 신제품의 성공 가능성을 제고시킬 수 있고 긍정적 반향 효과도 얻을 수 있다는 장점이 있다. 그러나 두 상품 범주 간 유사성이 낮은 경우 실패할 가능성이 높다. 일례로 샘표식품이 캔 커피를 출시하며 샘표 브랜드를 붙였다가 실패하기도 하였다. 따라서 유사성이 높아야 하는데, 여기서 유사성이란 비누와 샴푸같이 상품과 상품 간 유사성 및 브랜드 이미지와 상품 간의 유사성을 말한다. 비록 상품 간 유사성이 낮더라도 브랜드 이미지와 상품 사이에 유사성이 높으면 범주 확장의 성공 가능성이 높아진다. 롤렉스(Rolex)는 시계라는 이미지는 물론 고급스럽다는 이미지도 가지고 있기 때문에 시계와 유사성이 낮은 넥타이핀이나 남성용 향수 등의 상품으로 확장해도 성공 가능성이 있다. 반면에 기존 브랜드가 특정 상품 범주와 밀접히 연결되어 있다면 실패 가능성이 높아진다. 또한 부정적 반향 효과가 라인 확장보다는 발생 가능성이 크다는 한계가 있다.

3 브랜드 포트폴리오

브랜드 포트폴리오(brand portfolio)란 기업이 특정 제품 범주의 소비자들에게 제공하는 전체 브랜드들과 브랜드 라인의 집합을 말한다. 브랜드 포트폴리오를

---

* P. Kotler & K. L. Keller (2012), *Marketing Management*, 14th ed., Pearson, p.283.

구성할 때에는 잠재고객들을 간과하지 않도록 브랜드 간 중복을 최소화하여야 한다. 기업들이 다수의 브랜드를 도입하여 브랜드 포트폴리오를 구축하는 이유는 소매점 선반의 진열 면적을 증가시키고 소매점의 의존성을 높이기 위해, 다른 브랜드로의 전환 가능성이 있는 다양성 추구 소비자들을 끌어들이기 위해, 기업 내부의 경쟁을 조성하기 위해, 그리고 광고 · 판매 · 머천다이징 · 유통 등에서 규모의 경제를 달성하기 위해 등 매우 다양하다.*

브랜드 포트폴리오를 구성하였을 경우 브랜드 포트폴리오 내 특정 브랜드는 첫째, 측면 브랜드(flanker)의 역할을 하기도 한다. 측면 브랜드는 대표 브랜드(flagship brand)가 가지고 있는 현재의 포지션을 유지할 수 있도록 경쟁기업의 브랜드와 싸우는 브랜드로서의 역할을 하게 된다. 예를 들어 P&G(Procter & Gamble) 사에서는 프리미엄 대표 브랜드인 팸퍼스(Pampers)를 보호하기 위한 측면 브랜드로서 루브스(Luvs)를 활용하기도 하였다. 이때 측면 브랜드가 너무 매력적으로 보여 대표 브랜드의 비교 브랜드가 되거나 대표 브랜드의 매출을 잠식하지 않아야 하여야 하고, 반대로 지나치게 싸구려로 보이게 해서도 안 된다. 둘째, 자금 젖소(cash cow)브랜드의 역할을 하기도 한다. 자금 젖소 브랜드란 매출이 감소하더라도 충분히 많은 소비자들이 선호하기 때문에 별다른 마케팅 지원 없이 수익성을 유지하는 브랜드를 말한다. 기업은 자금 젖소 브랜드를 이용하여 현금 수입을 확보한다. 예를 들어 질레트(Gillett)는 기술진보에 따른 신제품 프라이드(Pride), 팬텀(Phantom), 퓨전(Fusion) 등의 마케팅 활동에 집중하고 있지만 여전히 기존 제품인 마하(Mach Ⅲ), 센서(Sensor), 컨투어(Contour), 벡터(Vector), 블루(Blue) 등을 판매하고 있는데 이는 기존 브랜드 유지가 수익성에 더 좋기 때문이다. 셋째, 저가격 브랜드(low-end entry brand)로서 고객을 유인하는 역할을 담당하기도 한다. 저가격 브랜드로 고객을 유인하여 고가격 브랜드를 구입하도록 설득하는 것이다. BMW가 5시리즈나 7시리즈 등의 고가 모델 구매를 바라면서 3시리즈를 출시한 것이 이러한 예에 속한

---

* P. Kotler & K. L. Keller (2012), *Marketing Management*, 14th ed., Pearson, p.284.

다. 반대로 고가격 브랜드(high-end prestige)로서 브랜드 포트폴리오의 명성과 신뢰성을 높이는 역할을 하기도 한다. 쉐보레(Chevrolet)의 콜벳(Corvette)은 고성능 스포츠카가 가지는 진정한 가치에 호기심을 가진 고객들을 쇼룸으로 끌어들이는 동시에 다른 자동차의 이미지를 개선하기 위한 것이라고 할 수 있다.

4) 브랜드 자산

1 브랜드 자산의 의의

브랜드 자산(brand equity)이란 브랜드가 창출하는 부가가치를 말한다. 즉 소비자가 브랜드를 어떻게 생각하고, 느끼고, 행동하는가에 영향을 미치는 제품과 서비스에 부여된 부가적 가치이다.* 브랜드 자산은 기업에게 심리적 가치와 재무적 가치를 주는 중요한 무형자산이다. 최근에는 고객 기반 브랜드 자산(customer-based brand equity)으로서 브랜드 지식이 마케팅에 대한 소비자의 반응에 미치는 차별적 영향으로 이해되고 있다. 이는 다른 브랜드와는 차별적으로 나타나는 소비자 반응의 결과로서 소비자가 브랜드에 대해 가지는 생각, 감정, 이미지, 경험, 신념 등 소비자의 브랜드 지식에 대한 결과이며 브랜드 마케팅과 관련된 소비자의 지각, 선호, 행동 등을 반영한 것이라고 할 수 있다.

브랜드 자산의 이론적 개념은 에이커(D. A. Aaker)가 1990년에 발표한 논문 Managing Brand Equity에서 처음으로 정립하였다. 이에 의하면 특정 이름과 심벌을 가진 브랜드와 관련된 일련의 자산과 부채를 의미하는 것으로, 해당 기업이 고객에게 제공하는 재화나 서비스의 가치를 증가시키거나 감소시키는 역할을 한다.

---

* P. Kotler & K. L. Keller (2012), *Marketing Management*, 14th ed., Pearson, p.265.

✚ 그림 9-3 | 브랜드 자산의 모형

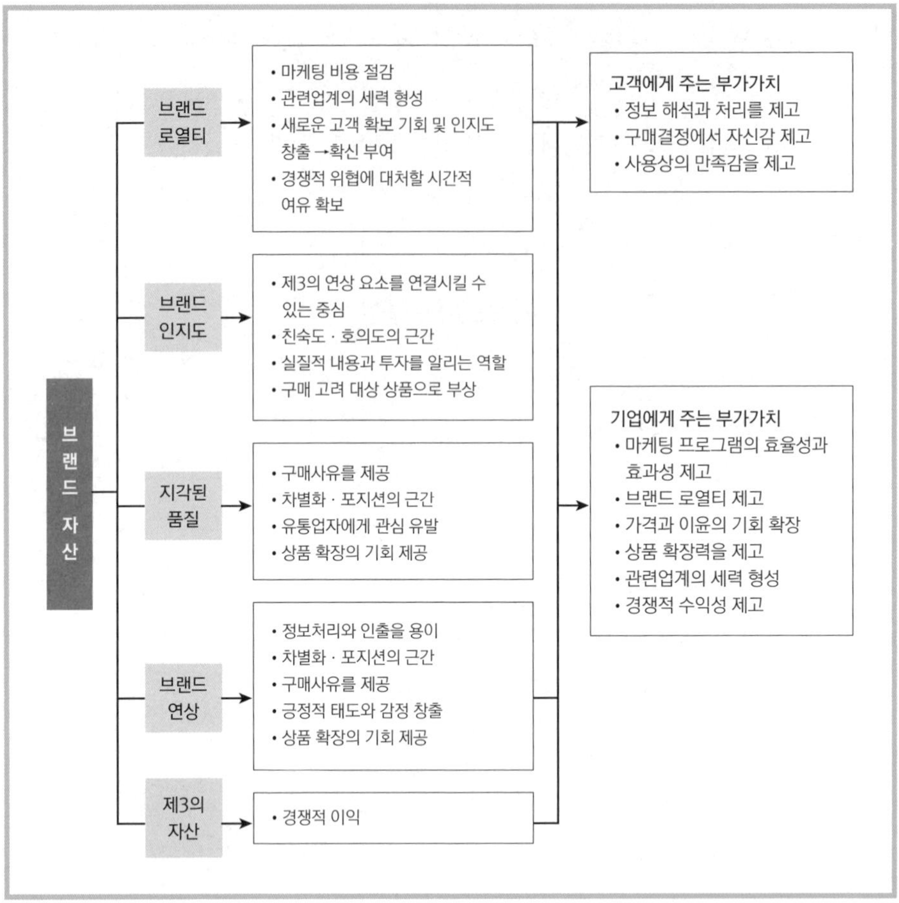

자료: D. A. Aaker(1991), Managing Brand Equity, The Free Press and D. A. Aaker(1996), Building Strong Brands, The Free Press.

2 브랜드 자산의 창출

브랜드 자산의 창출에는 다양한 요소들이 영향을 미친다.* 첫째로 브랜드 요소(brand elements)인 브랜드명, URL, 로고, 심벌, 캐릭터, 광고모델, 슬로건, 음악,

* P. Kotler & K. L. Keller (2012), *Marketing Management*, 14th ed., Pearson, pp.271-277.

✚ 표 9-3 | 브랜드 자산 창출 요소의 선정기준

브랜드 자산 창출 요소	브랜드 자산 방어 요소
기억이 잘되는(memorable) ㅇ 구매와 소비에서 브랜드 요소들이 쉽게 회상되고 재인될 수 있는가? 예 Nike	이전 가능한(transferable) ㅇ 브랜드 요소들이 동일한 제품 범주나 다른 제품 범주에 신제품을 도입할 때 이전 가능한가? ㅇ 브랜드 요소가 다른 지역시장이나 세분시장에서도 브랜드 자산을 증가시키는가? 예 Nestlé Bird Nest
의미 있는(meaningful) ㅇ 브랜드 요소들이 신뢰할 수 있고 제품 범주를 암시할 수 있는가? ㅇ 제품의 성분이나 브랜드의 사용자에 대해 무엇인가를 암시하는가? 예 Lean Cuisine, 신(辛)라면, 쵸코파이	적응 가능한(adaptable) ㅇ 브랜드 요소가 적응 가능하고 업데이트될 수 있는가? 예 Betty Crocker 이미지
호감을 주는(likable) ㅇ 브랜드 요소가 미적으로 호소력이 있고 시각적 · 언어적으로 좋아할 만한가? 예 Firebird	보호받을 가능성(protectible) ㅇ 브랜드 요소들이 법적으로나 경쟁적으로 보호받을 수 있고, 모방하기 어려운가? ㅇ 기업이 등록하였는가? 예 Yahoo

포장, 사인물 등이 영향을 미친다. 둘째는 브랜드 연상 및 브랜드 아이덴티티(brand identity)인데, 이는 특정 사람, 장소, 물건 등과 연결시켜 생성된다. 셋째는 제품과 서비스의 마케팅 활동 및 지원 프로그램이 포함된다.

브랜드 자산을 창출하기 위해서는 통합적 마케팅 활동이 요구된다. 이를 위해서는 우선 기업 내부 구성원과 마케팅 파트너들에게 브랜드의 기본개념을 이해시키고 확인하는 브랜드의 내부화(internalization)가 필요하다. 여기에는 구성원들에게 브랜드를 알리고 구성원들의 동기를 유발시키는 내부적 브랜딩(internal branding)과 브랜드가 약속을 지킨다는 것을 경험할 때 생성되는 브랜드 유대(brand bonding)가 필요하다. 또한 브랜드 접촉(brand contact)이 일어나야 한다. 고객은 다양한 방법의 접촉을 통해 브랜드를 인지하게 된다. 현재고객이나 잠재고객은 제품이나 서비스, 관련 정보 및 경험, 다양한 커뮤니케이션 등을 통해 브랜드와 접촉하게 된다.* 이 과정에서는 브랜드 인지도를 높이고 긍정적 브랜드 이미지를 창출·유지할 수 있도록 다양한 커뮤니케이션 수단을 활용할 필요가 있다. 경우에 따라서는 개인화된 마케팅(personalizing marketing) 활동이 필요하다. 개인화된 마케팅 활동이란 동일한 고객은 없다는 가정하에 개별 고객의 특성에 부합되도록 브랜드 접촉과 브랜드 마케팅 활동을 전개하는 것이다. 여기에는 경험 마케팅(experiential marketing), 일대일 마케팅(one-to-one marketing), 퍼미션 마케팅(permission marketing) 등이 포함된다. 궁극적으로는 통합된 마케팅(integration marketing) 활동이 전개되어야 한다. 즉 개인적 효과와 집단적 효과가 극대화될 수 있도록 마케팅 활

✚ 그림 9-4 | 브랜드 지식의 부차적 원천

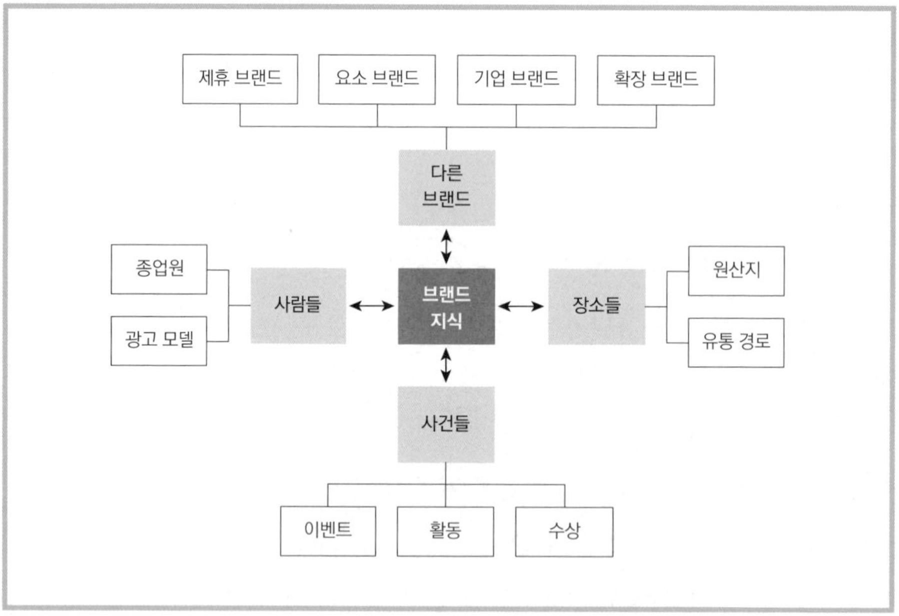

자료: P. Kotler & K. L. Keller (2012), *Marketing Management*, 14th ed., Pearson, p.274.

* D. E. Schults, S. I. Tannenbaum, and R. F. Lauterborn (1993), *Integrated Marketing Communications*, NTC Business Books.

동을 통합함으로써 시너지 효과를 창출할 수 있기 때문이다.

브랜드 자산 가치를 높이기 위해서는 부차적 연상(secondary brand association)을 활용하기도 한다. 소비자에게 다른 의미를 전달하는 소비자 기억 속의 정보(브랜드 지식)와 브랜드를 연결시켜 나름대로의 독특한 브랜드 자산을 창출하는 방법이다.

3 브랜드 자산의 관리

창출된 브랜드 자산은 장기적 관점에서의 관리가 필요하다.* 우선적으로는 브랜드 자산의 가치를 더욱 높이기 위한 브랜드 강화 활동이 있어야 한다. 브랜드 강화를 위해서는 무엇보다도 일관성 있는 마케팅 활동이 필요하다. 제품이나 브랜드가 제공하는 혜택과 브랜드가 충족시키는 니즈가 일치되는 것을 의미하는 브랜드의 외부적 일관성뿐만 아니라 소비자의 마음속에 존재하는 브랜드의 의미와 브랜드가 보여주는 강력하고 호의적이며 독특한 브랜드 연상이 일치되는 브랜드의 내부적 일관성이 유지되도록 마케팅 활동을 전개하여야 한다. 예를 들어 니베아(Nivea)는 '부드러운', '순한', '보호해 주는' 등의 브랜드 약속을 보다 일반적 영역으로 확대함으로써 피부크림 브랜드에서 피부케어와 개인용 캐어 브랜드로 영역을 확장할 수 있었다. 또한 마케팅 프로그램 전반의 혁신성과 적절성도 요구된다. 여기서 혁신성이란 새로운 제공물과 마케팅 활동으로 브랜드 발전을 도모하는 것을 의미하며, 적절성이란 브랜드에 대한 마케팅 지원의 형태와 규모를 의미한다.

둘째는 브랜드 재생이다. 브랜드 재생이란 경쟁력이 약화되었거나 사라진 브랜드의 자산 가치를 다시 회복시키는 활동을 말한다. 브랜드 재생은 첫째, 브랜드 자산 원래의 원천을 회복시키는 것이다. 이는 브랜드 고유의 긍정적 연상이나

---

* P. Kotler & K. L. Keller (2012), *Marketing Management*, 14th ed., Pearson, pp.280-282.

독특성, 포지셔닝, 마케팅 프로그램 등에 대한 검토를 통해 원래의 모습을 회복시키는 방법이다. 둘째, 새로운 브랜드 전략을 개발하는 것이다. 이는 동일한 브랜드에 새로운 이미지를 투영하고 새로운 전략으로 재편하는 방법이다. 예를 들어 마운틴 듀(Mountain Dew)는 스포츠 음료라는 개념에서 젊은 사람들을 위한 음료로서 브랜드 이미지를 개편하면서, 'Dew를 해라(Do the Dew)'라는 활동지향적 슬로건과 익스트림 스포츠를 배경으로 한 광고를 통해 음료 시장에서 3위 기업으로 부상할 수 있었다.

셋째는 브랜드 위기에 적절히 대응하는 것이다. 브랜드 위기란 브랜드에 대한 이미지 실추 내지 부정적 연상 등으로 브랜드 가치가 하락하는 상황을 말한다. 이에 대응하기 위해서는 첫째, 신중하게 준비된 체계적 위기관리계획이 마련되어야 한다. 기업에 대한 신뢰성과 신용도가 높고 브랜드 자산과 기업의 이미지가 강력할수록 위기에 노출되기 쉬운 반면 대응력도 뛰어나다. 둘째, 신속하고 성실한 기업의 대응이 필요하다. 부정적인 언론과 구전으로 인한 추가적 악화를 방지할 필요가 있는데, 이는 대부분의 소비자들이 문제의 원인이 기업에 있다고 생각하기 때문이다.

2. 패키징

1) 패키징의 의의

패키징(packaging)이란 제품을 담는 용기나 제품을 싸는 포장지를 디자인하고 생산하는 제반 활동에서부터 제품을 직접 용기에 담거나 포장지로 싸는 모든 활동을 의미한다.* 일반적으로 포장은 1차 포장, 2차 포장 및 운송 포장으로 구분된다. 1차 포장(primary package)은 개장이라고도 하는데 제품을 처음으로 싸는 것을 의미한다. 2차 포장(secondary package)은 내장이라고도 하는데 1차 포장된 제품을 다시 싸는 것을 의미한다. 예를 들어 치약을 구입하고자 한다면 치약을 튜브에 담는 것이 1차 포장이고, 튜브에 담긴 치약을 종이 상자에 넣는 것이 2차 포장이다. 마케팅에서 일반적으로 제품을 구입한다고 하면 1차 포장 내지 2차 포장이 되어 있는 상품을 구입하는 것이다. 운송포장(shipping package)은 외장이라고도 하는데 이는 제품의 운송이나 보관의 편의를 위한 포장을 의미한다. 따라서 제품전략으로서의 패키징이라는 것은 1차 포장과 2차 포장을 의미하는 것이다.

제품전략으로서 패키징은 제품적 기능, 의사전달 기능 및 가격 기능을 수행한다. 제품적 기능(product function)이란 제품의 한계를 연장하거나 극복하기 위한 것으로 제품을 담는 기능, 제품을 보호하는 기능 및 용이한 사용 기능 등이 포함된다. 의사전달 기능(communication function)은 포장의 디자인, 형태, 색상 등을 통해 자사 제품의 식별기능 및 이미지를 형성하는 기능을 말하며, 이를 통해 제품에 대한 소비자의 태도 변화를 유도하여 구매를 촉진하는 것을 말한다. 가격 기능(price function)은 포장지에 가격을 표시하는 기능 이외에 대형포장에 의한 구매유도, 다수량 구매유도 등 포장단위의 조정을 통해 제품구매를 촉진하는 기능이다.

2) 패키징 전략

소비자들은 제품에 대한 구체적 정보가 없는 경우 제품의 포장을 보고 구매제품을 결정하는 경우도 있다. 가격이 저렴한 소비자 용품일 경우 흔히 있는 일이다. 따라서 소비재의 판매를 담당하는 마케팅관리자는 패키징 전략에도 관심을 기

---

* P. Kotler & G. Armstrong (2014), *Principles of Marketing*, 15th ed., Pearson, p.255.

울여야 하는데 이상적인 패키징이란 시각성, 정보제공능력, 감정적 소구력, 기능 수행능력 등 일명 VIEW가 있는 패키징을 말한다. 시각성(visibility)은 구매시점에서 구매자의 관심을 유발할 수 있는 정도를 의미한다. 눈에 잘 띌수록 구매 확률은 높아진다. 정보제공능력(information)은 제품 사용법, 제품 편익, 선전문구, 기타 제품에 관한 정보 등을 효과적으로 제공할 수 있는 능력을 의미한다. 소비자들은 포장지에 인쇄된 제품정보를 보고 구매여부를 결정하기도 하기 때문에 소비자가 쉽게 정확히 알아볼 수 있도록 제품의 중요 정보를 제공할 필요가 있다. 감정적 소구력(emotional appeal)은 제품에서 소비자가 원하는 느낌이나 기분을 유발할 수 있는 능력을 의미한다. 예를 들어 신라면은 매운 맛을 느낄 수 있도록 검은색과 붉은색으로 포장한 반면 여름에 즐기는 비빔면의 경우에는 흰색과 푸른색을 통해 시원함을 느끼도록 하고 있다. 기능수행능력(workability)은 내용물을 보호하고, 중간상과 소비자가 보관하기 용이하게 하며, 제품 사용을 편리하게 하게 하는 능력을 의미한다. 예를 들어 샴푸의 경우 용기를 손에 잡기 쉽게 한다거나 뚜껑의 형태를 돌려서 여는 형태, 눌러서 여는 형태 및 펌프식 등으로 개발하여 소비자의 편의성과 선택의 다양성을 제공하고 있다. 그 외에도 패키징에서는 허위 및 과대 포장을 하지 말아야 하며 불필요한 비용이 발생되지 않도록 주의하여야 한다. 최근에는 포장에서 환경보호기능이 강조되고 있고 이에 대한 소비자의 관심도 증대되고 있어 이에 대하여도 유의하여야 한다.

사례: NF쏘나타의 브랜드 전략

"명품 이미지 심자" 일본 명차와 정면승부
NF쏘나타의 브랜드 전략 … 2년 전 출시 앞두고 전략회의
"현대車의 기술력 인정받게 캠리 · 어코드와 비교 시승하자"
소비자들에 강한 인상 남겨 국내 중형차 시장 1위 질주

현대자동차의 쏘나타는 한국을 대표하는 차종으로 꼽힌다. 쏘나타는 1988년 첫 모델 출시 이후 20년 가까이 한 번도 국내 중형차시장에서 1위 자리를 놓치지 않았다. 특히 2004년에 나온 신형 쏘나타(NF) 모델은 도요타 캠리 · 혼다 어코드 등 세계적인 차들과 겨뤄도 손색이 없다는 평가다. 현대차 쏘나타가 '국민차'가 되는 과정에는 품질과 성능을 향상시킨 엔지니어뿐만 아니라 치밀한 브랜드 전략을 세운 마케팅 팀의 노력이 컸다.

캠리 · 어코드와 비교 시승 통해 품질 입증

지난 2004년 3월, 서울 계동 현대차 마케팅 본부에선 '쏘나타 특별회의'가 열렸다. 출시 6개월을 앞둔 시점이었다. 국내 마케팅 팀과 연구소, 영업 · 광고 담당 등 15명이 모였다.

"이번 쏘나타(NF)는 동급 수입차와 겨뤄도 오히려 더 뛰어납니다. 현대차의 기술력이 한 단계 높아졌다는 것을 광고를 통해 소비자들에게 적극 알립시다."

"광고만 한다고 소비자들이 쏘나타가 캠리 · 어코드보다 좋아졌다고 평가해 줄까요. 현대차 쏘나타의 이미지는 아직 도요타 캠리나 혼다 어코드보다는 약한 것이 사실인걸요."

"그럼 소비자들을 초청해서 쏘나타, 캠리, 어코드를 직접 타보고 평가하도록 비교 시승회를 열면 어떻겠습니까?"

현대차는 2004년 9월 신형 쏘나타(NF)를 출시하면서 이전 모델과 달리 '명차론(名車論)'을 내세웠다. 더 이상 '싼 가격'으로 승부하는 차가 아니라 일본의 동급 차와 비교해도 더 뛰어나다는 '품질'을 부각시키기 위한 것이었다. 회의에서 결정된 대로 화성 자동차성능시험연구소에서 일반인을 대상으로 쏘나타와 캠리 · 어코드 비교시승회를 열었다. 그 결과 가속 성능 · 승차감 · 제동 성능 등 모든 항목에서 쏘나타가 우수하다는 평가가 나왔다. 현대차 국내 마케팅 팀 최상원 부장은 "소비자들이 쏘나타가 국산 차라는 이유만으로 평가절하하지 않고 가치를 인정해준 것이 큰 의미가 있다"고 말했다.

혹독했던 신형 엔진 개발과정

이 같은 평가를 받기까지 쏘나타 개발과정에선 상상할 수 없는 어려움이 많았다.

쏘나타에 처음 탑재된 신형 '세타엔진'은 개발과정에서 알루미늄 엔진블록이 깨졌다. 선진국의 최신 엔진과 겨룰 만한 첨단엔진을 단기간에 개발하는 과정에서 연구개발 담당자들은 2~3세대 기술을 뛰어넘어야 했다. 쏘나타에 탑재된 세타엔진 개발담당자는 "일본의 첨단엔진기술자들에게 문의해본 결과 '우리도 엔진을 수백 번 깨뜨리며 개발했다'고 했다"며 "우리는 그나마 덜 깨뜨리고 만들어낸 셈"이라고 했다. 출고 직후엔 배기가스가 검게 나온다는 소비자들의 지적에 따라 연소 시스템을 조정하기도 했다.

뛰어난 품질 · 성능에 명차론 마케팅까지 합쳐진 신형 쏘나타(NF)는 판매 면에서 기존 '선배 쏘나타'들을 앞지르고 있다. 신형 쏘나타는 2004년 9월 출시 이후 지금까지 파업으로 인해 생산이 중단됐던 지난 7월 한 달을 제외하고는 국내 중형 세단 시장에서 지금까지 점유율 면에서 압도적인 1위를 유지하고 있다.

르노삼성의 SM5(2005년 1월 출시)와 GM대우의 토스카(올 1월 출시) 등 경쟁차종이 계속 나오고 있지만, 쏘나타를 능가하지 못하고 있다. 쏘나타는 국내 시장에서 월 1만 1,000대 정도가 팔리면서 중형차 시장 점유율 50% 안팎을 유지하고 있다.

300만 대 넘게 팔린 쏘나타 시리즈

쏘나타는 지난 20년간 같은 브랜드를 유지하면서 성공한 국내 최장수 자동차 모델이다.

첫 번째 쏘나타는 1988년 6월 수출전략형 차종으로 만들어졌다. 당시 중형차 최초로 앞바퀴 굴림방식(전륜구동)을 채택해 실내공간을 넓히고 편의성을 높였다. 이후 5년간 55만 대가 팔렸다. 1993년 5월에 나온 쏘나타2는 '국민 중형차'로 불릴 만큼 브랜드파워를 본격적으로 발휘한 모델로 꼽힌다. 1998년 3월에 나온 EF쏘나타는 자체 개발한 V6 델타엔진과 자동변속기 · 서스펜션을 통해 기술적으로 완전 국산화를 이룬 차종이었다. 2000년 8월까지 19개월 연속으로 내수 전 차종 판매 1위를 기록했다.

신형 쏘나타(NF)를 포함, 지금까지 통산 판매대수는 300만 대를 넘어섰다. 국내는 물론 미국 앨라배마 공장과 중국 베이징현대차에서도 연간 20만 대 이상 대량생산하고 있다.

쏘나타는 국내 중산층의 상징으로 꼽히면서, 자동차 사회학적인 측면에서도 큰 획을 그었다. 열심히 일한 사람들에게 그동안의 노력에 대한 보상과도 같은 의미로 다가오고 있는 것이다.

현대차 출시전략 담당 구태헌 과장은 "쏘나타는 국내 중산층을 대변하는 차종일 뿐 아니라, 전 세계에 판매되는 수출 전략차종이기도 하다"며 "쏘나타의 가치를 더 높여 해외 명차들과의 경쟁에서 이길 수 있도록 하겠다"고 말했다.

자료: 조선일보, 2006년 11월 1일.

연습문제

❶ 브랜드의 계층구조 및 구성요소에 대하여 설명하시오.

❷ 이상적인 상표가 되기 위한 조건에 대하여 구체적인 예를 들어 설명하시오.

❸ 브랜드 전략을 브랜드 구축과 브랜드 관리로 구분하여 설명하시오.

❹ 브랜드 자산을 효율적으로 창출하고, 이를 효과적으로 관리하기 위한 전략방안에 대하여 논하시오.

❺ 패키징(packaging)의 유형과 기능에 대하여 설명하고, 제품차원의 전략방안에 대하여 논의하시오.

제10장

가격전략

1. 가격전략의 기초개념

1) 가격의 의의

가격(price)은 기업이 생산한 제품이나 서비스를 구매자 또는 소비자에게 판매하고 받는 대가를 말한다. 오늘날과 같이 화폐를 사용하는 경제체제에서 가격은 제품의 화폐가치라고 할 수 있는데, 물물교환 등 교환거래(trade-in)에서는 화폐가치로 표시되지는 않기 때문에 제공된 재화에 대한 가치평가라고 할 수 있다. 결국 가격이란 마케팅 관점에서 보면 제공된 상품이나 서비스에 대한 만족이나 효용의 대가로 교환되는 것이라고 할 수 있다. 마케팅이 구매자와 판매자의 상호관계에 의해 성립되는 것이라는 점에서 보면 구매자의 입장에서 가격은 구매하고자 하는 상품이나 서비스의 대가로 지불하여야 할 화폐적 가치라고 할 수 있다. 따라서 구매자가 상품이나 서비스를 구매하기 위해 소비한 시간이나 노력, 해당 상품을 소유하거나 서비스를 이용함으로써 얻을 수 있는 만족이나 효용이 가격에 포함되어야 한다. 반면 판매자 입장에서 보면 상품의 생산이나 서비스의 창출에 소요된 투입원가에 적정 이익이 가산된 가치의 개념으로 이해할 수 있다. 마케팅 관리적 측면에서는 마케팅 믹스의 주요한 한 요소로서 상품의 생산 및 서비스 창출에 할당된 가치이기 때문에 기업의 마케팅 노력으로 생산된 상품이나 서비스를 소비자의 필요와 욕구에 매치시켜 교환을 실현시키는 매개체 역할을 하게 된다. 따라서 가격은 판매자의 이익에 직접적으로 영향을 미칠 뿐만 아니라 고객의 구매행위 및 정부의 경제정책 결정 등에 영향을 미치게 된다.

마케팅관리 측면에서 볼 때 가격은 다른 마케팅 믹스 요소들과 달리 쉽게 변경할 수 있다는 특성이 있다. 그러나 한번 형성된 가격 이미지는 쉽게 바꿀 수 없다. 또한 가격은 이익에 즉각적이며 직접적인 영향을 미친다. 조사에 의하면 가격 1%를 인상하면 공헌이익이 평균 11.1%나 향상되는 것으로 나타났다.* 따라서 전략적으로는 가급적 기업 간 가격경쟁을 피하고 상호 발전적 차원의 차별화 경쟁을 선택하는 것이 바람직하다.

2) 가격전략의 의의

가격전략(pricing strategy)이란 기업의 마케팅 목표를 달성하기 위해 가격분야에서 취하는 모든 조치 및 행위를 말한다. 가격전략은 연구개발비, 생산비 및 다양한 마케팅 비용 등을 회수하고 기업의 성장에 필요한 이익을 확보하는 직접적 마케

---

* M. V. Marn and R. L. Rosiello (1992. 9–10), Managing Price, Gaining Profits, *Harvard Business Review*, p.85.

팅 전략수단이다.

가격전략은 첫째, 마케팅 믹스(marketing mix) 요소 중 판매이익을 발생시키는 유일한 요소이다. 가격을 제외한 여타의 마케팅 믹스 요소, 즉 제품(product), 유통(place), 촉진(promotion)은 모두 제품생산비, 유통망 구축 및 관리비, 촉진활동의 계획 및 추진비 등 모두 비용을 발생시킨다. 둘째, 가격전략은 마케팅 믹스를 구성하는 다른 요소의 종속변수 성격을 가지고 있다. 다른 요소의 비용을 모두 산출한 후 여기에 일정 이익을 가산하여 가격을 결정하기 때문이다. 셋째, 가격전략은 마케팅 활동을 위한 최후의 전략적 변수이다. 일반적으로 소비자는 구매결정 시 모든 마케팅 요소를 고려한 다음 마지막으로 가격을 고려한 후 최종 의사결정을 내리기 때문이다. 또한 기업 입장에서는 다른 마케팅 믹스 수단이 비효율적이라고 판명된 이후에 최종적으로 활용할 수 있는 전략적 경쟁수단이 될 수 있다.

가격전략은 상품이나 서비스의 가격을 결정하는 것이다. 즉 상품이나 서비스가 처음으로 시장에 출하될 때 판매를 위한 기본가격을 결정하는 가격책정, 책정된 가격을 구매대상이나 시장여건 등에 따라 일시적으로 인상하거나 인하하는 가격조정, 마지막으로 가격책정의 결정요인에 근본적인 변경이 발생하여 책정된 기본가격을 변경하여야 하는 가격변경의 문제를 전략적으로 결정하는 것이다. 이 이외에도 신제품을 성공적으로 시장에 도입하기 위해서는 어떠한 가격을 책정하고 상황에 따라 어떻게 조정하여야 하는가를 전략적으로 결정하여야 한다.

2. 가격전략의 수단과 방법

1) 가격결정

1 가격결정의 의의

가격결정(pricing)이란 상품이나 서비스의 기본 가격을 책정하고 이를 조정하며 가격의 인상 또는 인하를 추진하는 모든 활동을 말한다. 즉 상품이나 서비스의 가격을 책정하고 조정하고 변경하는 활동이라고 할 수 있다. 이를 순서대로 나열하면 신제품의 가격책정 → 가격조정 → 가격변경(인상 · 인하)의 순으로 진행된다.

가격을 결정하는 방식은 가격결정권의 소유여부 및 거래방식에 따라 다양하게 구분할 수 있다. 첫째는 판매자 가격결정 방식이다. 이는 판매자가 가격을 결정하고 구매자는 그 가격에 구매할 것인지의 여부만 결정하는 형태이다. 이러한 방식은 구매자가 판매자보다 많은 경우로 대부분의 소매업이 이러한 형태에 속하다.

둘째는 구매자 가격결정 방식이다. 이는 구매자가 가격을 결정하고 판매자는 그 가격에 공급할 것인지의 여부만 결정하는 형태이다. 이러한 방식은 구매자가 보다 큰 영향력을 가지고 있는 경우에 나타날 수 있다.

셋째는 판매자 주도 경매방식이다. 이는 잠재 구매자의 수가 판매될 상품의 수보다 많고 잠재 구매자마다 해당 상품에 대해 느끼는 가치가 달라 획일적인 가격을 붙이기 어려울 때 주로 활용된다. 구체적으로 압류 부동산의 경매와 같이 단기간 내에 상품을 처분할 필요가 있을 때, 또는 공기업 매각과 같이 상품을 공정하게 배분하는 것이 중요한 경우 등에 활용된다.

넷째는 구매자 주도 경매방식이다. 이는 구매자가 잠재 판매자의 원가 구조를 모르기 때문에 가격을 섣불리 정하기 어려운 경우에 주로 활용된다. 구체적으로 정부가 물품을 구매하는 경우처럼 공정하게 판매자를 선정하는 것이 중요한 경우에 활용된다.

다섯째는 협상 방식이다. 주택의 경우처럼 각각의 상품이 저마다 특징을 가지고 있는 경우에 적용되는데, 협상에서 성공하기 위해서는 다른 가격결정 방식에서보다 고도의 기술이 필요하다.

마지막은 거래소 방식이다. 증권거래소처럼 다수의 잠재 판매자와 잠재 구매자들이 제각기 희망가격을 제시하고 가격이 맞는 경우에만 거래가 일어나는 방식이다.

2 가격결정의 고려요인

가격결정을 위해서는 제품원가를 비롯하여 목표시장의 가격과 구매력 평가, 제품의 수요 예측, 경쟁기업 평가, 가격전략 및 여타의 마케팅 믹스 요소, 관련 법률 등 다양한 요인들을 고려하여야 한다.

가격결정에서는 목표시장 소비자들이 가지고 있는 가격과 관련된 심리와

✚ 그림 10-1 | 가격결정 시 기본적 고려요인

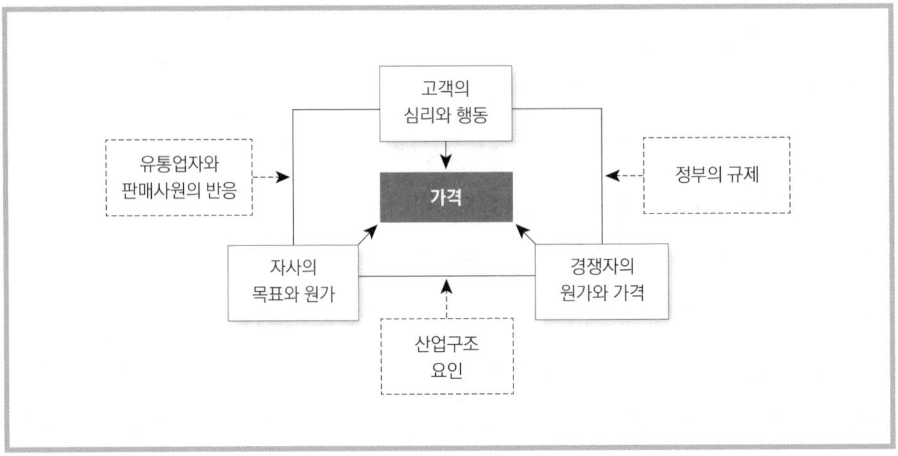

✚ 그림 10-2 | 고객의 심리적 가격수준

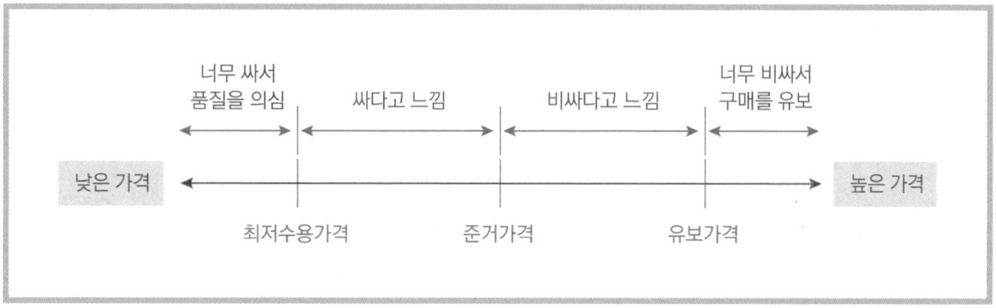

행동에 대해 고려하여야 한다. 일반적으로 고객이 심리적으로 가지고 있는 가격수준은 〈그림 10-2〉와 같다.

준거가격(reference price)이란 구매자가 특정 상품에 대해 가격수준을 판단하고자 기준으로 삼는 가격을 말한다. 이는 구매자의 과거 구매경험이나 현재 가지고 있는 가격정보를 기초로 형성되는데 구매자에 따라 달라진다. 따라서 기업의 마케팅 활동에 따라 준거가격이 높아지거나 낮아질 수 있다. 예를 들어 100만 원 가격의 상품을 세일기간에 80만 원에 판매하면 처음에는 싸다고 느낀다. 그러나 세일을 자주 하게 되면 준거가격이 낮아져 정상수준의 100만 원을 비싼 것으로 느끼게 된다. 이는 소비자들의 준거가격이 낮아졌기 때문이다. 이와 같이 소비자가 준거가격을 낮게 가지고 있으면 판매자는 판매에 어려움을 겪게 된다.

유보가격(reservation price)이란 구매자가 특정 상품에 대해 지불할 용의가 있는 최고의 가격을 말한다. 상품 가격이 유보가격 수준 이하이면 판매되지만 이 수준을 넘어서면 구매를 유보하게 된다. 판매자는 상품의 가격을 구매자의 유보가격 수준까지 올려야 이익을 극대화할 수 있어 유보가격이 높은 때에는 판매가격을 높게 책정하고 유보가격이 낮을 때에는 판매가격을 낮게 책정하여야 한다.

최저수용가격(lowest acceptable price)은 구매자들이 품질을 의심하지 않고 구매할 수 있는 가장 낮은 가격을 말한다. 따라서 이 가격 이하로 가격을 책정하면 구매자들은 싸다고 느끼기 이전에 해당 상품의 품질에 대해 의심하고 구매를 꺼릴 수도 있다.

가격결정에서는 구매자들의 심리에 기반한 행동원칙도 고려하여야 한다.* 첫째, 구매자들이 이득보다 손실에 더 민감하게 반응하는 로스 어버전(loss aversion) 현상을 고려하여야 한다. 일반적으로 구매자들은 가격인하보다는 가격인상에 약 2~3배 더 민감하게 반응하는 경향이 있다. 이때 중요한 것은 이득과 손실의 객관적 크기가 아니라 심리적 반응이라는 것이다. 예를 들어 교통수단의 주중 이용객을 늘릴 목적으로 요금을 주중 30,000원, 주말 35,000원으로 결정한 경우 요금을 홍보할 때 "주중에 이용하시고 5,000원 할인 받으세요"라고 하는 것과 "주말에 이용하시면 5,000원 더 내셔야 합니다"라고 하는 것 중 어느 메시지가 더 효과적일까? 실험 결과 손실 회피 성향 때문에 후자가 더 효과적인 것으로 나타났다.

둘째, 웨버의 법칙과 JND도 고려하여야 한다. 웨버의 법칙(Weber's Law)은 가격 변화의 지각 정도가 가격수준에 따라 달라진다는 법칙이다. 즉 저가 상품은 가격이 조금만 올라도 구매자가 가격인상을 금방 알아차리는 반면 고가 상품은 어느 정도 가격이 오르더라도 구매자가 가격인상을 알아차리지 못한다는 것이다. JND(Just Noticeable Difference)는 가격변화를 느끼게 만드는 최소의 가격변화폭을 의미한다. 즉 일정 범위 내에서는 가격을 인상 또는 인하하더라도 구매자가 이에 대해 느끼지 못할 수 있다는 것이다.

이 이외도 가격-품질 연상(price-quality association)에 대해 고려하여야 한다. 이는 가격이 높을수록 품질이 높을 것이라고 기대하는 현상이다. 이러한 현상은 보석, 향수, 고급 시계, 고급 양주 등과 같이 구매하기 전에 품질을 평가하기 어려운 상품에서 주로 나타난다.

또한 구매자와 소비자 및 의사결정자에 대해서도 고려하여야 한다. 예를 들어 유아가 사용할 고급 유모차의 경우 소비자는 유아지만 고급 유모차의 구매자는 엄마이며 이를 구입하기 위해 아빠의 허락이 필요하였다면 의사결정자는

---

* 박찬수(2014), 마케팅원리, 제5판, 법문사, pp.250-253.

아빠가 될 수 있다. 이와 같이 구매자와 소비자 그리고 의사결정자가 일치하지 않는 경우 소비자는 자기가 지불하지 않기 때문에 가격에 둔감해지는 경향이 있다.

가격을 결정하고자 하는 경우 기업의 원가를 비롯하여 마케팅 목표와 포지셔닝에 대해 고려하여야 한다. 일반적으로 가격결정은 가격목표를 설정하는 것에서부터 출발한다. 가격목표는 해당 상품의 마케팅 목표 및 포지셔닝과 일관성을 유지시키는 것이다. 만일 마케팅 목표가 기업의 성장이라면 낮은 수준의 가격을 결정할 것이며 반면에 수익이라면 높은 수준에서 가격을 결정할 것이다. 또한 원가는 가격결정의 가장 기본적인 고려요인이다. 원가는 변동비와 고정비로 구분된다. 변동비(variable cost)란 생산량이나 판매량에 비례하여 변동하는 원가를 말하며, 고정비(fixed cost or overhead)는 생산량이나 판매량에 비례하지 않고 일정하게 발생하는 비용을 의미한다. 총원가(total cost)는 변동비와 고정비의 합한 비용인데, 총원가를 커버할 수 있는 판매량 수준에서 손익분기점(break-even point: BEP)이 결정된다. 손익분기점에서는 기업의 매출액이 총원가와 같아져서 손실도 이익도 발생하지 않기 때문에 손익분기점 이상에서 판매량이 유지될 수 있도록 가격을 결정하여야 한다.

가격결정에서는 경쟁자의 원가와 가격도 고려하여야 한다. 경쟁자의 원가를 파악하기는 쉽지 않다. 일반적으로 경쟁자의 제품을 구입한 후 이를 분해하여 파악하거나, 경쟁자의 고객이 되어 상품을 직접 구입하는 방법으로 분석한다. 경쟁자의 가격은 구매자들의 준거가격 형성에 영향을 미친다. 경쟁자의 가격을 자사의 가격결정에 고려하기 위해서는 경쟁자의 현재가격 수준뿐 아니라 미래가격 전략을 예측하는 것도 중요하다.

그 외에도 유통업자와 판매사원들의 반응과 같은 시장요인, 산업구조와 기술수준 같은 산업요인, 정부의 정책적 규제 및 세금과 같은 정부정책요인 등에 대해서도 고려하여야 한다.

가격결정에서 고려하여야 할 요인을 기본적 요소와 부수적 요소로 구분하여 정리하면 〈표 10-1〉과 같다.

✚ 표 10-1 | 가격결정의 고려요인

구 분			내 용
기본적 요소	기업 요인	제품 원가	o 제품생산 비용 o 마케팅 비용
		기업 목표	o 기업의 목표 및 마케팅전략 o 마케팅 믹스 및 포지셔닝
	고객요인		o 고객의 심리적 가격수준: 준거가격 및 유보가격, 최저수용가격 o 가격 수준별 고객의 행동: 로스 어버전(Loss Aversion), 웨버의 법칙(Weber's Law)과 JND(Just Noticeable Difference)
	경쟁요인		o 경쟁기업의 제품원가 및 판매가격 o 경쟁기업의 마케팅전략 및 가격전략
부수적 요소	시장요인		o 유통업자 및 판매사원들의 반응 o 제품의 수요 상황 및 예측
	산업요인		o 산업구조 및 기술수준 o 가격 경쟁의 윤리적 · 사회적 책임
	정부요인		o 정부 정책 및 가격규제 o 세금구조 및 조세정책

3 가격결정의 과정

일반적으로 가격을 결정하는 과정은 〈그림 10-3〉과 같다.

✚ 그림 10-3 | 가격결정 과정

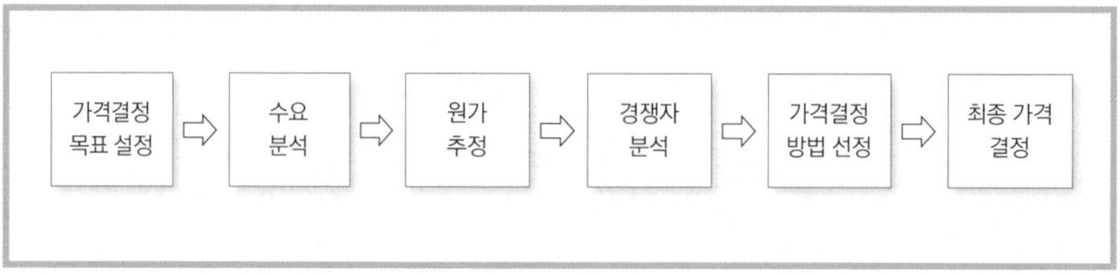

가격을 결정하기 위한 첫 번째 단계는 가격결정의 목표를 설정하는 것이다. 만일 기업이 추구하는 목표가 기업의 생존이라면 이는 과잉 설비나 경쟁 격화 또는 소비자 욕구 변화 등으로 고심하는 경우이므로 이를 해결할 수 있는 가격조건을 선택하게 된다. 한편 단기이익 극대화가 기업의 목표라면 이의 달성을 위해 가격과 관련된 수요와 비용을 추정한 다음 단기이익, 현금흐름, 투자수익률을 극대화할 수 있는 가격을 선택한다. 이 방법은 실제로 예측하기 곤란한 수요와 비용함수에 대해 잘 알고 있다고 가정하고 장기적 성과를 희생시키더라도 현재의 재무적 성과를 강조하는 방법이다. 그러나 이 방법에서는 가격에 대한 다른 마케팅 믹스 변수, 경쟁사의 반응, 가격에 대한 법적 제약 조건 등을 무시하고 있다. 만일 기업의 목표가 시장점유율 극대화라고 한다면 시장 침투 가격전략(market penetration pricing)을 선택할 것이다. 이는 판매량이 증가하면 단위 원가가 낮아져 장기적으로 이익이 증가된다고 믿는 경우에 선택할 수 있는 방법이다. 즉 시장이 가격탄력적이라고 가정해 최하 가격을 선택하는 방법이다. 따라서 시장이 매우 가격탄력적이어서 가격인하가 시장 확장을 조장할 수 있거나 축적된 생산경험으로 생산비와 유통비를 인하할 수 있거나 저가격 전략을 통해 잠재적 경쟁을 실제로 무력화할 수 있을 때 선택할 수 있다. 초기 고가격전략(market skimming pricing)에서는 시장 출하 초기에 고가격을 선택하고 시장상황의 변화에 따라 가격을 인하하는 방법을 활용한다. 이 전략은 충분한 구매자들이 현재 높은 수요를 점하고 있는 경우, 소량 생산에 따른 생산원가 증가가 초과이익을 상회하지 않는 경우, 초기 고가격으로도 경쟁자 유입이 불가능한 경우, 고가격이 제품의 이미지를 돋보이게 하는 경우에 선택할 수 있다. 또한 제품 · 품질 선도력을 유지하고자 하는 경우에도 상표충성도 고객에 집중하여 고급스러움과 고가격의 결합으로 포지셔닝하는 전략을 활용한다.

두 번째 단계는 수요를 분석하는 것이다. 만일 가격에 대하여 비탄력적인 수요를 가졌다면 가급적 고가격을 선택할 것이다. 제품의 품질이 우수하거나 제품이 유명하거나 특이한 경우, 해당 제품이 과거에 구입한 다른 자산과 결합되어 사용되는 경우, 대체품이나 경쟁사가 거의 또는 전혀 없는 경우, 대체품이나 경쟁사에 대해 고객이 전혀 모르거나 알더라도 가격비교가 불가능한 경우, 고객들이 고가격이라는 것을 모르는 경우, 고객들이 구매습관을 변경하는 데 더딘 경우, 고객이 고가격을 정당하다고 생각하는 경우, 가격이 제품의 수명주기 동안 제품을 소유 · 운영하고 서비스 받는 전체 비용 중 작은 부분에 지나지 않는 경우, 제품가격이 구매자의 총소득에 비해 미미한 경우, 제품 가격의 전부 또는 일부를 다른 측에서 부담하는 경우 등은 가격에 대하여 수요가 비탄력적인 것이 일반적이므로 가급적 높은 가격을 결정하는 것이 유리한다.

세 번째 단계는 원가를 추정하는 것이다. 수요는 제품에 부과할 수 있는 가격의 상한선을 정하는 반면 원가는 하한선을 결정한다. 원가는 고정비와 변동비를 합한 총비용을 기준으로 산정하게 된다. 일반적으로는 총비용을 충당할 수 있는 수준 이상에서 가격을 결정한다. 다만, 원가는 생산 규모 증가와 경험 축적에 의해 하락될 수 있으므로 이에 대해서도 고려하여야 하며 경우에 따라서는 목표원가관리(target costing)를 통하여 원가절감이 가능하다면 이를 고려하여 기준보다 낮게 책정할 수도 있다.

네 번째 단계는 경쟁자를 분석하는 것이다. 이 단계에서는 경쟁자의 원가 및 가격전략, 경쟁상품의 가격 등에 대해 분석하여야 한다. 자사의 원가를 기준으로 결정한 자사 상품의 가격 범위 내에서 경쟁사의 원가와 현재 가격 및 가격전략, 자사 가격에 대한 경쟁자의 반응 등을 고려하여야 하여야 한다.

다섯 번째 단계는 가격결정 방법을 선정하는 것이다. 이 단계에서는 가격을 결정할 수 있는 범위, 즉 가격의 하한선과 상한선이 어디인가를 선정하고 이 범위 내에서 최적가격을 도출하는 방법을 결정한다. 즉 원가 · 목표 · 수요 · 경쟁 중 어느 것을 중심으로 여타 요인들을 어느 정도 고려하여 가격을 결정할 것인가를 검토하여야 한다.

마지막 단계는 최종 가격을 결정하는 것이다. 이 단계에서는 가격에 대한 여타 마케팅 믹스 요소의 영향 및 가격에 의한 이해관계자들의 영향 등에 대해 고려하여야 한다. 여기서 이해관계자의 영향이란 중간상과 판매상들의 이익 획득 정도, 판매원들의 판매활동 용이성, 공급업자의 원자재 가격 변경 가능성 및 정부의 가격 통제나 규제 등을 말한다. 또한 기업의 가격결정 방침 및 이로 인한 기회와 위험요인 등에 대해 고려하여 최종 가격을 결정하여야 한다.

2) 가격책정

가격책정(pricing)은 상품이나 서비스의 최초 판매 가격을 결정하는 것을 말한다. 일반적으로 가격은 〈표 10-2〉에서 보는 바와 같이 원가, 목표, 수요 및 경쟁을 기준으로 가격을 책정할 수 있다.

원가중심 가격책정법(cost-based pricing)에는 원가가산 가격책정법과 경험곡선에 의한 가격책정법이 있다. 원가가산 가격책정법은 원가기준법이라고도 하는데 상품의 원가에 일정 비율의 이익을 더하여 가격을 책정하는 방법이다. 여기에는 비용가산 가격산정법과 이윤가산 가격산정법이 있다. 비용가산 가격산정법(cost plus pricing)은 원가가산 가격설정법이라고도 하는데 사전에 총원가를 정확히 산정할 수 없는 경우 사후 확정원가에 일정률의 이윤을 가산하여 가격을 책정하는 방법이다. 이 방법은 주로 기계, 설비, 플랜트 등과 같은 주문품과 건축물 등의 가격책정에 사용된다. 이윤가산가격산정법(mark-up pricing)은 판매업자들이 제품의 구매원가에 일정률의 이윤을 가산하여 가격을 책정하는 방법이다.

원가중심 가격책정법은 가격의 기준을 원가로 함으로써 가격 책정 작업이 단순하기 때문에 가격책정이 용이하다는 장점이 있다. 둘째, 이 방법은 사회적 의미로 공정한 가격을 책정할 수 있다. 이는 원가에다 일정률의 이익을 가산하는 방법으로 생산업자, 판매업자, 소비자들에게 사회적으로 가장 공정한 가격이 될 수 있다. 셋째, 판매자의 입장에서 보면 수요보다 원가가 확실성 높은 방법이라는 것이다. 따라서 수요가 변할 때마다 가격을 조정할 필요가 없다. 이러한 논리에서

✚ 표 10-2 | 가격책정 기준 및 기법

책정기준	책정기법
원가중심	상품의 원가에 일정 비율의 이익을 더하여 가격을 책정하는 방법 ㅇ 원가가산 가격책정법: 원가기준법 • 비용가산 가격산정법(cost plus pricing) • 이윤가산 가격산정법(mark-up pricing) ㅇ 경험곡선에 의한 가격책정법
목표중심	투자수익률기준 가격책정 = 목표투자수익률 가격책정(target return on investment pricing) = 목표수익률(기준) 가격책정(target-return pricing): 기업 목표 달성에 가장 적합한 가격을 책정하는 방법 ㅇ 시장침투 목적: 저가격 전략 ㅇ 시장대응 목적: 초기에는 고가격전략을 수행하다 점차 가격인하 ㅇ 조기현금회수 목적: 의도적인 저가격전략 혹은 고가격전략 ㅇ 적정이익의 추구: 적절한 목표수익률을 보장해 주는 가격을 책정하는 전략 ㅇ 특정한 제품계열 판매촉진 목적: 저가격전략(손실유발가격전략)
수요중심	시장의 수요(수요의 변화, 수요의 가격탄력성) 및 소비자의 심리상태를 반영하여 가격을 책정하는 방법 ㅇ 차별가격 책정법(discrimination pricing) ㅇ 위신가격 책정법(prestige pricing) = 명성가격 책정법 = 품위가격 책정법 ㅇ 단수가격 책정법(odd pricing or 9-ending price) ㅇ 인지된 가치 가격 책정법(perceived-value pricing: 지각적 가치 가격 책정법) ㅇ 가격단계 책정법 ㅇ 유인가격 책정법
경쟁중심	경쟁자의 가격을 기준으로 동일한 수준이나 아니면 조금 높거나 낮도록 가격을 책정하는 방법 ㅇ 모방가격 책정법(imitative pricing, going-rate pricing) ㅇ 입찰가격 책정법(competitive bidding pricing, sealed-bid pricing, auction-type pricing)

동종 산업 내의 모든 기업들이 이러한 가격결정 방법을 사용한다면 결국 가격이 비슷해져 사회적으로 제품가격의 경쟁적 조화를 달성할 수 있다. 그러나 원가중심 가격책정법은 첫째, 목표시장에서 수요와 경쟁여건을 무시하고 있다는 한계가 있다. 이는 고객이 상품에 대하여 느끼는 가치 및 지불정도 등 고객의 관점을 완

전히 무시하고 있고, 경쟁자의 가격이나 원가도 무시하고 있다. 둘째, 왜곡된 비용이나 평가에 의존할 가능성이 높다는 논리적 결함이 있다. 단위 원가는 판매량에 따라 달라지는데, 판매량은 판매가격에 따라 달라지기 때문이다. 셋째, 시장수요의 변화, 경기변동, 신제품, 제품수명주기의 변화에 따른 이윤폭 결정이 곤란하다는 한계를 가지고 있다.

경험곡선에 의한 가격책정법은 경험곡선의 변화에 논리적 근거를 두고 있다. 경험곡선(experience curve) 또는 학습곡선(learning curve)에 의하면 기업의 생산량 · 판매량이 증가함에 따라 총평균비용은 감소하게 된다. 이는 생산이 증가함에 따라 노동이 숙련되고 자재구입 비용이 낮아지며, 기계설비가 자동화되기 때문이다. 즉 판매가 증가하면서 마케팅 비용을 효율적으로 사용할 수 있게 되는 것이다. 따라서 경쟁사에 비해 경험곡선에 의한 우위를 갖는 기업은 낮아진 원가만큼을 가격에 반영하여 낮은 가격을 책정할 수 있게 된다. 그러나 경험곡선에 의한 공격적 가격책정은 저가 제품의 이미지를 형성할 가능성이 있고, 경쟁사가 약한 추종기업이라는 가정하에서만 성립될 수 있으며, 수요 충족을 위해 생산시설을 확대하여야 하는 반면 경쟁사가 기술 혁신으로 낮은 원가를 달성할 위험이 있다는 한계가 있다.

목표중심의 가격책정법(target-oriented pricing)은 투자수익률기준 가격책정법, 목표투자수익률 가격책정법(target return on investment pricing), 목표수익률(기준) 가격책정법(target-return pricing)이라고도 한다. 이는 목표수익을 달성할 수 있는 수준에서 가격을 책정하는 방법이다. 즉 목표로 하고 있는 투자수익률(return on investment: ROI)을 달성할 수 있도록 가격을 책정하는 방법이다. 이 방법은 추정된 표준생산량을 전제로 총원가를 계산한 후 구체적인 목표수익률을 실현시켜 주는 가격을 책정하는 방법이다. 따라서 총원가를 예측하고 예상조업도 및 목표수익률을 산정한 후 이를 근거로 손익분기점을 분석하여야 한다. 무엇보다도 원가와 이익수준을 산정할 수 있는 예상판매량을 예측할 필요가 있다. 이 방법은 투자자들에게 적절한 이익을 제공해야 하는 의무를 안고 있는 정부투자기관이나 공기업들이 많이 활용하고 있다. 이 방법은 기업의 목표 달성이 용이하다는 장점이 있다. 그러나 논리적 모순을 내포하고 있다. 예상판매량을 넘지 못하면 목표수익을 달성하기 위해 가격을 상승시켜야 하는데 이는 수요가 떨어질 때 가격을 상승시켜야 한다는 불합리성을 가지고 있는 것이다. 즉 가격에 따라 판매수준이 달라질 수 있다는 것을 간과하고 있다.

수요중심 가격책정법은 수요의 변화와 수요의 가격탄력성 등 시장의 수요조건과 소비자의 심리상태를 반영하여 가격을 책정하는 방법이다. 수요중심 가격책정법에는 다양한 유형이 있다. 첫째는 차별가격 책정법(discrimination pricing)이다. 이 방법은 동일한 제품을 세분시장 또는 소비자에 따라 다른 가격으로 판매하는 방법이다. 이 유형의 가격책정법이 성공하기 위해서는 시장세분화가 가능하고 세분화된 시장이 상이한 가격탄력성을 보유하고 있어야 하며, 저가격시장 제품의 고가격시장 유입이 불가능하여야 한다. 또한 경쟁기업이 고가격시장에서 보다 싼 가격의 진입이 불가능하며, 가격차별화에 드는 비용이 이로부터 얻는 이익보다 적어야 한다. 그 외에도 고객의 불만이나 나쁜 감정 유발을 방지할 수 있고, 차별가격이 법률이나 상관습에 합당하여야 한다. 가격을 차별화하는 기준에 따라서는 박물관, 영화관 등의 입장료에서 학생 또는 경로 우대 등을 적용하는 고객별 차별가격, 샴푸 · 과자류 등에서 포장 단위 또는 포장 방법 따른 제품형태별 차별가격, 공연장의 좌석 가격과 같이 장소 또는 위치별 차별가격, 그리고 시간별 차별가격이 있다. 시간별 차별가격은 영화관의 조조할인과 같이 하루 중 특정 시간대에 가격을 차별화하는 Clock Time 차별가격과 일, 주, 월, 계절에 따라 가격을 차별화하는 Calender Time 차별가격이 있다. 그 외에도 전기료, 수도료 등에서 가정용이냐 산업용이냐에 따라 가격을 차별화하는 용도별 차별가격, 향수, 주류 등과 같이 일반 병에 담는 것과 고급 용기에 담는 것의 가격을 다르게 하는 이미지별 차별가격, 고급식당, 패스트푸드점, 자판기 등에서의 콜라 가격이 달라지는 것과 같이 유통경로별 차별가격 등 다양하게 활용되고 있다.

위신가격 책정법(prestige pricing)은 명성가격 책정법 또는 품위가격 책정법이라고도 하는데 가격이 하락하면 오히려 판매가 위축되는 상품에 대해 높은 가격을 부과하는 방법으로 보석, 고급 시계, 모피, 고급 화장품, 향수, 위스키, 종합비타민, 간장약 등에 활용된다. 이 방법은 소비자가 상품의 품질을 가격에 의하여 평가하는 경우나 상품이 자신의 사회적 지위, 명예, 건강 등의 상징적 의미를 갖는 경우에 적용된다.

단수가격 책정법(odd pricing or 9-ending pricing)은 제품가격을 단수로 책정하여 소비자로 하여금 저가격인 것처럼 착각을 일으키게 하는 가격전략이다. 즉 1,000원 대신 999원으로 가격을 책정하여 단위 수를 줄임으로써 소매자로 하여금 가격이 싸게 느끼도록 하는 방법이다.

인지된 가치 가격 책정법(perceived-value pricing)은 지각적 가치 가격 책정법이라고도 하는데, 이는 소비자에게 특정 상품의 가치를 물어서 이를 기준으로 가격을 책정하는 방법이다. 즉 소비자가 지각한 가치를 기준으로 가격을 책정하는 방법인데 소비자가 지각한 가치를 측정하기 위해서는 특정 상품에 대하여 소비자가 얼마를 지불할 용의가 있는지 직접 묻는 직접질문법, 일종의 관찰방법으로 일정액의 쿠폰을 조사대상자에게 주고 이들에게 여러 가지 상품을 제시하여 실제 구매하도록 함으로써 특성상품의 인지된 가치를 조사하는 쿠폰법 등이 활용된다.

가격단계 책정법은 한 품목에 여러 제품이 있는 경우 상품을 고급품, 중간품, 저급품의 등급에 따라 가격점(pricing point)을 설정하는 방법이다. 이는 각 가격점에서는 수요가 매우 탄력적이지만 가격점 사이에서는 비탄력적이라는 전제에 근거를 두고 있다.

유인가격 책정법은 전략 상품의 가격을 싸게 함으로써 소비자들이 다른 상품도 가격이 쌀 것이라 느끼도록 하여 고객을 유치하는 방법이다. 이 방법은 다른 기업의 경영에 지장을 주거나 시장을 왜곡시키게 되는 경우에는 공정거래행위에 위배될 소지가 있다.

경쟁중심 가격책정법은 경쟁자의 가격을 기준으로 동일한 수준 아니면 조금 높거나 낮도록 가격을 책정하는 방법이다. 경쟁중심 가격책정법에는 모방가격 책정법과 입찰가격 책정법이 있다. 모방가격 책정법(imitative pricing or going-rate pricing)은 완전경쟁품목에서 볼 수 있듯이 기존의 가격을 그대로 따르는 방법인데, 어떤 가격을 따르느냐에 따라 가격선도제와 관습가격제가 있다. 가격선도제는 선도기업의 가격에 따라 가격을 책정하는 방법으로 안정적인 과점체제에서 흔히 나타난다. 관습가격제는 사회에서 소비자들이 일반적으로 인식하고 있는 사회관습에 의한 관행 가격에 따라 가격을 책정하는 방법이다. 입찰 가격책정법(competitive bidding pricing or sealed-bid pricing) 또는 경매 가격책정법(auction-type pricing)은 입찰 내지 경매를 통하여 가격을 책정하는 방법으로 건설공사나 설비공사에서 흔히 나타난다.

3) 가격조정

가격조정(price adjustment)은 마케팅 전략적 차원에서 특정 조건에 따라 또는 일정 기간 동안 책정된 가격을 인상하거나 인하하는 것을 말한다.

기업이 마케팅 목표 달성을 위해 기본가격을 전략적으로 조정하는 방법도 매우 다양하다. 가격조정에서 가장 일반적으로 활용되는 방법은 가격할인(discount)과 공제(allowance)이다. 이는 기본가격보다 낮게 조정하거나 낮은 가격에 상품을 제공하는 효과를 얻도록 하는 방법이다. 여기에는 현금할인, 수량할인, 기능할인, 계절할인 및 공제가 있다. 현금할인(cash discount)은 현금으로 대금을 즉시 지불하는 경우 일정 금액을 할인해 주는 것이다. 수량할인(quantity discount)은 대량 구매고객에 대한 할인으로 여기에는 누적적 할인(cumulative discount), 일명 애고할인(patronage discount)과 비누적적 할인(non-cumulative discount)이 있다.* 기능할인(functional

---

* 이와 유사한 것으로 rebate가 있다. 이것은 원래 금액에 의한 다량할인을 가리켰으나, 오늘날은 제조업자가 거래선(판매업자)의 적극적인 협조를 기대하는 장려금의 의미를 가지고 있다.

discount)은 거래할인(trade discount), 업자할인 또는 중간상할인이라도고 하는데 중간 유통업자에 대하여 가격을 할인해 주는 것이다. 계절할인(seasonal discount)은 계절적 비수기에 대한 할인으로 일종의 자동적 할인(mark-down)이라 할 수 있다. 공제(allowance)에는 거래공제와 촉진적 공제가 있다. 거래공제(trade allowance)는 중고교환 공제(trade-ins)라고도 하는데 신형 모델 구입 시 구형 모델을 반환하면 그만큼의 가격을 깎아주는 공제이다. 촉진적 공제(promotional allowance)는 제조업자의 광고와 판매지원 프로그램에 참여하는 취급점들에 대한 보상책으로 일정액을 지불하거나 가격을 할인해 주는 것이다. 그 이외에도 손실유발가격, 특별행사가격, 현금할인(cash rebates)이나 현금가 분할판매 등이 활용되고 있으며 할인효과를 유발하는 저이자 금융, 장기 지급 조건, 보증 및 서비스 계약 등도 활용되고 있다.

고객이 상품을 구입한 후 운송이 필요한 경우에는 운송비에 따라 가격을 조정하여야 한다. 이 경우 가격을 조정하는 방법에는 운송 및 운송비 모두를 고객에게 부담시키는 생산지점 인도가격(FOB origin pricing), 판매자가 운송을 담당하되 제품 운송거리에 관계없이 동일한 운송비를 구매자에게 부담시키는 균일 운송가격(uniform delivered pricing), 광역 구역을 정해 구역 내에서는 동일 운송비를 부담하지만 구역별로는 다른 운송비를 고객에게 부담시키는 구획가격(zone pricing), 제품의 출하지와 관계없이 특정 기점을 지정하여 이곳에서부터 구매자가 원하는 지점까지의 운송비를 고객에게 부담시키는 기점가격(basing-point pricing) 및 시장침투를 위해서 또는 경쟁이 치열한 경우 판매자가 운송을 담당하되 운송비의 일부 또는 전액을 제품가격에 산입하지 않는 운송비 제거가격(freight absorption pricing)이 있다.

4) 가격변경

가격변경(price changing)은 최초의 가격책정 조건이 변경되어 처음 책정된 기준가격을 인상하거나 인하하는 것으로 가격재책정이라고도 한다. 가격변경의 유형과 요

✚ 표 10-3 | 가격변경의 유형과 요인

유형	원인	위험성	고려요인	
			경쟁측면	고객측면
가격 인상	ㅇ 원가상승 ㅇ 인플레이션 ㅇ 초과수요	ㅇ 소비자의 반발 ㅇ 기업 또는 제품 이미지 악화	ㅇ 경쟁자들이 따라오도록 유도	ㅇ 가격인상 전 다른 방법을 우선적으로시도
가격 인하	ㅇ 과잉설비에 의한 초과생산 ㅇ 시장점유율 하락 ㅇ 시장침투 내지 지배	ㅇ 저급제품화 ㅇ 시장점유율 확대 →고객충성도하락 ㅇ 피상적 자금여유 ㅇ 가격전쟁	ㅇ 불필요한 가격전쟁 방지 ㅇ 마켓 리더인 경우 경쟁자의 신중히 대처	ㅇ 출고가격의 인하가 소매가격의 인하로 이어지지 않을 수 있음을 인식

인은 다음의 〈표 10-3〉과 같다.

상품의 가격변경에서 가격인하의 경우에는 소비자들의 반응이 긍정적이어 그리 문제가 되지 않지만 가격인상의 경우에는 소비자들의 반발에 직면할 수 있다. 따라서 가격인상의 경우에는 가격인상 단행 이전에 다양한 대안적 방법을 모색해 볼 필요가 있다. 대안적 방법으로는 제품의 양 축소, 제품의 크기나 모델 수 축소, 제품의 특성 축소 내지 제한, 저렴한 대체원료나 성분 사용, 무료 설치나 배달과 같은 부수적 서비스 축소 내지 제거, 포장비용 절감을 위한 포장재료 변경 및 대형 포장, 새로운 경제적 상표 개발 등이 활용되고 있다.

사례: 신상품의 성공적 가격전략

딤채의 고가격전략

만도공조가 내놓은 김치냉장고 딤채는 1995년 신상품 개발 당시 출시에 앞서 행한 소비자 설문조사에서 '소비자들은 김치냉장고의 필요성을 막연하게 인식하면서도 원하는 가격대는 겨우 15만 원 선'이라는 결과가 나왔다. 그럼에도 불구하고 딤채는 초기 모델을 43만 원이란 높은 가격으로 출시하였다. 이는 웬만한 대형 냉장고 가격과 맞먹는 고가제품이었다. 그러나 만도공조는 '김장독을 집안에 들여놓는 방법은 없을까?'라며 주부들의 니즈를 충족시킬 수 있는 김치냉장고라는 독창적인 제품을 만들어 새로운 시장을 형성한 만큼 충분한 초기투자비용을 뽑아내고자 고가전략을 강행하였다. 초기에는 소비자들로부터 적지 않은 가격저항이 나타났다. 그러나 제품의 품질과 기술력을 인정받아 김치냉장고 시장에서 크게 성공할 수 있었다.

현재까지도 삼성이나 LG와 같은 대형 경쟁업체들과 경쟁을 하고 있음에도 불구하고 지속적인 제품차별화를 통한 고가전략을 구사하면서도 높은 시장점유율을 유지하고 있다.

스와치의 저가격전략

스위스(Swiss)와 와치(Watch)를 결합하여 만든 상표인 스와치(Swatch)는 3개월에서 6개월마다 수많은 고급 시계 디자이너들이 당시의 이슈와 감성, 문화를 반영한 새로운 디자인의 시계를 만들 뿐 아니라 그 시즌에만 생산함으로써 각각의 시계에 대한 희소성을 높이고 있다. 그런 스와치는 '스위스 시계는 고가의 명품'이라는 인식을 깨고 고객들이 부담 없이 구입할 수 있도록 저가격전략을 추구하였다. 고급 디자이너의 높은 인건비에도 불구하고 전략적 가격을 맞추기 위해 전통적으로 사용되는 금속과 가죽 대신 플라스틱을 사용했고, 부속도 150개에서 51개로 줄였으며, 새롭고 저렴한 방식의 조립기술을 개발했다. 이러한 혁신으로 전보다 30% 낮은 비용으로 시계를 만들 수 있는 생산구조를 갖출 수 있게 되었다. 이렇게 함으로써 디자인과 브랜드를 통한 희소적 가치와 저렴한 가격이라는 상충되는 두 마리 토끼를 모두 잡을 수 있었던 스와치는 일본과 홍콩의 시계 제조업자들의 지속적인 압박으로부터 스위스 시계산업을 다시 부흥시킬 수 있는 계기를 마련하였다.

연습문제

❶ 제품의 가격결정에서 고려하여야 할 요인에 대하여 구체적인 사례를 들어 설명하시오.

❷ 가격책정의 기준을 원가, 목표, 수요 및 경쟁의 네 가지로 구분하고 이에 근거하여 가격책정방법을 설명하시오.

❸ 가격조정의 방법에 대하여 설명하시오.

❹ 가격변경의 유형과 요인에 대하여 설명하시오.

❺ 제품믹스의 가격전략에 대하여 구체적인 예를 들어 설명하시오.

제11장

유통전략

1. 유통전략의 기초개념

1) 유통의 의의

유통(distribution)이란 생산자로부터 중간 유통업자를 거쳐 최종소비자에게 제품이 전달되는 단계적 과정을 의미한다.* 여기에는 〈그림 11-1〉에서 보는 바와 같이 제품의 흐름에 따른 상거래활동과 제품의 물리적 이동이 포함된다. 기업의 입장에서 유통은 제품 및 서비스가 적절한 상태로, 정해진 시간에, 원하는 장소로, 필요한 양만큼 소비자에게 전달시키고자 하는 의사결정 및 행동양식을 의미한다.

* 원종근 · 현인규 · 지남웅(1995), 국제마케팅론, 법문사, p.363.

✚ 그림 11-1 | 유통의 의의

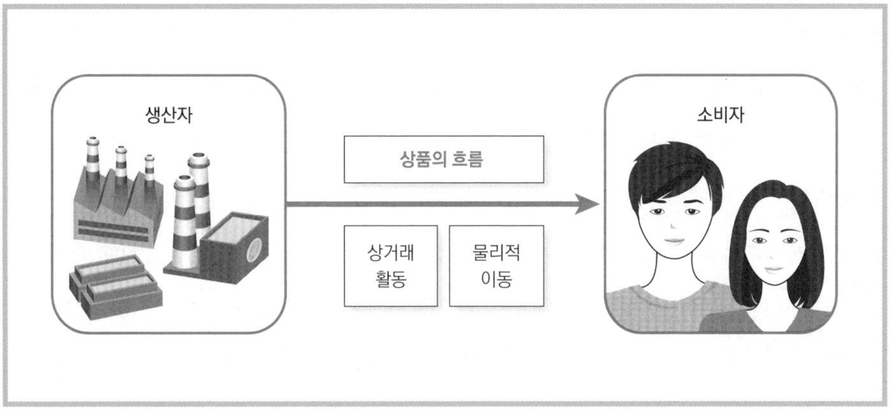

유통은 마케팅상에서 거래기능, 물적 유통기능 및 촉진기능을 수행하고 있다. 거래기능에는 잠재고객에 대해 판매를 촉진하는 판매기능, 재판매를 위해 여러 공급업자로부터 상품을 구입하는 구매기능, 재고유지 및 상품의 진부화를 포함한 다양한 위험을 부담하는 위험부담기능 및 상품의 소유권이전이 발생할 수 있도록 가격 및 조건 등의 합의를 유도하는 협상기능이 있다. 물적 유통기능에는 잠재고객을 위해 다양한 상품을 분류하여 구색을 갖추어야 하는 구색기능, 상품을 보관하고 적정한 재고수준을 확보 · 유지하는 보관기능, 대량으로 구입한 품목이나 부피가 큰 상품을 고객의 기호에 맞게 소량으로 나누어 판매하는 소량판매기능, 여러 종류의 제품을 소비자가 원하는 대로 조립 · 포장하거나 동시에 구매하는 결합기능 및 제조업자로부터 상품을 사용자에게 운반해 주는 운송기능 등이 포함된다. 마지막으로 촉진기능에는 고객에게 외상판매 내지 할부판매를 실시하거나 제조회사에게 자금을 공여하는 재무기능, 상품을 품질수준에 따라 분류하는 등급분류기능, 예상판매량, 유행의 흐름, 가격정보 등 제조회사가 필요로 하는 다양한 정보를 수집하여 제공하는 시장정보수집기능 및 상품구입 가능성이 있는 구매자를 탐색하여 상품정보 및 판매의사를 전달하는 접촉기능 등이 포함된다.

마케팅 믹스 요소의 하나로서 유통은 첫째, 거래를 촉진시키고 거래의 효율성을 향상시킨다. 중간상의 개입으로 거래를 촉진시키고 거래의 수를 감소시켜 거래의 효율성을 제고시킨다. 즉 중간상이 생산자와 소비자 간의 접촉 횟수를 줄이고 거래비용을 감소시킴으로써 분배의 효율성을 향상시킨다. 둘째, 거래의 표준화를 촉진한다. 거래과정에서 이용되는 상품, 가격, 구입단위, 지급조건 등을 표준화함으로써 거래가 효율적으로 성사될 수 있도록 한다. 셋째, 규모의 경제 실현과 다양한 상품 선택의 기회를 제공한다. 중간상이 생산자에게 특정한 양의 구매를 보장함으로써 생산자는 대량으로 상품을 생산하여 규모의 경제를 실현할 수 있고, 다양한 상품을 구매하여 소비자가 편리하도록 상품의 구색을 갖춤으로써 중간상을 통한 배분효과를 증진시킨다. 넷째, 생산자와 소비자의 관계를 강화시킨다. 생산자에게 구매자와 경쟁자 그리고 시장 환경요인들에 대한 정보를 제공하고, 소비자에게는 상품에 대한 정보를 제공한다. 이러한 정보의 교차 제공을 통해 생산자와 소비자를 효율적으로 연결하고, 상호 간의 관계를 강화시킨다. 다섯째, 대고객서비스를 제공한다. 상품의 배달에서부터 설치, 사용방법의 교육 및 수리 등 대고객 서비스를 제공한다. 여섯째, 간접금융기능으로서 생산자의 위험을 분담한다. 외상이나 할부판매 등을 통한 간접금융기능을 제공하고 수요가 불확실한 신상품의 경우에는 생산자로부터 일정량을 미리 구입하여 재고를 유지함으로써 생산자의 금융 위험을 분담한다.

2) 유통경로의 의의

유통경로(distribution channel)란 미국마케팅학회(AMA: American Marketing Association)에 의하면 상품, 물건, 서비스 등이 판매되는 기업내부 조직, 기업외부 중개기관, 도매상, 소매상들의 구조라고 할 수 있다. 코틀러(P. Kotler)는 마케팅 경로(marketing channel)라는 개념을 도입하여 제품이나 서비스가 사용되거나 소비에 이용될 수 있도록 하는 과정과 관련된 일체의 상호 의존적 조직으로 정의하고 있다.* 즉 유통경로란 제품이나 서비스의 소비 또는 사용을 가능하게 하는 과정과 관련된 상호 의존적 조직체라고 할 수 있다. 이에 의하면 유통은 제품의 운송 · 보관 등의 물적 유통뿐 아니라 대금 · 정보 · 촉진활동의 흐름, 생산자와 중간상 및 판매상과 소비자 사이의 매매협상을 통한 소유권 이전 등을 모두 포함하는 광의의 개념이다. 따라서 유통에는 기업 내부의 마케팅 관련 조직 및 대리상 · 딜러 · 도매업자 · 소매상 등 기업 외부의 독립적 중간상들이 포함된다.** 즉 유통경로란 상품 및 서비스가 생산자로부터 소비자 또는 최종사용자에게 이전되는 과정 및 그 과정에 참여하는 모든 개인과 기업이라고 정의할 수 있다.

유통경로를 상품이 생산되어 소비되는 과정에 관련된 생산자 · 도매상 · 소매상 및 소비자까지 포함하는 조직이나 이들의 활동으로 간주하면 유통경로는 생산자로부터 소비자에게로 거래, 교육, 정보, 영업 및 촉진의 흐름을 원활하게 하여 궁극적으로 상품 및 서비스가 효과적으로 전달되도록 하는 역할을 한다. 반대의 관점에서 보면 역으로 상품대금이나 상품에 대한 평가 및 클레임, 니즈에 관한 정보 등을 소비자로부터 생산자에게 전달하는 역할도 한다. 이러한 관점에서 유통경로는 생산자와 소비자 사이의 양방향 커뮤니케이션을 원활하게 하여 서로 간의 효용을 극대화시키는 통로이며 채널이다. 따라서 소비자의 선호성향이나 구매형태에 따라 기능과 구조가 다양한 형태를 가지게 된다. 그러나 한번 구축된 유통경로는 단기간에 쉽게 변경하기 어려운 장기적 특성을 가지고 있기 때문에 유통경로의 전략적 중요성은 매우 크다.

마케팅 활동을 계획하고 관리하는 데 있어 유통경로는 다양한 기능을 수행한다.*** 첫째는 정보(information) 제공 기능이다. 이는 상품에 대한 정보를 소비자

---

* P. Kotler & K. L. Keller (2012), *Marketing Management*, 14th ed., Pearson, p.437

** W. J. Keegan (1989), *Global Marketing Management*, 4th ed., Prentice-Hall, p.432.

*** P. Kotler & K. L. Keller (2012), *Marketing Management*, 14th ed., Pearson, pp.440-444.

에게 제공하고, 잠재고객 또는 현재고객, 경쟁기업, 기타 마케팅 환경에 대한 정보를 수집하여 생산자에게 제공하는 것이다. 둘째는 촉진(promotion)기능이다. 이는 설득력 있는 의사소통(communication) 방법 및 수단을 개발하여 상품의 존재와 특성을 고객들에게 알리고 구매를 유인할 수 있도록 다양한 인센티브를 제공하는 것이다. 셋째는 보관(storage)기능이다. 이는 상품을 소비 시점까지 보관하여 시간상의 불일치를 해소하는 것이다. 넷째는 협상(negotiation)기능이다. 이는 상품의 소유권 이전이 이루어질 수 있도록 가격 및 기타 거래조건에 대하여 구매자와 협상하고 최종적 합의를 이끌어냄으로써 판매를 성사시키는 것이다. 다섯째는 주문(ordering)기능이다. 이는 유통경로 구성원들이 생산자에게 물건을 구입하기 위해 행하는 역방향 의사소통(backward communication)으로 구매자로부터 주문을 접수하고 생산자에게 이를 전달하는 활동이다. 여섯째는 배송(delivery)기능이다. 이는 생산지로부터 소비지까지 상품을 운송함으로써 장소상의 불일치를 해소하는 활동이다. 일곱째는 금융(financing) 기능이다. 이는 재무관리를 위하여 유통경로의 각 단계가 필요로 하는 자금을 조달하여 배분하는 활동이다. 여기에는 구매자에게 외상이나 할부판매를 제공하고 생산자에게 자금을 융통하는 활동이 포함된다. 여덟째는 위험 부담(risk taking)기능이다. 이는 유통활동 및 유통관리활동을 수행하는 과정에서 발생할 수 있는 위험을 분담하는 기능이다. 아홉째는 물적 소유(physical possession)기능이다. 이는 원재료에서부터 완제품이 최종소비자에게 이르기까지의 중간 단계에서 물품을 지속적으로 소유하고 저장하며 다음 단계로 운반하는 모든 기능을 말한다. 여기에는 상품을 소비시점까지 보관하여 시간상의 불일치를 해소하고 상품을 소비지역까지 운송하여 장소상의 불일치를 해소하는 활동이 포함된다. 열 번째는 대금지급(payment)기능이다. 이는 생산자가 제공한 제품이나 서비스의 대가를 소비자가 생산자에게 지불하는 것이다. 열한 번째는 판매 후 서비스 및 반품 처리 기능이다. 이는 설치나 보증수리와 같이 판매 후 서비스(A/S: after service)를 제공하고 반품이 있는 경우 이를 처리하는 활동이다. 열두 번째는 소유권(title) 이전 기능이다. 이는 특정 집단이나 사람으로부터 다른 집단이나 사람으

✚ 그림 11-2 | 유통경로의 기능과 흐름

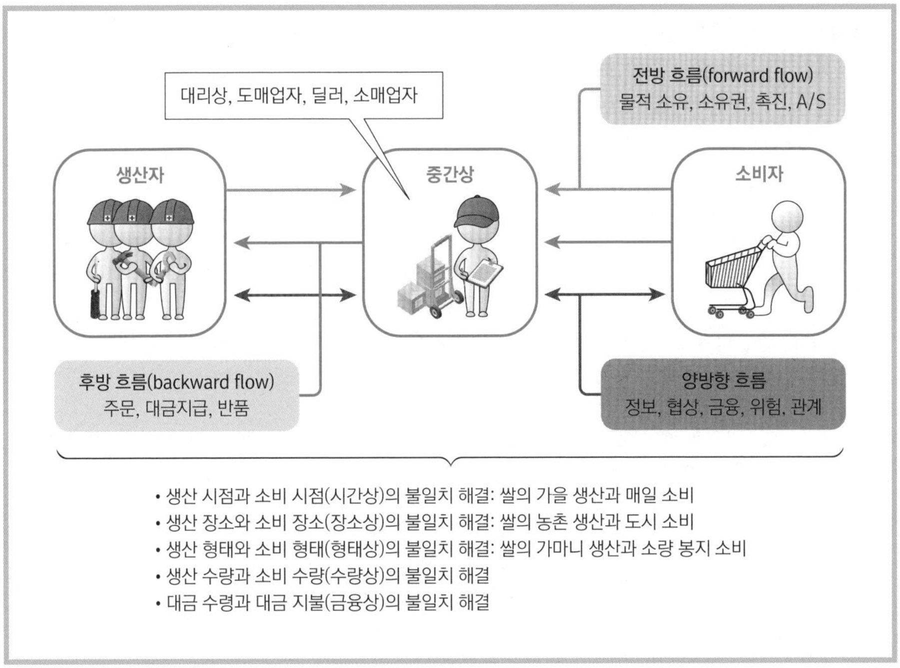

로 실질적 소유권을 이전시키는 활동이다. 마지막은 관계 유지 기능이다. 이는 구매자와의 관계를 유지하기 위한 다양한 활동들이 포함된다. 지금까지 살펴본 유통경로의 기능을 흐름 방향에 따라 나타내면 〈그림 11-2〉 및 〈표 11-1〉과 같다.

유통경로의 기능은 반드시 도매상이나 소매상 같은 중간상들이 담당해야 하는 것은 아니다. 일부 기능들은 생산자나 소비자가 수행할 수도 있다. 예를 들면 현대자동차의 경우 영업소에서 대부분의 유통기능을 담당하고 있으나 판매 후 서비스(A/S), 보관 및 일부 촉진활동은 현대자동차가 직접 수행하고 있다. 영업소는 현대자동차가 직접 운영하는 경우도 있지만 일부는 독립적인 사업자들이 현대자동차와 계약을 맺고 프랜차이즈 형태로 운영하기도 한다. 아모레 퍼시픽의 경우에도 라네즈와 마몽드 같은 화장품들은 전문점, 대형마트, 백화점 등이, 헤라 같은 화장품들은 백화점과 방문판매 조직이 대부분의 유통기능을 담당하고 있다.

✚ 표 11-1 | 유통경로의 기능과 내용

방향	기 능	내 용
전방 흐름	물적 점유 (physical possession)	ㅇ 최종소비자에게 이르기까지 물품을 지속적으로 보관 · 운송 ㅇ 제품을 소비 시점까지 보관하여 시간상의 불일치 해소 ㅇ 제품을 소비 지역까지 운송하여 장소상의 불일치 해소
	소유권(title)	ㅇ 제품이나 서비스에 대한 소유권의 실질적 이전
	촉진(promotion)	ㅇ 제품 구매를 유도하기 위한 의사소통(communication) 수단과 방법의 개발 및 전달 ㅇ 제품의 존재를 현재 및 미래 구매자들에게 알리고 구매를 설득 · 유도하거나 이를 위한 인센티브 제공
	판매 후 서비스 (A/S: after service)	ㅇ 설치 · 보증수리 등의 판매 후 서비스(A/S: after service) 제공 ㅇ 소모품 · 부품 등의 보유 및 판매
후방 흐름	주문(ordering)	ㅇ 제품이나 서비스의 구매를 위한 역방향 의사소통(backward communication) ㅇ 중간상은 구매자로부터 주문을 접수하고 이를 생산자에게 전달
	대금지급(payment)	ㅇ 구매한 제품이나 서비스에 대한 대가 지불
	반품(returned goods)	ㅇ 구매자의 변심 또는 제품의 하자 등으로 반품이 요구된 경우 이를 처리
양방향 흐름	정보(information)	ㅇ 중간상은 제품에 대한 정보를 소비자에게 제공하고 구매자 · 경쟁자 및 기타 시장 환경 요인에 대한 정보를 생산자에게 제공
	협상(negotiation)	ㅇ 거래가 성사될 수 있도록 거래조건의 최종적 합의도출을 시도
	금융(financing)	ㅇ 재고관리 및 판매촉진을 위하여 유통경로 각 단계가 필요로 하는 자금의 조달 및 배분 ㅇ 수요가 불확실한 신상품의 경우 생산자로부터 일정량을 미리 구입하여 재고를 유지함으로써 생산자의 자금 부담 완화 ㅇ 구매자에게 외상이나 할부판매를 제공
	위험부담(risk taking)	ㅇ 유통 활동 및 유통경로 관리활동의 수행과정에서 발생할 수 있는 위험의 분담
	관계유지(relationship)	ㅇ 상호 우호적 관계 구축 및 유지: CRM, PRM 등 ㅇ 중간상은 생산자와 소비자를 효율적으로 연결

✚ 그림 11-3 | 유통경로의 유형

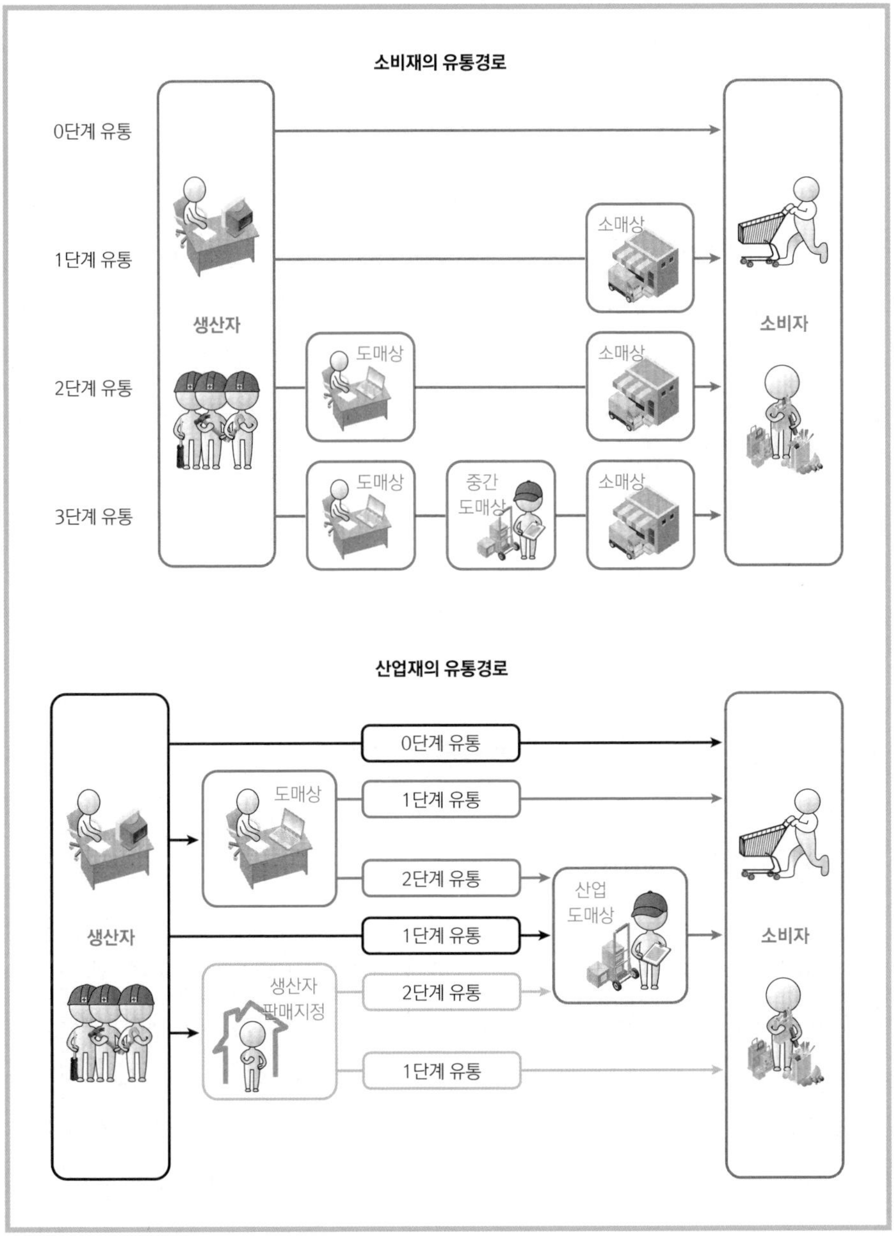

소량이기는 하지만 카탈로그, 텔레비전 홈쇼핑, 인터넷 쇼핑몰 등을 통해 유통되기도 하나 광고와 같은 촉진활동은 아모레 퍼시픽이 직접 수행한다. 델(Dell) 컴퓨터의 경우에는 철저하게 인터넷과 전화를 이용한 통신판매로만 PC를 판매하기 때문에 대부분의 유통기능을 직접 수행한다. 그러나 배달은 페더럴 익스프레스(Federal Express) 같은 특송회사에, 판매 후 서비스는 제록스(Xerox)같이 서비스 네트워크를 갖춘 회사에 맡기고 있다. 암웨이(Amway)는 다단계 판매회사로서 디스트리뷰터(distributor)라고 불리는 판매원들이 대부분의 유통기능을 담당한다. 디스트리뷰터들은 판매원인 동시에 소비자이기 때문에 소비자들이 유통기능을 담당하고 있다고 볼 수 있다. 예에서 보는 바와 같이 유통경로에서 중간상은 없을 수 있으나 중간상이 수행하던 유통경로의 기능은 없앨 수 없다.

유통경로의 유형은 취급하는 상품에 따라 다양한 형태가 있는데, 이를 소비재와 산업재로 구분하여 나타내면 앞의 〈그림 11-3〉과 같다.

3) 중간상의 이해

1 중간상의 의의

중간상(middleman)은 생산자로부터 사용자 또는 소비자에게 상품 및 서비스를 전달해 주는 기업이나 개인을 말한다. 이는 경로구성원(intermediaries)이라는 관점에서 보면 유통경로에 참여하는 도매상이나 소매상과 같은 조직체나 개인이라고 할 수 있다. 이들은 생산자로부터 소비자에게 이르는 상품이나 서비스의 유통과정에서 구매 및 판매와 직접적으로 관련된 기능을 수행하거나 또는 관련 서비스를 제공한다.

유통경로에서 중간상이 필요한 이유는 중간상이 제공하는 다양한 효용 때문이다. 첫째, 중간상들은 장소적 효용을 제공한다. 이는 소비자가 원하는 장소에서 상품 및 서비스를 구입할 수 있도록 편의를 제공하는 활동으로 생산지와 소비지가 일치하지 않는 장소상의 불일치를 해결해 준다. 일례로 쌀은 농촌에서 생산되나 대부분은 도시에서 소비되는데 중간상이 농촌에서 쌀을 구입해 도시의 소비자에게 제공함으로써 장소상의 불일치를 해결해 준다. 둘째, 중간상들은 시간적 효용을 제공한다. 이는 소비자가 원하는 시기에 언제든지 상품을 구매할 수 있도록 편의를 제공하는 활동으로 생산 시점과 소비 시점이 일치하지 않는 시간상의 불일치를 해결해 준다. 예를 들어 쌀은 가을철에 추수를 통해 생산되는데 소비는 계절에 관계없이 매일 일어난다. 중간상들은 가을철에 농부들로부터 대량의 쌀을 구입해 창고에 보관하며 소비자가 원하는 시점에 제공한다. 셋째, 중간상들은 형태적 효용을 제공한다. 이는 고객들에게 보다 매력적으로 보일 수 있도록 상품 및 서비스의 형태나 모양을 변경시키는 활동으로 생산의 형태와 소비의 형태가 일치하지 않는 형태상의 불일치를 해결해 준다. 예를 들어 농촌에서 생산된 쌀을 가마니 형태로 구입하여 소비자들이 원하는 소량의 봉지 형태로 나누어 판매한다. 이러한 활동은 생산수량과 소비수량이 일치하지 않는 수량상의 불일치 문제도 해결해 준다. 넷째는 소유 측면의 효용을 제공한다. 이는 소비자로 하여금 상품과 서비스를 소유할 수 있도록 도와주는 중간상의 제반 활동들이 포함된다. 또한 대금수령과 대금지불의 시간적 차이가 발생하는 금융상의 불일치 문제도 해결해 준다.

2 중간상의 유형

중간상의 유형은 다양하게 구분할 수 있다. 상품소유에 따라서는 상인중간상, 대리중간상 및 촉진자로 구분할 수 있다. 상인중간상(merchant middleman)은 상품에 대한 소유권을 가지고 직접 마케팅 활동을 담당하는 중간상으로 이익(margin)을 목적으로 활동한다. 여기에는 도매상과 소매상이 포함된다. 대리중간상(agent middleman)은 소유권을 가지지 않고 단순히 생산자로부터 사용자에게 상품 및 서비스가 이전되는 것을 용이하게 하는 역할만을 담당하는 중간상으로 수수료(commission)를 목적으로 활동한다. 여기에는 거간과 판매대리점이 포함되는데, 거간(broker)은 취급상품에 대해 직접적 · 실질적 관리는 하지 않으나 구매자와 판매자 중 어느 한쪽을 대표하여 활동하는 대리중간상이며, 판매대리점(sales agent)은 상품의 소유권은 가지지 않고 제조업자와 계약을 통해 판매금액의 일정률을 수수료로 취득하는 대리중간상이다. 촉진자(facilitator)는 유통 활동과 과정을 지원하지만 상품의 소유권도 가지지 않고 매매협상 등에도 개입하지 않는 중간상인데, 여기에는 수송회사, 독립적 창고업자, 은행 등의 금융기관, 광고대행사 등이 포함된다.

상거래 방식에 따라서는 대리상, 도매상, 소매상, 거간, 판매대리점으로 구분할 수 있다. 대리상(agent)은 구매나 판매를 위하여 상담은 하지만 상품에 대한 소유권은 취득하지 않는 중간상을 말한다. 도매상(wholesaler)은 다른 형태의 중간상, 특히 소매상에게 재판매를 전문으로 하는 중간상을 말하는데, 유통업자와 중매상이 여기에 해당한다. 유통업자(distributor)란 판매, 재고관리, 신용대여 등 다양한 유통기능을 수행하는 산업용품시장의 도매상을 말하며, 중매상(jobber)은 주로 산업용품시장에서 도매상 또는 유통업자를 말한다. 소매상(retailer)은 최종소비자를 대상으로 판매활동을 하는 중간상이다. 거간(broker)은 취급상품에 대해 직접적 · 실질적 관리는 하지 않으나 구매자와 판매자 중 어느 한쪽을 대표하여 활동하는 중간상이다. 판매대리점(sales agent)은 상품의 소유권은 가지지 않고 제조업자와 계약을 통해 판매금액의 일정률을 수수료로 취득하는 중간상이다.

중간상의 유형을 종합적으로 구분하면 〈표 11-2〉와 같다.

도매상(wholesaler)은 재판매 또는 사업을 목적으로 구매하는 고객에게 상품을 판매하고 이와 관련된 활동을 수행하는 중간상인데, 도매상의 주된 고객은 소매상이다. 도매상은 소매상보다 넓은 상권을 대상으로 대규모 거래를 행한다. 따라서 도매상이 수행하는 기능은 기본적으로 소매상을 위한 상품의 조달(sourcing)

✚ 표 11-2 | 중간상의 일반적 유형

도매상	상인 도매상	완전 서비스 도매상	도매상인	종합 머천다이즈 도매상 / 한정 상품 도매상 / 전문품 도매상
			산업재 유통업자	
		한정 서비스 도매상	현금 거래 도매상 / 트럭 도매상 / 직송 도매상 / 진열 도매상	
	대리점 및 브로커	제조업자 대리점 / 판매 대리점 / 구매 대리점 / 수수료 상인		
	제조업자 도매상			
소매상	점포형 소매상	재래시장 / 전문점 / 백화점 / 슈퍼마켓 / 양판점 / 편의점 / 대형마트 / 전문할인점(카테고리 킬러) / 회원제 창고형 소매점		
	무점포 소매상	방문판매		
		다단계 마케팅		
		다이렉트 마케팅	카탈로그 마케팅 / 다이렉트 메일 마케팅 / 텔레마케팅 / 텔레비전 홈쇼핑 / 인터넷 마케팅	
		자동판매기		

과 분배(distribution)라고 할 수 있다. 도매상은 우리나라에서 가장 발달되지 못한 분야라고 할 수 있는데, 이는 국토가 좁아 제조업자가 직접 소매상과의 접촉이 가능하고, 제조업체들도 직접 소매상을 통제하고자 하기 때문이다. 도매상의 유형은 〈표 11-3〉과 같다.

소매상(retailers)은 상품을 최종 구매자에게 직접 판매하는 활동을 수행하는 중간상이다. 소매상은 유통경로 마지막 단계에서 최종구매자와 접촉하므로 제조업자의 성과에 큰 영향을 미친다. 소매상의 형태는 매우 다양한데, 이는 업태별로 다른 세분시장이 존재하기 때문이다. 소매상은 점포의 유무에 따라 점포형 소매상과 무점포 소매상으로 구분할 수 있다.

점포형 소매상(store retailing)은 점포를 보유하고 있는 소매상이다. 점포형 소

✚ 표 11-3 | 도매상의 유형과 기능

유 형	기 능
1. 상인 도매상 (merchant wholesaler)	ㅇ 가장 전형적인 도매상 ㅇ 상품의 소유권을 가지고 다양한 기능 수행 ㅇ 서비스의 폭에 따라: 완전 서비스 도매상과 한정서비스 도매상으로 구분
① 완전 서비스 도매상 (full-service wholesaler)	ㅇ 정보제공 · 촉진 · 협상 · 주문 · 금융 등 거의 모든 유통기능 수행하는 도매상
• 도매상인 (wholesale merchant)	ㅇ 가장 대표적인 도매상 ㅇ 소매상을 상대로 종합적인 유통기능 수행 ㅇ 취급 상품의 폭에 따라 • 종합 도매상인(general merchandise wholesaler): 다양한 상품라인 취급 • 한정 상품 도매상인(limited line wholesaler): 소수의 상품라인 취급 • 전문 상품 도매상인(specialty wholesaler): 한 개의 상품 라인만 취급
• 산업재 유통업자 (industrial distributor)	ㅇ 소매상이 아니라 제조업자들을 상대로 산업재를 판매하는 도매상
② 한정 서비스 도매상 (limited-service wholesaler)	ㅇ 거래 고객들에게 몇 가지 제한된 서비스만을 전문적으로 제공하는 도매상
• 현금 거래 도매상 (cash-and carry wholesaler)	ㅇ 회전율 높은 한정된 상품을 현금으로만 판매하는 도매상 ㅇ 배달은 하지 않음
• 트럭 도매상 (truck wholesaler)	ㅇ 과일 · 야채 등 부패 가능성이 높은 식료품을 트럭에 싣고 순회하면서 현금으로 판매하는 도매상
• 직송 도매상 (drop dipper)	ㅇ 소매상으로부터 주문받으면 생산자에게 연락하여 상품이 제조업자로부터 직접 소매상에게 배달되도록 하는 도매상 ㅇ 재고는 보유하지 않지만 주문받은 시점부터 배달 완료 시점까지 상품에 대한 소유권을 가짐 ㅇ 주로 석탄, 목재, 중장비 등 부피가 큰 상품을 취급

유 형	기 능
• 진열 도매상 (rack jobber)	ㅇ 도매상을 대신하여 상품을 진열하여 판매하고, 판매된 상품의 배송 및 재고관리 등을 담당하는 도매상 ㅇ 소매상의 이익과 매출에서 차지하는 비중은 낮지만 회전율인 높은 사탕 · 껌 등의 기호식품 및 건강 · 미용 등의 비식품류를 취급 ㅇ 상품은 소비자에게 판매되기 전까지 도매상의 소유이며, 소매상은 판매된 상품의 대금만 도매상에게 지급하고 판매되지 않은 상품은 반품함
2. 대리점(agent) 및 브로커(broker)	ㅇ 상품을 소유하지 않으며 단지 거래를 성사시키는 역할만 하고 수수료를 받는 도매상 ㅇ 대리점은 장기적인 관계인 반면 브로커는 한 번의 거래로 끝나는 단기적 관계(예: 부동산 중개인)
① 제조업자 대리점 (manufacturers' agent)	ㅇ 서로 경쟁관계에 있지 않은 두 개 이상의 생산업체와 계약을 맺고 이들을 대신하여 판매활동을 영위 ㅇ 소수의 판매사원을 고용하여 영업활동 전개 ㅇ 자체 판매사원들을 둘 수 없는 작은 생산업자나 새로운 지역을 개척하려는 큰 생산업자들이 주로 활용 ㅇ 의류, 전기제품 등에서 자주 이용
② 판매 대리점 (selling agents)	ㅇ 특정 제조업체의 전 품목을 판매하는 계약을 맺고 판매활동을 전개 ㅇ 판매기능에 관심이 없거나 능력이 없는 제조업자들이 이용 ㅇ 실질적으로 제조업자의 판매부서와 같은 기능을 수행하므로 가격과 판매조건 등에 대해 상당한 영향력 행사 ㅇ 섬유, 기계 장비, 석탄, 화학제품, 금속제품 등에서 자주 이용
③ 구매 대리점 (purchasing agents)	ㅇ 구매자(즉 소매상)와의 계약에 의해 구매를 대신하고, 구매한 상품을 검사, 보관, 배달함 ㅇ 의류산업의 작은 의류 소매상들이 자주 이용
④ 수수료 상인 (commission merchant)	ㅇ 상품의 소유권은 갖지 않지만 상품을 가지고 다니며 판매를 성사시키는 기능을 함 ㅇ 주로 농산물 생산자의 위탁을 받아 트럭에 농산물을 싣고 큰 시장에 가서 팔아주는 일을 함
3. 제조업자 도매상 (manufacturers' branches and offices)	ㅇ 독립적 도매상이 아니라 제조업자가 소유 · 운영하는 도매상 ㅇ 판매지점(sales branch): 재고를 보유 ㅇ 판매사무소(sales office): 재고를 보유하지 않음

매상은 다양한 형태로 발전되어 왔는데 우리나라의 경우에는 재래시장 → 전문점 → 백화점 → 슈퍼마켓 → 양판점 → 대형마트 → 전문할인점 → 회원제 창고형 도소매점의 형태로 발전되어 왔다.

재래시장은 점포형 소매상의 원조라고 할 수 있는데 그 기원은 신라시대까지 거슬러 올라간다. 재래시장은 실제로 도매기능과 소매기능을 겸하고 있다. 재래시장은 가격이 저렴하다는 장점이 있는 반면 품질보증 기능이 미약하여 소비자들로부터 불신을 초래한다는 단점이 있다. 이러한 이유로 재래시장이 소매업에서 차지하는 비중은 점차 감소하는 추세이다. 그러나 한국적 정서가 담겨 있어 완전히 사라지지는 않을 것으로 판단된다.

전문점(specialty store)은 한정된 상품라인의 다양한 브랜드를 취급하여 깊이 있는 상품 구색을 갖춘 점포를 말하는데, 의류, 서적, 화장품, 가전, 오디오, 스포츠용품 등에서 찾아볼 수 있다.

백화점(department store)의 시초는 1852년 프랑스 파리의 봉 마르쉐(Bon Marche) 백화점이다. 한국에서는 1930년 일본 미츠코시 백화점의 경성 지점이 신세계 백화점 본점 자리에 들어서면서부터 시작되었다. 백화점은 다양한 상품 구색, 편리한 입지, 쾌적한 쇼핑 공간, 높은 신뢰성, 강력한 품질보증 등을 제공하지만 상대적으로 높은 가격에 제품을 판매한다. 그러나 높은 가격에도 불구하고 사회적 지위와 관련된 만족도를 제공하고 있다. 한국의 백화점을 외국과 비교하면

✚ 표 11-4 | 한국과 외국의 백화점 비교

외 국	한 국	시사점
양판점이나 대형마트와의 가격 경쟁에서 밀려나 패션 중심으로 상품 구색 전환	상설 할인매장과 슈퍼마켓에서 고급 의류매장까지 한 지붕 아래 다양한 재화 취급	한국의 백화점은 고급화냐 아니면 대중화냐의 갈림길에 서 있음
자기 책임하에 상품을 구입 · 판매하고 재고관리도 담당	부동산적 소매업: 재고관리 부담 회피를 위해 매장을 임대	한물간 일본식 운영방식 탈피가 중요한 과제

〈표 11-4〉와 같다.

슈퍼마켓(supermarket)의 시초는 세계 대공황이던 1930년대 미국 뉴욕의 킹 컬렌(King Kullen)인데 당시로서는 획기적 아이디어인 셀프서비스 개념을 도입하여 저렴한 가격을 실현하였다. 한국에서는 1964년 한국슈퍼마켓(주)가 설립된 것인데 재래시장 및 백화점 등과 함께 소매업을 이끌어가는 주요 형태였다. 다만 점포 규모가 작아 상품 구색이 부족하며, 대량 구매에 의한 구입원가 절감이 불가능하여 가격경쟁에서 뒤떨어졌다는 한계가 있다.

양판점(general merchandising store: GMS)의 시초는 1902년 미국의 제이씨페니(J. C. Penny)나 현재 패션 백화점으로 변신하였고 씨어즈(Sears)만이 명맥을 유지하고 있다. 한국에서는 1988년 한양유통 잠실점 및 롯데월드의 새나라 슈퍼백화점이라 할 수 있는데, 대형마트의 등장으로 현재는 사라지게 되었다. 양판점은 상품 구색 및 매장 형태가 백화점과 비슷하지만 가격은 백화점보다 저렴한 소매업태이다. 한국에서는 개념이 정확히 정립되지 못해 뿌리내리지 못한 것으로 보인다.

편의점(convenience store)의 시초는 1946년 미국의 세븐일레븐(7-Eleven)이며 한국에서의 시초도 1989년의 세븐일레븐이다. 편의점은 24시간 영업을 통한 시간적 편익 및 편리한 입지를 통한 공간적 편익을 제공하고 있지만 슈퍼마켓보다 비싼 가격과 한정된 상품 구색의 한계가 있다. 편의점의 대부분은 프랜차이즈(franchise) 형태의 가맹점으로 운영되고 있는데 이는 단시간 내 다점포화를 달성하여 규모의 경제성을 확보할 수 있기 때문이다. 최근에는 편의성의 개념을 확장하여 공공요금 납부 서비스, 각종 예약 서비스 및 택배 보관 서비스 등을 제공하고 있다.

대형마트는 유명 브랜드 상품을 낮은 가격에 판매하는 소매업태인데, 미국의 월마트(Wal-Mart), 한국의 이마트와 홈플러스 등이 이에 포함된다. 미국에서는 할인점(discount store)이라고 부르고 있어 한국에서도 할인점이라고 했으나 2006년 6월 대형마트를 공식명칭으로 확정하였다. 대형마트의 시초는 1948년 미국의 콜벳(Korvett)이라고 할 수 있는데 양판점과의 가격경쟁에서 승리하면서 지배적인 소매업태로 성장하였다. 이는 다점포화에 의한 상품 구입 원가 및 물류비용 절감,

셀프서비스에 의한 인건비 절감, 저렴한 입지, 내부 장식 최소화 등을 통해 가격 경쟁력을 확보할 수 있었기 때문이다. 미국식 할인점은 식료품 비중이 상대적으로 낮은데, 이는 식료품 분야에 대해서는 슈퍼마켓이 강력한 경쟁우위를 확보하고 있기 때문이다. 최근 할인점들도 식료품의 비중을 높이면서 할인점에 슈퍼마켓을 합쳐 놓은 소매업태인 슈퍼센터(supercenter) 또는 하이퍼마켓(hypermarket)의 형태로 발전하고 있다. 이러한 관점에서 볼 때 한국의 이마트나 홈플러스는 슈퍼센터나 하이퍼마켓에 가깝다고 할 수 있다

전문 할인점(specialty discount store)은 카테고리 킬러(category killer)라고도 하는데 전문점에 비하여 상대적으로 낮은 수준의 서비스, 평범한 매장, 낮은 가격을 가지고 특정 상품라인이나 카테고리에 집중하는 대형마트 형태의 소매업태라고 할 수 있다. 전문 할인점은 미국의 경우 1970년대 등장하여 1980년대와 1990년대 후반에 크게 성장하였다. 장난감 전문 할인점인 토이저러스(Toys R Us), 가전 전문 할인점인 베스트 바이(Best Buy), 한국의 전자제품 전문매장인 하이마트 등이 이에 속한다.

회원제 창고형 도소매점(membership warehouse club)은 미국의 경우 1976년에 개점한 프라이스 클럽(Price Club)이라고 할 수 있으며 한국의 경우에는 1994년 개점한 프라이스 클럽(현재의 Costco)이라고 할 수 있다. 이 유형은 회원제로 운영되는 것이 특징인데, 회원은 비즈니스 회원(중소 소매상)과 개인회원으로 구성되며 도매기능과 소매기능을 동시에 수행한다. 회원에 대해서는 연회비를 부과하는데 이는 초기 투자자금의 조기 회수가 가능하고 상품 가격을 더 낮출 수 있는 요인이 되고 있다. 또한 상품가격은 대형마트보다도 저렴한데, 이를 묶음 판매를 통한 대량구매 실현, 창고형 점포로 점포투자 비용 및 진열 · 포장 비용 등의 최소화, 셀프서비스를 통한 인건비 절감 등이 가능하기 때문이다. 또한 좁지만 회전율이 높은 상품으로 구색을 갖춘 것도 가격인하에 기여한 요인이 되고 있다.

무점포 소매상(non-store retailing)은 점포를 활용하지 않는 소매상인데, 기업 입장에서는 점포개설 비용 절감, 입지조건과 관련없이 목표시장 접근이 가능하

다는 편익이 있는 반면 소비자 입장에서는 시간을 절약할 수 있다는 이점이 있다. 무점포 소매상의 유형에는 방문판매, 다이렉트 마케팅, 자동판매기 등이 있다.

방문판매(direct sales)는 무점포 소매상 중 가장 오래된 형태로 한국의 경우 화장품, 보험, 아동용 도서, 학습지 등에서 활용되고 있다. 방문판매의 가장 대표적인 것이 다단계 마케팅(multi-level marketing: MLM)이라고 할 수 있는데, 이는 제조업자 → 도매업자 → 소매업자 → 소비자와 같은 일반적 유통경로를 거치지 않고 상품을 사용해 본 소비자가 판매원이 되어 상품을 구입 다른 소비자에게 판매하고 이 소비자가 다시 판매원이 되는 과정이 반복되는 판매형식이다. 이러한 형식은 중간 마진의 축소를 통해 가격경쟁력을 제고시킬 수 있고, 점포개설 비용은 물론 광고비와 인건비 등을 대폭 절약하여 비용을 절감할 수 있으며, 최종 구매자와의 긴밀한 커뮤니케이션 및 고객 데이터베이스 구축이 용이하고 유통경로가 구축되면 다양한 상품의 유통이 가능하다는 장점이 있다. 실제로 암웨이(Armway)의 경우 세제, 화장품, 건강보조식품, 커피, 주방용품, 식품 등 600가지가 넘는 다양한 상품을 취급하고 있으며 이 중에는 다른 회사가 생산한 것도 많이 포함되어 있다. 다단계 마케팅에는 품질이 우수한 상품, 구매주기가 짧은 비내구재, 소매점포에서 구하기 어려운 상품, 소비자 관여도가 높지 않은 상품 및 폭넓은 수요층을 가진 상품이 적합한 것으로 알려져 있다.

다이렉트 마케팅(direct marketing)은 광고매체를 사용하여 장소에 구애받지 않고 어떤 반응이나 거래를 이끌어 내는 것을 목적으로 하는 상호작용적인 마케팅 시스템이다. 다이렉트 마케팅에는 카탈로그 마케팅, 다이렉트 메일 마케팅, 텔레마케팅 및 인터넷 마케팅이 포함된다. 카탈로그 마케팅(catalog marketing)은 잠재구매자들에게 카탈로그를 발송하고 이를 받은 구매자들이 우편, 전화, 팩스 등을 이용하여 주문하는 판매방식이다. 이 방식은 도시지역에서 멀리 떨어진 농촌 가구들에게 쇼핑 편의를 제공하기 위해 몽고메리 워드(Montgomery Ward)가 1872년에, 씨어즈(Sears)가 1886년에 시작하였으며 한국에서는 1976년 신세계 백화점이 백화점 카드고객을 대상으로 주문용 엽서를 이용하여 판매를 시작한 것이 효시이다. 다이렉트 메일 마케팅(direct mail marketing)은 잠재구매자에게 발송된 광고물을 이용하는 판매방식이다. 이 방식에서 광고물은 인쇄물이 이용되었으나 오늘날에는 비디오 테이프, 디스켓, CD 등도 활용되고 있고 발송수단으로 우편은 물론 팩스와 전자우편(e-mail) 등도 활용되고 있다. 이 방식은 개별화가 가능하고, 길고 복잡한 메시지도 전달할 수 있으며, 상품 샘플로 보낼 수 있다는 장점이 있으나 카탈로그가 읽히지도 않고 버려지는 경우가 많으며, 다수의 사람들에게 보내기 위해서는 많은 비용이 소요된다는 단점이 있다. 텔레마케팅(telemarketing)은 전화로 잠재구매자에게 상품 정보를 제공하고 구매를 유도하는 판매방식이다. 여기에는 대중매체에 상품 정보와 수신자 요금 부담 전화번호(080)를 실은 광고를 내보낸 다음 이를 보고 전화한 잠재구매자에게 더 자세한 정보를 제공하여 구매를 유도하는 경우도 포함된다. 미국에서는 1970년대에 보급된 이래 1980년대 후반부터 성장하였으며, 한국은 호텔, 금융, 부동산, 잡지, 비영리단체 등 주로 서비스업에서 활용되었다. 이 방식은 실시간(real-time) 쌍방향 커뮤니케이션이 가능하여 고객의 욕구를 파악하는 즉시 대응할 수 있다는 정점이 있으나 좋지 않은 이미지와 프라이버시 침해의 우려가 있다는 한계가 있다. 이 방식이 성공적으로 운영되기 위해서는 양질의 잠재구매자 리스트 확보 및 확보된 리스트에서 생애가치가 높은 잠재구매자를 선별할 수 있는 노하우를 가지고 있어야 한다. 텔레비전 홈쇼핑(television home shopping)은 홈쇼핑 채널에서 상품정보를 방송하고 전화로 주문을 받는 판매방식이다. 이 방식은 1980년대 초 미국에서 시작되었으며 한국은 1995년 종합유선방송 시작과 함께 도입되었다. 이 방식은 불특정 텔레비전 시청자를 대상으로 하는 점에서 다른 다이렉트 마케팅과 구분된다. 인터넷 마케팅(internet marketing)은 웹사이트를 이용하여 상품을 판매하는 방식이다. 이 방식은 시간 및 공간상의 제약 없이 주문 및 판매가 가능하고, 상세한 상품정보를 제공할 수 있으며, 비용을 절감할 수 있고, 쌍방향 커뮤니케이션 및 데이터베이스 마케팅이 가능하며, 시장 상황 변화에 신속히 대응할 수 있고, 고객의 클릭행동에 대한 풍부한 데이터를 활용하여 고객 개개인의 성향에 맞춘 개별화 마케팅(individual marketing)이

가능하다는 장점이 있다.

자동판매기(vending machines)는 1950년대 후반 저가의 편의품을 판매하기 위해 미국에서 등장한 이후 점차 그 범위가 확대되었다. 우리나라는 1975년 대한가족협회가 콘돔 자동판매기를 도입한 이후 1980년대부터 제조업체들이 점포 임대료가 상승하는 가운데 자체 판매망 확보 경쟁을 벌이는 과정에서 빠르게 성장하였다. 우리나라의 경우에는 음식료품 제조회사나 개인이 자동판매기 제조회사로부터 구입하여 직접 운영하는 것이 일반적인데, 커피, 음료, 담배 등에서 주로 활용되고 있으며 대상 품목이 점차 확대되고 있는 추세이다. 자동판매기 천국이라는 일본의 경우 보석, 내의, 티셔츠 등 다양한 용품이 판매되고 있다.

최근 소매상들은 전문화 및 고급화의 추세를 보이고 있다. 전문화는 다양한 상품을 취급하던 소매업태가 점차 한두 가지 상품에 집중하는 소매업태의 도전에 직면하면서 나타나고 있다. 일례로 백화점은 쇼핑몰(shopping mall)의 도전을 받고, 할인점은 전문할인점의 도전에 직면해 있다. 고급화는 새로운 업체가 낮은 가격을 무기로 등장하자 기존 업체들이 이에 대한 대응수단으로 나타나게 되었다. 이는 맥네어(M. P. McNair)의 소매업 수레바퀴 가설(wheel of retailing)에서도 주장된 바 있다. 소매업 수레바퀴 가설이란 소매업에 처음 들어온 업태는 저원가, 저마진, 저가격으로 시작하지만 보다 상류층 소비자들을 흡수하기 위해 점차 상품 및 서비스를 개선하면서 가격을 인상하게 되고, 이 공백을 메우기 위해 새로운 업태가 더 낮은 원가, 마진, 가격을 앞세워 진입하면 기존 업체들은 가격경쟁을 회피하기 위해 더욱 차별화된 상품을 취급하는 고급화의 길을 걷게 된다는 주장이다.

2. 유통경로전략

1) 유통경로전략의 의의

유통경로전략(distribution channel strategy)이란 마케팅 목표에 따라 목표시장에 적합한 유통경로를 설정하고 이를 유지 · 관리하는 제반 활동을 말한다. 유통전략은 전략 방향에 따라 푸시 전략과 풀 전략을 구분할 수 있다. 푸시 전략(push strategy)은 제조업자가 중간상들로 하여금 제품을 최종사용자에게 전달, 촉진 및 판매하도록 권유하기 위해 자사의 판매원과 거래촉진 또는 기타 수단들을 이용하는 것을 말한다. 이러한 전략방식은 상표충성도가 낮은 경우, 상표선택이 점포 내에서 이루어지는 경우, 충동적 품목 또는 제품의 이점이 잘 이해되지 않는 경우 등에 유용하다. 풀 전략(pull strategy)은 제조업자가 소비자들로 하여금 중간상에게 자사 제품을 요구하도록 하고, 중간상이 자사 제품을 주문하도록 하기 위해 광고와 촉진 및 기타 다른 형태의 커뮤니케이션을 활용하는 것을 말한다. 실제적으로 기업에서는 푸시 전략과 풀 전략을 적절히 혼합하여 모두 사용하는 것이 바람직하다.

유통경로전략에는 소비자의 욕구분석과 유통경로의 제약조건 분석 등을 통하여 유통경로 계획을 수립하는 것과 유통경로의 대안을 설정 · 평가하여 적절한 유통경로를 선정하는 유통경로전략의 실행, 그리고 유통경로를 효율적 운영 · 관리하며 필요한 경우 기존 경로를 수정하는 것이 모두 포함된다. 즉 유통경로의 개척과 결정, 통제수준 결정, 직간접적 물류활동 결정, 유통경로 구성원 및 유통조직에 대한 지원과 평가, 유통경로 수정 등이 포함된다. 또한 유통경로의 길이 및 폭도 전략적으로 결정하여야 하는데, 유통경로의 길이(channel length)란 제품이 최종소비자에게 전달되기까지 유통단계의 수를 말하며, 유통경로의 폭(channel width)이란 각각의 유통단계에 개입되어 있는 중간상의 형태와 수를 말한다.

유통경로전략을 수립하기 위해서는 비용, 소요자본, 통제, 시장침투 범위,

✚ 그림 11-4 | 유통경로전략의 6Cs

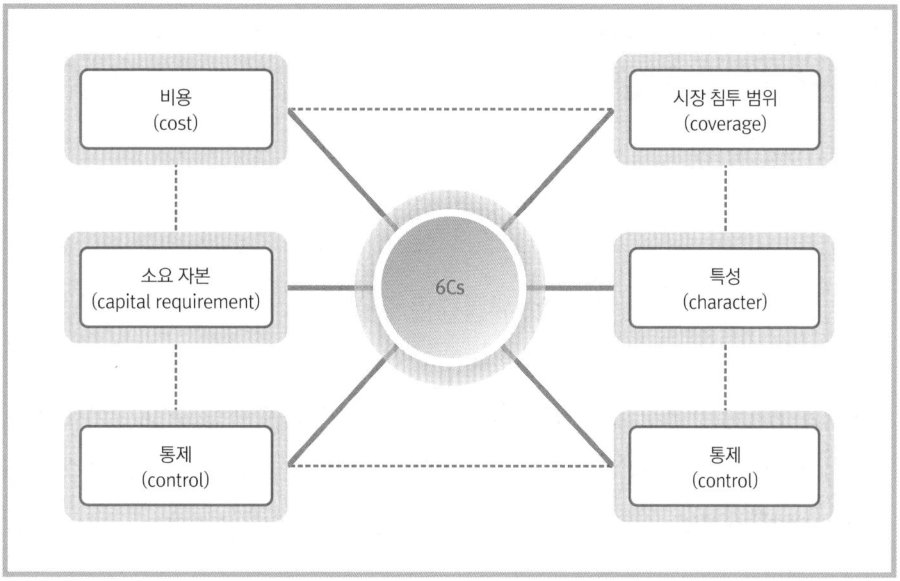

특성, 연속성 등 일명 6Cs에 대해 고려하여야 한다.*

비용(cost)은 유통경로 개발 비용과 유통경로 유지 · 관리 비용을 말한다. 유통경로 개발 · 구축 비용은 거대한 금액의 단회적 성격을 가지고 있으며, 유통경로 유지 · 관리 비용은 자체 판매조직 관리비와 중간상 등 외부 판매조직 관리비를 말한다. 소요자본(capital requirement)은 유통경로 개발 및 관리에 소요되는 자금의 조달과 배분 문제를 말한다. 소요자본의 조달은 제품 판매에 의한 현금유입(cash flow)의 양 및 시기와 관련되어 있다. 통제(control)란 유통경로에 대한 통제 가능성 및 정도와 관련된 문제이다. 일반적으로는 유통경로가 길고 복잡할수록 기업의 통제능력은 약화된다. 시장침투 범위(coverage)는 기업이 목표로 하는 시장의 범위를 말하는 것으로 목표시장에서 기업의 제품라인이 모두 커버될 수 있도록 고려하여야 한다. 특성(character)에서는 기업의 특성과 시장의 특성을 모두 고려할 수

* P. R. Cateora (1993), *International Marketing*, 8th ed., Richard D. Irwin, pp.459–461.

있도록 하여야 한다. 연속성(continuity)이란 개발된 유통경로의 지속성 유지 문제로 중간상들의 지속적 유지 및 관리와 관련되어 있다. 연속성을 유지하기 위해서는 유사시 즉각적으로 활용할 수 있는 위기관리계획(contingency plan)을 수립 · 실행할 필요가 있다.

2) 유통경로 구조

유통경로구조란 유통경로의 기능들을 제조업자가 직접 수행할 것인가 아니면 독립적 유통업자에게 맡길 것인가 하는 문제와 관련되어 있다. 유통경로의 기능들을 제조업자가 직접 수행하는 구조의 유통경로를 직접 유통경로(direct distribution channel), 일명 통합적 유통경로(integrated distribution channel)라고 하고, 제조업자로부터 독립된 유통업자들이 유통 기능을 수행하는 구조의 유통경로를 간접 유통경로(indirect distribution channel) 또는 독립적 유통경로(independent distribution channel)라고 한다.

직접 유통경로는 제조업자의 뜻대로 유통기능이 수행되므로 통제가 가능하다는 장점이 있는 반면 투자에 많은 비용이 소요된다는 한계가 있다. 직접유통경로는 생산자가 이미 통합적 유통경로를 가지고 있는 경우, 상품을 취급할 수 있는 다수의 유능한 중간상들이 없는 경우, 중요한 영업비밀이 있는 경우, 상품 판매에 필요한 서비스 수준이 높거나 일관된 경험을 제공하는 것이 중요한 경우, 규격화된 상품을 판매하는 것보다 상품을 구매자의 요구에 맞추어 주는 것(product customization)이 중요한 경우, 품질보증이 중요한 경우, 운반이나 보관절차가 복잡한 경우, 한 번에 판매되는 양이 많고 자주 판매되는 상품인 경우, 통합적 경로의 성격상 전국 방방곡곡에 거미줄 같은 유통망 확보가 어렵기 때문에 전국적으로 폭넓게 유통시키는 것이 중요하지 않은 경우, 한곳에서 여러 상품을 구입할 수 있는 것(one-stop shopping)이 구매자에게 중요하지 않은 경우 등에 유용하다.*

직접 유통경로와 간접 유통경로는 각각의 장단점이 내포되어 있는데 이들의 장점을 살리기 위해 절충적인 유통구조들이 등장하게 되었다. 그중의 하나가 수직적 마케팅 시스템(vertical marketing system: VMS)이다. 수직적 마케팅 시스템은 경로 구성원들 중에서 더 큰 파워(power)를 가진 구성원이 다른 구성원들의 활동을 통제하고 조정하는 구조의 유통경로이다. 수직적 마케팅 시스템에는 〈그림 11-5〉와 같이 세 가지 유형이 있다.

첫째는 관리형 VMS(administered VMS)이다. 이는 지도적 위치에 있는 경로구성원이 다른 독립적 구성원들의 활동을 통제하고 조종하는 수직적 마케팅 시스템인데, 유통경로상 지도적 위치에 있는 기업을 채널 캡틴(channel captain)이라고 한다. 국내 가전제품과 같이 대기업이 생산하는 상품의 경우 제조업자가, 의류의 경우에는 백화점이나 대형마트와 같은 대형 소매업자가 채널 캡틴의 역할을 담당

✚ 그림 11-5 | 수직적 마케팅 시스템(Vertical Marketing System: VMS)

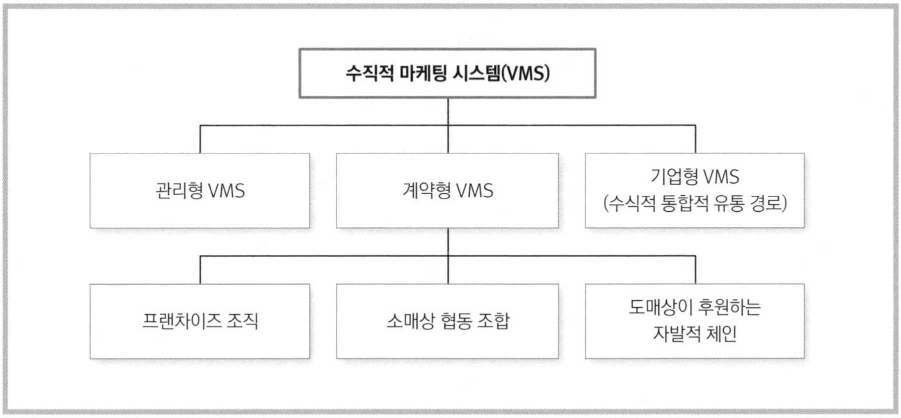

* E. Anderson and A. T. Coughlan (1987. 1), International Market Entry and Expansion via Independent or Integrated Channels of Distribution, *Journal of Marketing*, pp.71-82; D. R. Lehmann and S. Russell (2002), *Winer, Product Management*, McGraw Hill, pp.404-405.

하고 있다.

둘째는 계약형 VMS(contractual VMS)이다. 이는 상호 독립적인 경로구성원들이 계약에 의해 서로의 활동을 통제하고 조정하는 수직적 마케팅 시스템이다. 계약형에는 프랜차이즈 조직, 소매상 협동조합 및 도매상이 후원하는 자발적 체인이 있다.

프랜차이즈 조직(franchise organization)은 본부(franchisor)가 가맹점(franchisee)에 대하여 제품, 서비스, 상점관리의 노하우 등을 제공하는 대가로 계약금이나 로열티(royalty) 등의 수입을 얻는 계약에 의하여 운영되는 유통경로로 체인점이라고 한다. 프랜차이즈 조직은 1850년대 미국의 싱거 재봉틀 회사(Singer Sewing Company)가 자사 제품의 판매를 위해 시작하였는데 1950년대 KFC, 맥도날드(McDonald's), 피자헛(Pizza Hut) 등에 의해 본격적으로 성장하였다. 우리나라의 경우에는 1979년 롯데리아와 커피전문점 난다랑이 시초라고 할 수 있다. 프랜차이즈 조직은 본부의 입장에서 볼 때 큰 투자비 부담 없이 사업을 빠르게 확장시킬 수 있고 사업 의욕이 높은 사람들을 가맹점 사업에 참여시킬 수 있으며, 가입비와 로열티 등의 안정적인 수입 확보가 가능하고, 가맹점의 점포 스타일이나 판매원의 유니폼 등을 통일시킴으로써 소비자와 기업에 일관된 이미지를 형성할 수 있으며, 가맹점의 영업상황과 본부체제 그리고 환경변화에 따라 가맹점 모집 속도를 조절함으로써 유연성 있는 경영이 가능하다는 장점이 있다. 그러나 가맹점들을 효과적으로 통제하지 못할 경우 프랜차이즈 전체의 이미지나 성과가 악화될 가능성이 있고, 성과가 나쁜 가맹점의 퇴출이 어려우며, 이탈한 가맹점이 새로운 경쟁자로 등장할 가능성이 있다. 그 외에도 본부와 가맹점 간 갈등 발생 가능성 및 가맹점으로부터 부실채권이 발생할 수 있는 가능성이 있다.

소매상 협동조합(retailer cooperative)은 공동구매 및 공동촉진활동을 수행하기 위해 중소 소매상들이 연합하여 만든 조직이다. 이는 대기업이 운영하는 슈퍼마켓 체인에 대항하기 위하여 형성되었는데, 가입한 소매상들은 한국슈퍼마켓협동조합 연합회와 같이 상당량의 상품을 조합으로부터 구입하여야 하며 같은 상호하에서 점포를 운영한다. 이러한 방식은 공동구매 및 공동촉진활동에 의해 가입한 소매상들의 비용을 절감할 수 있다.

도매상 후원 자발적 체인(wholesaler-sponsored voluntary chain)은 대형 도매상을 중심으로 소형 소매상들이 자발적으로 만든 체인이다. 이는 소매상 협동조합과 비슷하지만 대형 도매상을 중심으로 소형 소매상들이 뭉쳤다는 점이 다르다.

셋째는 기업형 VMS(corporate VMS)이다. 이는 경로구성원이 다른 경로구성원들을 소유한 형태의 통합적 유통경로이다.

수평적 마케팅 시스템(horizontal marketing system)은 새로운 마케팅 기회를 개발하기 위해 같은 경로단계에 있는 2개 이상의 무관한 개별기업들이 재원이나 프로그램을 결합하고자 하는 것이다.

사실상 순수한 독립적 경로나 통합적 경로를 구축하는 기업은 거의 없고 이들의 장점을 결합한 혼합적 경로를 선택하는 경우가 일반적이다. 실제로 복수경로 마케팅 시스템(multichannel marketing system)를 구축하는 경우가 많은데, 이는 통합적 유통경로와 독립적 유통경로가 함께 존재하는 유통경로 구조이다. 예를 들면 대량 구매자들에게는 제조업자가 직접 판매하고 소량 구매자들에게는 독립적인 유통업자가 판매하게 하는 경우가 이에 속한다. 또는 하이브리드 마케팅 시스템(hybrid marketing system)을 선택하기도 한다. 이는 유통기능 중 일부는 제조업자가 수행하고 나머지는 다른 사업자가 수행하는 유통경로 구조이다. 예를 들어 촉진, 협상 및 주문 기능은 제조업자의 판매사원들이 수행하고, 배달 및 판매 후 서비스는 독립적인 유통업자로 하여금 수행하게 하는 것은 이러한 유형에 속한다.

3) 유통경로전략의 실행

1 유통경로의 설계 및 구축

유통경로는 매출에 직접적인 영향을 미치며 비용과도 깊은 관계가 있다. 따라서 자사에 적합한 최적의 유통경로를 설계하는 것은 매출증대와 비용절감에 크게 기여할 수 있는 중요한 활동이다. 일반적으로 유통경로의 설계 및 구축과정은 〈그림 11-6〉과 같다.

첫 번째 단계는 상황분석이다. 이 단계에서는 각 유통경로의 수익성, 각 경로가 시장을 커버하는 정도, 경쟁자의 기존 유통경로 활용 정도, 유통경로 기능 수행에 소요되는 원가 등을 분석하여야 한다. 또한 구매 패턴의 변화 가능성, 경쟁자의 진입, 신기술 등에도 관심을 두어야 한다.

두 번째 단계는 고객의 욕구를 파악하고 이를 세분화하는 과정이다. 고객들은 편리한 위치, 짧은 대기시간, 다양한 상품구색, 소량 구매, 저렴한 가격 등의 편익을 원한다. 그러나 이를 모두 충족시켜 준다는 것은 거의 불가능하므로 무엇을 희생시킬지에 대해서도 조사하여야 한다. 만일 고객이 원하는 편익이 이질적인 경우에는 세분시장별로 욕구를 파악하여야 한다. 예를 들어 사무용 가구의 경우 대기업체 시장과 SOHO(small office, home office) 시장의 욕구는 상당히 다르기 때

✚ 그림 11-6 | 유통경로의 설계 및 구축 과정

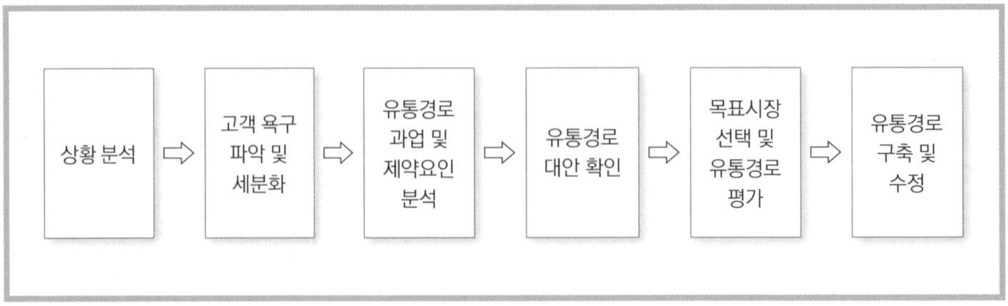

문에 이를 세분시장으로 나누어 각각을 조사하여야 한다. 이와 같이 제품의 특성과 서비스의 수준에 따라 중간상과 중간상의 단계, 최종소매점의 형태가 달라지기 때문에 고객의 욕구에 대해 정확히 파악할 필요가 있다. 일반적으로 소비자의 욕구분석을 위해서는 소비자의 1회 제품 구매 수량, 제품 주문 후부터 제품인수 시까지 소비자가 기다리는 시간, 소비자의 제품 구입을 용이하게 하는 공간적 편의성, 유통경로를 통하여 제공하는 제품의 다양성, 유통경로가 소비자에게 제공하는 추가적 서비스의 수준 등에 대하여 조사하여야 한다. 소비자들의 욕구가 이질적인 경우 소비자를 구매유형별로 구분하여 조사할 수도 있다. 구매유형별로는 시간이 지남에 따라 동일한 방식으로 동일한 장소에서 구입하는 습관적 쇼핑자, 자신의 욕구를 알고 가능한 한 최저가격으로 구입하기 위해 여러 경로를 이리저리 돌아다니며 분석하는 고가치 협상 추구자, 많은 경로에서 정보를 수집하고 최고의 서비스를 이용하며 가격과 무관하게 자신이 선호하는 경로에서 구입하는 다양성 선호 쇼핑자, 모든 경로에서 정보를 수집하고 저원가 경로에서 구입하지만 최고 경로에서의 고객지원을 이용하는 고관여 쇼핑자 등으로 구분할 수 있다.

세 번째 단계에서는 유통경로의 과업 및 제약요인을 분석하여야 한다. 유통경로의 과업 분석이란 유통경로 상에서 수행되어야 할 목표와 과업들을 파악하는 것이다. 유통경로의 제약요인도 분석하여야 한다. 우선 자사의 목표와 능력에 대해 조사하여야 하는데, 여기에는 장기 목표, 보유 자원, 제품믹스 및 마케팅 전략 등도 포함된다. 또한 제품의 특성도 분석하여야 한다. 예를 들어 부패하기 쉬운 제품은 중간상의 단계를 축소하여야 하고, 주문품이나 전문품은 전문지식을 가진 중간상을 선정하거나 생산기업이 직접 판매하는 방식을 선택하여야 한다. 제품의 설치와 지속적인 유지 · 보수 등 부가적 서비스가 필요한 제품은 직접 판매하거나 전속대리점을 선정하여야 한다. 또한 중간상의 특성을 고려하여야 한다. 중간상이 대리중간상인가 상인중간상인가에 따라 유통전략이 달라질 수 있다. 그 외에도 경쟁기업의 유통경로전략, 마케팅 환경요인 및 변화 추이 등도 고려하여야 한다.

네 번째는 유통경로의 대안을 확인하는 단계이다. 이 단계에서는 기업이 이용할 수 있는 중간상의 유형, 필요한 중간상의 수, 각 경로 구성원의 계약조건과 상호 책임 관계 등을 확인하여야 한다. 중간상의 유형에서는 자사 제품의 경로 기능을 수행하는 데 이용할 수 있는 중간상의 유형을 규명하여야 한다. 중간상의 수는 각 경로단계에서 이용할 수 있는 중간상의 수를 말한다. 중간상의 수를 기준으로 한 유통경로는 독점적 유통경로, 선택적 유통경로, 집중적 유통경로로 구분할 수 있다. 독점적 유통경로(exclusive distribution)는 전속적 · 배타적 유통경로라고도 하는데, 중간상의 수를 신중하게 제한하는 것이다. 선택적 유통경로(selective distribution)는 하나 이상의 중간상을 이용하기는 하지만 특정 제품을 취급하는 중간상들을 모두 이용하지는 않는 경우이다. 집중적 유통경로(intensive distribution)는 가능한 한 많은 점포에 제품이나 서비스를 공급하는 경우이다. 구성원의 계약조건과 상호 책임관계를 결정하기 위해서는 가격정책(price policy), 판매조건(condition of sale), 유통업자의 지역권(distributors' territorial right), 상호 서비스 및 책임 등에 대해 확정하여야 한다.

또한 유통경로의 제약요인을 극복하며 과업을 최소의 비용으로 수행할 수 있는 최적의 유통경로를 파악하여야 한다. 이를 위해서는 자사의 기존 경로를 무시하고 백지 상태에서 최적의 유통경로를 모색할 필요가 있다. 이를 기초로 각 과업별로 비용을 최소화할 수 있는 유통업자나 수단을 검토하여야 한다. 경우에 따라서는 하이브리드 마케팅 시스템을 활용하여 일부를 외부사업체에 위탁하기도 한다.

다섯 번째 단계는 목표시장을 선택하고 목표시장에서 유통경로를 평가하는 과정이다. 목표시장은 진입 가능한 목표세분시장을 선택하여야 하는데, 이때 매력도, 경쟁우위, 적합성 등을 평가하여 선택하여야 한다. 목표시장에서의 유통경로는 경로의 부가가치 대 비용이라는 경제적 관점에 통제기준 및 적응기준 등을 적용하여 평가하여야 한다.

마지막 단계는 유통경로를 구축하고 이를 수정하거나 개선하는 과정이다.

이 단계에서는 유통경로 구성원을 선발하여야 한다. 아울러 구축된 유통경로가 다른 마케팅 믹스와 적합한지도 고려하여야 한다.

2 유통경로의 유지 및 관리

유통경로의 유지 및 관리란 유통경로가 기업의 마케팅 목표와 전략에 따라 효율적으로 운영될 수 있도록 하는 일련의 과정과 활동을 말한다. 일단 구축된 유통경로는 지속적으로 높은 성과를 낼 수 있도록 체계적으로 관리하여야 한다. 그러나 유통경로 구성원들 각자가 추구하는 목표가 상이하고 특정 구성원의 행동이 다른 구성원의 성과에 영향을 미치기도 한다. 따라서 이를 조합하여 경로 전체의 이익이 극대화되는 방향으로 관리하여야 한다.

유통경로를 효율적으로 유지 및 관리하기 위해서는 우선 중간상들의 욕구와 필요를 이해하고 이들에게 동기를 부여하여야 한다. 긍정적 동기부여를 위해서는 높은 판매마진, 특별할인가격, 프리미엄, 공동광고, 공동제품전시, 판매경진대회 등을 활용할 수 있다. 부정적 동기부여를 위해서는 마진 축소, 배달지연, 관계청산 등 회유와 위협(carrot-and-stick approach)도 필요하다. 그러나 가급적 강압적 파워(power)는 사용하지 않는 것이 바람직하다. 가장 바람직한 것은 장기적인 동업자 관계(long-term partnership)를 조성하는 것이다. 이는 파워에 의한 관계유지보다는 상호 간의 신뢰(trust)를 바탕으로 장기적 협력 · 동반관계를 형성하는 것이다. 또한 유통프로그램(distribution program)을 개발 · 실행하는 것이다. 이는 제조업자와 중간상의 욕구를 하나로 결합하여 전문적으로 관리하고 계획하는 일종의 수직적 마케팅 시스템을 구축하는 것이다.* 그리고 중간상의 성과를 주기적으로 평가하

---

* B. C. McCammon, Jr., Perspectives for Distribution Programming, in L. P. Bucklin, ed.(1970), *Vertical Marketing System*, Foresman, p.43.

고 그 결과를 유통전략에 반영하여야 한다.

유통경로를 효율적으로 유지 및 관리하기 위해서는 유통경로에서 발생되는 갈등을 원만히 관리하여야 한다. 유통경로에서 발생되는 갈등은 수직적 갈등과 수평적 갈등으로 구분할 수 있다. 수직적 갈등(vertical conflict)은 유통경로 내의 다른 수준에 있는 구성원들 간에 발생하는 갈등이다. 예를 들어 가전제품 생산업자가 대형마트에 상품을 공급하는 것에 대해 대리점들이 반발하거나 패스트푸드 프랜차이즈 본사가 신상품 개발을 게을리하여 가맹점 매출이 줄어들고 있다고 가맹점 주인들이 집단행동을 하는 것 등이 이에 속한다. 수평적 갈등(horizontal conflict)은 유통경로 내 같은 수준에 있는 구성원들 간에 발생하는 갈등이다. 예를 들면 대리점마다 정해진 판매구역을 다른 대리점이 침범하여 활동하는 경우 대리점 간 발생하는 갈등은 수평적 갈등이다. 이러한 갈등이 발생하는 원인은 매우 다양하다. 첫째는 목표 불일치(goal incompatibility)이다. 이는 경로구성원 각자의 목표가 서로 다르고 이들 목표를 동시에 달성할 수 없는 경우에 발생된다. 예를 들면 제조업자가 매출액을 높이기 위해 자사 웹사이트를 통해 제품을 판매하자 기존 유통업자들이 반발하는 경우가 이에 해당한다. 둘째는 영역 불일치(domain dissensus)이다. 경로구성원 간 각자의 역할이나 영역에 대하여 합의가 이루어지지 않는 경우에 야기되는 갈등이다. 예를 들어 가전제품 제조업체들은 본사에 특판팀을 두고 대형 거래처에 대해 직접 판매하고 있는데, 대리점들도 대형 거래처에 판매하기 원하는 경우가 이에 속한다. 셋째는 지각과 인식 불일치(perceptual differences)이다. 이는 동일한 사안을 놓고 경로구성원들이 인식을 다르게 하는 경우로 예를 들면 판매량 감소의 원인에 대해 제조업자는 유통업자의 판매 노력 부족으로, 유통업자는 전체 시장 규모의 축소로 해석하는 경우에 나타난다. 유통경로에서 발생되는 갈등은 이를 제거하는 것이 아니라 건설적으로 해결하는 데 관리의 초점을 두어야 한다.* 일반적으로 갈등을 해결하기 위해서는 세분시장별로

---

* 임영균 · 안광호 · 김상용(2006), 고객 지향적 유통관리, 학현사, p.443.

경로를 명확히 구분하고, 경로별로 상품 및 브랜드를 차별화하며, 경로와 매출액을 동시에 확대하고, 역할 분담 및 보상을 제공하고, 경로를 축소하기도 하며, 무엇보다도 투명하게 경로를 관리하여야 한다.*

3 유통경로의 평가 및 수정

유통경로를 구축하고 운용하는 과정에서 유통경로에 대해 평가하고 그 결과를 근거로 유통경로를 수정하거나 경우에 따라서는 폐쇄하기도 한다. 유통경로는 〈표 11-5〉에서 보는 바와 같이 효과성 및 효율성에 대하여 평가한다.

유통경로의 평가가 이루어지면 그 결과에 따라 유통경로를 수정하여야 한다. 구체적으로는 개별 경로구성원의 추가와 감소, 특정 유통경로의 추가와 감소, 전체 유통경로전략의 수정 등이 행해질 수 있고, 경우에 따라서는 기존 유통경로를 폐쇄할 수도 있다. 어떠한 전략을 시행하든 항상 전반적 마케팅 전략과 수정 후의 영향을 고려하여 시행하여야 한다.

✚ 표 11-5 | 유통경로의 평가

효과성 평가항목	효율성 평가항목
ο 고객의 전반적 만족도 ο 시장별 서비스(구매정보, 전시, 배달, 교환, 주차장 등) 수준의 만족도 ο 클레임(claim) 건수 ο 수요예측의 정확성 ο 신시장 개척 건수 ο 중간상의 거래 전환 건수	ο 신규 점포의 수와 비율 ο 단위당 총 유통비용 ο 단위당 수송비 ο 단위당 창고비 ο 단위당 생산비 ο 적정재고 유지비 ο 악성 미수금 비율

자료: 박찬수(2014), 마케팅원리, 제5판, 법문사, p.410.

* N. Kumar (2004), *Marketing as Strategy*, Harvard Business School Press, pp.108-112.

사례: 한국 전자제품 – 국내 유통구조의 변화

1996년 유통시장이 전면 개방되기 이전까지만 하더라도 우리나라 대부분의 전자제품은 제조업체가 지도하는 전자대리점이나 대형 백화점 등을 통해 판매되었다고 보면 된다. 특히, 1988년 서울올림픽 특수 이후 전자제품 시장은 그 규모가 3조 원으로 커졌고, 따라서 가전 대리점의 수도 급속히 증가하여 1990년 중반에는 전국의 대리점 수가 3,600여 개 점포에 이르렀다. 한편 선진국의 경우에는 전자제품 카테고리 킬러(전문할인점)와 대형할인점 등의 할인업태들이 전자유통업의 성장을 주도해 오고 있다. 미국의 예를 들면 1980년대 이후 월마트(Wal-Mart)와 케이마트(K-Mart) 등의 디스카운트 스토어와 베스트 바이(Best-Buy) 등의 카테고리 킬러 업체들이 급성장, 1995년 말 통계로 할인점 업체들이 전체 전자제품 소매시장의 47%를 점유했을 정도이다. 유럽의 경우에도 프랑스에서는 하이퍼마켓, 독일에서는 디스카운트 스토어 등의 할인업태가 소매시장을 주도해 가고 있다. 그러나 한국의 사정은 아직까지 선진국의 그런 채널구조와는 사뭇 다르다. 물론 1996년 유통시장의 개방 이후 전자대리점이 급속히 약화되어 가고 대형할인점과 전자제품 카테고리 킬러 등이 전자유통 시장에서 큰 역학을 담당하기 시작한 것은 사실이다. 이에 따라 전자 3사 대리점 유통시스템은 그 기반이 급속히 붕괴되어 가고 있는 실정이다. 즉 카테고리 킬러형 양판점과 대형할인점의 비중이 커지는 대신 대리점의 매출비중이 뚜렷이 감소하고 있는 것이다. 1996년까지 가전제품 판매의 약 80% 이상을 담당해오던 대리점 매출비중이 2001년에는 약 40% 수준으로 감소할 것으로 보인다. LG전자의 경우 1996년 말 약 1,650개에 달하던 대리점 수가 1999년에는 1,200개로 급감을 거듭하였고 향후 3년 이내에 700개 수준까지 줄어들 것으로 예상된다. 한편 가전양판점의 대표격인 하이마트는 2000년도에 점포 수가 250여 개에 달하고 전자랜드도 직영점포 수가 60여 개로 늘어나는 등 가전양판점은 급속히 성장하고 있는 추세이다.

이를 요약해 보면 그동안 대리점 위주였던 유통채널이 백화점, 할인점과 가전양판점 등의 성장으로 유통업체 위주로 다변화되고 있음을 알 수 있는데, 특히 가전양판점의 성장은 눈이 부실 정도이다. 이처럼 양판점이 급속히 성장할 수 있었던 이유는 값이 저렴하고 상품이 다양하기 때문이다.

한 가지 브랜드만 취급하는 전속대리점과는 달리 양판점은 비교적 다양한 제조업체들의 상품을 한곳에서 판매하고 있기 때문에 소비자들로 하여금 비교구매의 기회를 활용하도록 해준다. 또한 대형화, 체인화된 매장을 바탕으로 한 대량구매의 이점을 이용하여 소비자들에게 저가의 상품제공을 실현해 줄 수가 있다. 참고로 전속대리점의 평균 매장 크기가 30여 평인 데 반하여 한국형 가전 카테고리 킬러인 가전양판점의 매장 규모는 150여 평에서 500평 정도로 날이 갈수록 커지고 있다.

향후 우리나라 가전제품의 유통경로는 대형 유통업체 위주로 재편될 것이며, 이와 같은 가전 유통채널의 다변화에 따라서 향후 제조업체로서는 유통 업태별로 제품을 차별화하는 새로운 전략을 추진해야 할 것으로 보인다.

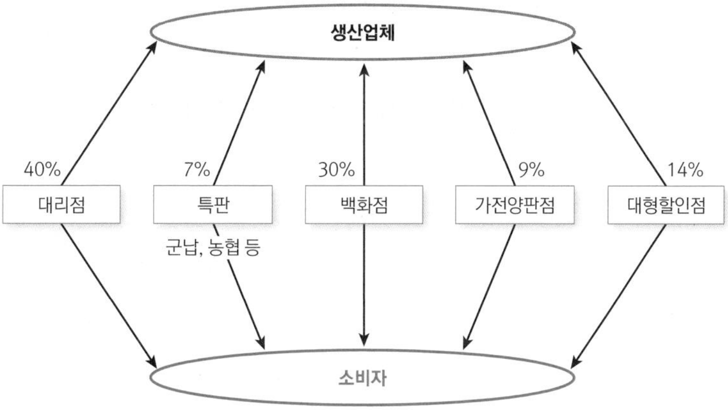

✚ 국내 전자제품 유통채널 구조

연 습 문 제

❶ 유통의 의의와 기능에 대하여 설명하시오.

❷ 도매상의 유형과 기능에 대하여 설명하시오.

❸ 유통경로전략의 6C에 대하여 설명하시오.

❹ 유통경로구조의 유형에 대하여 설명하시오.

❺ 유통경로의 설계 및 구축과정에 대하여 구체적으로 설명하시오.

제12장

촉진전략

1. 촉진의 기초개념

1) 촉진의 의의

촉진(promotion)이란 특정 상품의 존재를 현재 또는 미래 고객에게 알리고 이것을 구매하도록 설득하며 구매를 유인할 수 있는 여러 가지 인센티브를 제공하는 활동이다. 여기에는 판매활동을 원활하게 하는 동시에 매출액을 증가시키기 위해 실시되는 모든 마케팅 활동이 포함된다. 결국 촉진이란 기업이나 제품 및 서비스에 대한 소비자의 호의적 반응을 얻기 위해 행하는 커뮤니케이션(communication) 활동으로 정의할 수 있다. 이러한 정의에 따르면 제품이나 서비스를 주어진 가격에 구매하거나 구매를 계속하도록 유도하기 위하여 기업이 제품이나 서비스의 가치

✚ 그림 12-1 | 마케팅 커뮤니케이션(Marketing Communication) 과정

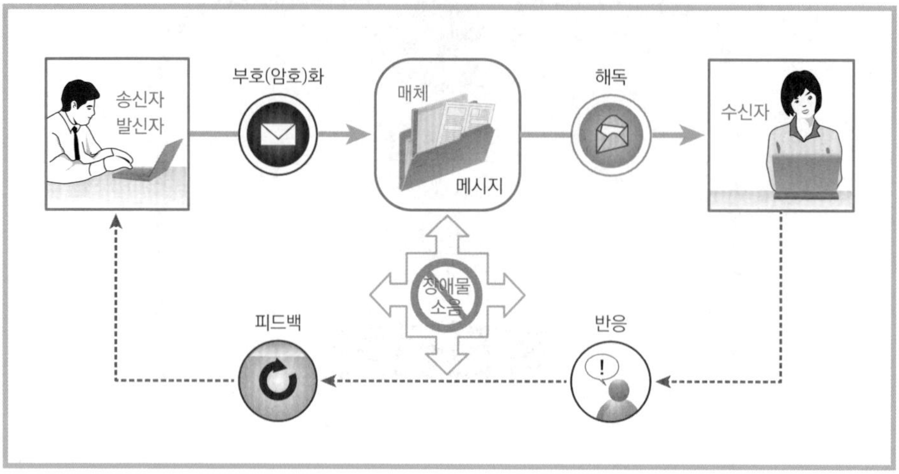

에 대해 현재 및 잠재고객에게 정보를 제공하고 설득하는 일체의 마케팅 노력이 모두 포함된다. 결국 촉진은 제품에 대한 홍보를 통해 가치를 알려 인지도를 높이고 호의적인 태도를 가지도록 하여 최종적으로 구매를 이끌어내는 중요한 수단이다.

촉진을 커뮤니케이션 활동의 관점에서 이해하기 위해서는 마케팅 커뮤니케이션 과정에 대한 이해가 선행되어야 한다. 마케팅 커뮤니케이션 과정은 〈그림 12-1〉과 같다.

마케팅 커뮤니케이션이 성립되기 위해서는 커뮤니케이션 당사자인 발신자(송신자: sender)와 수신자(receiver)가 커뮤니케이션 수단인 매체(media)를 통해 메시지(message)를 전달할 수 있어야 한다. 송신자가 전달하고자 하는 생각을 문자, 그림, 말 등의 상징으로 변경하는 부호화(encoding)를 거쳐 매체를 통해 메시지를 전달하면 수신자는 발신자가 부호화하여 전달한 의미를 해석하는 해독과정(decoding)을 거쳐 메시지 내용을 수신한다. 메시지를 수신한 수신자는 이에 대한 반응(response)을 보이게 된다. 반응이란 메시지를 해독한 다음 수신자가 보이는 행동으로 반응단계에 따라 인지 → 지식 → 호감 → 선호 등으로 나타날 수 있다. 수

✚ 표 12-1 | 촉진의 수단 및 특성

구 분	범 위	비 용	장 점	단 점
광고	일반고객	보 통	빠르고 메시지 통제 가능	효과측정의 곤란 및 정보량 제한
인적판매	개별고객	고 가	정보의 양과 질, 즉각적인 피드백	많은 비용 및 느린 촉진 속도
판매촉진	일반고객	대체로 고가	주의를 끌고 즉각적인 효과	경쟁기업이 모방하기 쉬움
홍보	일반고객 및 대중	거의 무료	신뢰도가 높음	통제가 어려움
PR	일반고객 및 대중	보 통	다각적인 효과	효과가 장기적이고 간접적임
기업광고	일반고객 및 대중	보 통	다각적인 효과	효과가 장기적이고 간접적임

신자의 반응 중에서 발신자에게 전달되는 것을 피드백(feedback)이라고 한다. 마케팅 커뮤니케이션 과정에는 항상 발신자가 전달하고자 하는 메시지의 전달을 방해하는 소음(noise)이 발생한다.

마케팅 커뮤니케이션이 정확하고 효율적으로 이루어지기 위해서 발신자는 수신자가 누구이며 어떤 반응을 원하는지 명확히 하여야 한다. 발신자는 메시지를 부호화할 때 수신자의 해독 과정을 고려하여야 하고 수신자는 전달된 내용을 정확히 이해할 수 있어야 한다. 또한 발신자는 수신자가 쉽게 접할 수 있는 매체를 통하여 메시지를 전달하여야 하며 수신자가 메시지에 대하여 보이는 피드백을 정확히 받을 수 있도록 경로를 개발하여야 한다.

촉진의 수단 및 특성을 정리하면 〈표 12-1〉과 같다.

2) 촉진믹스

촉진믹스(promotion mix)란 촉진 수단인 광고, 판매촉진, 인적판매, 홍보 및 공중관계 등을 적절하게 조합하여 마케팅 커뮤니케이션 효과 및 구매 자극 효과를 극대

✚ 표 12-2 | 구매단계 및 반응단계별* 촉진믹스

구 분			광고	판매촉진	인적판매	PR
구매 의사 결정 단계	문제인식		★			★
	정보탐색		★			★
	대안평가		★			★
	구매결정			★	★	
	구매 후 행동		★		★	★
반응 단계	인지적 단계 (learn)	인지	★			★
		지식	★			★
	감정적 단계 (feel)	호감	★			★
		선호	★			★
		확신		★	★	
	행동적 단계(do)	구매		★	★	

화하는 활동을 말한다. 촉진믹스의 활용은 상품의 종류에 따라 달라지는데 소비재의 경우에는 판매촉진, 광고, 인적판매, PR의 순으로 활용되며, 산업재의 경우에는 인적판매, 판매촉진, 광고, PR의 순으로 활용되고 있다. 또한 〈표 12-2〉에서 보는 바와 같이 제품의 구매단계 및 반응단계별로도 달라진다.

촉진믹스를 전략적으로 활용하는 방향에 따라 푸시 전략과 풀 전략으로 구분할 수 있다. 푸시(push) 전략은 제조업자가 유통업자들을 대상으로 주로 판매촉진과 인적판매 수단들을 동원하여 촉진활동을 하는 것을 말한다. 이 전략은 유통

* 반응단계(response hierarchy)란 구매에 이르기까지 잠재구매자가 거치는 심리적 단계를 말하는데 일반적으로 가장 널리 알려진 효과계층모형(hierarchy of effects model)에 의하면 인지(awareness) → 지식(knowledge) → 호감(liking) → 선호(preference) → 확신(conviction) → 구매의 6단계를 거친다.

✚ 그림 12-2 | 촉진믹스와 통합적 마케팅 커뮤니케이션 시스템

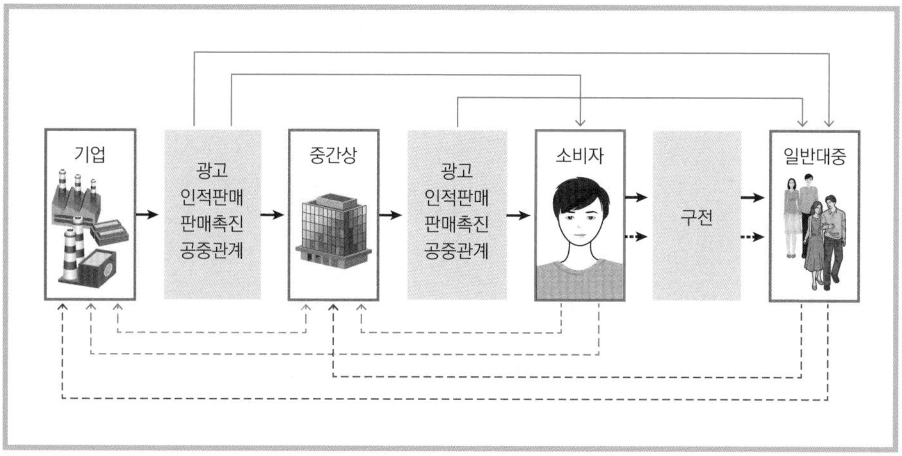

업자들로 하여금 자사 상품을 많이 취급하도록 하고 최종 구매자들에게 적극 권하도록 하는 데 목표를 두고 있다. 이 전략은 최종 구매자들의 브랜드 애호도가 낮고 브랜드 선택이 점포 안에서 이루어지며 충동구매가 잦은 상품의 경우에 적합하다. 반면에 풀(pull) 전략은 제조업자가 최종구매자들을 대상으로 하여 주로 광고와 판매촉진 수단들을 동원하여 촉진활동을 하는 것을 말한다. 이 전략은 최종 구매자들로 하여금 자사 상품을 찾게 만듦으로써 결국 유통업자들이 그 상품을 취급하도록 만드는 것에 목표를 두고 있다. 이 전략은 최종 구매자들의 브랜드 애호도가 높고 브랜드 선택이 점포에 오기 전에 이미 이루어지며 관여도가 높은 상품의 경우에 적합하다.

일반적으로 기업들은 특정 촉진 수단에 전적으로 의존하기보다는 여러 수단을 다양하게 활용하여 시너지 효과를 창출할 수 있도록 통합적 마케팅 커뮤니케이션 시스템을 구축하는 것이 바람직하다. 통합적 마케팅 커뮤니케이션(IMC: integrated marketing communication)은 광고, 판매촉진, PR 등 다양한 촉진 수단들의 특성과 전략적 역할을 비교 · 검토하여 커뮤니케이션의 명료성과 정확성을 확보하고 커뮤니케이션 효과가 극대화될 수 있도록 이들을 통합하는 총괄적 계획을 수

립하고 실행하는 활동이다.

2. 광고

1) 광고의 의의

광고(advertising)에 대해 미국마케팅학회(AMA: American Marketing Association)는 광고주, 즉 기업, 비영리단체, 정부기관, 개인 등이 그들의 제품, 서비스, 조직, 아이디어 등을 목표시장이나 일반 청중들에게 알리고 설득하기 위해서 비용을 지불하고 구입한 대중매체의 시간이나 공간상에서 유용한 정보를 제공하거나 설득하기 위한 메시지를 전달하는 행위로 정의하였다.* 또한 하버드 비즈니스 스쿨(Harvard Business School)은 대중들이 상품이나 관념, 제도, 개인적 특징 등에 대해 호의를 갖고 공유하도록 정보를 주고 영향을 미치기 위한 목적으로 시각 또는 구두의 메시지를 전달하는 행위로 보고 있다. 한국광고학회의 경우에는 광고주가 청중을 설득하거나 영향력을 미치기 위한 목적으로 유료의 대중매체를 이용하여 실행하는 비대면적 의사전달방법으로 규정하였다. 이와 같은 다양한 개념들을 종합하면 광고란 기업, 제품 및 서비스에 대한 정보를 제공함으로써 제품과 서비스의 판매촉진을 유발하는 비인적(非人的) · 유상적(有償的) 의사소통(communication)활동이라고 할 수 있다. 이러한 개념에 따르면 광고에는 기업 등의 스폰서가 비용을 지불하고 비

* The placement of announcements and persuasive messages in time or space purchased in any of the mass media by business firms, nonprofit organizations, government agencies, and individuals who seek to inform and/or persuade members of a particular target market or audience about their products, services, organizations, or ideas.

인적 매체를 통하여 기업이나 상품들을 널리 알리고 구매를 촉진하기 위해 벌이는 모든 형태의 활동들이 포함된다.

기업이 많은 비용이 소요됨에도 불구하고 광고를 실행하는 목적은 기업 및 상표의 이미지 개선, 제품의 판매촉진, 상표인지도 제고, 제품의 유통경로 확보, 판매원의 용이한 활동, 제품 및 특별판매에 대한 정보제공 등 매우 다양하다. 광고가 마케팅 커뮤니케이션 활동의 하나로 다양한 매체를 이용하여 소비자에게 상품에 관한 여러 가지 정보를 전달하고 판매를 촉진하는 등의 목적을 달성하기 위해서는 광고 본래의 기능을 충실히 실행할 수 있도록 전략적으로 실행하고 관리하여야 한다. 광고의 기본적 기능은 상품의 가치를 증가시키는 마케팅적 기능, 사회변화에 중요한 영향력을 행사함으로써 일반인들의 가치관이나 태도를 변화시키는 사회적 기능, 경제성장 유도 및 국민경제 활성화에 기여하는 경제적 기능이 있다.

광고의 기능을 기업의 마케팅 활동과 연관시켜 추진하면 다양한 효과를 얻을 수 있는데 이를 ADIMA 효과라고 한다. 광고의 첫째 효과는 주의집중(attention)이다. 이는 일반 대중의 주의를 집중시킴으로써 소비자에게 기업, 제품, 서비스 등을 널리 알리게 되는 고지기능과 관련이 있다. 둘째는 관심(interest)이다. 이는 광고에 접한 잠재소비자들의 구매의욕을 자극 · 환기시키는 설득기능에서 나오게 된다. 셋째는 욕구(desire)이다. 이는 소비자들로 하여금 좋은 이미지를 갖게 함으로써 새로운 수요를 창출하게 하고 새로운 고객집단을 형성하게 하는 수요창출기능을 하게 된다. 넷째는 기억 내지 확신(memory or conviction) 효과이다. 이는 장기적이고 지속적인 수요창출을 위해 광고의 내용을 기억하도록 하는 인상기능과 관련되어 있다. 마지막은 행동(action)이다. 이는 소비자가 확신을 가지고 제품을 구매하도록 유도하는 판로확보 및 판매유지 기능과 연관되어 나타나게 된다.

광고는 기준에 따라 매우 다양한 유형으로 분류할 수 있다. 광고 내용에 따라서는 제품광고와 기업광고, 공익광고로 분류할 수 있다. 제품광고는 제품과 서비스에 대한 정보를 제공하거나 이에 대해 설득적으로 호소하기 위한 광고이다. 기업광고는 기업이미지 제고를 위해 실시되는 광고이다. 공익광고는 에너지 절약, 음주운전 방지 등 공익적 내용을 담고 있는 광고이다. 광고매체에 따라서는 신문, 잡지, DM, 옥외설치물 등을 활용하는 인쇄매체광고, TV, 라디오 등을 이용하는 방송매체광고, 인터넷 등을 이용한 온라인(On-line)광고가 있다. 광고대상에 따라서는 제품의 유통을 담당하는 유통업자를 대상으로 실시하는 유통업자 광고, 제품의 최종 사용자인 소비자를 대상으로 실시하는 소비자 광고가 있다. 광고목적에 따라서는 신제품, 기존 제품의 새로운 특성 등에 대한 정보제공을 통하여 제품 및 상표의 인지도 향상을 목적으로 하는 정보제공 광고, 새로운 제품에 대해 알려 새로운 시장 개척을 목적으로 하는 개척광고(pioneering advertising), 경쟁기업의 광고 전략에 대응하여 자사 제품의 구매를 설득하는 경쟁광고(competitive advertising), 자사 상품을 구입한 구매자들에게 올바른 선택을 했다는 것을 확신시키기 위한 강화광고, 제품과 서비스의 반복구매를 조장하고 제품의 인지도 및 판매 상태를 유지하기 위한 유지광고(retentive advertising)가 있다.

2) 광고관리

광고관리(advertising management)란 광고의 효과를 극대화할 수 있도록 광고를 기획 · 실행하고 효과를 측정하여 피드백(feedback)하는 것과 관련된 모든 행동 및 절차를 말한다. 광고관리를 실행할 때에는 목표청중 시장(market), 광고의 목표 및 임무(mission), 예산(money), 메시지(message), 매체(media), 매크로스케줄링(macro-scheduling), 미크로스케줄링(micro-scheduling) 및 효과측정(measurement) 등의 8M을 고려하여야 한다.

기업이 일반적으로 광고를 기획하고 실행하는 과정은 〈그림 12-3〉과 같다.

광고의 기획과정에서는 우선적으로 광고 실시 여부를 결정하여야 한다. 즉

✚ 그림 12-3 | 광고의 기획 및 실행 과정

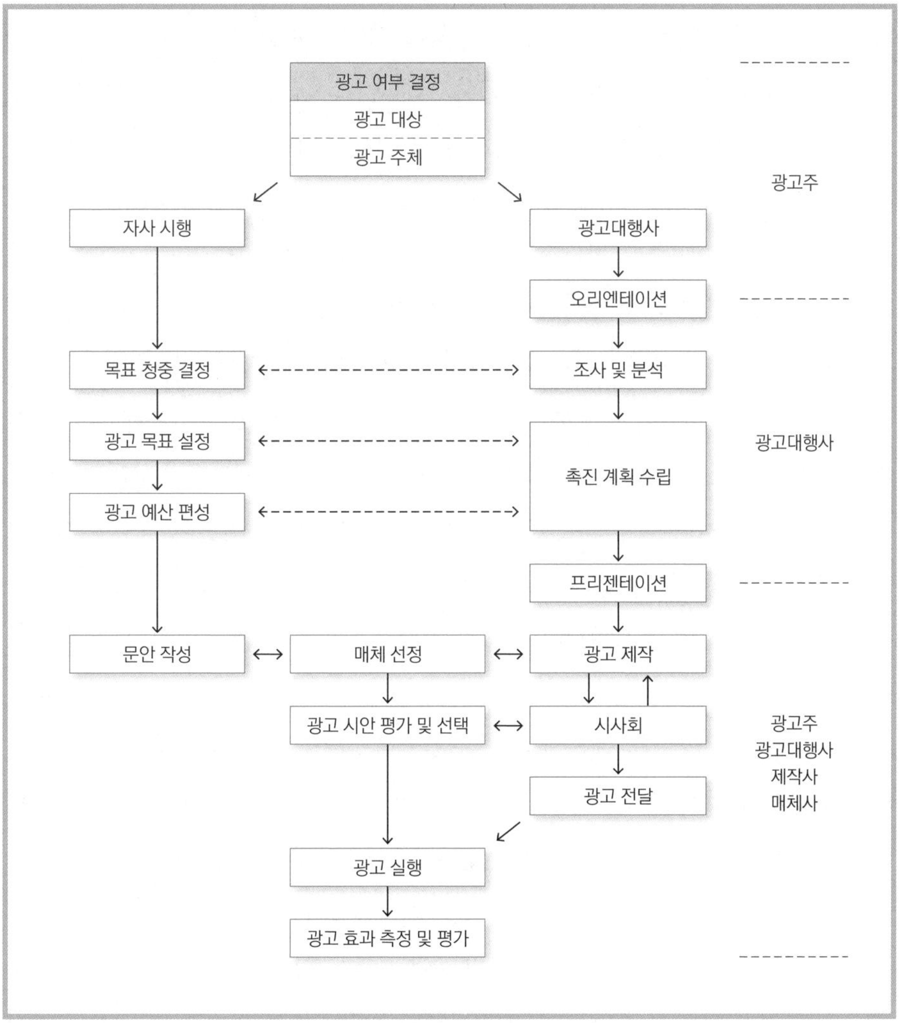

광고를 실시할 것인지 아니면 실시하지 않을 것이지를 결정하여야 한다. 여기서 광고를 실시하기로 하였다면 광고대상은 무엇으로 할 것이며 광고주체는 어디로 할 것인지 결정하여야 한다. 광고대상은 기업, 상품, 기타 이벤트 등이 될 수 있다. 광고주체는 자사가 직접 할 것인지 아니면 광고대행사에 위탁할 것인지를 결정하여야 한다. 만일 광고를 광고대행사에 위탁한다고 한다면 광고 제작 및 시행을 의뢰하는 자사는 광고주(advertiser)가 된다. 광고주는 광고대행사에게 상품이나 기업 등의 특성, 마케팅 목표, 향후 일정 등을 설명해 주고 광고계획 수립을 의뢰한다. 광고의 제작과 시행을 의뢰받은 광고대행사는 광고계획을 수립하여 그 내용에 대해 광고주에게 오리엔테이션을 실시한다. 기업이 활용할 수 있는 광고대행사(advertising agency)에는 종합대행사와 전문대행사가 있다. 종합대행사(full-service advertising agency)는 브랜드 포지셔닝, 카피, 제작, 매체결정, 조사 등 광고와 관련된 종합적 서비스를 제공하는 광고대행사이며, 전문대행사(limited-service advertising agency)는 제작, 녹음, 촬영 등 한정된 서비스를 제공하는 광고대행사이다.

광고의 기획과 실행을 자사가 직접 담당하기로 하였다면 이를 담당한 부서에서는 마케팅 부서와 함께 협력하여 목표청중(target audience)을 결정하고 확인하여야 한다. 즉 목표청중을 누구로 할 것인지 대상을 결정하고 이들의 특성을 파악하여야 한다. 일반적으로 기업은 브랜드의 목표시장을 그대로 목표청중으로 결정하는 경우가 대부분이다. 그러나 목표청중과 브랜드 목표시장이 일치하지 않는 경우도 있다. 예를 들어 아동용품이나 산업재와 같이 여러 사람들이 구매의사 결정과정에 영향력을 미치는 경우에는 특정 주체를 선정하여 목표청중으로 삼는 것이 바람직하다. 이때 목표청중 선정에서는 의사결정 관련자들의 상대적 영향력, 메시지 전달 비용, 설득가능성 등을 기준으로 고려하여야 한다.

목표청중을 의견선도자(opinion leader)로 결정하고 이들의 구전(world of mouth) 효과를 활용하는 것도 고려해볼 만하다. 예를 들어 법률이나 의료서비스, 의약품 등과 같이 자주 구입하지 않는 고가격 상품인 경우에는 상품에 대한 정보나 지식이 부족하여 잘못 구입할 위험 부담이 크기 때문에 2단계 커뮤니케이션 과정(two step flow of communication process)을 거치게 된다. 이러한 상품은 의견선도자들을 대상으로 광고하면 의견선도자들이 일반 대중에게 구전으로 전파하는 커뮤니케이션 과정을 거치면서 광고효과를 배가시킬 수 있다.

목표청중이 결정되면 광고목표를 설정하여야 한다. 광고목표는 마케팅 목표 및 믹스전략 등과 부합되어야 하는데, 판매량이나 시장점유율과 같이 구매와 관련된 지표를 목표로 삼는 것은 바람직하지 않다. 판매량이나 시장점유율은 광고 이외의 다른 요인에 의해서도 변화될 수 있기 때문이다. 오히려 반응단계 중에서 앞부분과 관련된 지표들을 기준으로 설정하는 것이 바람직하다. 예를 들면 인도지 향상, 상품정보 제공, 브랜드에 대한 선호도 향상 및 호의적 태도 형성, 만족도 향상 및 구매 후 부조화 감소 등인데 가급적 구체적이고 측정가능한 형태로 표현하는 것이 바람직하다.

목표청중과 광고목표가 결정되면 광고예산을 편성하여야 한다. 광고비는 매출액에 영향을 미치게 된다. 광고비와 매출액 간의 관계를 함수로 나타낸 것을 판매반응함수(sales response function)라고 하는데 이를 그래프로 타나내면 〈그림 12-4〉와 같다.

판매반응함수에서 a의 왼쪽은 광고비가 늘어남에도 불구하고 매출액은 거의 늘어나지 않는다. 이 구간에서는 광고비를 너무 적게 지출하면 광고효과를 거의 거둘 수 없을 수도 있다. 이는 소음(noise) 때문으로 광고비를 너무 적게 지출하면 자사의 목소리가 경쟁자들의 목소리에 눌려 수신자에게 거의 전달되지 않는다. a와 b 사이의 구간에서는 광고비가 늘어남에 따라 매출액이 매우 빠른 속도로

✚ 그림 12-4 | 광고비의 판매반응함수

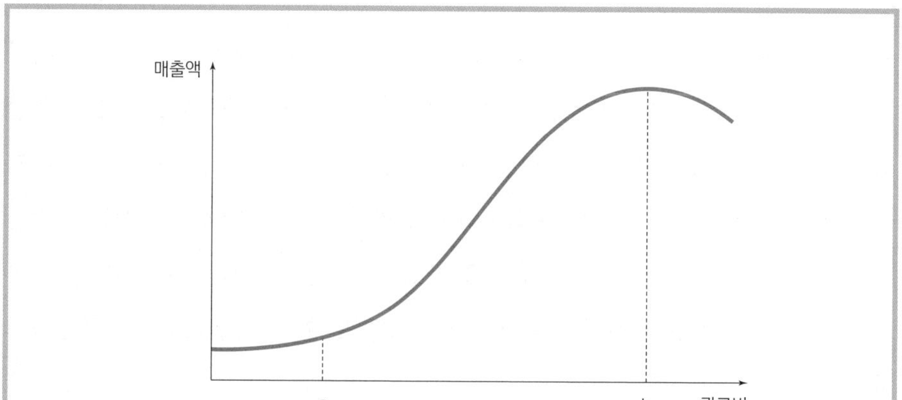

증가한다. 이는 일정 수준 이상의 광고비를 지출해야 비용 대비 효과를 기대할 수 있음을 의미한다. b의 오른쪽 구간은 광고비가 늘어남에도 불구하고 매출액은 거의 늘지 않거나 오히려 감소한다. 결국 광고에도 불구하고 매출액이 더 이상 증가하지 않기 때문에 지나친 광고비 지출은 오히려 이익만 감소하는 결과를 초래한다.

광고효과는 시간의 흐름에 따라서도 다르게 나타나는데 이를 상품유형을 기준으로 살펴보면 기존 상품의 경우 광고 실시로 즉각적인 매출 증대 효과를 얻을 수 있다. 그러나 신상품의 경우에는 상당한 시간이 소요된다. 이는 반응단계의 일부 또는 전부를 거쳐야 하기 때문이다. 즉 현재의 매출은 과거에 시행한 광고가 영향을 미친 결과라는 것인데 이를 이월효과(carryover effect)라고 한다. 그리고 광고를 중단할 경우 매출액은 서서히 감소하게 된다.

이와 같이 광고를 비용으로만 간주한다면 장기적으로 기업의 경쟁력은 약화될 것이다. 광고비는 투자의 관점에서 성과를 극대화할 수 있도록 전략적으로 편성하여야 한다. 광고예산을 편성할 때에는 상품유형, 시장점유율, 소음, 메시지 특성, 목표청중의 수와 접근가능성 등을 고려하여야 한다. 상품유형에 따라 신상품인 경우에는 브랜드 인지도를 높이고 시험적 구매를 유도하기 위해 매출액 대비 높은 광고비 책정이 필요한 반면 기존 상품인 경우에는 매출액 대비 낮은 광고비로도 성과를 거둘 수 있다. 시장점유율이 높은 브랜드는 낮은 브랜드에 비하여 매출액 대비 낮은 비율의 광고비로도 시장점유율 유지가 가능하다. 경쟁자들의 수도 많고 광고도 많이 하는 시장에서는 소음이 크기 때문에 이를 제압하기 위하여 광고비를 높게 책정하여야 한다. 또한 메시지의 특성에 따라서도 광고비가 달라지는데 메시지가 복잡하거나 많은 정보를 담고 있어서 고객이 이를 이해하기 어려운 경우 보다 많은 광고비를 책정하여야 한다. 목표청중의 수와 접근 가능성에 따라서는 목표청중의 수가 많을수록 광고비를 많이 책정하여야 하며 동일 목표청중이더라도 접근 가능성이 용이하지 않으면 보다 많은 광고예산을 편성하여야 한다.

광고예산을 편성하는 방법에는 가용자금기준법, 매출액비율법, 경쟁기업

기준법, 목표과업법 및 실험법 등이 있다.

가용자금기준법(affordable method)은 다른 업무에 지장이 없는 한 이용할 수 있는 자금 전액을 광고에 투입하는 방법이다. 이 방법에서는 예상매출액과 예상비용을 기초로 예상이익을 산정한 후 적정이익이 확보된 범위 내에서 가능한 한 최대 한도의 광고예산을 책정한다. 이 방법은 광고예산 편성이 단순하고 용이하다는 장점이 있다. 그러나 기업의 잉여예산 전부를 광고비에 투입하였기 때문에 돌발적 위기상황에 대한 기업의 대처능력이 결여될 수 있고, 광고비를 투자가 아닌 비용으로 간주하고 있어 광고예산 편성 원칙이 해마다 변경되기 때문에 장기적 광고계획 수립과 집행에 부적합하다는 한계가 있다.

매출액비율법(percentage-of-sales method)은 현재 또는 예상매출액의 일정비율을 광고비로 책정하는 방법이다. 이 방법은 단순하면서도 나름대로 일관성을 유지할 수 있고, 기업의 자금여력에 따라 광고비를 신축적으로 운영할 수 있으며, 광고의 단가, 판매가격, 제품단위당 이익과의 관계 등을 고려하고 있고 경쟁기업과 안정적 · 탄력적 관계를 유지할 수 있다는 장점이 있다. 그러나 매출액의 감소 시 광고비의 감축이라는 논리적 모순에 빠질 수 있다. 이는 광고비를 매출액의 원인으로 보는 것이 아니라 매출액의 결과로 간주하기 때문인데, 이에 근거하면 매출이 감소하면 광고비도 감소하고 그 결과 매출액이 더욱 감소하는 악순환이 발생할 수 있다. 이뿐 아니라 신상품의 경우 광고비 책정이 곤란하고 창의적인 장기 광고계획의 추진이 곤란하다는 한계가 있다.

경쟁기업기준법(comparative-parity method)은 경쟁기업의 광고비 수준에 맞추어 자사의 광고비를 책정하는 방법이다. 이 방법은 광고비 책정이 단순하고 편리하며 동시에 경쟁기업과의 과당경쟁도 방지할 수 있다는 장점이 있으나 기업의 부수적 여건이 다르다는 것을 고려하지 않았다는 한계가 있다.

목표과업법(objective and task method)은 광고의 목표설정과 과업결정 후 이에 적합한 광고비를 책정하는 방법이다. 이 방법은 기업의 여건 및 마케팅 목표에 가장 적합하다는 장점이 있다. 그러나 이익을 극대화해주는 최적의 광고비 도출이 어렵기 때문에 광고비 편성에 대한 객관적 기준이 모호하다는 한계가 있다.

실험법(experimentation method)은 두 가지 이상의 광고비 수준들을 실험적으로 지출하고 그 결과 얻어지는 매출액을 비교한 다음 광고예산을 편성하는 방법이다. 이 방법은 최적의 광고비를 발견해 낼 잠재력을 가진 가장 과학적 방법이지만 실제적 활용에는 한계가 있다.

광고예산이 편성되었으면 광고매체를 선정하여야 한다. 광고매체를 선정하는 것은 매우 전문적이고 어려운 일이므로 미디어 플래너(media planner)의 도움을 받는 것도 좋은 방법이 될 수 있다. 광고매체를 선정하는 데 있어서는 우선 광고매체의 유형별 특성을 이해하여야 한다. TV는 4대 광고매체 중 가장 영향력 높고 효용성이 있는 매체이다. 특히, 케이블 TV와 인터넷 방송, 위성 TV, DMB 등 뉴미디어의 발달로 적용범위가 확장되고 있고 광고의 형태도 다양화되고 있다. TV는 기업과 상품의 이미지를 가장 효과적으로 전달할 수 있다는 장점이 있다. 구체적으로 기업의 시설이나 차별화된 장점에 대해 시각적으로 생생하게 전달할 수 있고 간접적이지만 현실감 있는 체험이 가능하며 감성적 호소력이 가장 높다. 그러나 광고비용이 가장 많이 소요된다는 단점이 있다. 1회 노출 비용은 신문에 비해 비교적 저렴하고 효율성도 높지만, 광고효과를 높이기 위해서는 반복 실시하여야 하기 때문에 전체 비용은 증가한다. 따라서 시간에 따른 광고금액 차이를 고려하고 광고내용과 목표고객에 따라 적합한 시간대를 전략적으로 선택하여야 한다. 또한 메시지 전달시간이 짧다는 한계도 있다. TV 광고는 15~20초 정도의 짧은 시간에 진행되는데 시청자들이 주의를 기울여 보지 않으면 광고 내용의 회상이 곤란할 수도 있다. 또한 법률적 · 규범적 규제 등 제약조건이 다른 매체에 비해 많다. TV를 이용한 광고 유형에는 20~30초짜리 토막(spot) 광고, 스포츠 광고, 협찬 광고, 드라마 등 정규방송 내에서 간접적으로 상품을 광고하는 PPL(product placement)* 등이 있다.

---

* PPL(product placement)은 특정 상품을 영화나 TV 속의 소도구로 제공하여 간접적으로 광고하는 것이다.

인쇄매체는 방송매체와 달리 독자의 자발적 · 적극적 정보처리가 필요하다. 이는 방송매체와 다른 형태의 광고방식이 요구되기 때문이다. 인쇄매체 중 신문광고는 짧은 시간 내에 광범위한 범위에 도달할 수 있다는 장점이 있어 가장 많이 활용되고 있다. 기존 기업들은 기업에 대한 소비자의 기억과 긍정적인 태도를 효율적으로 강화하기 위해, 신규 기업들은 능동적 고객에게 신문의 공신력에 편승하여 기업에 대한 신뢰도를 제고하기 위해 활용한다. 인쇄매체는 소비자의 관심과 신뢰도가 높다는 장점이 있다. 뿐만 아니라 목표고객만을 대상으로 선별된 정보를 효과적으로 전달할 수 있고, 광고의 수명이 상대적으로 길며 독자들의 관여도도 높다. 반면에 구독자 수가 상대적으로 제한되어 있고 광고비 또한 비교적 고가라는 한계가 있다. 뿐만 아니라 준비 및 노출에 많은 시간이 소요된다. 잡지의 경우 발행 6~8주 전에 준비하여야 하기 때문에 실제로 광고가 소비자에게 노출될 때까지의 기간이 길다. 또한 많은 광고가 같이 뭉쳐서 한군데 집중되어 나오기 때문에 광고 간 간섭효과로 광고 효과가 감소될 가능성이 있다.

옥외광고는 전통적으로 페인트칠을 하거나 인쇄하여 부착한 대형 간판 광고물과 대형 포스터만을 의미하였으나, 최근에는 건물 밖에 노출되어 있는 다양한 형태의 모든 광고를 포괄하는 것으로 의미가 확대되었다. 옥외광고는 고정된 위치에 설치되어 24시간 내내 노출되기 때문에 지속적 · 반복적 노출효과가 있다. 특히, 집 밖에서 대부분의 시간을 보내거나 TV나 신문을 잘 보지 않는 젊은층에게는 중요한 광고 수단이 될 수 있다. 옥외광고는 일단 설치되면 장기적으로 보존되기 때문에 노출 비용이 상대적으로 낮으며, 대형 광고물의 경우 시야를 지배하는 극적인 시각효과도 유도할 수 있다는 장점이 있다. 또한 상품 및 서비스와 관련된 지역 또는 그 지역을 지나는 교통수단만을 선택하여 광고할 수도 있다. 즉 목표청중집단이 지나는 장소나 교통수단을 통해 집중적으로 광고함으로써 지리

영화나 TV 속에 자사의 상품을 노출시킴으로써 직접적 광고에 대한 소비자의 거부감을 줄이면서 브랜드에 대한 소비자의 인지도는 높일 수 있다.

적 위치와 인구통계적 요인을 기준으로 한 선별적 광고가 가능하다. 따라서 옥외 광고는 광고물을 보는 시간이 짧기 때문에 눈에 잘 띄는 색상이나 디자인을 사용하여야 하며 비교적 간결하면서도 분명한 정보만을 전달하는 것이 바람직하다. 그러나 옥외광고는 광고 효과 측정이 곤란하고 대형 광고물 등을 설치할 공간 확보가 용이하지 않다는 한계가 있다.

최근에는 인터넷을 이용한 인터넷 광고도 크게 성장하고 있다. 인터넷 광고는 인터넷의 양방향성으로 고객과 광고주 간 상호 원활한 커뮤니케이션이 가능하기 때문에 고객과 브랜드 간 관계 형성 및 관리에 유용하다. 또한 시간과 공간의 제약이 없기 때문에 24시간 내내 고객을 상대로 광고를 실시할 수 있고, 광고 제작비용이 상대적으로 저렴하고 제작 및 수정 작업이 비교적 용이하여 소비자들의 반응에 적극적으로 대처할 수도 있다. 인터넷광고는 다양한 형태로 활용되고 있다. 스폰서십광고는 특정 사이트를 지원하는 기업의 로고나 브랜드를 사이트상에 노출시킴으로써 이 사이트를 방문한 이용자에게 기업의 브랜드에 대한 인지도를 높이고자 하는 인터넷광고이다. 팝업광고는 웹브라우저가 열릴 때 새로운 창과 함께 나타나는 인터넷광고이다. 이는 이용자들에게 무조건적으로 노출되기 때문에 소비자의 주목을 끌 수 있으나 이용자들이 방해받는다고 생각하는 경향이 있어 부정적 효과도 증가될 수 있다. 배너(banner)광고는 인기 있는 홈페이지의 한쪽에 특정 웹사이트의 이름이나 내용을 부착하여 홍보하는 그래픽 이미지의 인터넷광고이다. 이는 미리 정해진 규격에 동영상 파일 등을 이용하여 소정의 광고료를 지불하고 실시하고 있다. 광고효과는 배너가 사용자들에게 보여진 횟수나 일정 기간 동안 배너 그래픽이 다운로드된 횟수를 이용하는 방법으로 분석할 수 있다. 배너광고의 경우 초기에는 주로 사각형 모양의 도메인과 사업내용을 알리는 단순한 형태로 시작되었으나, 최근에는 동영상을 넣거나 홈페이지를 열면 화면에 고정적으로 배치되는 등 효과적인 광고를 위해 기발한 방법들로 점차 다양화되고 있다.

다양한 광고매체 중에서 어떤 매체를 어느 정도 활용하여야 하는지도 결정하여야 한다. 매체결정의 핵심은 광고의 목표를 효율적으로 달성할 수 있고 가장 비용 효과적인 도달률*과 빈도**를 예산의 범위 안에서 찾아내는 것이다. 따라서 매체별 특성 이외에도 목표청중의 특성, 광고의 특성, 경쟁광고의 매체, 예산 등을 고려하여야 한다. 목표청중의 특성은 목표청중이 어느 매체를 어느 경우에 보는지 이해하는 것으로 매체결정의 출발점이 될 수 있다. 일반적으로 방송사, 신문사, 잡지사 등이 자체적으로 청중들의 특성을 조사(매체조사: media research)하여 광고주에게 제공하고 있다. 광고의 특성은 광고의 목표, 도달률, 빈도, 어필 및 아트의 특성 등을 고려하는 것이다. 신상품, 유명 브랜드의 브랜드 확장 상품, 구매주기가 긴 상품 및 목표청중을 명확히 정의하기 어려운 경우 등에는 도달률을 높일 수 있는 광고매체를 선택하여야 한다. 강력한 경쟁자가 있는 경우, 메시지가 복잡한 경우, 목표청중들이 자사 상품에 대해 부정적인 태도를 가지고 있는 경우, 구매주기가 짧은 상품인 경우 등에는 광고 빈도를 높일 수 있는 광고매체를 선정하여야 한다.*** 메시지의 어필과 아트가 중요한 경우 메시지가 논리적일 때에는 메시지가 길어지고 복잡해지는 경우가 많으므로 신문, 잡지 또는 인터넷이 적합하고 메시지가 감정적인 때에는 길고 복잡한 메시지가 불필요하고 동영상이나 음향 효과가 필요하므로 TV나 라디오가 적합하다. 여기에 경쟁자와 다른 매체를 이용하는 것은 광고의 차별화에 도움이 되며 예산이 적은 경우에도 활용할 수 있다. 광고예산 측면에서는 여러 매체를 통합적으로 이용하는 것이 더 비용 효과적일 수 있다. 최근에는 주요 매체에 대한 의존도를 낮추고 기존에 많이 사용하지 않던 새로운 매체를 활용하기도 한다.

---

* 도달률(reach)은 일정 기간 동안에 특정 광고에 적어도 한 번 이상 노출된 사람(가구)들의 비율을 말함.

** 빈도(frequency)란 일정 기간 동안 한 사람(가구)당 특정 광고가 노출된 평균 횟수를 말함.

*** 광고의 노출빈도가 일정 수준을 넘어서면 광고효과가 떨어지는 현상을 광고효과 감퇴(advertising wearout)라고 하는데 이를 예방하기 위해서는 포지션의 일관성을 유지하면서 소재에 변화를 준 후속 광고들을 계속 내보내는 것이 바람직하다. CJ제일제당의 다시다가 '고향의 맛'이라는 포지셔닝을 유지하면서 상황과 등장인물에 변화를 준 광고들을 10년간 계속했던 것이 좋은 예이다.

광고매체가 선정되면 광고문안을 결정하여야 한다. 광고문안을 결정할 때에는 마케팅의 목적과 광고의 목적, 목표고객과 목표청중의 일치성, 제품특성과의 일치성, 광고매체의 특성, 경쟁자의 광고 등을 고려하여야 한다. 광고문안은 광고주제 선정에서부터 시작된다. 광고 주제(themes)는 상품의 포지셔닝을 개발하는 것으로 무엇을 말할 것인가(what to say)에 대한 것이다. 광고 주제가 결정되면 소구점(appeals)을 결정하여야 한다. 이는 광고의 크리에이티브(creative)를 개발하는 것으로 어떻게 말할 것인가(how to say)에 대한 것이다. 소구점은 상품의 포지셔닝과 일관성을 유지하는 것이 중요하다. 광고를 통해 소비자에게 호소할 소구점으로는 다양한 것들을 활용할 수 있다. 첫째는 이성적 소구(rational appeal)이다. 이는 상품 선택에 대한 합리적 근거와 객관적 증거를 제시하는 광고형식으로 소비자의 판단을 위해 많은 정보를 제공하고 신뢰도를 높이기 위해 증언(testimonial) 등을 활용하기도 한다. 이성적 소구는 카메라, 컴퓨터, 금융서비스 등과 같은 상품에서 주로 활용된다. 둘째는 감정적 소구(emotional appeal)로 상품이 주는 느낌에 초점을 맞춘 광고형식이다. 사랑, 온정, 효심, 애국심 등을 통해 소비자의 머리가 아닌 감성에 호소하는 광고 등이 이에 포함되는데 보석, 향수, 패션상품 등에서 주로 활용한다. 셋째는 유명인사를 이용한 소구(celebrity appeal)이다. 이는 유명인사를 등장시켜 주목률과 기억가능성을 높이며 호감을 불러일으키고 신뢰성을 높이기 위한 광고이다. 이 방식은 유명인사의 지위(status) 또는 신분 등을 활용하는 것으로 유명인사의 신뢰성이나 모방을 통해 높은 광고 효과를 얻을 수 있다. 그러나 유명인사가 문제시되면 부정적 효과로 치명적 손실을 입을 수도 있다. 넷째는 성적 소구(sex appeal)이다. 이는 성적 효과를 이용한 광고방식으로 청중들의 흥미를 유발하고 주의를 끌 수 있으며 광고 메시지의 회상율이 높다는 장점이 있으나 주의 집중에 실패하거나 광고 모델과 동성인 경우 역효과가 발생할 가능성이 있다. 다섯째는 공포를 이용한 소구(fear appeal)이다. 이는 광고에서 제안한 것을 따르지 않았을 때 부딪히게 되는 위험을 인식시키고 이를 극복할 수 있는 방법을 제안하는 광고형식이다. 이러한 방식은 보험상품, 의약품, 경비시스템 등의 광고 및 마약 남용 등에 대한 일부의 공익광고에서 활용된다. 여섯째는 유머 소구(humor appeal)이다. 이는 예기치 못한 반전으로 웃음을 유발시키는 광고방식으로 주목률과 기억률은 높지만 브랜드 포지셔닝과의 연결이 정확치 않으면 광고효과가 미미하다. 일곱째는 과장 소구(exaggeration appeal)인데, 이는 지나칠 경우 규제의 대상이 될 수 있다. 마지막은 생활의 단면(slice-of-life)이다. 이는 실제 생활에서 일어나고 있는 상황을 소재로 신뢰성을 높이는 광고방식이다.

광고의 주제와 소구가 결정되면 이를 활용하여 카피(copy)와 아트(art)를 제작하여야 한다. 여기서 카피란 광고에서 말이나 글로 되어있는 부분으로 표제(headline), 부표제(subheads), 본문(text)으로 구성되어 있으며, 주로 카피라이터(copywriter)가 제작을 담당한다. 아트는 광고의 비언어적 부분으로 주로 일러스트레이션(illustration)을 제작하는 것이다. 카피와 아트가 완성되면 이를 배열(layout)하여 광고문안을 완성한다. 일반적으로 바람직한 문안이 되기 위해서는 이해하기 쉽고 단순하여야 하며 신뢰성이 있어야 하고 경쟁자의 문안과 차별화되면서도 카피와 일러스트레이션이 조화롭게 배열되어 있어야 한다.

광고문안이 만들어지면 이에 대한 사전평가(pretest)를 실시하고 최종 광고문안을 선택하여야 한다. 광고시안에 대한 사전평가는 목표청중을 대상으로 본격적인 광고를 실시하기 전에 목표한 대로 광고가 제작되었는지에 대해 평가받는 것이다. 사전평가에서 인쇄광고의 경우 실물과 유사한 형태로, TV 광고의 경우 스토리보드(storyboard) 형태로 평가하는 것이 일반적이다. 사전평가의 평가기준은 〈표 12-3〉과 같다.

최종적인 광고문안이 결정되면 본격적으로 광고를 실행하여야 한다. 광고를 효율적으로 실행하기 위해서는 우선 실행계획을 수립하여야 한다. 광고의 실행계획은 계획기간에 따라 매크로 스케줄링과 미크로 스케줄링으로 구분할 수 있다. 매크로 스케줄링(macro-scheduling)은 1년 이상의 기간에 걸친 장기 광고계획으로 계절상품에 대한 광고를 언제 할 것인지 결정하는 것이다. 이에 대한 대안은 첫째, 매출이 집중되는 성수기에 광고를 집중하고 나머지 시기에는 광고를 거의

✚ 표 12-3 | 광고시안의 평가기준

기 준	내 용
전략과의 적합성	시장상황, 기업여건, 마케팅 전략, 광고목표와 어울리는가?
목표청중과의 적합성	목표청중을 정확하게 겨냥하고 있는가?
다양한 매체와의 적합성	TV, 라디오, 신문, 잡지 등 다양한 매체에 사용될 수 있는가?
일관성	목표청중들이 가지고 있는 선입관과 일관성이 있는가?
명확성	분명하고 단순하며, 혼동을 일으킬 가능성은 낮은가?
구체성	구체적인 상황이나 욕구를 겨냥하고 있는가?
낮은 반론 가능성	경쟁자들이 모방하거나 반론을 제기하기 어려운 독특한 포지셔닝을 제공하는가?
롱런(long-run) 가능성	오랫동안 사용할 수 있는가?
법적 규제와 사회적 규범	법률적 규제와 대다수 사회구성원들이 가지고 있는 규범에 어긋나지 않는가?

자료: 박찬수(2014), 마케팅원리, 제5판, 법문사, p.311.

하지 않지 않는 방법, 둘째, 광고가 매출로 이어지기까지의 기간을 고려하여 성수기가 시작되기 전에 광고를 집중하고 성수기에 광고를 거의 하지 않는 방법, 셋째, 비수기의 매출 증대를 목적으로 비수기에 광고를 집중하고 성수기에 광고를 전혀 하지 않는 방법 등이 있다. 미크로 스케줄링(micro-scheduling)은 1년 이내의 기간에 걸친 단기 광고계획을 수립하는 것으로 〈표 12-4〉에서 보는 바와 같이 집중형, 지속형, 파동형으로 구분할 수 있다.

광고의 실행시기에 따라서는 연중 고르게 광고를 편성하는 지속형(steady pulse), 성수기에 집중적으로 광고를 실시하는 계절형(seasonal pulse)이 있다. 또한 실행 간격에 따라서는 연중 일정한 간격을 두고 광고를 실시하는 주기형(periodic pulse)과 일정 간격이 없이 필요시 실행하는 불규칙형(erratic pulse)으로 구분할 수도 있다. 광고의 목적에 따라서도 시기가 달라질 수 있다. 신제품 초기나 캠페인 초

✚ 표 12-4 | 광고의 실행 유형

명 칭	형 태	장 점	단 점	적합한 경우
집중형 (blitz)	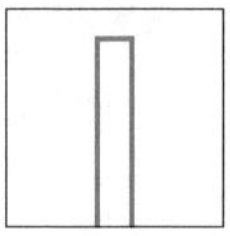	단기적으로 큰 효과	○ 광고효과가 곧 소멸될 가능성 ○ 지나친 집중으로 광고 예산의 낭비 가능성	○ 신상품 발매 시 ○ 예산이 부족한 경우 ○ 경쟁광고가 많은 경우 ○ 다양한 세분시장에 노출될 필요가 있는 경우
지속형 (even)		매체시간 확보 시 유리	○ 지나친 광고노출로 광고효과 감퇴 현상 유발 가능성 ○ 평균 광고량이 작음	○ 독점적 성숙상품 ○ 지속적인 기어 보강이 필요한 경우
파동형 (pulsing)		예산의 효율적 사용	○ 매체 시간 확보 어려움	○ 구매주기가 규칙적인 경우 ○ 경쟁자가 지속형 광고를 하는 경우

자료: 박찬수(2014), 마케팅원리, 제5판, 법문사, p.321.

기에 집중적으로 광고를 실시하는 초기형(start-up pulse)이 있고, 바겐세일이나 경품부판매 등을 알리는 지원형(promotional pulse) 광고도 있다.

광고가 실시되면 광고의 효과에 대해 측정하고 평가하여야 한다. 광고를 실시하기 전에는 광고가 목적한 대로 메시지가 전달되고 있는가 등에 대해 평가하여야 한다. 광고실시 전 평가법에는 직접평가법, 포트폴리오 시험법, 실험실 조사법 등이 활용되고 있다. 직접평가법은 고객과 광고전문가에게 직접 광고문안과 질문지를 주어 평가하는 방법이며, 포트폴리오 시험법은 가상의 광고물을 주어 보게 한 후 회상 또는 재연하도록 하는 방법이다. 실험실조사법은 광고를 접할 때 나타나는 생리적 반응을 과학적 장비를 이용하여 분석하는 방법이다. 광고실시 중에는 광고가 의도한 대로 목표청중에게 제대로 전달되고 있으며, 그에 대한 효과는 예상한 대로 나타나고 있는가 등에 대하여 조사하여야 한다. 광고실시 후에도 광고의 효과에 대해 조사하고 분석한다. 광고 후에는 광고에 대한 집중도와 기억력을 평가하는 기억시험법, 광고를 본 사람들 중 표본을 추출하여 제품의 이름, 광고내용, 광고메시지별로 기억 정도를 측정하는 인식시험법, 실제로 구매된 제품의 수를 측정하는 구매행위측정법 등이 활용된다.

자료: TV광고는 매출을 증가시키는가?*

① GRP(gross rating point)**만 높인다고 매출이 자동으로 증가하는 것은 아니다. GRP를 높이는 것이 매출액을 증가시킬 가능성이 높은 경우는 첫째, 카피/브랜드 전략으로 새로운 카피이거나, 신상품을 소개하는 카피이거나, 소비자들이 가지고 있는 태도를 바꾸어 보려는 카피이거나, 브랜드가 시장점유율 증대를 목표로 하는 경우, 둘째는 매체전략으로 매체전략의 목표가 목표청중을 확대하거나 기존 청중 내에서도 중점을 주는 집단을 전환하려고 하는 경우, 셋째는 상품 카테고리의 성격으로 성장기에 있거나 구매주기가 짧은 상품인 경우 등이다.

② TV광고는 적지 않은 장기적 매출증대 효과를 가져온다. 어느 한 해에 GRP를 높여서 그 해의 매출액이 증가된 경우, 그다음 해, 그 다음다음 해까지도 상당한 매출액 증가가 일어난다. 3년 동안 매출액이 늘어난 크기를 첫해에 매출액이 늘어난 크기의 2배에 달한다. 매출액 증가는 주로 기존 구매자들이 더 자주 구매하거나 한 번에 구매하는 양을 높였기 때문에 일어난다.

---

* L. M. Lodish et. al. (1995. 5), How TV Advertising Works: A Meta-Analysis of 389 Real World Split Cable T.V. Advertising Entertainments, *Journal of Marketing Research*, pp.125-139.

** GRP(gross rating point)란 TV, 라디오 등의 전파 매체 시청률을 말하는 것으로 프로그램 또는 광고의 연시청률로 측정한다. 예를 들어 1회 시청률이 10%로 10회 방송되면 GRP는 100%이다. 즉 전파 매체에서 광고 효과 측정 방법인 GRP = 도달률(reach: 세대 수) × 빈도(frequency: 횟수)이다.

③ TV광고의 효과를 평가할 때 판매량의 퍼센트(%) 변화에만 주목하지 말고 절대적인 변화 크기에도 주목하여야 한다. 중소 브랜드들은 대형 브랜드에 비하여 카피의 변화나 GRP 증가를 통하여 매출액이나 점유율을 큰 폭으로 높이는 것이 용이하다. 그러므로 광고가 매출액에 미치는 영향을 평가하려면 상대적인 변화뿐만 아니라 절대적인 변화도 살펴보아야 한다.

④ 판매촉진이 TV광고 효과에 미치는 영향은 기존의 상식과 일치한다. 중간상 판촉 활동을 높이면 TV광고가 매출액에 미치는 효과가 낮아지지만 쿠폰 배포를 강화하면 TV광고가 매출액에 미치는 효과가 높아진다.

⑤ TV광고의 회상 측정 및 설득력 측정 결과와 매출액 증대 효과 사이에는 강력한 관계가 존재하지 않는다.

⑥ TV광고가 매출액에 미치는 효과는 새 브랜드 또는 라인 확장 상품의 경우에 기존 상품의 경우보다 더 높다. 새 브랜드 또는 라인 확장 상품에 대하여 GRP를 높이면 58%의 경우에 매출액이 증가하였지만, 기존 상품의 경우 46%에 그쳤다.

⑦ 신상품을 출시할 때에는 출시 초기에 광고를 프라임 타임(prime time)*에 집중적으로 실시하는 것이 중요하다. 신상품의 광고를 출시 초기에 프라임 타임에 집중할 경우 매출액 증대효과가 더욱 크게 나타난다.

⑧ 집중형 스케줄링이 지속형 스케줄링보다 매출액 증대 효과가 크다. 광고 캠페인 기간의 앞부분이나 뒷부분에 예산을 집중시키는 것이 균등하게 배분하는 것보다 매출액을 높일 가능성이 더 크다.

---

* 프라임 타임(prime time)이란 TV 시청자 수가 가장 많은 시간대를 가리킨다. 우리나라의 경우 주중에는 오후 8시에서 11시 사이, 주말이나 공휴일에는 오후 7시에서 11시 사이가 해당된다.

3. 기타의 촉진활동

1) 판매촉진

판매촉진(Sales Promotion)에 대해 미국마케팅학회(AMA)는 인적판매, 홍보, 광고 등을 제외한 활동, 즉 고객이 구매나 유통업자의 효율성을 자극하는 모든 마케팅 활동으로 정의하고 있다. 이에 의하면 판매촉진은 기존 소비자들을 증진시키거나 신규고객을 창출하기 위한 활동으로 풀 마케팅(full marketing) 전략의 대표적 수단이 되고 있다. 결국 판매촉진이란 시장에서 소비자들의 제품구매의사를 강력하게 자극하고 중간상의 협력을 추진하기 위한 단기적 유인책이라고 할 수 있다.

판매촉진은 신규고객의 구매와 기존고객의 재구매를 유도하고, 자사의 현재고객들을 경쟁업체의 마케팅 전략으로부터 방어하며, 특정 목표시장을 효과적으로 공략하거나 기업의 브랜드 자산을 강화할 목적으로 실시된다.

판매촉진은 대상과 수단에 따라 〈표 12-5〉에서 보는 바와 같이 다양한 활동유형으로 구분할 수 있다.

소비자 판매촉진(consumer promotion)은 최종 소비자를 대상으로 직접 행하는 판촉활동으로 제조업자가 직접 소비자를 대상으로 인센티브를 제공하는 것이다. 소비자 판매촉진에서 가격 측면의 할인혜택을 제공하는 수단으로는 할인쿠폰, 리베이트, 보너스 팩, 보상판매, 세일 등이 있다.

할인쿠폰(coupons)은 쿠폰 소지자가 쿠폰에 표시된 상품을 구매할 때 일정 기간 동안 명시된 만큼의 할인이나 혜택을 제공하는 증서이다. 즉 쿠폰을 소지한 소비자는 특정한 제품이나 서비스의 구매 대가로 쿠폰에 제시된 보상을 받을 수 있는데 보상은 할인이나 무료이용 등의 형태로 제공된다. 예를 들면 패밀리 레스토랑의 무료 시식쿠폰 및 할인쿠폰, 은행의 환율우대쿠폰 등이 이에 해당한다. 쿠폰은 우편으로 우송(directmail couponing)하거나 상품 안에 포함되거나 상품에 부착

✚ 표 12-5 | 판매촉진의 유형과 수단

대 상	판촉유형	판촉수단	
		가격수단	비가격수단
소비자	소비자 판매촉진	ο 할인쿠폰 ο 리베이트 ο 보너스 팩 ο 보상판매 ο 세일	ο 우편광고 및 전단지 ο 샘플과 무료시용 ο 사은품 ο 경품, 게임 콘테스트 ο 캐릭터 ο 품질보증제도 ο 고정고객 우대 프로그램: 회원카드 ο 구매시점 디스플레이
중간상	소매업자 판매촉진 도매업자 판매촉진	ο 중간상 공제 ο 대금지급조건 완화 및 판매장려금	ο 판매원 훈련 및 판매보조자료 제공 ο 판촉물 제공 및 판매원 파견 ο 인센티브 및 콘테스트 ο 반품 및 JIT 제고

(in pack of on pack coupons)하기도 하며 신문이나 잡지에 인쇄(run of press coupons)하거나 끼워서(free standing insert: FSI)제공하기도 하고 웹사이트나 휴대폰 등을 통해 전달하기도 한다. 쿠폰을 활용하는 판촉활동은 신제품의 시용과 반복구매를 촉진시키고 경쟁브랜드의 구매자들을 자사 브랜드로 전환시키는 데 효과적이며, 배포방법이 다양하므로 판매촉진 목적에 부합되는 목표시장에만 정확하게 배포할 수 있고, 효율적 가격차별(price discrimination)의 수단인 동시에 이론적으로는 기업의 이익 증진 수단이 될 수 있다는 장점이 있다. 그러나 쿠폰 사용률이 매우 저조하고,* 하부구조의 미비로 사용처가 제한적이며, 소매점의 부주의로 쿠폰 상환을 잘못하거나 고의로 상환하지 않은 쿠폰을 상환한 것으로 처리하는 상환오류(misredemption)가 발생할 수 있고 비용이 증가할 가능성이 있다는 한계가 있다.

리베이트(rebate)는 일정 기간 동안 특정 상품을 구입한 사람에게 구입가격

* 미국의 경우 신문 배포는 2%, 우편은 4%, 상품 부착은 9%에 불과한 것으로 알려져 있다.

의 일부를 금품으로 보상해 주는 것이다. 이 방식은 구매자가 바코드나 포장지 등의 구매증거를 제조회사에 보내거나 웹사이트에 인증번호 등을 입력하고 보상받는 방식으로 운영된다. 국내에서는 부정적 어감으로 인해 이 방식이 그리 많이 활용되고 있지 않으나 중요한 판촉 수단의 하나임은 분명하다. 리베이트는 구매자들의 반복구매, 다량구매, 조기구매* 등을 촉진시키고 경쟁브랜드에서 자사 브랜드로의 브랜드 전환을 유도하며, 가격차별의 유용한 수단으로 기업의 이익 증대에 기여하면서도 준거가격을 낮출 위험이 적다는 장점이 있다. 또한 부수적으로 고객에 대한 데이터베이스도 구축할 수 있다. 그러나 보상 시까지 기다려야 하므로 보상액수가 기대에 미치지 못하는 경우 소비자들의 강력한 항의나 역반응을 유발할 수 있다는 한계가 있다.

보너스 팩(bonus pack)은 같은 상품 또는 관련된 상품을 묶어서 낮은 가격에 판매하는 것이다. 여기에는 동일 상품을 묶어 하나의 가격에 판매하거나, 관련 상품을 묶어 싼값에 판매하거나 특정 수량에 일정 수량을 더 추가하여 동일 가격에 판매하는 방법 등이 활용되고 있다. 이 방법은 다량구매나 조기구매를 유도하여 경쟁자의 진입 여지를 축소시킨다는 장점이 있다. 그러나 넓은 진열면적이 필요하기 때문에 유통업자의 협조 없이는 활용이 불가능하다는 한계가 있다.

보상판매(trade-ins)는 사용하던 자사 또는 경쟁사 상품을 반납하고 자사 제품을 구입하는 조건으로 일정 기간 동안 일정 금액을 할인해 주는 것이다. 이 방식은 PC나 프린트, 핸드폰이나 스마트폰, 내비게이션 등 주로 내구재에 많이 활용되고 있다. 보상판매에서 자사 제품만 보상하는 경우를 폐쇄형 보상판매라고 하는데, 이러한 방식은 자사의 시장점유율을 방어하는 데 매우 효과적이다. 이와 반대로 경쟁상품까지 취급하는 경우를 개방형 보상판매라고 한다. 이는 브랜드 전환을 통한 시장점유율 증대에 효과적인 방법이다. 보상판매는 처음 제품을 구입하는 소비자 입장에서 보면 정상가격을 적용하므로 일종의 가격차별이라고 할

* 판매촉진 활동이 전개되는 동안 나중에 살 물품을 앞당겨 구매하는 것.

수 있다.*

세일(sale)은 한정된 기간 동안 상품가격을 일정 비율만큼 할인하여 판매하는 것을 말한다. 백화점 등이 많이 활용하는데 백화점 세일의 경우 매출액 제고, 재고유지 비용 절감 및 가격차별을 통한 이익 증대 등의 효과를 거둘 수 있다.** 그러나 여타의 백화점이 동시에 세일을 시행하는 경우 고객 전환 효과가 미미하고 세일 시기가 일정하게 정해진 경우 고객이 세일 시기를 예측할 수 있기 때문에 구매 연기 등으로 이익 증대 효과가 감소될 수 있다.

소비자 판매촉진의 비가격 수단으로는 우편광고, 전단지 배포, 견본제공, 무료시용, 사은품 제공, 게임 및 콘테스트, 캐릭터(character) 활용, 품질보증제도 활용, 구매시점 디스플레이(point of purchase display) 등이 있다.

우편광고는 우편으로 소비자에게 직접 소구하는 판촉활동이다. 이 방식은 목표 소비자에게 직접 판촉활동을 전개하므로 기밀유지 및 효과측정이 용이하다는 장점이 있다. 그러나 소비자가 한정되고 비용과 시간이 많이 소요된다는 한계가 있다.

전단지(bill) 배포는 일정 지역의 광범위한 소비자를 대상으로 대량의 인쇄물, 즉 전단지를 살포하는 방법이다. 이는 전단지 제작이 용이하고 배포비용이 저렴하며 효과가 즉각적으로 발생한다는 장점이 있다. 이 방법은 판매가격을 강조할 때, 특별기획 행사의 즉각적 효과를 원할 때 유용하다.

견본(samples)제공은 소량의 견본상품을 무료로 제공하는 것이다. 즉 상품 또는 그 축소품을 소비자에게 무료로 또는 일정 기간 대여하는 형식으로 제공하는 판촉활동이다. 이 방식은 식품, 생활용품, 화장품, 의약품 등의 비내구재에서 주로 활용되는데, 화장품, 의약품, 음료수 등은 무료로, 생산재 제품이나 고가의

---

* 김용준 · 김소영(1999. 12), 가격차별화전략으로서의 보상판매에 대한 연구, 경영학연구, 한국경영학회, pp.861-887.

** 이기엽(1998), 백화점의 세일효과 진단을 위한 가이드 라인, SMG편, 마케팅 기본법칙, 한언, pp.320-325.

신제품 등은 대여 방식으로 제공된다. 견본은 우송, 가정배달, 점포 내 배포, 가두 배포, 상품 부착 등을 통해 배포된다. 이 방식은 잠재구매자들에게 상품 사용 기회를 제공하고 시용을 유도하므로 신상품의 광고에 매우 효과적이다. 그러나 샘플의 제작과 배포에 많은 비용이 소요된다는 한계가 있다.

무료시용(free trial) 또는 무료체험이란 신상품을 일정 기간 동안 무료로 사용해 볼 수 있도록 기회를 하는 것이다. 이 방식은 장래 고객이 될 가능성이 있는 사용자들에게 제품이나 서비스에 대한 무료체험 기회를 제공함으로써 이에 만족한 사용자들의 재방문을 유도하는 방법이다. 이 방법은 주로 가전제품, 승용차, 사무용기기 등 내구재에서 주로 활용되고 있으며 신규서비스 도입에 매우 효과적이나 초기 비용이 많이 소요된다.

사은품(premium or gift)은 일정 기간 동안 특정 상품을 구입한 사람에게 다른 상품을 무료 또는 낮은 가격으로 제공하는 것이다. 사은품은 상품과 함께 구입 장소에서 직접 제공하기도 하고 우편으로 배달되기도 한다. 이 방식은 우편을 이용하는 경우 고객의 데이터베이스 구축 수단으로 활용할 수 있고 브랜드 이미지 제고에 도움이 된다. 그러나 지나치게 비싼 사은품은 법적 규제 대상이 될 수 있다. 우리나라의 경우에는 공정거래위원회 홈페이지를 통해 경품류 제공에 관한 불공정거래행위의 유형 및 기준을 확인할 필요가 있다.

경품(prizes)은 고객이 기업을 방문하거나 자사 상품을 구입하는 경우 무료 또는 저렴한 가격으로 모두에게 아니면 추첨을 통하여 제공하는 물품을 말한다. 경품으로는 고객경품, 현상경품, 공개경품 등이 활용된다. 고객경품은 기업을 방문하여 서비스를 이용하거나 자사 상품을 구입한 고객 모두에게 제공되는 물품이나 서비스, 일명 사은품을 말한다. 현상경품은 기업을 방문하여 서비스를 이용하거나 자사 상품을 구입한 고객에게 응모권을 준 다음 추첨을 통하여 선정된 고객들에게만 제공하는 상품이나 서비스를 말한다. 공개경품(sweepstakes)은 기업의 상품이나 서비스 이용 또는 구입 여부와 관계없이 일정 조건에 해당하는 모든 고객에게 응모권을 제공하고 추첨을 통하여 제공하는 상품이나 서비스를 말하는데,

이를 제공하는 목적은 다수의 잠재고객들에게 기업의 인지도를 향상시키는 데 있다.

게임(games) 및 콘테스트(contests)는 경품과 마찬가지로 특정 상품을 구입한 사람들만 참여 기회를 제공하여 상품판매를 촉진하는 수단이다. 게임의 경우 상품 구입 시마다 숫자나 알파벳, 스티커 등을 제공하고 이것이 특정 패턴을 이루게 되면 상을 주는 방식으로 순전히 운에 의해 결정된다. 반면에 콘테스트는 상당한 지식이나 기술을 요하는 문제나 과제를 부과하고 이를 심사하여 통과한 사람에게 상을 주는 방식으로 운영된다.

판매촉진 수단으로는 캐릭터(character)도 많이 활용되고 있다. 캐릭터란 기업 브랜드에 일관된 개성을 갖도록 하고, 그 기업이나 상품의 특성에 대한 강한 인상을 소비자에게 남기고자 하는 목적으로 기업을 나타내는 상징적 사물이나 동물을 의인화하여 표시한 것을 말하는데, 딱딱한 기업 이미지 대신 보다 친근하고 편안한 느낌을 전달할 수 있기 때문에 기업의 부드러운 이미지 전달에 매우 효과적이다. 특히, 어린이들이 주 고객층인 기업의 경우에는 자연스러운 고객 접근 수단이 될 수 있다.

품질보증제도란 상품을 구매한 고객들에게 기업이 제공한 상품품질에 대해 일정 기간 동안 또는 전 기간에 걸쳐 이를 보장하는 제도이다. 이는 자동차의 보증수리제도에서 보는 바와 같이 고객들에게 상품품질에 대한 신뢰를 높여준다는 점에서 장기적 효과가 가장 큰 방법이다.

고정고객 우대 프로그램(patronage awards)은 상품 구매 물량이나 액수 등에 비례하여 현금, 제품, 또는 서비스 등으로 보상하는 프로그램으로 백화점 회원카드나 항공사 마일리지 카드 등이 이에 속한다. 이 방법은 고객에 대한 데이터베이스를 구축하여 고객의 생애가치를 제고시킴으로써 고객의 이탈을 방지할 수 있고, 모든 경쟁자들이 이 프로그램을 시행하고 있고 거의 모든 구매자들이 이 프로그램에 가입하였다면 가격경쟁이 줄어 업계 전체의 수익성이 향상되는 윈윈(win-win) 전략이 될 수 있다. 이 방식은 고객의 구매액이 증가함에 따라 많은 혜택을 제공하도록 프로그램이 설계되어 있으나 구매액이 높은 고객이 반드시 기업에게 많은 이익을 가져오는 것은 아닐 수 있다는 한계를 가지고 있다. 또한 보상으로 금전적 혜택에 치중하면 판촉활동의 효과가 감소될 수도 있다.

구매시점 디스플레이(point of purchase display)란 소비자들이 특정 상품을 구매하도록 유도하기 위해 소매점 내에 눈에 잘 띄게 진열하는 것을 말한다. 이는 소비자들에게 경제적 인센티브를 제공하는 것이 아니라 단지 소비자들의 시선을 집중시킴으로써 충동구매를 유발하기 위한 것이다. 따라서 일종의 심리적 인센티브라고 할 수 있다. 이 방식을 실행하기 위해서는 소매업자의 협조가 필수적이다. 따라서 기업은 소매업자로부터 받아야 할 상품대금 중 일부를 자사 상품의 진열 대가로 공제해 주는 진열공제(display allowances) 등을 통해 소매업자의 협조를 유도하기도 한다.

중간상 판매촉진(trade promotion)은 제조업자가 중간상을 대상으로 자사 제품의 판매를 촉진하기 위해 인센티브를 제공하는 것을 말한다. 중간상 판매촉진에서 가격 측면의 수단으로는 중간상 공제, 수량할인, 대금지급조건 완화 및 판매장려금 등이 활용되고 있다.

중간상 공제(trader allowances)란 중간상이 제조업자를 위해 특정한 일을 해주는 대가로 제조업자가 상품대금의 일부를 공제해주거나 이에 대한 보상으로 대가를 지불하는 것을 말한다. 여기서 특정한 일에는 유통업자가 특정 상품을 취급해 주거나 대량 구매해 주거나 또는 광고를 해주거나 구매시점 진열을 해주는 경우 등이 포함된다. 중간상 공제는 입점공제, 구매공제, 광고공제, 진열공제로 구분할 수 있다. 입점공제(slotting allowances)는 소매업자가 신상품을 취급해 주는 대가로 제조업자가 상품대금의 일부를 공제해 주는 것이다. 실무적으로는 입점장려금 또는 입점수수료라고 한다. 구매공제(buying allowances)는 제조업자가 일시적으로 출고 가격을 인하하거나 일정 비율의 상품을 무료 제공하는 것이다. 광고공제(advertising allowances)는 소매업자가 자신의 광고물에 특정 상품을 중점 광고해 주는 대가로 제조업자가 상품대금의 일부를 공제해 주는 것이다. 진열공제(display

✚ 표 12-6 | 소비자 판매촉진 수단의 효과

구 분		시용	반복	브랜드 전환	대량 구매	조기 구매	인지도 향상	이미지 향상	DB 구축
가격 수단	할인쿠폰	○	○	○		○	△		
	리베이트	△	○	○	○	○	△		○
	보너스 팩	△	○	○	○	○	△		
	보상판매		○	○		○	△		○
	세일	○	○	○	○	○	△		
비가격 수단	샘플	○		○			○		
	무료시용	○		○			○		○
	사은품	△	○	○	○	○	○	○	○(우편)
	경품 및 게임		○	○	○	○	○		○
	공개현상경품						○		○
	콘테스트						○	○	○
	고정고객 우대 프로그램		○		△			△	○
	디스플레이	△	△	△			○		

주: ○ 매우 효과적, △ 약간 효과적

자료: 박찬수(2014), 마케팅원리, 제5판, 법문사, p.349.

allowances)는 소매업자가 점포 내에 자사 상품을 일정 기간 동안 눈에 잘 띄게 진열해 주는 대가로 제조업자가 상품대금의 일부를 공제해 주는 것으로 진열장려금 또는 매대수수료라고도 한다.

그 외에도 대량구매 중간상에 대한 수량할인, 외상 기간 연장 등 중간상에 대한 대금지급 조건 완화, 제조업자가 대리점들에게 판매 목표를 부여하고 목표를 초과 달성할 경우 지급하는 판매장려금 등이 가격수단으로 활용되고 있다.

중간상 판매촉진의 비가격 수단으로는 판매원 훈련 및 판매보조자료 제공, 판촉물 제공 및 판매원 파견, 인센티브 및 콘테스트, 반품 및 JIT 재고관리(just-in-time inventory) 등이 활용되고 있다.

화장품, 가전제품, 보석, 자동차 등과 같이 소비자가 구매를 결정하고자 할 때 판매원의 도움이 필요한 물품의 경우 판매원들의 권유가 중요한 역할을 한다. 이때 판매원들은 자신이 잘 알고 있는 제품을 권하는 경향이 있는데 이들에게 충분한 정보와 지식을 제공하는 것이 중요하다. 그러므로 제조업자들은 점포를 순회하거나 판매원들을 한곳에 모아 놓고 교육훈련을 시키고 있으며 여러 가지 판매 보조 자료들을 제공하고 있다. 또한 이 과정에서 제품정보, 기술정보, 시장정보 등에 대한 정보 제공과 교환을 통하여 자사 제품의 판매를 촉진한다.

또한 판촉물을 제공하기도 하고 판매원을 파견하기도 한다. 판촉물로는 자사의 이름이나 상표가 부착된 펜, 달력, 시계, 메모지, 파라솔 등을 중간상에게 무료로 제공한다. 규모가 큰 중간상의 점포에는 제조업자의 판매원을 파견하여 판매활동을 지원한다. 이러한 예는 국내 대부분의 백화점과 대형마트에 찾아볼 수 있다. 그 외에도 판매점에 대한 육성과 경영지도, 판매활동 지원과 원조 등 중간상의 중 · 장기적 촉진활동을 지원하는 활동을 하기도 한다.

인센티브(incentive)는 일정 기간 동안 특정 상품을 판매하는 판매원에게 판매 수량에 비례하여 지급하는 보상금이나 혜택을 말한다. 콘테스트(contest)란 일정 기간 동안 일정 수준 이상의 판매실적을 올린 유통업자의 판매원들에게 상을 주는 것으로 예를 들면 보험왕 또는 자동차 판매왕 선발 등이 이에 포함된다. 경우에 따라서는 판매점 간 경쟁을 유도하여 판매를 촉진하는 판매점 콘테스트(dealer contest)를 진행하기도 한다.

그 이외에도 반품 정책 완화를 통하여 중간상의 재고부담을 경감시켜 주거나 유통업자가 주문을 하는 즉시 제조업자가 상품을 공급해 주는 JIT 재고관리를 시행하기도 한다.

✚ 표 12-7 | 중간상 또는 도매업자 판촉수단의 효과

구 분		취급물량 확대	판매노력 증대	관계 강화
가격 수단	입점공제	○		
	구매공제	○	△	△
	광고공제		○	
	진열공제		○	
	대금지급조건 완화	○		△
비가격 수단	교육훈련 및 판매보조 자료 제공		○	○
	판촉물 및 판매원 제공		○	○
	인센티브 및 콘테스트		○	○(콘테스트)
	반품 및 JIT 재고	○		○

주: ○ 매우 효과적, △ 약간 효과적
자료: 박찬수(2014), 마케팅원리, 제5판, 법문사, p.352.

2) 인적판매

인적판매(personal selling)란 고객과 직접적 접촉을 통해 기업의 상품이나 서비스에 대한 정보를 제공하고, 고객이 이를 선택할 수 있도록 설득하는 커뮤니케이션 활동이다. 즉 상품을 알리고 질문에 답하며 주문을 끌어내기 위해 잠재고객들과 대면 접촉하는 촉진활동이다. 국내에서는 흔히 이를 영업이라고 부르고 영업사원 또는 판매사원, 전문상담원(coordinator) 등 기업의 인적자원을 이용한 촉진수단이다. 인적판매는 대량 구매고객 또는 단가가 높거나 기술적으로 복잡한 산업용품 구매자를 대상으로 하는 촉진활동에 유용하다. 이는 고객의 욕구나 구매동기에 맞추어 제품과 관련된 정보를 제공할 수 있고, 고객의 반응을 살펴가며 구매결심을 유도할 수 있다. 대면 접촉을 통해 잠재된 욕구를 심층적으로 이해하고 이

✚ 표 12-8 | 인적판매의 장단점

장 점	단 점
ㅇ 소비자에게 많은 정보를 즉각적으로 제공 ㅇ 구매자와 판매자 사이에 역동적인 상호작용 ㅇ 목표고객에게만 초점을 맞추어 접근 ㅇ 소비자들의 구매행위가 바로 이루어질 수 있도록 유도 ㅇ 고객의 요구에 즉각적으로 융통성있게 대처	ㅇ 판매원이 한정된 수의 소비자에게만 접근이 가능하기 때문에 광범위한 소비자 인식을 발생시키기는 곤란 ㅇ 고객 1인당 소요되는 비용이 많음 ㅇ 판매원의 출장비, 임금, 커미션, 보너스 등으로 많은 비용 발생 ㅇ 최종소비자를 대상으로 하기 때문에 영업만 목적으로 한다는 부정적 이미지

를 충족시킬 수 있는 상품정보 제공이 가능하다. 고객이 지각하는 가치는 상품뿐만 아니라 판매사원에 의해서도 크게 좌우될 수 있다. 따라서 판매사원은 고객에게 기업을 대표하고 기업 내부에서는 고객을 대표하는 역할을 담당하여야 한다. 또한 대면접촉을 통해 고객과 장기적 인간관계를 형성함으로써 고객의 생애가치 극대화에 기여할 수 있다. 그러나 판매사원의 인건비와 판매조직의 운영비가 마케팅 예산 중 큰 부분을 차지하기 때문에 고객당 촉진 비용이 많이 소요된다. 뿐만 아니라 촉진의 속도도 다른 수단에 비해 상대적으로 느리다.

인적판매 활동을 효율적으로 영위하기 위해서는 계획을 세워 체계적으로 관리하여야 한다. 인적판매 활동을 관리하는 과정은 〈그림 12-5〉와 같다.

인적판매의 관리는 판매계획 수립에서부터 시작된다. 판매계획에는 목표시장, 판매목표, 구체적인 목표달성 방안, 예산 등이 포함되어야 한다. 판매계획은 마케팅 계획과 믹스 전략에 기초하여 수립되어야 한다. 인적판매의 판매목표도 도출되어야 하며 이에 근거하여 개별 판매사원의 달성 목표도 제시되어야 한다. 판매목표는 매출액과 이익과 같은 재무적 목표도 있지만 고객만족도나 고객유지율과 같은 마케팅 목표도 같이 산출하는 것이 바람직하다.

조직설계는 판매조직의 형태와 판매원의 수를 결정하는 과정이다. 일반적으로 판매조직은 〈표 12-9〉에서 보는 바와 같이 지역별 · 상품별 · 고객별 조직으

✚ 그림 12-5 | 인적판매의 관리과정

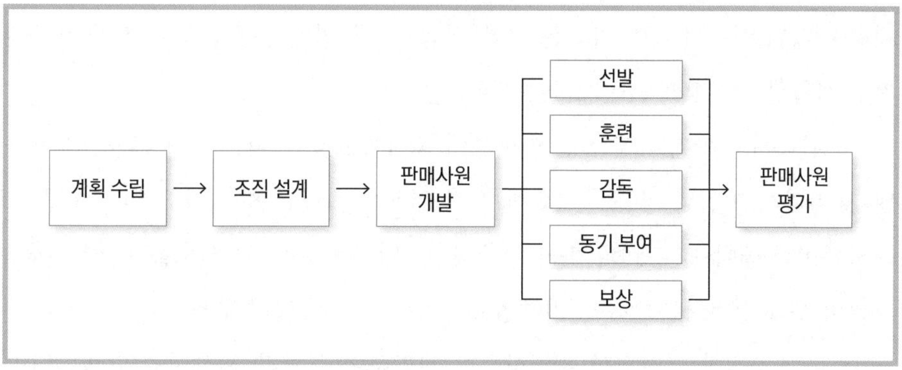

✚ 표 12-9 | 인적판매조직의 형태와 특성

구분	형 태	장 점	단 점
지역별	판매관리자 동부 지역 / 중부 지역 / 서부 지역	ㅇ 이동거리가 짧아짐 ㅇ 고객 욕구에 신속하게 대응 가능	ㅇ 상품의 종류가 많을 경우 판매에 필요한 전문지식을 갖추지 못할 가능성
상품별	판매관리자 소프트 웨어 / 하드 웨어 / 네트 워크	ㅇ 상품에 대한 전문 지식 습득이 용이	ㅇ 고객이 여러 종류의 상품을 동시에 구매할 경우 여러 명의 판매사원을 만나야 함 ㅇ 고객들이 넓은 지역에 흩어져 있을 경우 판매사원의 이동거리가 길어짐
고객별	판매관리자 슈퍼 마켓 / 대형 마트 / 편의점	ㅇ 고객(집단)이 가지고 있는 특수한 욕구 파악 용이	ㅇ 고객들이 넓은 지역에 흩어져 있을 경우 판매사원의 이동거리가 길어짐

자료: 박찬수(2014), 마케팅원리, 제5판, 법문사, 2010, p.364.

로 구분할 수 있다. 다양한 조직형태 중 모든 기업에 가장 적합한 조직형태는 존재하지 않기 때문에 개별 기업은 고객, 상품, 경쟁, 판매사원 수 등에 따라 자사에 가장 적합한 조직형태를 설계하여야 한다.

판매사원 수가 너무 많으면 비용이 증가하고 너무 적으면 판매활동이 위축된다. 따라서 기업과 상품에 적합한 적정 인원수를 찾는 것이 중요하다. 이를 위해서는 방문해야 할 고객의 수와 판매사원 1인당 방문 가능 횟수를 기초로 판매사원의 수를 결정하는 업무량 기준법(workload method)이 많이 활용된다.

판매조직이 결정되면 판매사원을 개발하여야 한다. 판매사원의 개발이란 판매사원을 선발하여 훈련시키고 이들을 감독하여 동기부여하고 성과에 대해 보상하는 과정을 말한다. 유능한 판매사원을 선발하기 위해서는 무엇보다도 선발 전에 담당 업무 및 업무 수행에 필요한 자질과 경력에 대한 명확한 기준을 가지고 있어야 한다. 판매사원 선발 시에는 판매사원의 높은 이직률을 감안하여 오래 일할 수 있는 우수한 인력을 선발하는 것이 중요하다. 일반적으로 우수한 인력은 첫째, 고객, 동료, 잠재구매자들의 태도와 행동을 바꾸어 놓을 수 있을 정도의 영향력을 가지고 있다. 둘째, 야심적인 목표를 세우고 이를 성취하기 위해 열심히 노력하는 야망을 가지고 있다. 셋째, 판매에는 집요함과 창의성이 요구되므로 남보다 먼저 시작하는 적극성을 가지고 있다. 넷째, 말하는 능력뿐만 아니라 남의 말을 잘 듣고 적절한 질문을 던지는 등 효과적인 커뮤니케이션 능력을 보유하고 있다. 다섯째, 인적판매사원은 고객을 만족시키기 위해 고객의 입장에서 일하는 태도가 필요하기 때문에 고객에 대한 관심과 애정을 가지고 있다. 마지막으로 어떠한 난관이 있더라도 침착하게 뚫고 나갈 수 있는 자신감과 프로정신(professionalism)을 가지고 있다.*

선발된 인력은 주어진 업무를 효율적으로 수행하고 주어진 목표를 달성하기 위해 훈련하고 감독하여야 한다. 선발된 판매인력은 자사의 상품, 판매전략,

---

* N. von Daehne (1994), *Hiring Top Performance*, Success Selling, pp.34-35.

고객, 목표시장 등에 대하여 교육과 훈련을 실시한다. 또한 신상품, 시장동향, 신기술에 대한 지식을 제공하고 능력을 개발하기 위한 교육도 지속적으로 실시하며 그 결과를 평가하고 감독하여야 한다.

자사의 판매인력이 주어진 업무를 충실히 수행하도록 하기 위해서는 동기를 부여하고 성과에 대해 적절히 보상해 주어야 한다. 판매인력에게 지급하는 보수는 고정급 또는 성과급이 있다. 고정급(salary)은 판매사원의 성과에 관계없이 매달 일정하게 지급되는 급여이다. 이는 판매사원이 판매량을 높이기 위한 노력을 소홀히 할 가능성이 있다. 성과급(commission)은 판매사원의 성과에 따라 액수가 달라지는 급여이다. 이는 수입이 불안정해지므로 불만을 가질 가능성이다. 또한 기업에게는 중요하지만 성과급과 관련 없는 활동, 즉 시장조사, 보고서 작성, 자사상품 구입계획이 없는 소비자 상담 등에 대해 소홀히 할 가능성이 있다.

마지막으로 판매사원들은 각자가 올린 성과에 대해 정기적으로 피드백(feedback)하여 성과의 장애요인을 찾아 시정조치를 취하여야 한다. 판매사원을 평가하기 위한 평가기준은 판매사원과 협의하여 결정하는 것이 바람직하며, 재무적 기준과 마케팅 기준을 적절히 혼합하여 사용하는 것이 바람직하다.

3) 공중관계 및 홍보

공중관계(PR: Public Relation) 및 홍보(Publicity)란 일반대중과 기업내부의 종업원들에게 기업 또는 상품에 대해 좋은 이미지를 심어주기 위한 활동을 말한다. 공중관계와 홍보를 동일하게 보는 경우 공중관계 및 홍보를 방송이나 인쇄매체를 통하여 사람이나 상품 또는 서비스에 관한 사실을 객관적으로 기사화한 내용을 통해 알리는 방법으로 이해하고 있다. 이에 따르면 공중관계는 홍보뿐만 아니라 기업의 다양한 대중 활동까지 포함하는 보다 넓은 의미의 사회적 관계로 이해하고 있다. 따라서 최근에 기업들이 활발히 전개하고 있는 문화 활동도 이에 포함된다. 그러나 공중관계와 홍보를 구분하는 관점에 따르면 공중관계는 기업이 직간접으로 관련이 있는 여러 집단들과 좋은 관계를 구축하고 유지함으로써 기업 이미지를 높이고 구매를 촉진하기 위하여 벌이는 활동으로 보고 있다. 여기에는 홍보를 포함하여 고객, 언론, 정부, 국회, 시민단체 등 기업과 직간접적으로 관련된 여러 집단들과 좋은 관계를 구축하고 유지하는 모든 활동이 포함된다. 뿐만 아니라 기업에게 유리한 방향으로 영향을 미치기 위한 로비활동, 기업 이미지나 사회적 이슈에 대한 기업 경영진의 조언활동, 기업의 위기관리 활동 등도 모두 포함된다. 이와 같이 범위가 광범위하고 상당한 전문성이 요구되는 경우도 있어 필요하면 전문적 PR대행사를 고용하기도 한다. 이와 비교하면 홍보(publicity)는 비용을 지불하지 않고 기업의 활동이나 상품에 대한 정보를 언론에 기사나 뉴스 형태로 내보내는 것으로 한정하고 있다. 마케팅에 활용될 수 있는 공중관계(PR)의 수단은 〈표 12-10〉과 같다.

✚ 표 12-10 | 공중관계(PR)의 주요 수단

수 단	내 용
홍보	ㅇ 회사 자체, 회사의 임직원 또는 상품 등에 관한 뉴스거리를 발굴하여 언론 매체에 실리도록 함 ㅇ 기업 내 홍보활동은 구성원들의 동기유발 및 유대감 강화를 위한 내부 마케팅 활동의 일환으로 시행 ㅇ 고객들에게는 기업에 대한 객관적 · 긍정적 이미지 고취
출판물	ㅇ 사보, 브로슈어, 연례보고서, 신문 또는 잡지 등 ㅇ 사내신문, 기업사보: 기업의 사안을 내부의 임원이나 직원, 외부의 투자자 및 고객들에게 알리고 협조를 호소하는 활동
이벤트	ㅇ 기자회견, 세미나, 전시회, 기념식, 행사 스폰서십, 스포츠 마케팅 등 ㅇ 전시회나 음악회 같은 이벤트: 기업의 임직원이나 고객들을 대상으로 많은 흥미거리를 제공함으로써 기업에 대한 만족도 제고
연설 및 강연회	ㅇ 최고 경영자 또는 임원들이 각종 행사에 참석하여 연설 ㅇ 강연회: 기업을 방문한 고객 및 임직원들을 대상으로 일상생활에 유익한 각종 정보를 제공함으로써 기업에 대한 좋은 이미지를 갖도록 하는 데 효과적인 홍보방법 ㅇ 기업 임직원이 직접 강연함으로써 기업에 대한 고객들의 친근감 고취
사회봉사활동	ㅇ 지역사회나 공익단체에 기부금을 내거나 임직원들이 직접 사회봉사활동에 참여 ㅇ 경로당이나 사회복지시설을 방문하여 정기적으로 무료 봉사활동을 하거나 기업의 상품을 무료 제공함으로써 지역사회의 신망을 향상시키기 위한 홍보활동

사례: 게임 속 광고(In-game advertisement)를 통한 뉴미디어 마케팅

1. 온라인게임의 역사

슈팅 게임 포인트블랭크: LG패션 타운젠트 광고

국내 온라인게임의 역사는 1994년부터 시작한다고 할 수 있다. 엄청난 사회적 이슈를 만들어 내면서 시작된 머드 서비스는 1996년까지 이어지게 되었고 이후 넥슨에서 개발한 '바람의 나라', 엔씨소프트의 '리니지'가 서비스된 1990년대 후반부터 본격적인 온라인게임 개발이 시작되었다고 볼 수 있다.

이처럼 국내 온라인게임 시장은 불과 10년 정도의 짧은 역사를 가지고 있지만 양적, 질적으로 팽창을 거듭하였다. 메트릭스에서 집계한 2009년 2월 국내 온라인게임 이용자 수는 2,062만 명으로 전체 인터넷 이용자 대비 60%를 차지할 정도로 인터넷 산업에서 차지하는 비중이 적지 않은 편이다.

2. 게임 내 광고 시장

젊은 연령층을 중심으로 온라인게임 사용자가 급속히 증가하면서 단지 게임 산업만 발전을 하는 것이 아니고 '게임 내 광고'(IGA: In-game advertising)라는 광고 분야가 생겨났다. 게임 내 광고란 스포츠 경기장에 제품이나 기업의 광고판을 세우는 것처럼 게임 속 가상의 공간을 마치 실제의 미디어처럼 활용하여 실시간으로 광고를 송출하는 새로운 광고 분야다. 게임 내의 주목도가 높은 최적의 장소에서 지속적으로 보여지는 광고는 게임 유저의 기억 속에 강하게 남을 뿐만 아니라 게임 안에서 실제의 광고를 본다는 그 자체만으로도 한 번 더 보게 될 만큼 신선함을 줄 수 있는 뉴미디어이다.

EA 스포츠 게임 피파 시리즈: 광고판 활용 광고

게임 내 광고 대행업체인 미국 매시브 사에 의하면 게임 내 광고의 세계 시장 규모가 2005년 5,600만 달러(한화 약 650억 원)에서 2010년에는 18억 달러로 성장할 것으로 기대하고 있다. 해외에서는 이미 작년에 5억 달러를 넘어섰고 우리나라도 이제 태동기를 벗어나 본격 성장을 위한 초입단계에 들어섰다. 이에 따라 게임 내 광고를 전문으로 하는 업체가 등장했으며 보다 효과적으로 게임 내에 광고를 노출시키는 방법도 속속 나오고 있다.

3. 게임 내 광고 사례

국민 게임으로 불렸던 넥슨의 '카트라이더'를 보면 사용자가 고른 자동차뿐만 아니라 뒤에 달린 풍선까지 모두 광고이다. 게임 속 가상공간에서 다른 게이머와 레이싱 대결을 벌이는 과정에서도 벽에 붙어있는 포스터는 실제 광고이고, 심지어는 연막탄 대신 광고목적의 음료수 캔을 던지기도 한다. 또 다른 인기 게임인 던전앤파이터와 프리스타일, 그리고 테일즈런너를 해보면 게임 속에 사발면 모양의 아이템을 머리에 쓴 캐릭터들이 눈에 띈다. 이는 사발면을 구매하면 받을 수 있는 게임 아이템으로 캐릭터의 능력치를 높여준다. 댄스게임 오디션에는 각종 의류 광고가 춤을 추는 캐릭터의 배경에 깔려 있고 테일즈런너에선 나이키 신발을 신고 나이키 운동복을 입은 캐릭터들이 트랙을 달린다.

게임 속 광고의 새로운 전형이다. 과거 게임 속 광고는 스포츠 게임의 경기장 전광판 정도에 그쳤지만 이제는 게임 내의 모든 요소가 광고로 활용될 수 있도록 고려되고 있는 것이다. 사용자는 광고를 보는 대신 이용요금을 덜 내지만 게임 광고주는 게임 이용자에게 쉬지 않고 제품 홍보를 할 수 있으니 게임 속 광고가 뉴미디어로 각광받고 있는 것이다.

4. 게임 내 광고 효과

레이싱 게임 번아웃 파라다이스: 미국 대선 후보 오바마 광고

나이키 코리아에서 게임 내 광고를 집행한 결과, 총 220만 명의 게임 이용자들이 광고에 노출되었고 이 중 10% 정도인 20만 명이 이벤트 집행 블로그나 사이트로 이동하여 리액션을 보였다고 한다. 또한, 광고에 노출된 후 해당 배너를 클릭한 비율은 게임사이트 배너보다 약 2배, 네이버 메인화면 배너보다 약 5배 이상 높게 측정되었고, 이는 게임 이용자가 게임에 몰입한 상태에서 경험한 광고가 게임 종료 후에도 연상작용을 일으켜 배너광고에 대한 적극적인 클릭을 유도하게 된다는 설명이다.

이 결과는 게임 내 광고와 웹사이트의 배너광고를 함께 집행할 경우, 단순히 배너만 노출했을 때보다 게임 이용자의 월등히 높은 클릭을 유도한다는 것을 입증하는 결과로 평가할 수 있다. 다른 결과로 미디어 조사업체 닐슨 리서치의 자회사인 닐슨 게임사에 따르면, 게이머들이 게임 속 광고에 노출된 경우 평균 56%의 Ad Recall 비율을 보였고 이는 32%인 TV보다 상대적으로 24% 높은 Ad Recall 비율을 나타낸 것이다. 또한, 닐슨 게임사가 레이싱 게임인 '니드 포 스피드' 이용자 600

여 명에게 물어보니 게임 속 자동차의 브랜드 인지도가 64% 가량 상승한 것으로 나타났다고 한다. 또 다른 결과로 게임 이용자를 대상으로 조사한 결과, 응답자의 11%가 게임 속에서 등장한 상품을 구입했다고 말했으며 19%는 광고를 본 후 해당 상품에 대한 대화를 나눴고, 11%는 상품에 대한 세부 정보를 찾아봤다고 한다. 한마디로 광고 효과는 매우 좋다는 이야기다.

이러한 게임 내 광고는 이용자의 나이나 직업에 따라 맞춤형 광고가 가능하고 얼마나 많은 사람이 광고를 봤는지도 실시간으로 알 수 있다고 하니 광고 의뢰가 늘어날 수밖에 없는 것이다. 온라인게임 산업에 있어서 국내 업체의 시장 점유율이 1위이고 수출만 7천 800억 원(2007년 기준)에 이르고 있기 때문에 최근에는 코카콜라나 BMW 같은 대형광고주들도 국내 게임에 광고를 의뢰하고 있다고 한다.

5. 게임 이용자의 주 이용 시간대

그렇다면 게임 이용자를 대상으로 광고를 집행할 경우 어떤 시간대에 광고를 노출시키는 것이 효과적일까? 메트릭스의 Internet IndexTM 데이터를 통해 살펴보았다.

데이터의 용이한 비교를 위해 특정 포털사이트와 게임 프로그램의 접속시간대를 비교했다. 웹사이트 중에서는 국내 인터넷 이용자라면 대부분이 이용하는 포털사이트 네이버와 다음을 선택하였고, 게임은 던전앤파이터와 서든어택 2가지를 선택하여 각각의 시간대별 접속 시간을 비교했다. 그 결과 네이버와 다음은 새벽과 이른 아침(03~09시) 시간대가 아니면 접속하는 시간대가 고르게 분포하는 것으로 나타났다. 반면, 던전앤파이터와 서든어택은 주요 접속시간대가 포털 사이트보다는 상대적으로 명확하게 구분되었다.

12세부터 이용이 가능한 던전앤파이터는 12시부터 21시까지의 접속시간대가 가장 많았고 그중에서 15시~18시에 몰리는 경향을 보였다. 반면 15세부터 이용 가능한 서든어택 이용자는 던전앤파이터 이용자보다 늦은 시간대에 주로 접속하고

✚ 포털 사이트 vs. 게임 접속시간대(2009. 4)

접속시간대	웹사이트		게임 프로그램	
	네이버	다음	던전앤파이터	서든어택
00~03시 미만	10.4%	10.5%	8.9%	8.6%
03~06시 미만	1.9%	1.2%	2.2%	1.1%
06~09시 미만	3.8%	4.6%	1.7%	5.5%
09~12시 미만	15.0%	17.5%	11.2%	14.1%
12~15시 미만	16.7%	17.3%	19.5%	15.4%
15~18시 미만	17.6%	16.7%	26.9%	16.9%
18~21시 미만	17.1%	15.2%	17.5%	19.0%
21~24시 미만	17.5%	16.9%	12.8%	19.4%
계	100.0%	100.0%	100.0%	100.0%

있었고 21시에서 24시까지가 가장 많이 접속하는 시간대로 나타났다. 이와 같이 광고 타깃을 기반으로 한 광고 집행의 효율성은 웹사이트별로, 게임별로 다소의 차이를 보이고 있다.

결론

게임이 주요 문화소비 트렌드로 부상하면서 그 매체적 효과도 커졌다. 연령이나 성별, 지역, 취미 등 이용자 성향에 따라 선택적 광고를 내보내는 기술도 등장했기 때문에 게임 내 광고 시장 전망은 매우 밝다고 할 수 있다. 기존의 전형적인 미디어에서 벗어나 특히 젊은이들을 대상으로 제품이나 기업 브랜드를 하고자 하는 광고주들에게는 새로운 온라인 마케팅 기법으로 향후 시장규모가 지속적으로 늘어나고 더욱 다양한 형태의 광고 기법이 개발될 전망이다.

자료: http://21grams.tistory.com

연습문제

❶ 광고전략의 수립 · 실행 과정을 구체적으로 설명하시오.

❷ 광고의 기능에 대하여 설명하고 효과적인 광고가 이루어지기 위한 조건에 대하여 논의하시오.

❸ 판매촉진의 유형과 효과에 대하여 설명하시오.

❹ 인적판매의 특성과 방식에 대하여 설명하시오.

❺ 공중관계(PR) 및 홍보의 수단 및 전략에 대하여 설명하시오.

참고문헌

LG경제연구원(2011), 2011 소비자 Lifestyle, 보고서.

김범종 · 박승환 · 송인암 · 조용한 · 황용철(2014), 사례중심의 마케팅, 대경.

김용준 · 김소영(1999. 12), 가격차별화전략으로서의 보상판매에 대한 연구, 경영학연구, 한국경영학회.

김정구(2000), 미래형 e마케팅, 영진Biz.com.

박정현(2007. 11. 4), New 소비코드 5, LG주간경제, LG경제연구원.

박정현(2011. 6. 15), 한국 소비자들의 7가지 라이프스타일, LG Business Insight, LG경제연구원.

박찬수(2014), 마케팅원리, 제5판, 법문사.

안광호 · 권익현 · 임병훈(2013), 마케팅, 제5판, 북넷.

원종근 · 현인규 · 지남웅(1995), 국제마케팅, 법문사.

이기엽(1998), 백화점의 세일효과 진단을 위한 가이드 라인, SMG편, 마케팅 기본법칙, 한언.

이승주(2006), 경영전략 실천 매뉴얼, 시그마컨설팅그룹.

이학식 · 임지훈(2015), 마케팅, 제4판, 집현재.

이혁수(1999. 11. 17), 성공하는 신제품 개발전략, LG주간경제, LG경제연구원.

이훈영(2015), 마케팅, 제2판, 청람.

임영균 · 안광호 · 김상용(2006), 고객 지향적 유통관리, 학현사.

주우진 · 박철 · 김현식(2010), 마케팅관리, 학현사.

황인경(2004. 6. 9), 성공적인 신제품 개발의 조건, LG주간경제, LG경제연구원.

村田昭治 編(1979), 현대 Marketing, 理論 · 實務.

A. D. Arker (1966), *Building Strong Brands*, The Free Press.

A. Sullivan (1995. 1. 30), Mobile Bets Drivers Pick Cappuccino over Parties, *Wall Street Journal*.

American Marketing Association, Committee on Definition, Marketing Definitions: A Glossary of Marketing Terms.

B. C. McCammon, Jr., Perspectives for Distribution Programming, in L. P. Bucklin, ed. (1970), *Vertical Marketing System*, Foresman.

B. Joseph Pine II and J. Gilmore (1999), *The Experience Economy*, Harvard Business School Press.

C. Gronroos and P. Helle (2012), Return on Relationship: Conceptual Understanding and Measurement of Mutual Gains from Relational Business Engagements, *Journal of Business & Industrial Marketing*, Vol.27, Iss. 5.

C. K. Prahald and G. Hamel (1990. 5-6), The Core Competence of the Corporation, *Harvard Business Review*.

C. Lewis (2005. 1), Bullish Figures Not All Fun Games for Hoteliers, *San Diego Business Journal*.

C. McDaniel, Jr. (1979), *Marketing:An Integrated Approach*, Harper & Row.

C. Shapiro and H. R. Varian (1998. 11-12), Versioning: The Smart Way to Sell Information, *Harvard Business Review*.

D. E. Schults, S. I. Tannenbaum, and R. F. Lauterborn (1993), *Integrated Marketing Communications*, NTC Business Books.

D. R. Lehmann and S. Russell (2002), *Winer, Product Management*, McGraw Hill.

E. Anderson and A. T. Coughlan (1987. 1), International Market Entry and Expansion via Independent or Integrated Channels of Distribution, *Journal of Marketing*.

E. Cox III (1979), *Marketing Research*, Harper & Row Publishers.

E. Gummesson (1999), *Total Relationship Marketing*, Butterworth Heinemann.

G. G. Dess, G. T. Lumpkin, and A. B. Eisner (2007), *Strategic Management, Text and Cases*, 3rd. ed., McGraw-Hill.

H. L. Murphy (2005. 4), *New Salton Recipe:Celeb Chefs*, Crain's Chicago Business.

H. W. Boyd, Jr., H. W. and R. Westfall (1977), *Marketing Research*, Richard D. Irwin.

I. J. Rain, P. Kotler, and M. Haider (1993), *Marketing Places:Attracting Investment, Industry, and Tourism to Cities, States, and Nations*, Free Press.

I. J. Rein, P. Kotler, and M. Stoller (1988), *High Visibility*, NTC Publishers.

J. A. Harward (1963), *Marketing Management:Analysis and Planning*.

J. B. Barney and W. S. Hesterly (2008), *Strategic Management and Comparative Advantage: Concepts and Cases*, 2nd ed., Prentice Hall.

J. C. Anderson, H. Hakansson, and J. Johanson (1994. 10), Dynamic Business Relationship within a Business Network Context, *Journal of Marketing*.

J. H. Antil (1984), Conceptualization and Operationalization of Involvement, *Advances in Consumer Research*, 11.

J. P. Peter and C. Jerry (1993). *Olson, Consumer Behavior*, 3rd ed.

J. R. Brandt (2003. 5), *Dare to Be Different*, Chief Executive.

L. M. Lodish et. al. (1995. 5), How TV Advertising Works: A Meta-Analysis of 389 Real World Split Cable T.V. Advertising Entertainments, *Journal of Marketing Research*.

M. A. Hitt, R. D. Ireland, and R. E. Hoskisson (2003), *Strategic Management: Competitiveness and Globalization*, 5th ed., Thomson.

M. Christopher, A. Paynem and D. Ballatyne (1991), *Relationship Marketing: Bringing Quality, Customer Service, and Marketing together*, Butterwoth Heinemann.

M. E. Porter (1980), *Competitive Strategy: Techniques for Analyzing Industries and Competitors*, Free Press.

M. E. Porter (1979), How Competitive Forces Shape Strategy, *Harvard Business Review*.

M. Hyman (2004. 2. 9), The Family that Fields Together, *Business Week*.

M. L. Bel (1972), *Marketing: Concepts and Strategy*, 2nd ed.

M. V. Marn and R. L. Rosiello (1992. 9-10), Managing Price, Gaining Profits, *Harvard Business Review*.

N. Kumar (2004), *Marketing as Strategy*, Harvard Business School Press.

N. von Daehne (1994), *Hiring Top Performance*, Success Selling.

P. Farquhar (1989. 9), Managing Brand Equity, *Marketing Research*, Vol.1.

P. Kotler & G. Armstrong (2014), *Principles of Marketing*, 15th ed., Pearson.

P. Kotler & K. L. Keller (2012), *Marketing Management*, 14th ed., Pearson.

P. Kotler (1984. 10), Dream Vacation: The Booming Market for Designed Experiences, *The Futurist*.

P. Kotler (1988), *Marketing Management*, 6th ed., Prentice-Hall.

P. Kotler (1994), *Marketing Management: Analysis, Planning, Implementation, and Control*, 8th ed., Prentice Hall.

P. Kotler (2003), *Marketing Management*, Prentice Hall.

P. Kotler, C. Asplund, I. Rein, and D. H. Haider (1999), *Marketing Places in Europe: Attracting Investment, Industry and Tourism to Cities, States and Nations*, Financial Times Prentice-Hall.

P. R. Cateora (1993), *International Marketing*, 8th ed., Richard D. Irwin.

R. McKenna (1991), *Relationship Marketing*, Addison-Wesley.

S. C. Jain (1990), *International Marketing Management*, 3rd ed., PWS-Kent Publishing Company.

S. Marjaro (1978), *International Marketing: A Strategic Approach to World Markets*, George Allen & Unwin.

T. Levitt (1996. 9-10), Innovative Imitation, *Harvard Business Review*.

W. J. Keegan (1989), *Global Marketing Management*, 4th ed., Prentice-Hall.

찾아보기

ㄱ

가격(price) 278

가격결정(pricing) 281

가격변경(price changing) 295

가격전략(pricing strategy) 279

가격조정(price adjustment) 294

가격책정(pricing) 289

가격-품질 연상(price-quality association) 284

가격할인(discount) 294

가용자금기준법(affordable method) 347

가치(value) 21

가치함수(value function) 125

간접 유통경로(indirect distribution channel) 322

갈등(conflict) 110

개발마케팅(developmental marketing) 27

개별 브랜드(individual brand) 249

개별 브랜드 전략(individual brand strategy) 255

개척광고(pioneering advertising) 342

거간(broker) 310

거래(transaction) 22

거래효용(transaction utility) 127

경매 가격책정법(auction-type pricing) 294

경영전략(business strategy) 151

경쟁(competition) 23

경쟁기업기준법(comparative-parity method) 347

경쟁우위(competitive advantage) 95

경험곡선(experience curve) 291

고객유지(retention) 23

고객이탈(defection) 23

고객자산(customer equity) 48

고객 지향적 마케팅 개념(customer-oriented marketing concept) 30

고객획득(acquisition) 22

공제(allowance) 295

공중관계(PR: Public Relation) 371

관계 마케팅(relationship marketing) 34

관여도(involvement) 128

광고(advertising) 340

광고관리(advertising management) 342

광고조사(advertising research) 67

교환(exchange) 22

구성 효과(framing effects) 123

기대제품(expected product) 220

기본제품(basic product) 220

기술적 조사(descriptive research) 67
기업브랜드(corporate/company brand) 248
긴급품(emergency goods) 212

ㄴ

내구재(durable goods) 211
내부기록시스템(internal records system) 62
내부 마케팅(internal marketing) 32

ㄷ

다단계 마케팅(multi-level marketing: MLM) 317
다이렉트 마케팅(direct marketing) 317
단수가격 책정법(odd pricing or 9-ending pricing) 293
대리상(agent) 310
대리중간상(agent middleman) 309
도매상(wholesaler) 310
독립적 유통경로(independent distribution channel) 322
독점적 유통경로(exclusive distribution) 328
동기(motivation) 109
동시마케팅(synchro-marketing) 27
듀얼 브랜딩(dual branding) 254
등록상표(trade mark) 246

ㄹ

로스 어버전(loss aversion) 284

ㅁ

마음점유율(heart share) 169
마인드점유율(mind share) 169
마케팅(marketing) 20
마케팅 감사(marketing auditing) 55
마케팅 개념(marketing concept) 41
마케팅관리(marketing management) 40
마케팅 근시안(marketing myopia) 97
마케팅 믹스(marketing mix) 33, 52, 156
마케팅의사결정지원시스템(marketing decision support system) 64
마케팅인텔리전스시스템(marketing intelligence system) 63
마케팅 전략(marketing strategy) 152
마케팅정보시스템(MkIS: Marketing Information System) 60
마케팅조사(marketing research) 64
마케팅조사시스템(marketing research system) 64
마케팅 중심 개념(marketing-oriented concept) 44
마케팅 통제(marketing control) 54
만족(satisfaction) 22
매스마케팅(mass marketing) 178
매출액비율법(percentage-of-sales method) 347
메타시장(meta market) 88
모방가격 책정법(imitative pricing or going-rate pricing) 294
목표과업법(objective and task method) 347
목표시장 선정(targeting) 52, 189
목표중심의 가격책정법(target-oriented pricing) 291
무점포 소매상(non-store retailing) 316
무형품(intangible goods) 210

미탐색품(unsought goods) 213
미투 브랜드 전략(me-too brand strategy) 256

ㅂ

반마케팅(counter- marketing; 소멸마케팅) 27
방문판매(direct sales) 317
복합 브랜딩(co-branding) 254
브랜드(brand; 상표) 245
브랜드 구축(brand building) 259
브랜드 네임(brand name; 상표명) 246
브랜드 번들링(brand bundling) 254
브랜드 수식어(brand modifier) 249
브랜드 자산(brand equity) 265
브랜드 포트폴리오(brand portfolio) 263
브랜드 확장(brand extension) 261
브랜드 확장 전략(brand extension strategy) 256
브랜딩(Branding) 252
브랜드 마크(brand mark) 246
비내구재(nondurable goods) 211
비영리마케팅(non-profit marketing) 26
비용(cost) 21
비용가산 가격산정법(cost plus pricing) 289

ㅅ

사회적 마케팅(societal marketing) 34
사회적 마케팅 개념(societal marketing concept) 45
산업경쟁 5세력 모형(Five-forced Model of Industry Competition or Five Force Analysis) 92
산업재(industrial goods) 211
상인중간상(merchant middleman) 309
상품(goods or commodity) 21, 208
생산 중심 개념(production-oriented concept) 41
서브 브랜드 전략(sub brand strategy) 255
선매품(shopping goods) 212
선택적 유통경로(selective distribution) 328
세분시장 마케팅(segment marketing) 178
소매상(retailer) 310, 311
소매업 수레바퀴 가설(wheel of retailing) 319
소비자분석(consumer analysis) 105
소비자조사(consumer research) 67
소비자 판매촉진(consumer promotion) 358
소비자행동(consumer behavior) 107
소비재(consumer goods) 211
소유효용(acquisition utility) 127
수직적 갈등(vertical conflict) 330
수직적 마케팅 시스템(vertical marketing system: VMS) 323
수평적 갈등(horizontal conflict) 330
수평적 마케팅 시스템(horizontal marketing system) 325
슈퍼마켓(supermarket) 315
슈퍼센터(supercenter) 316
시장(market) 23, 87
시장매력도(market attractiveness) 89
시장분석(market analysis) 88
시장세분화(market segmentation) 52, 180
시장예측(market forecast) 91
시장잠재력(market potential) 91
시장점유율(market share) 169
신상품(new product) 227

실험법(experimentation method) 348
심적 회계(mental accounting) 123

ㅇ

양판점(general merchandising store: GMS) 315
역마케팅(de-marketing; 억제마케팅) 27, 49
영리마케팅(profit marketing) 26
요소 브랜딩(ingredient branding) 255
욕구(wants) 20
원가중심 가격책정법(cost-based pricing) 289
웨버의 법칙(Weber's Law) 284
위신가격 책정법(prestige pricing) 292
유보가격(reservation price) 283
유지광고(retentive advertising) 342
유지마케팅(maintenance marketing) 27
유통(distribution) 300
유통경로(distribution channel) 302
유통경로전략(distribution channel strategy) 320
유형품(tangible goods) 210
이동장벽(mobility barriers) 167
이월효과(carryover effect) 346
이윤가산 가격산정법(mark-up pricing) 289
2차 자료(secondary data) 73
인과관계조사(causal research) 67
인적판매(personal selling) 367
인지된 가치 가격책정법(perceived-value pricing) 293
일대일 마케팅(one-to-one marketing) 178
1차 자료(primary data) 73
입찰 가격책정법(competitive bidding pricing or sealed-bid pricing) 294

ㅈ

자극마케팅(stimulational marketing) 27
자기중심적 기준(SRC: Self-Reference Criterion) 71
자동판매기(vending machines) 319
자본재(capital items) 211
자사잠식(cannibalization) 225
잠재제품(potential product) 221
재마케팅(remarketing) 27
전략적 마케팅(strategic marketing) 30
전략적 마케팅 개념(strategic marketing concept) 46
전략적 브랜드 관리(strategic brand management) 259
전략집단(strategic group) 168
전문점(specialty store) 314
전문품(specialty goods) 213
전문 할인점(specialty discount store) 316
전환마케팅(conventional marketing) 27
제품(product) 21, 207
제품개념(product concept) 218
제품계열(product line) 223
제품계열관리(product line management) 226
제품믹스(product mix) 222
제품수명주기(PLC: Product Life Cycle) 215
제품 스키마(product schema) 113
제품위치도(product map) 226
제품조사(product research) 67
제품품목(product item) 223
준거가격(reference price) 283
중간상(middleman) 308
중간상 판매촉진(trade promotion) 364

직접 유통경로(direct distribution channel) 322
진입장벽(entry barriers) 167
집중적 유통경로(intensive distribution) 328

ㅊ

차별가격 책정법(discrimination pricing) 292
차별화(differentiation) 162
촉진(promotion) 335
촉진믹스(promotion mix) 337
촉진자(facilitator) 310
최저 수용 가격(lowest acceptable price) 283
충동품(impulse goods) 212

ㅋ

카테고리 킬러(category killer) 316

ㅌ

탐색적 조사(exploratory research) 67
텔레마케팅(telemarketing) 318
통합 마케팅(integrated marketing) 33
통합적 마케팅 커뮤니케이션(IMC: integrated marketing communication) 339
통합적 유통경로(integrated distribution channel) 322
퇴출장벽(exit barriers) 167
틈새마케팅(niche marketing) 182
틈새시장전략(niche market strategy) 200

ㅍ

파레토 법칙(Pareto's Law) 48
판매대리점(sales agent) 310
판매반응함수(sales response function) 345
판매예측(sales forecast) 91
판매촉진(Sales Promotion) 358
패밀리 브랜드(family brand = umbrella brand) 249
패키징(packaging) 270
편의점(convenience store) 315
편의품(convenience good) 211
편익(benefit) 21
포지셔닝(positioning) 52, 195
프랜차이즈 조직(franchise organization) 324
프로스펙트 값(prospect value) 124
필수품(staples) 211
필요(needs) 20

ㅎ

하이퍼마켓(hypermarket) 316
학습곡선(learning curve) 291
할인점(discount store) 315
핵심역량(core competencies) 160
핵심제품(core product) 220
홍보(Publicity) 371
확장제품(augmented product) 221
회원제 창고형 도소매점(membership warehouse club) 316
휴리스틱(Heuristic = Rule of Thumb) 121

ABC

ADIMA 효과 341

JND(Just Noticeable Difference) 284

STP 전략 45, 52, 179

SWOT분석 51